地震灾后绿色重建手册

地震灾后重建案例分析

仇保兴　主编

中国建筑工业出版社

图书在版编目（CIP）数据

地震灾后重建案例分析/仇保兴主编．—北京：中国建筑工业出版社，2017.11

（地震灾后绿色重建手册）

ISBN 978-7-112-21510-2

Ⅰ.①地… Ⅱ.①仇… Ⅲ.①地震灾害-灾区-重建-案例 Ⅳ.①D632.5

中国版本图书馆 CIP 数据核字（2017）第 273930 号

本书为《地震灾后绿色重建手册》一分册，包括 1976 年河北唐山地震、1989 年山西大同-阳高地震、1995 年台湾集集地震、1996 年云南丽江地震、2003 年新疆伽师地震、2008 年四川汶川地震等恢复重建内容以及国外一些重建案例。

责任编辑：田启铭　于　莉
责任设计：李志立
责任校对：关　健　姜小莲

地震灾后绿色重建手册
地震灾后重建案例分析
仇保兴　主编

*

中国建筑工业出版社出版、发行（北京海淀三里河路 9 号）
各地新华书店、建筑书店经销
唐山龙达图文制作有限公司制版
北京建筑工业印刷厂印刷

*

开本：787×1092 毫米　1/16　印张：24¼　字数：700 千字
2017 年 11 月第一版　2017 年 11 月第一次印刷
定价：**99.00** 元
ISBN 978-7-112-21510-2
（31167）

《地震灾后重建案例分析》
编委会

主　　编：仇保兴

编委会成员：（以姓氏笔画排序）

王　凯　王志宏　王静霞　孔彦鸿　叶耀先
朱子瑜　刘佳福　孙安军　李　迅　陈　重
陈　锋　陈宜明　李东序　李兵弟　李晓江
杨保军　邹德慈　张　菁　武　涌　赵　晖
唐　凯　韩爱兴　靳东晓　戴　月

编写单位：中国城市规划设计研究院

编写组人员名单：

城市水系统规划设计研究所：孔彦鸿　桂　萍　莫　罹　张磊磊　牛　晗　周长青　陈　岩　程晓文　张志果　郑　迪
国际城市规划研究室：胡天新　吴思群　杜　澍
城市规划学术信息中心：许　玫　曹新新
城市与区域规划设计所：赵　朋
丽江市规划局：周学鲁
丽江市建设局：年继伟

修订组成员：

中国建筑设计研究院：叶耀先
同济大学：陈志端
中国城市科学研究会：杨宝路　宋芳晓
中国生态城市研究院：曹学敏
北京建筑大学：孙美玲

《地震灾后绿色重建手册》丛书序

城镇是“人工与自然复合的复杂结构”，这种复杂结构是人类最富想象力、最雄伟的创造，同时也是人类自我创造的最危险的家园。人类社会发展已经步入“城市时代”，全球有超过一半人口已经居住在城镇。人类的居住方式从分散化转向集中的同时，也伴生着环境、安全、能源、社会、水资源等方面的危机。我国贯彻保护耕地、节约资源的原则，选择了以紧凑型城镇为主的城镇化模式，所有城镇每平方公里建成区的人口控制在一万人左右，紧凑型城镇有利于节约宝贵的耕地和节能减排，但也更容易放大各类灾害的效应。我国大陆处于地震烈度6～9度的地震区占国土面积的60%以上，2/3的人口达到百万以上的城市处在地震烈度7度以上的高危险区。这就要求我国的城镇化策略更要注重城镇生态和安全的建设，对地震灾后的城镇推行绿色重建。

地震灾后绿色重建就是要总结国内外地震灾后重建的历史经验教训，以创新的精神和科学的思路来进行“创造性”的重建。这意味着要在充分认识灾区生态地理条件、地质地貌现状和原有经济社会发展特征等方面的前提下，从长远发展的角度来谋划城乡重建规划。这不仅仅意味着高效率地恢复城镇功能，更重要的是在原有的基础上赋予城镇新的发展理念和增添新地区价值。地震灾后绿色重建的目标，就是重建的城镇应该成为生态城镇，更加安全、舒适、有活力、更具有可持续性。

地震灾后绿色重建不仅需要怜悯、关切、激情，更重要的是需要冷静、科学的态度和理性的思考：要以更加开放的胸怀，更具创新性的理念，更广泛地调动各种各样的积极因素来帮助重建；要更加尊重生态自然环境，尊重普通民众的根本利益，尊重本地的传统文化和社会资本；要更加明确重建的目标、项目、步骤，不仅要为灾后的幸存者建造更安全、舒适的生态城，同时也要着眼于他们的子孙后代的生活更美好；重建后的城镇不仅仅具有生态城市的典范影响，而且具有可复制、可改进、可推广的深远意义。

弹性地建设城市系统、让城市能更好地适应各种环境变化，这一理念近年来成为学界研究的热门领域。对于地震灾后重建而言，借鉴弹性理念的绿色重建模式，是更加尊重自然、顺应自然的建设模式，也是适应力和恢复力更强并拥有学习和发展能力的韧性系统。“危机”意味着危难但同时也是机遇，遵循弹性设计与建设原则的修复和重建，可使受灾城市有更好的韧性来抵御后续次生灾害的冲击，并能够改变原先的演进轨道，跳跃性地获得抗灾害能力、系统的自主适应性和发展的可持续性，在修复重建的同时增强其对未来灾害的抵御能力。

在2008年汶川地震修复重建期间，我们组织相关专家编纂了《地震后重建家园指导手册》，为当时的灾后重建工作提供了强有力的技术支撑。2009年，经过对内容的修订与扩充，我们又编写了《地震后重建技术丛书》。自2014年始，我们组织了中国城市科学研究会、中国建筑设计研究院、四川大学灾后重建与管理学院、中国城市规划设计研究院等单位相关专家，重新修订了《地震灾后生命线工程修复加固与重建技术》、《地震灾后建筑修复加固与重建技术》、《地震灾后乡镇典型调查分析》等册，增补了《地震灾后重建案例分析》中的内容，增加了《地震灾后过渡安置与管理》、《地震灾后恢复重建模式》等册，并为了突出“绿色重建”理念，将丛书名改为“地震灾后绿色重建手册”，是中共中央宣传部2015年度马克思主义理论研究和建设工程重大项目暨国家社会科学基金重大项目“生态文明背景下的绿色城镇化研究”（课题批准号：2015MZD037）成果之一。近几年间，又有玉树、芦山等部分地区遭受了不同程度的地震灾害。在这些地区救灾和恢复重建的过程中，也积累了一些宝贵的经验教训，这些也成为本丛书修订增补的重要内容。

愿本丛书能成为今后指导地震灾后重建的重要技术参考，谨以此书献给为历次地震灾区救援与重建贡献力量的人们。

国务院参事、中国城市科学研究会理事长、
原国务院汶川、玉树地震灾后重建协调组副组长
仇保兴
2016年12月5日

编 写 说 明

本书部分内容曾于2008年出版，书名为《震后重建案例分析》，是仇保兴主编的《地震后重建技术丛书》中的一册。

本次编写工作由中国建筑设计研究院叶耀先教授主导，在2008年《震后重建案例分析》的基础上，重新制定了编写大纲，并进行了三项工作：一是增加了国内外地震灾后重建的若干重要案例，包括大同-阳高案例（第3章）、汶川案例（第7章）、美国加州北岭案例（第8章）；二是对唐山案例（第1、2章）和伊朗巴姆案例（第12章）进行了增补；三是重新修订整理了2008年《震后重建案例分析》原有的案例内容。

中国建筑设计研究院叶耀先教授编写了新增的第2、3、7、8章，并增补了第1章和第12章的内容。

同济大学陈志端修订了第4、5、6、9、10、11、13章内容。

中国城市科学研究会杨宝路和同济大学陈志端参与了新大纲的讨论。

中国城市科学研究会宋芳晓、中国生态城市研究院曹学敏、北京建筑大学孙美玲协助进行了文献资料搜集、文字与图表格式整理等工作。

目　　录

第 1 章　1976 年河北唐山地震灾后恢复重建

本章包括：撰写背景、地震前的唐山市、地震灾后恢复重建活动持续时间和重建模型、地震及其灾害、房屋建筑震害、生命线系统震害、震后应急反应、震后恢复、房屋建筑和工程设施抗震经验、震后城市防灾工作、灾后重建以及经验教训和启示等 12 节，是对本书第一版第三部分中国案例第一章唐山案例（第 263～270 页）的增补和修订。

1.1　撰写背景

1976 年 7 月 28 日凌晨，唐山地震发生，笔者时任国家基本建设委员会（简称国家建委）京津地区抗震办公室（后更名为抗震办公室）副主任，当日上午，根据国家建委领导指示，前往灾区。后因天津到唐山的蓟运河大桥倒塌而折返。次日下午，改道北上，经玉田、丰润进入唐山。唐山机场破坏较轻，仍能照常运行。河北省唐山地震抗震救灾指挥部就设在机场里。笔者把国家建委的介绍信递给时任河北省委副书记马力同志，他在介绍信上批示了接待部门，但很难找到。我们领了干粮，坐在路牙上面吃，旁边就是用棉被裹着的一具具的尸体。见到的灾民，面部表情冷酷，没有哭泣，没有呼喊，沉静在极度的悲痛之中。他们见面的第一句话就是问："你家死了几口人?"。因为在那座遭受地震袭击的城市，昔日的繁荣荡然无存，唯见废墟一片接着一片，家里人没有伤亡的，凤毛麟角。那天夜里，我们睡在唐山地委大院里铺着芦席的草地上，数不清的蚊子在耳边飞来飞去，彻夜难眠。回京汇报后，国家建委主任韩光、副主任彭敏极为重视。指示笔者组织全国近 20 名专家到地震灾区，同河北省建委副主任王子兴组织的省内专家一起，吃住在帐篷，开展了为期一个多月的建筑物震害调查，重点是各类房屋建筑和生命线工程。最后向国家建委和河北省政府写了报告。

1979 年，美国举办全国第二届地震工程会议。举办方邀请中国派代表团出席会议，并设专场，请中国专家就 1976 年唐山地震灾害和经验做报告。国家建委决定派出城市地震防灾考察团出席会议。团长是国家建委副主任李景昭，笔者是副团长。笔者在会议专场中，做了"唐山地震的工程经验和城市地震防灾"的报告[1,2,3]。

---

1 叶耀先、刘锡荟．唐山地震的工程经验和城市地震防灾（中、英文）．国家建委抗震办公室，1979 年 9 月，22 页

2 Ye, Yaoxian & Liu, Xihui. 1980. Experience in Engineering from Earthquake in Tangshan and Urban Control of Earthquake Disaster, The 1976 Tangshan, China Earthquake, Papers presented at the 2nd U. S. National Conference on Earthquake Engineering held at Stanford University, August 22-24, 1979, EERI

3 Ye, Yaoxian. 1979. Terremotos Destructivos Ocurridos en qnos recientes en China, REVISTA GEOFISICA, 10-11, pp. 5-22, MEXICO, 1979

1980 年，笔者作为国家建委抗震办公室副主任，全程接待美国土木工程师学会（ASCE，The American Society of Civil Engineers）两名会员访问唐山。他们是：美国斯坦福大学土木工程教授詹姆斯·盖尔（James M. Gere）和哈瑞西·夏（Haresh C. Shah）。他们回国后写了“大震后唐山重建”[4]，阐述了唐山大地震灾害和重建。同年，笔者全程陪同当时的联合国副秘书长兼救灾署署长弗汝克·贝尔科尔（Furuk N. Berkol）访问唐山等地。他们把唐山地震信息带到了联合国，带到了美国和国际地震工程学界。

1984 年，国家建委抗震办公室组织编撰《唐山大地震震害》。我国地震工程学奠基人，中国科学院院士刘恢先教授担任编辑委员会主任委员，笔者为副主任委员之一，协助刘教授工作。该书于 1985 年 12 月出版[5]，系统、全面地阐述了 1976 年唐山大地震中各类工程结构的震害。全书分为 4 册。第一册阐述唐山地震工程震害的基础资料，包括地震活动与地质背景、工程地质与水文地质、烈度分布与地表震害、强震观测以及地基与基础等。第二册阐述民用建筑、古建筑、工业建筑和工业构筑物及设备震害等。第三册阐述铁路、公路、水利、水运工程以及公用设施震害和抗震救灾与重建唐山等。第四册为图片，包括极震区分布图和地震烈度分布图，以及各类建筑和工程结构的震害照片 702 张。

1989～1993 年，笔者时任中国建筑技术发展研究中心主任，作为课题负责人，承担了建设部下达的《震后恢复与重建的技术与政策》课题。参加课题研究的有原中国建筑技术发展研究中心叶耀先、张佑启，北京大学经济管理学院胡健颖、刘红星和建设部抗震办公室刘志刚等 12 人。课题组到唐山作了深入的调查，采用投入-产出、层次分析和系统动力学等方法对唐山地震后经济恢复优先方案选择进行了分析研究[6]。

1998 年 11 月，建设部抗震办公室主持召开了《地震灾区恢复重建管理和技术研讨会》，会上河北省抗震防灾办公室赵志林[7]和唐山市建委抗震防灾办公室侯民忠[8]对唐山地震震后恢复重建做了报告。

2008 年 6 月，仇保兴主编的《地震后重建家园指导手册 1：震后重建案例分析》一书，在第三部分中国案例的第一章中阐述了唐山案例[9]。

1999～2002 年，笔者参加了日本政府资助的大型科研项目“亚太地区减轻地震和海啸灾害技术开发及其整合”（Development of Earthquake and Tsunami Disaster Mitigation

---

[4] James M. Gere and Haresh C. Shah，Tangshan rebuilds after mammoth earthquake，1979

[5] 刘恢先主编，《唐山大地震震害》（共四册），北京：地震出版社，1985 年 12 月

[6] 叶耀先、张佑启、刘志刚、胡健颖、刘红星、雷运清、刘启明、杨明等，1993，《震后恢复与重建的技术与政策》，建设部资助科研项目，中国建筑技术发展研究中心研究报告：

（一）强震后的恢复与重建决策；

（二）澜沧、耿马地震后的恢复重建；

（三）1976 年唐山大地震震后恢复重建调研报告；

（四）震后重建的经济恢复与决策模型；

（五）震后城市恢复与重建的系统动力学模型-仿真与决策；

（六）地震灾区震后恢复重建的若干规定（建议稿）

[7] 赵志林，唐山地震震后恢复概述，重建唐山的组织实施和地震灾区恢复重建对策探讨，《地震灾区恢复重建管理和技术研讨会》，建设部抗震办公室，1993 年 11 月

[8] 侯民忠，唐山恢复重建措施，《地震灾区恢复重建管理和技术研讨会》，建设部抗震办公室，1993 年 11 月

[9] 仇保兴主编. 地震后重建家园指导手册 1：震后重建案例分析，第 263-270 页（唐山市建设局，第三部分 中国案例，第一章 唐山案例）

Technologies and their Integration for the Asia-Pacific Region，简称 EqTAP）的合作研究，并被聘为国际顾问。亚太地区有 14 个国家和地区的相关人员参与研究。根据合作研究成果，笔者作为京都大学防灾研究所的客座教授和该所冈田宪夫教授合著了《地震灾害比较学》[10]一书。书中论述了唐山地震的灾害、各类房屋建筑和工程设施的震害，以及灾后恢复和重建，并同日本、美国等国近年发生的大地震灾害做了比较。

本章就是根据笔者的经历、实践、研究和参阅上述以及其他相关资料写成的。

1.2 地震前的唐山市

唐山市是河北省的大型工业城市，是煤矿和能源生产中心，位于北京东边 160 公里，如图 1-1 所示。唐山地区有铁路和公路等交通系统，给水、污水处理、电力、煤气和通讯等市政公用系统。唐山市的工业包括煤炭、钢铁、机械、机车车辆、纺织、陶瓷和化工等。1975 年年底，唐山市的工业总产值为 22.4 亿元（1970 年价格），为河北省工业总产值的三分之一，为全国工业总产值的 1%，分解到各个行业的总产值如图 1-2 所示。

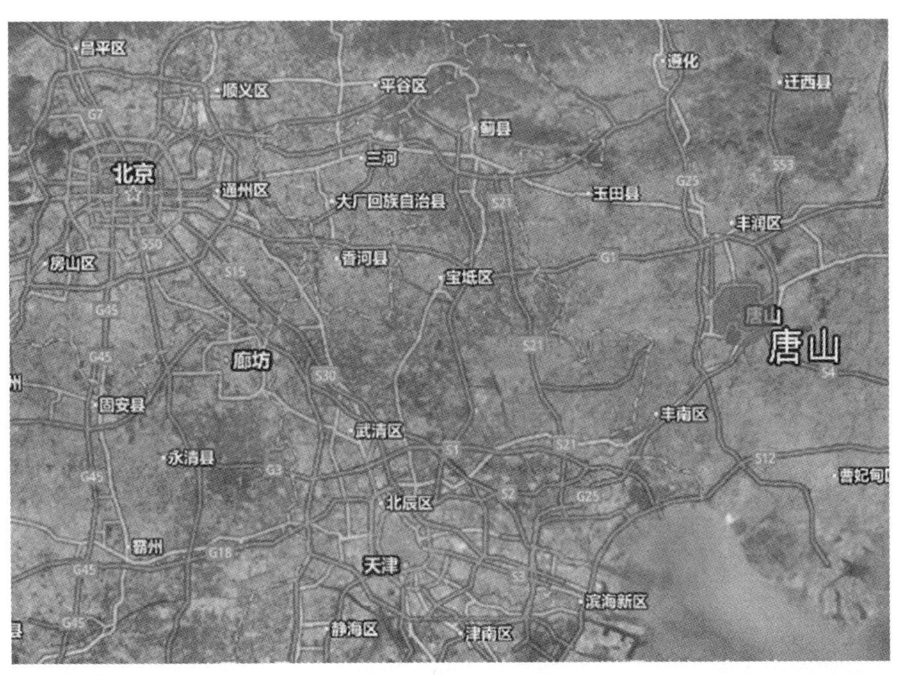

图 1-1　唐山市位置图

唐山开滦煤矿矿务局系 1877 年设立。1881 年秋开始出煤。煤矿带动了交通运输和相关工业的发展，比如铁路和公路交通、机械制造业、水泥、纺织、陶瓷、建筑材料、钢铁以及电力等。从那时起，唐山就逐步从农村地区演变成为中国北方的一个重工业城市。

---

[10] 叶耀先、冈田宪夫．地震灾害比较学．北京：中国建筑工业出版社，2008，235 页

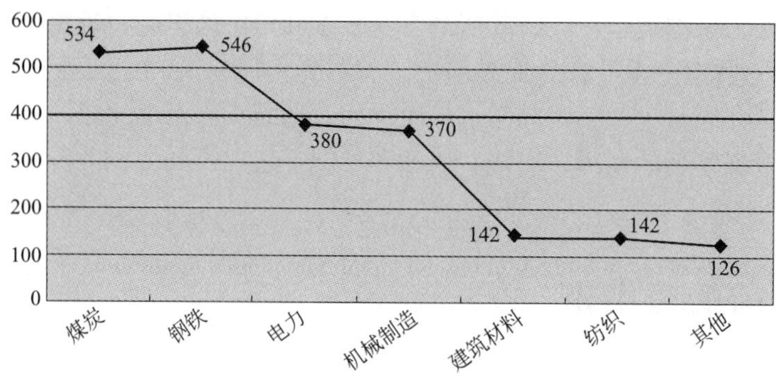

图 1-2　唐山市 1975 年年底工业总产值

地震以前，唐山市的建成区面积为 660km²，总人口为 1061926 人，其中，城市人口为 698014 人，人口密度平均为每平方公里 1058 人，人口密度最大的路南区，高达每平方公里 15400 人。

1.3　地震灾后恢复重建活动持续时间和重建模型[11]

地震灾后恢复重建一般分为以下 4 个阶段，每个阶段的主要活动简述如下。

1.3.1　应急阶段

这一阶段的标志性活动有 4 项：

(1) 搜寻、营救和应急处置被压人员；

(2) 清理遇难者尸体；

(3) 提供应急食品、用品、棚屋、药品、医疗救助和防疫；

(4) 清除主要道路上的建筑垃圾等。

1.3.2　恢复阶段

这个阶段的主要活动有 5 项：

(1) 恢复基本服务，包括主要城市服务、公用事业、交通和运输等设施的恢复，以及可修复的房屋和结构物的修复；

(2) 简易恢复生产；

(3) 提供临时住房；

(4) 帮助灾民在身体上和心理上得到恢复；

(5) 基本清除地震灾害造成的废墟等。

[11] 叶耀先，1992. 强震后的恢复与重建决策，《第一届两岸地震学术讨论会论文集》，地震出版社，第 248-263 页。

1.3.3 恢复性重建阶段（重建阶段Ⅰ）

这个阶段旨在使受灾地区重新恢复到震前的功能水平。主要活动有5项：

（1）重建选址；

（2）重建规划；

（3）重建资金筹措；

（4）永久性住房建设；

（5）公共建筑和基础设施建设等。

1.3.4 发展性重建阶段（重建阶段Ⅱ）

这个阶段旨在使受灾地区在恢复到震前功能水平的基础上，进一步把灾区建设成为防灾的、有活力的地区，即不但力求使类似规模的灾害今后不再重演，而且促进灾区经济繁荣、收益递增和生活富足。通常，第4阶段的持续时间是前两个阶段持续时间的10倍多。

根据上述四个阶段及其主要活动的持续时间绘出的曲线称为地震灾后恢复重建模型，它是评估破坏性地震灾后行动结果的一个有效的工具。表1-1为1976年唐山地震以后恢复重建活动持续时间。图1-3是1976年唐山大地震的震后重建模型。基于这个模型可以用来评价唐山地震重建行动的效果。

1976年唐山地震以后恢复重建活动持续时间 **表1-1**

活动内容	持续时间(周)	完全恢复日期
被压人员的搜寻和营救	1	
临时住房建成	18	1976.11.15
电力供应	5～106	1978.8.10
通信	5	1976.9.15
供水	16	1976.10.31
火车	12	1976.10.31
公路桥梁	16	1976.8.10
永久性住房建设的准备	100	1978.7
完成公有住房建设	480	
重建工作完成	500	1986.7

资料来源：叶耀先、冈田宪夫．地震灾害比较学．北京：中国建筑工业出版社，2008，150页。

图1-3中恢复重建标志性活动1～8的含义如下：

1. 被压人员的搜寻和营救结束，开始清理死者尸体
2. 开始搭建临时棚屋
3. 商店恢复
4. 搭建临时棚屋结束
5. 防疫和清尸结束
6. 工业总产值达到震前水平
7. 开始大规模住房建设项目

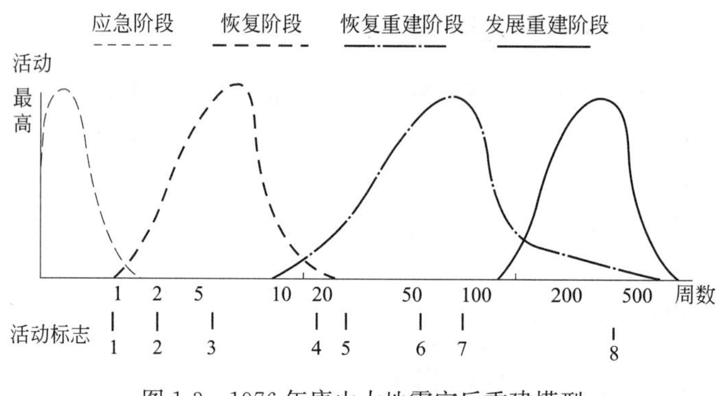

图 1-3　1976 年唐山大地震灾后重建模型

8. 永久性住房建设项目完成

1.4　地震及其灾害

1976 年 7 月 28 日凌晨 3 时 42 分发生的唐山 7.8 级地震，持续时间为 14～16 秒，主震及其主要强余震的发震时间、震级、震中位置、震源深度和震中地区如表 1-2 所示。震中区没有地面运动记录。

1976 年唐山地震及其强余震的震源参数　　**表 1-2**

发震日期（年．月．日）	发震时刻（时-分-秒）	震级 Ms	震中位置		震源深度（公里）	震中地区
			北纬	东经		
1976.7.28	03-42-56	7.8	39°38′	118°11′	11	唐山市
1976.7.28	07-17-32	6.2	39°27′	117°47′	19	宁河镇
1976.7.28	18-45-37	7.1	39°50′	118°39′	10	滦县商家林
1976.11.15	21-53-01	6.9	39°17′	117°50′	17	芦台南
1977.5.12	19-17-54	6.2	39°23′	117°48′	18	宁河尖子沽

资料来源：刘恢先主编．唐山大地震（第一册）[M]．北京：地震出版社，1985，第 9 页。

地震波及北京和天津两个特大城市，造成 242769 人死亡，164851 人重伤。32219186 间房屋倒塌。唐山市区损失极为严重，死亡 14.8 万人，重伤 8.1 万人；94％民用建筑和 80％工业建筑遭到破坏或倒塌；市政公用设施破坏严重，全市供水、供电、通信和交通全部中断。地震使基础设施严重破坏：煤矿全部停产，地下通道被淹；电力、交通和通信系统破坏；通向唐山市的公路和铁路交通大多中断。主震后不久降雨，震后没有发生火灾。唐山地震是 1556 年陕西华县地震以来最严重的地震灾害，是中国历史上首次发生在城市的地震灾害。[12]

1976 年唐山地震造成的经济损失没有系统的数据。地震造成的唐山市和天津市的直接经济损失总计大约为 100 亿元，如表 1-3 所示。表中不包括北京市和农村地区的经济

---

[12] 叶耀先、冈田宪夫．地震灾害比较学．北京：中国建筑工业出版社，2008，10-11 页

损失。

1976 年唐山地震造成的经济损失（万元） **表 1-3**

城市	固定资产净值	一般流动资产	住房	个人财产	产出	在建项目	合计
唐山	44800	9900	17500	10000	190000	10200	282400
天津	230000	20000	54500	20000	291400		715900

资料来源：叶耀先、冈田宪夫．地震灾害比较学．北京：中国建筑工业出版社，2008，160 页。

图 1-4 表示 1976 年唐山地震地震烈度分布。从中可见：

（1）1976 年唐山地震所造成的严重受灾地区呈椭圆形，分布在唐山市中心及其周围的县。宏观震中位于唐山市铁路以南的市区。极震区地震烈度高达 11 度，面积达 $47km^2$。11 度区内各类房屋几乎全部倒塌；有些砖烟囱从下部倾倒；有些砖筒壁水塔从根部倒塌；钢筋混凝土桥梁桥墩折断，桥面塌落；地面出现大量裂缝和塌陷；有的地段错开 1.5m 左右；地下水大量涌出。唐山市其他地区地震烈度为 9～10 度。天津市为 7～9 度，北京市则为 5～7 度。7 度和 7 度以上的地区面积广达 $33300km^2$。

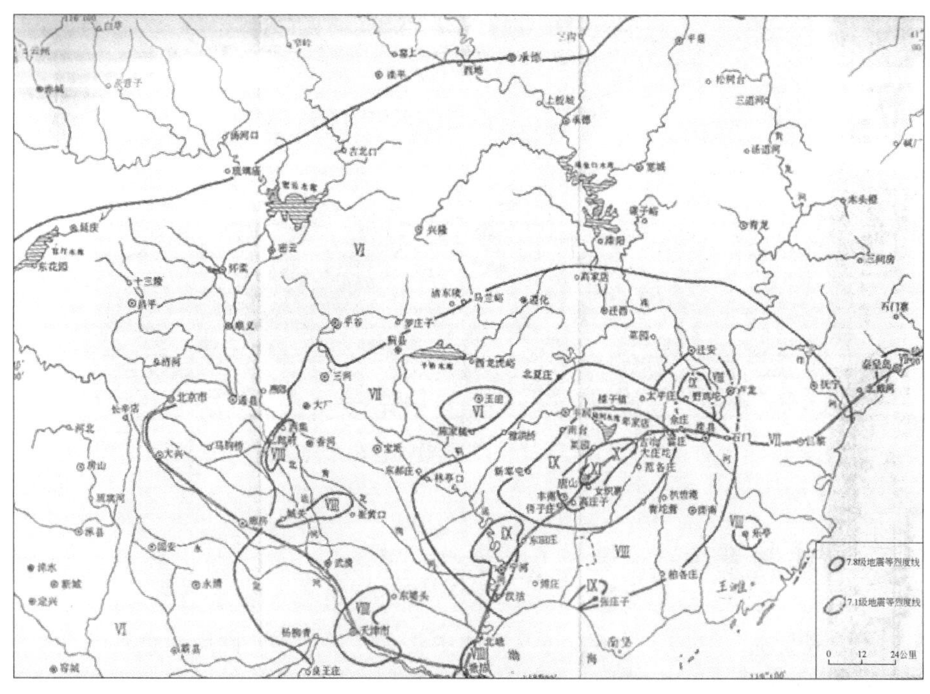

图 1-4　1976 年唐山地震地震烈度分布（极震区为 11 度，按中国地震烈度表）

这次地震各类工程设施破坏极为严重。唐山市生活用房 94%，生产用房 80%严重破坏或倒塌，许多设备被砸坏，地下管线断裂；砖烟囱全部被震坏。地震区公路桥梁十之有六，铁路桥梁十之有四遭到破坏，铁轨变形，公路路面裂缝、坍塌。一些水坝严重开裂。数以万计的机井遭到破坏。喷水冒砂地区面积广达 $24000km^2$，毁坏大量机井和农田。开滦煤矿矿井巷道大量涌水。唐山市通信、供水、供电，交通、医疗等要害系统全面破坏。

（2）1976 年唐山地震受灾地区内有明显的地震烈度异常区。地震烈度异常是指在较大范围的高烈度区内出现较小范围的低烈度区，在较大范围的低烈度区内出现较小范围的高烈度区。例如，在唐山市区内的大成山和凤凰山周围，地震烈度明显低于其附近的地区；玉田县和丰润县也有类似的情况。与此相反，在北京市和天津市的某些地区，地震烈度则明显高于其附近周边地区。研究表明，地震烈度异常同当地的土质条件密切相关。

（3）在地震发生以前，弄清建筑物可能严重破坏的受灾范围是减少人员伤亡和财产损失的一个最为有效的途径。

图 1-5 为 1976 年唐山地震后的唐山市路南区，房屋建筑荡然无存。

图 1-5　1976 年唐山地震后的唐山市路南区

1.5　房屋建筑震害

唐山地震房屋建筑和工程设施破坏严重的主要有：无配筋的砖墙承重房屋，装配式钢筋混凝土单层工业厂房和无配筋砖柱单层工业厂房。

1.5.1　民用建筑的破坏[13]

唐山地震以前，唐山市民用建筑不同建造年代有不同的建筑类型，现分述如下。

（1）1949 年以前建造的房屋，主要分布在路南区的老城区，包括：单层石墙或砖墙、石灰焦砟屋顶房屋；单层四梁八柱房屋；以及少量的 2～3 层砖木结构房屋。

---

[13] 夏敬谦、佟恩宠、周炳章，1986，民用建筑震害概况，刘恢先主编，《唐山大地震震害》（二）卷，第六章，第 1-18 页，北京：地震出版社

（2）20 世纪 50 年代建造的房屋，主要是单层石墙或砖墙、石灰焦砟屋顶房屋，主要分布在唐山市的东北和西南地段。

（3）20 世纪 60 年代和以后建造的房屋，主要分布在路北新区，包括：多层砖混结构房屋（2～4 层，砖墙，钢筋混凝土预制楼板）；内框架房屋（砖承重外墙，钢筋混凝土内框架）；以及少量的壳体和折板屋盖结构房屋。

地震以前，唐山市最高的房屋为 8 层。调查的唐山市民用建筑地震破坏如表 1-4 所示。

唐山市民用建筑地震破坏 **表 1-4**

建筑用途	建筑面积(m^2)	严重破坏和倒塌建筑面积(m^2)	严重破坏和倒塌率(%)	可修复率(%)
住宅	8941000	8694600	97.25	—
办公楼	807000	715700	88.69	10.25
学校	463000	427200	92.25	3.06
医院	225000	192400	85.54	11.90
其他	1256000	1139700	90.73	26.84
总计	11692000	11169600	95.53	—

1.5.2 多层砖结构房屋

唐山地震时，唐山市数百栋多层砖结构房屋倒塌，主要是无配筋承重砖墙剪切裂缝的扩展所造成。图 1-6 显示位于唐山市的一栋多层砖房承重墙出现明显的交叉剪切裂缝。但是，有少量多层砖房，由于设置了钢筋混凝土构造柱，没有倒塌（图 1-7）。构造柱设在纵横墙交接处，并在每层楼盖与圈梁相连。图 1-8 为多层砖房由于没有钢筋混凝土圈梁而致倒塌的示例。

图 1-6 多层砖房墙剪切破坏

(a)

(b)

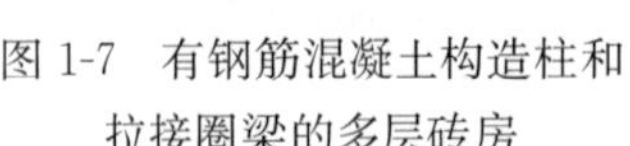

图 1-7 有钢筋混凝土构造柱和拉接圈梁的多层砖房

图 1-8 多层砖房倒塌

唐山地震以后，我国一些单位所做的单片砖墙试件和整体多层砖结构房屋模型实验说明，在纵横墙交接处设置钢筋混凝土构造柱，并在每层的楼盖处把它们用钢筋混凝土圈梁连接起来，可以对砖墙增加约束，延迟砖墙剪切裂缝的扩展，提高砖墙的延性，从而可以防止房屋的倒塌。

1.5.3 工业厂房

唐山市位于地震烈度为Ⅷ度到Ⅺ度的地区的装配式单层钢筋混凝土结构工业厂房，地震时大量倒塌。在地震烈度高的地区，装配式单层钢筋混凝土结构工业厂房的屋盖，由于柱子在底部或在变截面处折断而导致屋盖塌落。屋架支撑系统和柱间支撑系统薄弱，往往会引起厂房纵向倒塌。屋架和柱子的连接薄弱，屋面板和屋架的连接不牢，以及端跨处的承重山墙倾倒都会引起厂房倒塌（参见图 1-9～图 1-11）。但是，柱子强度足够、支撑系统完善的轻型屋盖工业厂房，以及折板屋盖厂房，一般均未倒塌。可见，支撑系统、连接和柱子是影响这类厂房倒塌的关键部位。

图 1-9 屋面板由于连接破坏和交叉支撑不足而塌落

在地震烈度为 10～11 度的地区，钢筋混凝土框架结构房屋的倒塌率虽然不高，但严重破坏者较多。钢筋混凝土框架结构房屋的倒塌几乎完全同柱子的破坏有关。柱子的破坏包括：柱子上部和底部水平裂缝，柱子主筋压屈，柱身剪切裂缝，以及保护层剥落、钢筋滑动等，如图

1-12 和图 1-13 所示。

图 1-10　屋面板由于柱子上部破坏而倒塌

图 1-11　厂房由于柱子在底部而塌落断裂

图 1-12　钢筋混凝土柱剪切破坏

图 1-13　钢筋混凝土柱主筋压屈

带螺旋箍筋的钢筋混凝土柱，地震时表现较好。图 1-14 所示的二层无梁楼盖房屋，上层屋盖塌落，底层柱子虽然上部弯曲很大，由于柱子螺旋箍筋的约束，压碎的混凝土没有散落，没有倒塌。

图 1-14　带螺旋箍筋的钢筋混凝土柱的二层无梁楼盖房屋上层倒塌，底层尤存

少数钢筋混凝土框架结构房屋，因有强度较高的实心砖填充墙或有钢筋混凝土嵌板，填充墙或嵌板起了剪力墙的作用，地震时基本完好，如图 1-15 所示。

无筋砖柱工业厂房抗震能力很差，往往因砖柱下部断裂或局部崩落而倒塌，图 1-16 和图 1-17 就是这种破坏的例子。

这次地震建筑物震害之所以如此严重，主要

图 1-15　有实心砖填充墙的钢筋混凝土框架结构房屋，震后基本完好

图 1-16　砖柱下部破坏

原因有四。一是震前唐山市的地震基本烈度定为 6 度，低于建筑抗震设计规范规定的设防烈度，因而几乎所有房屋、工程设施和设备都没有抗震设防，广泛采用的砖石砌体和预制装配式结构经不起大地震的袭击；二是唐山市路南区建在活动断层上；三是唐山、丰南南部及滨海地区发生大面积沙土液化；四是主震后发生 7 次 6 级以上强余震，特别是 1976 年 7 月 28 日下午 6 时 45 分滦县发生的 7.1 级和 1977 年 5 月 12 日宁河发生的 6.2 级两次强余震，加重了地震灾害，使大量受损而未倒塌的建筑物破坏更为严重或倒塌。

图 1-17　砖柱砖墙工业厂房下部破坏

1.6 生命线系统震害[14,15,16,17,18]

生命线是分送资源，输送人员与货物，及传送信息的复杂系统。它包括电力、煤气、热力，以及液体燃料等的发生、输送和供给的能源系统，电报、电话、电传，广播、电视、邮政及报纸等传送信息的通信系统，城市道路、公路、铁路、机场、码头等运输系统以及供水、排水、液体废料及固体垃圾排放等卫生系统。

生命线系统有其独有的特点。首先，它绵延数千米以至数百千米，分布在一个相当大的范围内，是一种“面”结构，不像房屋等其他工程结构，建造在很有限的用地面积上，是一种“点”结构。在土地私有制的国家，生命线系统的建设还要受到用地权的制约。其次，生命线系统乃由若干“环节”组成，是内部相连的“网络”，一个环节或一处破坏就会影响系统的功能。第三，生命线系统对人类的活动，尤其是城市人员的活动至关重要。在一座城市，生命线工程的价值有时可达整个城市财富的一半。如输送燃料的生命线破坏，可能会引起火灾，造成给水和排水系统同时破坏，可能会使饮用水污染；电力中断会使泵站停止运转，而导致供水中断。第四，与房屋相比，生命线工程的地震破坏更多地与土壤变形和破坏相关联。第五，生命线系统抗震研究面临着许多新的问题。例如，生命线工程破坏的定义就尚待研究。地震时，一座桥梁倒塌了，可以绕道，只是时间要长些；一座房屋倒塌了，除非重建，不能用其他途径再现房屋的功能。

强烈地震后，生命线系统破坏的事例屡见不鲜，造成的次生灾害和震后救援困扰更是难以忘却。本节根据 10 余年来国内外强震，特别是 1976 年唐山地震的经验，叙述了各类生命线系统在地震时的表现，从中引出经验教训，以进一步了解生命线工程的抗震性能，拟定相应的预防措施，达到减轻地震灾害的目的。

1.6.1 供水系统

唐山市区及天津市汉沽、塘沽区均以地下水为水源，天津市区则主要靠地面水源供水，给水管网多为铸铁管。7 月 28 日地震后，由于管线与水源井破坏，供水中断。唐山市 8 月 10 日开始全市供水，9 月下旬基本恢复正常；天津市 8 月底恢复到震前水平。表 1-5 为唐山市区、天津市区及天津市塘沽区直径 75mm 以上铸铁管供水管线的破坏率（每千米管线平均破坏处数量）。

图 1-18 为天津市区铸铁管供水管线破坏率与其直径的关系。从图可见，地下管线的破坏特点如下：

---

[14] 叶耀先，生命线系统的抗震问题，出国参观考察报告—从第七届世界地震工程会议看地震工程学的最新进展，北京：科学技术文献出版社，1982，第 69～83 页。

[15] 叶耀先，魏琏，陈聃，浅埋地下管线振动性状，地震工程论文集，北京：科学出版社，1982。

[16] EERI，Reducing Earthquake Hazards，Lessons Learned from Earthquakes，1986

[17] 叶耀先，唐山地震对生命线系统及其他城市要害设施的破坏和经验，魏琏、叶耀先、陈寿梁主编，唐山地震 10 周年《中国抗震防灾论文集》下册，第 2-277—2-283 页，1986

[18] Ye Yaoxian（叶耀先），Damage to lifeline systems and other urban vital facilities from the Tangshan，China earthquake of July 28，1976，Proceedings of the Seventh World Conference on Earthquake Engineering，Sept. 8-13，1980，Istanbul，Turkey，Vol. 8，p，169-175

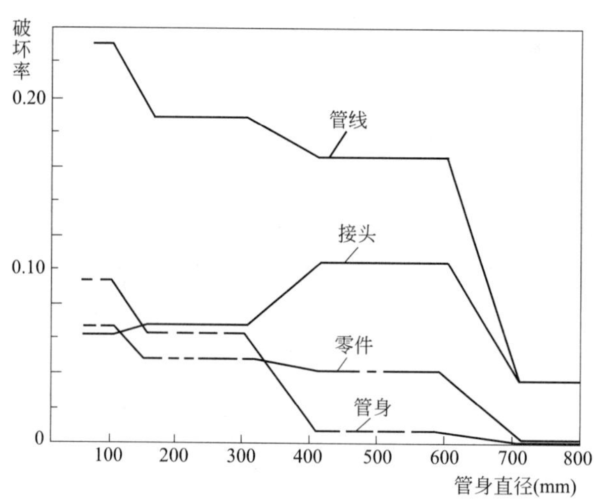

图 1-18 天津市区供水铸铁管线破坏率与其直径的关系

(1) 管线破坏率随管身直径的增大而减少。管线破坏大体上有接头破坏（接口拔脱、大头分裂、套箍断裂等)、管身断裂和零件（弯头、三通、四通及阀门等）破坏等三种类型。直径为 75～300mm 的管线，三种类型破坏率大体相近，而更大直径的管线，接头破坏率最高，但管身却很少破坏。

(2) 管线破坏同周围土质关系很大。天津市塘沽区地震烈度虽为 8 度，但土质最差，破坏率达每千米 4.14 处；而唐山市区地震烈度虽高达 11 度，因土质较好，破坏率仅为每千米 3.86 处。调查表明，埋设在松散土、河、沟、坑边缘及其他松散土壤或严重不均匀土壤内的管线，都遭到严重破坏。例如，唐山市陡河附近直径 400mm 的铸铁管线，在 200m 内就有 10 处破坏，破坏率高达每千米 50 处之多。

(3) 管线附属零件破坏率很高，达每千米 0.82 处。少数管线采用胶圈柔性连接，震后基本完好，但刚性接口的管线破坏率则高得多。

唐山地区和天津市 75mm 以上铸铁管供水管网震害 **表 1-5**

位置	管线直径(mm)	长度(km)	平均破坏率(处/km)			
			接头	管身	零件	小计
唐山市区	75～100	36.25	1.77	0.99	—	2.76
	150～200	30.04	3.60	0.17	—	4.77
	250～400	35.24	4.03	0.45	—	4.48
	600	4.77	1.89	0	—	1.89
	合计	306.3	3.04	0.82	—	3.86
天津市区	75～100	302.7	0.063	0.086	0.066	0.215
	150～300	379.9	0.068	0.063	0.053	0.184
	400～600	146.3	0.116	0.007	0.041	0.162
	700～800	27.0	0.037	0	0	0.037
	小计	855.9	0.074	0.060	0.054	0.188
天津塘沽区	75～100	35.51	1.58	2.56	0.42	4.56
	150～200	27.36	1.54	1.06	1.64	4.24
	250～400	12.28	1.87	1.22	0	3.09
	600	1.85	1.62	0	0	1.62
	合计	77.00	1.61	1.75	0.78	4.14

（4）钢管抗震性能最好。天津市直径 600mm 输送天然气的管线，长达 60km，没有一处破坏，但锈蚀钢管抗震性能极差，破坏率竟高达每千米 20 处。

（5）塑料管抗震性能较差。天津市武清县杨村，地震烈度为 7 度，长 3.8km 直径为 50～230mm 的塑料管有 8 处破坏，破坏率达每千米 2.1 处。

国外强震分析结果与上述雷同。比如，管线最严重的破坏发生在滑坡区、液化区，以及由于断层位移造成土层断裂的地区；延性管材和柔性连接的管线的抗震性能优于脆性材料和刚性连接的管线；但在土层和地表断裂的地段，管线本身和接头破坏很难避免；锈蚀会降低铸铁管线的抗震性能，震后会加速锈蚀部分的破坏，并使渗漏日趋严重。

研究指出：埋地管线主要受纵向摩擦累积形成的轴向应变作用；地动引起的水锤会使管线内压力突增，设置压力释放阀可以减轻此类危害；延性管线，如焊接钢管的抗震性能取决于焊接的整体性。先进的对焊管线表现很好，但是 1930 年代初期或以前，用气焊或电弧焊焊接的管线，尤其是煤气管线，则并非如此；地下管线管沟填入材料越松软，地震时所受的应变越小。

1.6.2 水井与泵站

水井由井筒、泵及连接管线和防止砂砾进入泵体的井罩或井室组成。泵站则可分为引水结构、泵、阀及有关电控设备等部分。

1976 年唐山地震表明，井筒破坏主要取决于周围土质条件，而井室破坏则主要取决于所在地段的地震烈度和结构形式（图 1-19）。位于 7～11 度区中硬土层内的 49 眼井，井筒无一眼破坏；而软土层中的井管，7 度区 5%～8%破坏，9 度区 29%破坏，位于 10 度区的 6 眼井，全部遭到破坏。在 7～11 度区，地下井室基本完好，而建在地面以上的重屋盖井室则破坏殊多，在 10 度和 11 度区，无一幸免。

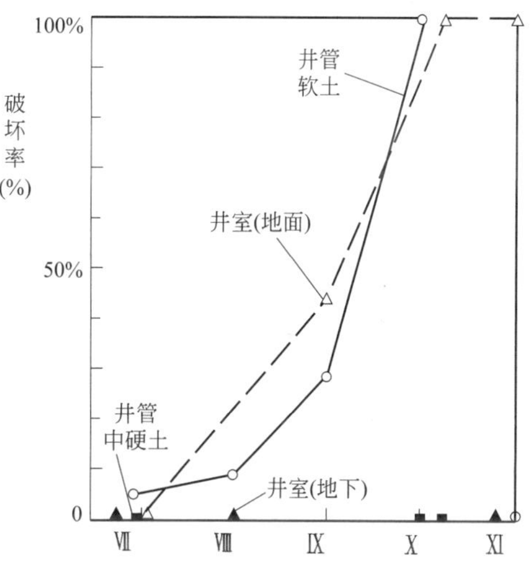

图 1-19　唐山市和天津市井管、井室所在地段地震烈度与破坏率关系

国外强震经验表明，井筒可能因土壤运动而破坏，含水层可能破坏或受到污染，井罩可能被堵塞；引水结构易因地震惯性力、沉降和滑坡而破坏；泵及其他重型设备地震时可能移位，需采取抗移动措施；锚固的设备表现良好，但减振器上没有限位措施的设备破坏更为严重；电力中断会使未受破坏的泵站停止运转，管线破坏会使水溢出，从而造成电器元件短路或其他损坏，用作启动备用马达的蓄电池应采取防倾覆措施。

1.6.3 排水与水处理

排水及水处理工程设施的震害事例甚少。国际上至今尚未研究出经济的抗震设计方法，特别是抗差异地动的设计方法。

唐山地震时，唐山和天津两市 1161 千米排水干管虽然受到一定破坏，但并未产生严重污染及其他严重后果。唐山市内的立交地道桥震后因泵房倒塌，雨后积水，曾影响交通：有的地段管道破坏，土壤流失，造成地面塌陷和房屋破坏。应注意避免这些排水系统破坏而引起的次生灾害。

国外强震经验表明：大型水处理结构对其基础土壤的不均匀沉降非常敏感；管线与水处理结构的连接处易遭破坏，且可能会发生大的相对位移；调节胀缩的构件的柔性不足以调节地动引起的位移；地震动会加速由于锈蚀、交通和土壤沉降而引起的破坏。

1.6.4 桥梁

1971 年美国圣菲南多地震前，一般认为大多数桥梁的破坏不是源于地震的振动效应，而是由于地震引起的土壤破坏所造成。但是，以后的调查研究说明，很多破坏是振动效应引起的。1976 年以来的多次强震（如 1976 年唐山地震，Mindanao 地震，1978 年 Santa Barbara 地震，日本官城县地震等）都说明，土壤破坏和振动效应都会引起桥梁破坏，何者为主，需视具体情况而定。

我国铁路和公路桥梁主要采用钢筋混凝土或预应力混凝土简支梁（少数铁路桥采用钢梁），实心混凝土墩（少数采用石砌墩）。铁路桥梁多用沉井或钻孔桩基础，公路桥梁则多用钻孔灌注桩。1975 年海城地震和 1976 年唐山地震，桥梁都遭到了很大的破坏，公路桥梁的破坏尤为严重。1976 年 7 月 28 日唐山地震，桥梁破坏造成的交通中断到 8 月 10 日才基本恢复，公路桥梁有 30 余座严重破坏或倒塌。唐山和天津地区破坏的公路桥梁长度分别为桥梁总长的 62%和 21%，铁路桥梁有 40%遭到不同程度的破坏。

唐山地区和天津市遭到严重破坏的 15 座公路和铁路桥梁简况和震害如表 1-6 所示。

唐山地区和天津市遭到严重破坏的 15 座公路和铁路桥梁简况和震害　　表 1-6

序号	桥名	桥梁简述				破坏情况
		总长(m)	墩高(m)	结构简述	建成年份	
1	胜利	66.4	6.5	5 跨钢筋混凝土 T 形简支梁，3ϕ80cm 墩，单排ϕ100cm 钻孔桩，石砌台身	1966	两孔落梁，墩均向河岸倾斜，最大达 14.5°，桥台均向河心移动，两头路基下沉，河岸滑坡严重，桥孔缩短 2.6m
2	稻地	50.4	4.2	3～16.8m 钢筋混凝土微弯板梁，单排双柱墩，单排 2ϕ80cm 灌注桩	1972	墩台、桩对称向河岸倾斜。墩台固定螺栓剪断。岸台间缩短 3.2m，全部桥墩与盖梁连接处沿桩周边开裂，桥梁引道下沉 50cm，两岸河堤下沉 1.5m
3	雷应沙河	216.4	20	7～10m 钢筋混凝土板梁，11～11.4m 钢筋混凝土 T 形梁，2ϕ80cm 墩	1966	唐岸起 7 号墩倾倒，二孔落梁，墩与梁纵向相对位移 1.05m。其余 T 形梁纵、横向均有位移，最大达 40cm
4	沙河驿	184.7	1.5～3.5	17～10.5m 钢筋混凝土空心梁板，双柱墩台，单排双柱桩 2ϕ80cm	1968	上部横移，台心向河心倾斜，两岸桥台桩柱与盖梁连接处开裂
5	芦台	170	10.5	1～50m 系杆拱，2～20m 钢筋混凝土 T 形梁，4～12.5m 钢筋混凝土 T 形梁，2～6m 钢筋混凝土板梁。重力式墩及柱式墩。基础为：主孔 56 根 35cm×40cm 方柱，其余分别为 20、14 及 5 根方柱，入土 12～16m	1960	50m 系杆拱跨与河岸 1 孔 12.5mT 形梁下落，T 形梁纵向位移 30cm，横向位移 40～90cm 不等。桥面扭转。岸坡向河心滑移，全桥缩短 1.8m，50m 跨主孔缩短 1.2m。墩台开裂倾斜

续表

序号	桥名	桥梁简述				破坏情况
		总长（m）	墩高（m）	结构简述	建成年份	
6	滦河（滦县）	789	10.5	35～20m 钢筋混凝土 T 形梁。石砌墩。单排 $2\phi1.25$m 钻孔桩，桩长 28～30m，配筋 $20\phi25$	1973	主震后尚可行车。7.1 级余震后 23 孔落梁，20 个墩倒塌，余墩均裂，梁纵横移位
7	汉沽	176.2	8	11～16m 钢筋混凝土 T 形梁，钢筋混凝土墩，桩基	1970	墩裂缝倾斜。梁体移位。沙土液化
8	石门	59.1	0.5	7～6m 石拱，石墩，石基础	1966	边孔拱圈与侧墙脱开。腹拱剪断。桥台侧墙水平开裂，台下沉。桥头填土下沉 40cm
9	瓜村	696	6.7	31～20m 钢筋混凝土 T 形梁，石墩，桩基。	1973	主震后尚可行车。7.1 级余震后自滦岸起 10 号墩折断倾倒，10、11 孔落梁，梁体移位，23 个墩裂缝
10	于家岭	701.5	3～9.2	52（2～13.25m，50～13.50m）钢筋混凝土 T 形梁，钢筋混凝土墩，桩基	1970	梁体移位很大。滚动支座脱落。沙土液化
11	华北（东堤头、永定河）	486	8.9	36～13.5m 钢筋混凝土 T 形梁，双柱墩，$2\phi80$cm 钻孔桩	1970	各墩柱与盖梁连接处开裂。北岸起 9 号墩辊轴支座处梁间隙加大 4.5cm。梁横移 1cm
12	陡河（唐遵铁路桥）	48.3	7.0	3～16m 钢筋混凝土梁，T 形混凝土桥台，圆形混凝土墩，钻孔桩基，桩长 24m	1970	两端桥台向河心滑移。桥孔缩短 3.7m。梁体窜动。墩台断裂
13	东山铁路 105 号桥	677.4	9.4	2～9.14m 钢筋混凝土拱，20～31.5m 钢板梁，混凝土墩，震前在 9 孔钢梁上采取防落梁措施	1939	主震损坏很轻。7.1 级余震后严重破坏。山台向河心移动 21.3cm。部分墩移位。钢梁窜动。墩裂
14	京山铁路 55 号桥	168.7	4.5～5.2	2～62.8m 钢桁架，4 钢梁，石台，石墩，混凝土桩基	1887	两端桥台向河心移动。全桥缩短 2.25m。1、3、6 孔梁滑出桥墩，由钢轨悬吊，梁体移位。墩裂
15	京山铁路 50 号桥	502.1	7～10	20～23.8m 预应力混凝土梁	1971	两端桥台向河心滑移。全桥缩短 1.14m。梁体移位

图 1-20 为表 1-6 所列 15 座桥梁的所在位置和地震等烈度线，图中实线为 7.8 级主震的等烈度线，虚线则为 7.1 级余震的等烈度线。

唐山地震桥梁震害的主要经验有：

（1）同铁路桥梁相比，公路桥梁破坏更为严重，落梁者甚多，因此应改进公路桥梁的抗震设计和施工。

（2）桥梁破坏固然同地震烈度有关，但地基土质条件影响更大。唐山地震时，有些桥梁虽在地震烈度为 10～11 度地区，但因桥址土壤密实，破坏并不严重；而桥址在淤泥质土层上的桥梁，虽在地震烈度为 7～8 度地区，却遭到严重破坏。1975 年海城地震也发生同样情况。可见，桥址应尽量选择在坚硬的土层处。

（3）常见的桥梁破坏现象有：1）路堤下沉，桥台因桥头路面及两岸土体失稳而向河

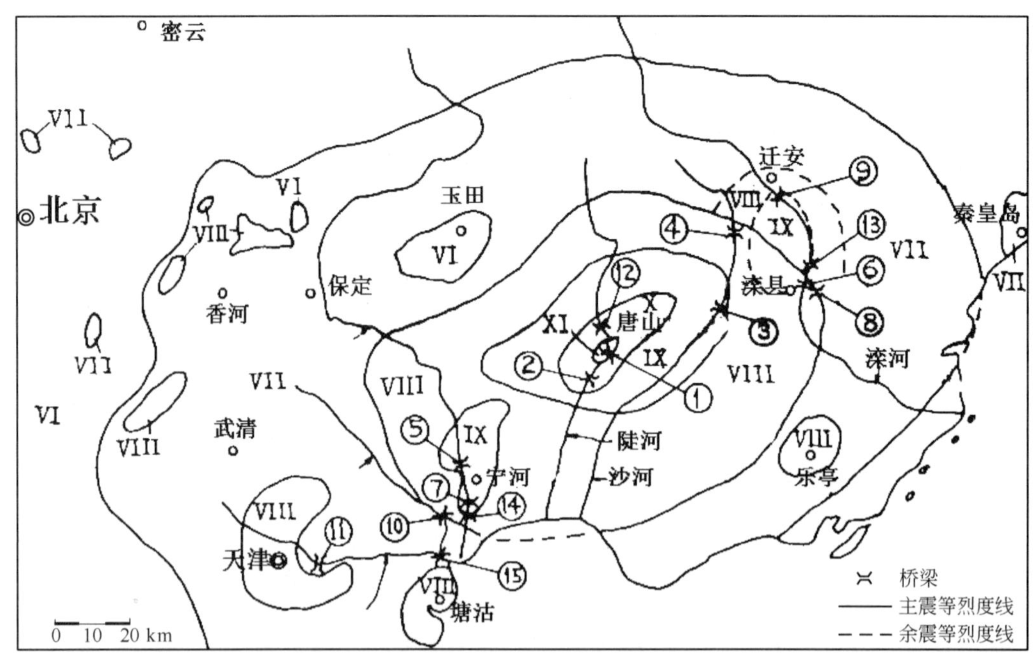

图 1-20　表 1-6 所列 15 座桥梁的所在位置和地震等烈度线

心滑移，造成桥孔缩短，桥墩倾斜、断裂，以及纵向落梁。修建护岸，采用较深的群桩、在墩台基础之间设置拉梁，可防止此类破坏。2）河中的桥墩因地基土壤液化而沉陷、倾斜或断裂。采取穿过液化土层的深桩基并将各个墩基连接在一起，是防止这类破坏的有效措施。3）因地震侧力作用，梁体在纵、横向移位、碰撞，支座锚栓剪断，甚至落梁。加强梁、板之间的纵、横向连接，适当加宽墩帽或设置挡块可避免或减轻此类震害。

（4）地震累积破坏作用不容忽视。1976 年唐山地震 7.8 级主震以后，滦县瓜村公路桥和京山铁路 105 号桥破坏轻微，尚可行车，但在 7.1 级强余震时，铁路桥遭到严重破坏，公路桥发生落梁。

（5）混凝土桥墩内设置箍筋，可以减轻破坏。

国外经验与上述相似，有些报告指出，桥梁倒塌可能起始于混凝土连续桥的伸缩缝，故对桥梁上部结构铰的设计应特别留意。

1.6.5　公路和铁路

国内外强震经验指出，铁轨变形和公路的破坏主要由于地面断裂、土壤破坏、巨大的地震侧力和竖向地动所造成；路面的裂缝则主要是路基土壤不稳定所引起；挖、填方部分易遭破坏。防止这些破坏比较有效的措施有：正确分层并压密填土，尽量降低挖方和填方高度，对路旁天然斜坡的地震稳定性做出评定等。

1.6.6　机场

机场主要由跑道、滑行道、停机坪、通信设施及控制塔，候机室等组成。强震经验说明，正确设计的跑道、滑行道及停机坪，在地震时表现良好，但通信能力一旦丧失就会使机场无法使用，如 1964 年阿拉斯加地震时，机场曾因控制塔破坏而不能使用。

唐山地震时，唐山机场除地面建筑有些破坏外，跑道、滑行道、停机坪，控制塔等均可使用。震后迅即通航，对抗震救灾，特别是运送重伤员和应急物资起了重要作用。

为保持机场有良好的抗震性能，需要注意三点：一是跑道、滑行道和停机坪，应注意道面和铺面的设计与施工，填土要分层夯实，以减少裂缝；二是控制塔要提高设防标准，确保地震时安全；三是机场要有备用电源，以便在市电中断后仍可正常工作。

1.6.7 港口

港口设施的破坏主要是地震引起的土壤破坏所造成，船坞、码头结构对地震的振动效应不太敏感。历史上，土壤液化和海啸曾经给港口带来严重破坏。1985 年 3 月智利地震时，在圣安东尼奥港，码头的岸墙，因土壤液化而沉降或倒塌，大型起重机脱轨倾覆，有些还砸坏邻近的仓库。减轻海啸破坏作用的措施有：设置专门的护岸和防波堤，把港口建筑在高于海啸可能达到的高度之上，在岸边种草可阻止海啸上涨。

1976 年唐山地震时，天津市内河岸码头未受损坏，但土质差的塘沽区码头却破坏颇多。近 5km 长的海港深水码头有一半破坏，2.5km 长的河港浅水码头破坏达 74%。可见，与土工有关的地震破坏对码头破坏起主导作用。

1.6.8 隧道

地震时，隧道一般不会破坏，除非在断层发生较大永久位移的地方。但在靠近入口处的内衬壁则常有表面裂缝，入口处的斜坡最常发生破坏。到现在为止，尚未发现地震后隧道严重破坏的实例。

经验说明：有衬砌隧道的抗震性能优于无衬砌者。隧道应尽量避免有断层穿过。隧道交接处、弯曲部分，形状改变处、结构材料变更处等薄弱部位易遭破坏，应多加注意。有趣的是，地表加速度峰值及质点速度分别小于或等于 0.4 伽及 400mm/s 时，隧道保持基本完好。1985 年墨西哥地震证明，这个说法是正确的。

1.6.9 煤气系统

天津市煤气有天然气管道输送及液化气瓶装供应两种。1976 年唐山地震时，天然气系统仅局部管段裂缝漏气，气柜导轮导轨破损，配气站等建筑破坏。7 月 31 日开始恢复供气，8 月底基本恢复供气。瓶装液化气系统破坏轻微，许多空瓶倒下，但并未着火。震后瓶装液化气不但满足原有用户需要，还为 100 多个医疗单位提供急需用气，说明瓶装液化气是抗震性能良好的城市气源。

1.6.10 电力系统

电力系统主要由三部分组成：一是电站；二是高压传输系统和中、低压配电系统；三是控制系统和电流保护装置。

唐山地震时，唐山市电厂和变电站建筑普遍倒塌、破坏，设备被砸坏或震坏，致使全市供电中断。7 月 28 日靠北京送去的发电车供电。7 月 29 日，北京电力通过电网送到唐山。正在施工的陡河电站，建筑物受到严重破坏或倒塌，但悬吊锅炉却保持完好。唐山电厂于1976年底达到震前生产水平。

1. 在电站方面，主要的抗震经验有：

（1）锅炉与厂房建筑之间的妥善的抗震拉结可以防止其间的相互碰撞；

（2）把设备和储液器锚固在结构框架上可以防止其倾覆、滑移及相互碰撞；

（3）管路与其他装置应留有足够间隙和约束，以防管道动力反应产生系统相互作用，造成破坏；

（4）设备的支承应有调节地动放大作用的功能；

（5）透平机支座和厂房之间的缝隙宽度不够时会产生强大冲击，使透平机损坏；

（6）蓄电池支架倒塌会使应急电源中断，应注意正确安装和设计蓄电池和支架；

（7）为防止放在隔振器上的应急用电机不致从基座掉落，应将其妥善锚固。

2. 在输电和配电方面，主要抗震经验有：

（1）增加阻尼装置可以大大提高高压断路器的抗震性能；

（2）变压器、断路器、蓄电池及操纵台等必须牢固地锚于其混凝土基础或其他支承上；

（3）高压（≥220kV）的瓷绝缘子、瓷绝缘套管及瓷支柱是电力系统中抗震性能最为薄弱的元件，破坏难以完全避免；

（4）高压输电线和塔架在地震时一般不易破坏。电力系统的控制室，地震时大多表现良好。

1.6.11 通信系统

1976年唐山地震时，通信建筑倒塌及架空明线破坏，使唐山市通信系统全部中断。天津市内42%电话中断。7月28日上午利用唐山郊外机务站，通过地下电缆同北京沟通通信，9月1日恢复到震前水平。通信系统的抗震经验主要有：

（1）中央交换台的主要震害是由于高而窄的转换设备支架倾倒所引起。

（2）增加侧向支撑是保护设备免于地震破坏的有效措施，已被广泛应用。

（3）输电杆一般表现良好，倾倒主要发生在土质松软地段。

（4）蓄电池和备用电机必须锚固。

（5）即使通信设备未遭破坏，震后用户过于集中，听筒从其架上掉落，也可能使电话系统丧失功能。

1.6.12 医疗设施

地震后，唐山市医院建筑尽皆破坏和倒塌，造成医疗活动完全中断。全靠外地来的医疗队进行救护。为保障医院震后能正常运行，应提高医院建筑的抗震设防标准。

1.7 震后应急反应[19]

这个阶段大致是从震后1～2天到震后1～2个月。震后1～2天是灾区人民生活最为

---

[19] 叶耀先、冈田宪夫．地震灾害比较学．北京：中国建筑工业出版社，2008，111-112，135页

艰难的日子，由于中央政府获得准确的灾情信息较晚，救灾人员和物资还没有到达，同时灾民尚处在恐惧和悲痛之中。那时，只有极少数灾民能够得到救济物资。因为，1976 年 7 月 29 日（即震后第二天）下午，中国人民解放军才开始向灾民空投食品等救济物资，以后，获得救济物品的人数逐日增加。根据对 1512 名灾民的调查，震后当天，只有 6.6%的灾民获得救济物资，震后 2 天获得救济物资的灾民增加到 24.9%，第三天和第四天以后，这个数字分别增加到 45.8%和 73.2%。

1.7.1 生活物资的应急供应

在应急阶段，对灾民生活物资的供应实行了建国以前和建国初期采用过的“供给制”，即通过灾民所在的单位、街道办事处或解放军官兵根据政府制定的定额，免费发放救济物资。“供给制”是一种用实物支付的体系，即向工作人员和他们的家属提供最基本的生活需要。这种制度在中国革命战争时期实行过，在中华人民共和国成立后的一段时间后也曾经实行过。对 2208 名灾民获得食品方式的调查表明，震后 3～10 天，在这些被调查的灾民中，46%灾民是通过“供给制”渠道获得的，25%灾民是通过解放军空投获得的，24%灾民是通过自己扒挖获得的，另有 5%灾民则是亲友给予的。而据对另外 2172 名灾民获得食品方式的调查则表明，震后 10～50 天，在这些被调查的灾民中，81%灾民是通过“供给制”渠道获得的，6%灾民是通过解放军空投获得的，10%灾民是通过自己扒挖获得的，另有 3%灾民则是亲友给予的。

1. 食品供应

食品短缺是地震发生后另一个需要优先考虑的问题。为解决食品供应问题，唐山地震以后采取的办法有：

（1）在北京和周边县以及其他省份把食物加工好并送往唐山；

（2）空投加工好的食物；

（3）向受灾地区分配和运输了大约 15 万 t 加工好的粮食。

2. 饮用水

地震刚刚发生以后，对遭受地震灾害的广大脱险群众来说，在炎热的夏季，没有饮用水是一个很大的问题。当时曾经采取了以下措施：

（1）外部援助。用汽车、马车、人力车从北京和周边的县向唐山市运水；

（2）使用存储的水，包括蓄水池、配水厂的蓄水，共约 6000t；

（3）使用井水。从市区的 30 多个自备水源井配上动力取水；

（4）供水到户。用组织全国支援的消防车、洒水车、油罐车运水，定点供水到户，或者把消防水龙带放在加压井边。

3. 物资供应

商业网点的恢复也同样非常重要。7 月 28 日到 8 月 31 日期间，在没有付款的情况下，包括粮食、蔬菜、食用油、猪肉、盐、咸菜、苏打粉、肥皂、煤油、妇女卫生巾等在内的 11 种货物，通过上述“供给制”免费定量提供。正常的商业供应体系直到 9 月 1 日才得到恢复。到 1977 年底，共有 520 家商业网点恢复运营，为 1975 年震前全市所有商业网点的 74%。与此同时，恢复和新建了 50 多家指定出售特定物品的商店及流动售销点。

棉衣、棉被以及救济款也都及时地发放到处于困境中的灾民手中。

1.7.2 应急住所

由于灾后不可能马上给所有灾民提供临时住房，在震后1～2周到震后1～2个月里，许多家庭同其他家庭人员住、吃在一起，过着临时大家庭生活。根据对1367名灾民的调查，在震后1个月里，住、吃在一起的占76%。

在这个阶段，绝大多数灾民住过简易防震棚或帐篷，根据对1512名灾民的调查，住过简易防震棚的占77.4%，住过帐篷的占14.5%。

临时住房建设是震后急需解决的迫切问题。到1976年10月底，唐山市共建成37.9万间临时住房，其他受灾地区共建成157万间住房。

1.7.3 人员搜救

解放军部队官兵于1976年7月28日上午11时30分到达唐山。在地震发生后的3天内，大约有10万部队指战员、2万医疗工作人员以及3万专业人员到达唐山参与搜寻、营救和救援工作。搜寻和营救工作于1976年8月11日结束，当天，最后5位井下矿工获救。

唐山地震表明，地震发生后，当地社区和邻里内部的自救和互救是营救地震被困人员的最为及时、最为有效的办法。1976年唐山地震发生后，大约60万人被困在倒塌的建筑物里，其中80%是靠自救和互救解脱出来的。驻唐山市的部队官兵人数只占进入唐山市救援的部队官兵总人数的20%，但他们解救出来的人数却占到了进入唐山市救援的部队官兵解救的总人数的96%。

图1-21所示为不同救助者救出人员数占总救出人员的比重（%），这是根据震后对431名地震后被困人员的调查结果绘制的。从图可见，在这些被困人员中，有96.8%是被家人或邻居解救出来的。这充分说明了地震发生以后社区和邻里范围内的自救和互救是多么重要。

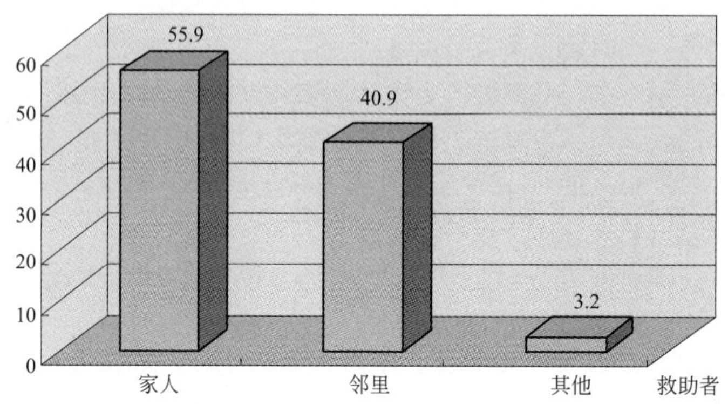

图1-21 不同救助者救出人员数占总救出人员数的比重

图1-22是离被困人员不同距离（m）的救助者救出人员数占总救出人员数的比重（%），这是基于对1172名获救人调查的结果绘制的。从图可以清楚地看出，84.6%的获救人员是在500m范围内的救助者从被困的房屋里解救出来的。

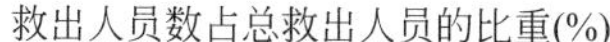

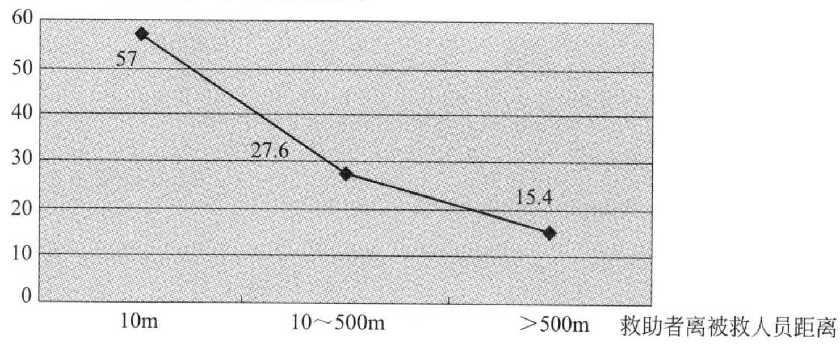

图 1-22　不同距离（m）的救助者救出人员数占总救出人员数的比重（%）

图 1-23 是 976 年唐山地震死亡率和地震烈度的关系。从图可清楚地看出，在地震烈度为 10 和 11 度地区，地震死亡率同所在地段的地震烈度密切相关，死亡率随地震烈度的降低而减少。但在 10 度以下则不很明显。

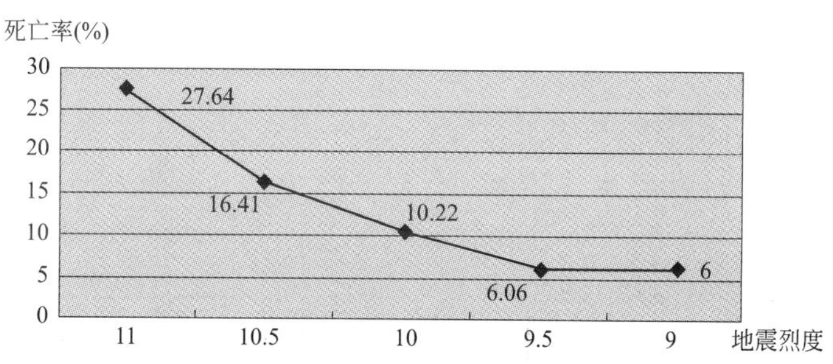

图 1-23　1976 年唐山地震死亡率和地震烈度的关系

1.7.4　卫生防疫

唐山地震发生在夏天，灾后防疫工作非常重要。地震夺走了唐山市 16 万多人的生命。地震后，有些尸体被挖了出来，有些则仍被压在倒塌的建筑物里，清尸工作十分困难和繁重。河北省抗震救灾指挥部经过调查确定，把尸体埋在离开市区 5km 以外的 8 个深葬公墓里，埋深均在 1m 以上。防疫人员和医疗队伍紧密配合以解放军部队为主的清尸队伍，将漂白粉洒在尸体上和尸体停放的地方，以消毒杀菌。为了解这种处理尸体的方法会不会污染环境，产生传染疫病，清尸防疫研究组先后采集尸体、尸坑、尸坑周围的空气、地下水和自来水，以及掩埋尸体的菜地上长出的白菜和萝卜等标本共 394 份，分别进行检验和分析，结果均未发现伤寒、痢疾、霍乱等肠道致病菌种。

保护水源和饮用水消毒是防止流行病暴发的重要措施。震后，固定水源都由解放军和民兵看守，卫生人员定时消毒；每一水车和抗震棚中各家各户和集体缸里的水和水桶里的水都有卫生人员消毒；农村主要通过修复简易自来水和机井，以及清掏大口井供水。由于采取了这些措施，控制了肠炎和痢疾等疾病的扩散。

为消灭灾区的蚊蝇，中央政府及时调灭虫飞机于 1976 年 8 月 9 日、8 月 16 日、8 月 23 日和 9 月 5 日先后 4 次（每次持续 2～3d）对唐山市区、郊区、东矿区和丰南县城进行了药物喷洒。1977 年 7 月 28 日和 8 月 18 日，又用飞机普遍喷洒 2 次。此外，灾区还动用

31 辆消洒车、1900 架喷雾器、5 万多具家用小喷子和数百吨杀虫药剂，广泛开展地面消杀。通过这些措施，防止了蚊蝇对疾病的传播。

对于患有传染病的灾民，及时进行治疗，并采取隔离措施，控制了传染源。

为预防流脑、乙脑、流感、痢疾、伤寒和副霍乱等流行性疾病的传染，根据唐山地区近十年的疫情发展变化，在震后的第一个冬季和春季重点抓了流脑和流感的预防接种工作。全地区成人接种了 400 万人份的流感疫苗，儿童打了 200 万人份的流脑预防针。由于采取这些措施，使这两种疾病的发病率分别比常年同期下降 95％和 71％。入夏后，集中抓了痢疾、乙脑、伤寒和副霍乱的预防，对乙脑、伤寒和副霍乱，以打预防针为主，对痢疾则以清理废墟和粪便垃圾污物、恢复卫生设施、开展讲卫生和消灭疾病的综合措施为主。

通过上述措施，达到了唐山市震后无大疫的目标。原来预计地震以后的第二年可能会有近百万人发病，结果到 8 月份，发病人数仅为 8.3 万人，第二年全年也没有超过 10 万人。

1.7.5 灾情信息

地震发生后，灾情信息掌握和传送是关键环节，但每次地震发生后都留有遗憾。1976 年唐山地震和 1999 年的土耳其依茨密特（Izmit）地震发生后，几乎什么灾害信息都没有。相反，日本 1995 年阪神-淡路大地震发生后 15～20min，日本的电视台就广播了。台湾做得更好，由于本身岛内面积小，加上有上千台强震仪的台网，强震仪几乎布满了台湾的每个角落。地震发生后，在几分钟之内，就掌握了灾情信息，并及时传送了出去。

唐山地震发生后，外界是 8.3 个小时以后才有了信息，也就是 498min 以后才有信息（图 1-24）。获知灾情信息后，抗震救灾指挥部于 12.3h 后建立，24h 后大批救灾部队就进入了灾区。日本阪神-淡路大地震发生 30min 后，外界就有了灾情信息，43min 后就建立了救灾指挥部，但是部队进入灾区却是在 36h 以后。我国台湾就完全不同，1999 年台湾集集发生 7 级地震以后，1.7min 之内就掌握了灾情信息，29min 后就建立了救灾指挥部，

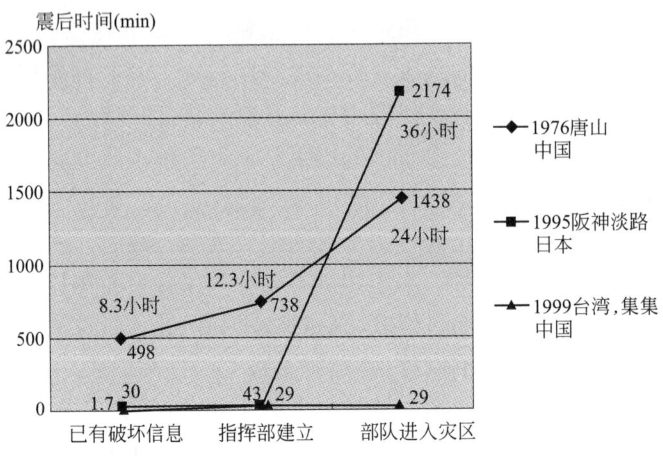

图 1-24　中日 3 次地震后灾情信息和应急活动比较

并且在同一时间，部队进入灾区。所以1999的台湾集集地震后的救援速度是世界上最快。

从图1-24比较看：日本灾情信息传送较快，但是部队进入灾区的时间却比中国晚得多，原因是日本部队要等知府向首相报告，得到首相批准后，部队才可以行动，在这之前都得等着，不能出发。中国部队进入灾区的速度最快，因为在中国，灾情就是命令。但也有一个问题，进入后如何尽快掌握全面准确的灾情信息，进而进行整合，上达领导，下传百姓，这方面中国还需要把社区建设成为有灾情信息、有训练、有准备的防灾社区。2008年5月12日汶川地震发生后，其实破坏性最大的不是汶川县城，而是北川县城和汶川县映秀镇。由于灾情信息不够全，有些地方救灾人员扎堆，有些地方却没有人去。

唐山地震后下了雨，加上当时城市现代化程度还不高，没有引发大火灾。

1.8 震后恢复[20]

1.8.1 生活恢复

唐山市社会生活的恢复，以居住生活为主线，从简易住房过渡到永久性住房。

1976年8月6日，即震后不到一个月，河北省唐山抗震救灾指挥部就召开建房工作会议，开始部署修建简易住房。当时的建房方针是："发动群众，依靠集体，自力更生，就地取材，因陋就简，逐步完善。"同时，提出简易住房要符合"防震、防雨、防火、防寒、防风"等要求。1976年9月，修建简易住房进入高潮，到1976年11月15日，唐山市和受灾县分别建成简易住房45.1万间和167万间，每户有1～2间。入冬前，灾民都从防震棚搬进了简易住房。

入冬前，向困难户发放了棉衣、棉被和救济款；对灾区群众冬季生活和取暖用煤做了安排；9月灾区恢复发放工资，并补发了8月份工资。

文教系统广大职工自己动手，先复课后建校。9月1日唐山市400多所中小学全部复课，破坏严重的唐山矿冶学院也在9月中旬复课。8000多名孤、老、寡、幼得到了妥善安置。

在1976年7月28日到8月31日期间，有11种物品免费定量供应。正常的商品供应系统于9月1日恢复。到1977年底，520个商业网点恢复，为1975年商业网点数的74％。

1.8.2 生产恢复

煤炭工业是唐山市的主要工业，在全国占有重要位置。在唐山地震灾后恢复初期，恢复的基本原则是"先恢复生产，后恢复生活"。根据这个原则，优先恢复工业生产，城市基本功能的恢复则放在了第二位。1976年8月4日，即地震后的第7天，唐山自行车厂开始恢复生产。地震后到8月中旬，开滦煤矿全矿区有70％的开采水平和60％的采煤工

---

[20] 叶耀先、冈田宪夫．地震灾害比较学．北京：中国建筑工业出版社，2008，第7章

作面被水淹没，56%的井下主排水泵房和53%的主扬程排水泵被淹，排除井下积水成了恢复生产的关键。震后3天，全矿区恢复电力供应。8月7日，开滦马家沟煤矿部分恢复生产。到1978年1月，共排除矿井巷道积水1.6亿多万t，修复巷道370多公里，修复100多个采煤工作面，抢修33000多台机电设备，修复地面建筑100多万m^2。到1977年12月，原煤平均日产量已达到地震以前的水平。

8月11日，唐山电厂第二机组开始运行。唐山钢铁厂地震时也遭到了破坏。1976年8月25日出第一炉钢，9月5日恢复生产。1977年12月，日产钢8.2万t，超过了地震以前的生产水平。

陶瓷工业震后很快恢复了简易生产，经过1977年的大规模修复和重建，到1980年底基本恢复到震前的生产水平。

轻工业生产直接关系到抗震救灾和人民生活。各企业职工本着自力更生、艰苦奋斗、积极排险、因陋就简、就地取材和先易后难的原则，能恢复一条生产线就恢复一条生产线，能恢复一个车间就恢复一个车间，到1977年3月，即震后8个月，唐山地区692个县和市辖区以上的受灾企业中，有666个恢复了生产，占受灾企业总数的96%。

1978年工业总产值达21.6982亿元，为1975年工业总产值的96.85%。工业生产的恢复用了2年5个月的时间。

1.8.3 生命线系统恢复

1. 供电

地震后，唐山发电厂和陡河发电厂都遭到了严重的破坏，主要由于发电厂和变电站房屋倒塌，里面的设备被砸坏，造成供电完全中断。供电系统的恢复可分为4个阶段。第一阶段是把北京的电力送到唐山。地震后当天，从北京调来发电车，为指挥部供电。第二天18时，玉田到唐山的输电线路得到恢复，使北京的电力送到了唐山。震后第三天恢复了向市区水源地、机场和开滦煤矿送电。第二阶段是把一路受电发展到由北京、天津、承德和秦皇岛四路受电。1976年8月7日恢复了市区20多条主要街道的路灯供电，8月10日唐山市郊区10个县全部恢复供电。第三个阶段为增加供电能力。1976年8月27日唐山地区电力负荷增加到13.8万kW，其中煤矿用电达4万kW，183个工矿企业恢复供电。第四个阶段是恢复发电厂发电。1976年11月15日唐山发电厂全厂10台机组全部并网发电。1978年8月10日陡河发电厂的4台机组全部并网发电。

2. 供水

唐山市震后供水中断，主要是由于供水厂房、水塔等建筑以及地下管网和井管破坏所造成。许多管线被倒塌的建筑物压住，难以抢修。本着先水源后管网和先干管后支管的恢复原则，唐山市于1976年8月10日全市恢复供应饮用水，10月10日供水能力恢复到了震前的水平。唐山市在震后不能统一供水阶段，以每个补压井或水厂为基地，把市区划分为若干片，建立临时公用水栓，实行分区供水。在各片干管打通恢复后，及时并网，实行统一供水。天津市则在1976年8月底恢复供水。

3. 通信

唐山市震后通信完全中断。主要原因是：通信建筑倒塌，设备被砸坏；市内线路被倒塌房屋砸断；架空明线倒杆、断线、混线等。地震当天上午利用未破坏的地下电缆，接通了北京的第一条线路，下午接通了与省会石家庄的联系，开始收发电报。地震后的第二天，开通了唐山到北京、天津、石家庄、沈阳的直通电路。1976 年 7 月 31 日原有线路基本开通。1976 年 9 月 1 日完全恢复通信。

4. 交通

唐山和天津两市道路因房屋倒塌而堵塞，严重影响交通。唐山市内南北干线堵塞，震后 10 多个小时不能通车；通往丰润的唐丰路由于市内交通不畅和缺乏熟练交通指挥人员，压车达 10 余公里；天津市和平区 80％道路堵塞；唐山市胜利桥震毁，使市区与东矿区及外地交通暂时中断；宁河县蓟运河大桥倒塌，切断了通达到天津的道路。所有这些，都严重地影响了灾后的抢救工作。根据尽快简易恢复通车的原则，采用临时加固，垫实被毁公路，架设舟桥、木便桥、摆渡和浅水徒涉等措施，到 1976 年 8 月 15 日，唐山地区恢复了临时通车。1977 年 1 月 20 日，全部公路恢复通车。本着先修通后完善，先干线后支线和专线的原则，铁路交通恢复工作进展很快，到 1976 年 10 月底全部恢复，铁路运输能力基本达到震前的水平。

5. 供气

唐山市管道煤气和瓶装液化气系统地震后破坏轻微，1976 年 8 月底基本恢复。瓶装液化气震后不仅满足原有用户的需要，而且供应了几百个外来的医疗队，对救护伤员起了重要的作用。

6. 医疗

震后中央政府从 25 个省市抽调 8900 多名医务人员到灾区支援，震后不到半年，唐山地区恢复的简易医院、病床、医务人员平均达到震前的 90％以上，公社级卫生院规模普遍超过地震以前，保证了灾区的医疗和防病条件。

机场。唐山机场跑道震后基本完好，仅一些房屋建筑遭到严重破坏。震后机场仍可运行，运送了大量的伤员和救灾物资。

唐山市震后城市主要功能恢复情况如图 1-25 所示。

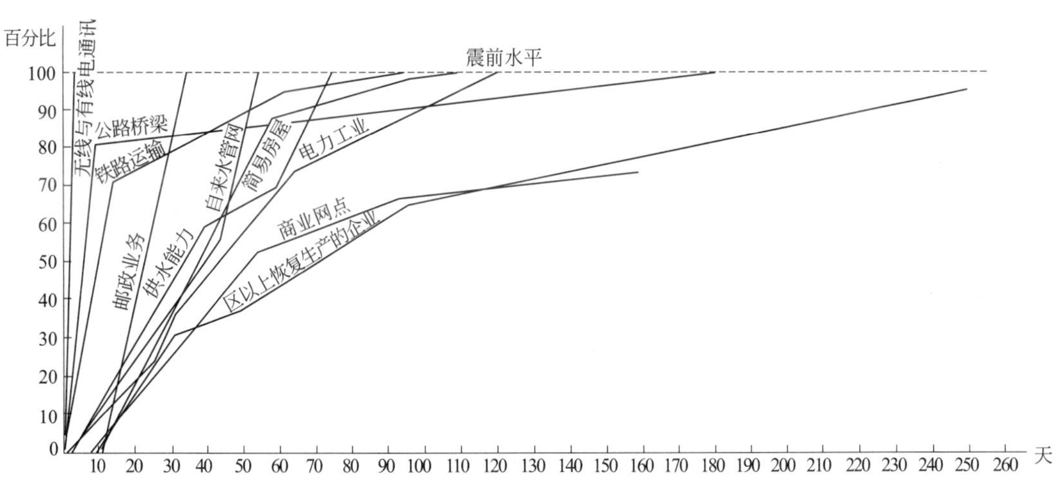

图 1-25　唐山市震后城市主要功能恢复情况（简易住房按 35.1 万间计算）

1.8.4 人口恢复

唐山市 1966～1986 年人口的机械变动情况如表 1-7 所示。根据表 1-7 绘制的唐山市 1966～1986 年年平均人口（人）变动和唐山市 1966～1986 年年人口净迁入率（‰）分别如图 1-26 和图 1-27 所示。

唐山市 1966～1986 年人口的机械变动情况　　表 1-7

年份	年平均人口(人)	迁入人口(人)	迁出人口(人)	迁入率(‰)	迁出率(‰)	净迁入率(‰)
1966	1063095	8566	22371	8.0	21.0	−13.0
1967	1075476	8276	4809	7.6	4.5	3.1
1968	1090910	10091	18982	9.2	17.4	−8.2
1969	1098649	11436	2679	10.4	23.7	−13.3
1970	1103822	9714	2436	8.8	21.9	−13.1
1971	1115798	10774	10730	9.7	9.6	0.1
1972	1133924	13346	10783	11.7	9.5	2.2
1973	1153543	11874	5946	10.3	5.1	5.2
1974	1171708	20544	11678	17.5	10.0	7.5
1975	1188140	20478	14146	17.2	11.9	5.3
1976	1133572	17396	17025	15.3	15.0	0.3
1977	1093054	47320	15573	43.3	14.2	29.1
1978	1152370	63070	10892	54.7	9.4	45.3
1979	1208873	178554	17455	147.7	14.7	133.3
1980	1245395	33026	16821	26.5	13.5	13.0
1981	1277402	25902	16790	20.3	13.1	7.2
1982	1313153	29380	11785	22.4	8.9	13.5
1983	1342111	16454	13841	12.2	10.3	1.9
1984	1358394	21177	12701	17.0	9.3	7.7
1985	1375554	13858	13037	10.0	9.5	0.5
1986	1397439	19930	10780	14.3	7.7	6.6

资料来源：邹其嘉、王子平、陈非比、王绍玉主编，《唐山地震灾区社会恢复与社会问题研究》，北京：地震出版社，1997，第 205 页。

从表 1-7 和图 1-26、图 1-27 可见：

（1）1975～1979 年间，唐山市年均人口变动很大，经历了一个快速下降和快速上升的时段，1977 年下降到谷底，年平均人口为 1093054 人；以后年平均人口迅速上升，1979 年上升到 1208873 人，超过了地震以前的年平均人口。

（2）1976～1980 年间，唐山市年人口净迁入率（‰）经历了一个急速上升和急速下降的阶段，1979 年上升到峰顶，1981 年恢复到地震以前的水平。

（3）表中的统计数字是以户籍关系变动为依据的，地震以后临时进入唐山的抗震救灾人员没有统计在内。实际上，从地震发生的 7 月 28 日到 7 月 31 日，在短短的 4 天里，就

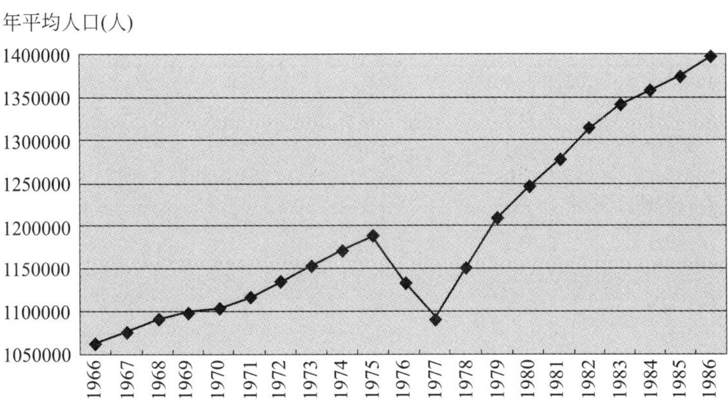

图 1-26　唐山市 1966～1986 年年平均人口变动

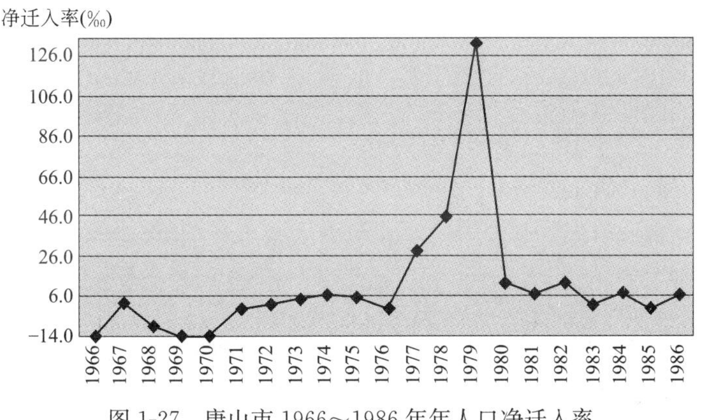

图 1-27　唐山市 1966～1986 年年人口净迁入率

有 15 万多人从全国各地来到唐山灾区，进行抗震救灾工作，其中包括 10 万多解放军官兵，2 万多医务人员和 3 万多政府官员和专业技术人员。据不完全统计，唐山市在地震以后不到 1 个月的时间内，向外地转移的伤病员就有 105589 人。如果把这些临时进、出唐山的人员也统计在内，则地震以后唐山的人口机械变动数量更为惊人。

唐山市 1966～1986 年人口的自然变动情况如表 1-8 所示。表中统计的地域范围含重建后的丰润新区，故表中数字和表 1-7 略有不同。图 1-28 和图 1-29 分别为根据表 1-8 绘制的唐山市 1966～1986 年年均死亡人口（人）和唐山市 1966～1986 年年均人口自然增长率（‰）。

唐山市 1966～1986 年人口的自然变动情况　　**表 1-8**

年份	总人口(人)	出生人口(人)	死亡人口(人)	出生率(‰)	死亡率(‰)	自然增长率(‰)
1966	1065603	23413	6893	22.0	6.0	16.0
1967	1085349	20121	5922	18.7	5.5	13.2
1968	1096471	26637	5884	24.4	5.4	19.0
1969	1100827	26096	6798	23.8	6.2	17.6
1970	1106816	25595	6511	23.2	5.9	15.5
1071	1124780	23620	6317	21.2	5.7	14.2
1972	1143068	22896	6350	20.2	6	14.2

续表

年份	总人口(人)	出生人口(人)	死亡人口(人)	出生率(‰)	死亡率(‰)	自然增长率(‰)
1973	1164018	19484	5916	16.9	5.1	11.9
1974	1179397	13766	6617	11.7	5.6	6.1
1975	1196882	15609	7133	13.1	6	7.1
1976	1070262	14546	144184	12.8	127.2	−114.4
1977	1115846	19360	6047	17.7	6.1	11.6
1978	1188894	24619	5579	21.4	4.8	16.6
1979	1228780	22126	5684	17.8	4.6	13.2
1980	1262009	22669	5982	27.7	4.7	13.0
1981	1292794	28745	6032	17.2	4.6	12.6
1982	1333512	31208	6093	26.2	5.1	12.1
1983	1350710	21056	5762	15.6	4.2	11.4
1984	1366078	17786	5913	13.0	4.3	8.7
1985	1385029	17122	6374	12.4	4.6	7.8
1986	1409848	20264	6576	14.5	4.7	9.8

资料来源：邹其嘉、王子平、陈非比、王绍玉主编，《唐山地震灾区社会恢复与社会问题研究》，北京：地震出版社，1997，第202页。

从表1-8和图1-28及图1-29可以看出：

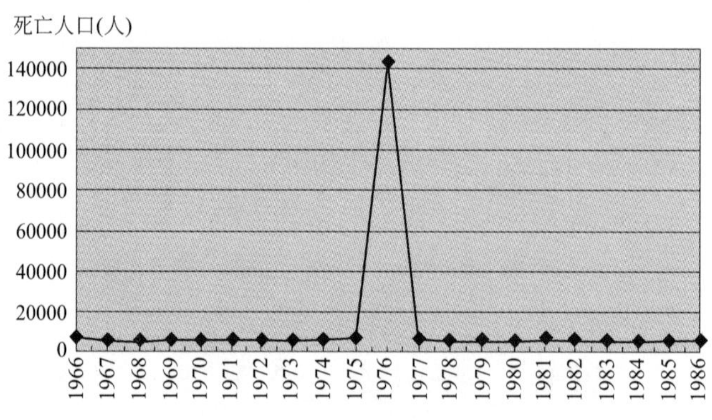

图1-28 唐山市1966～1986年年均死亡人口（人）

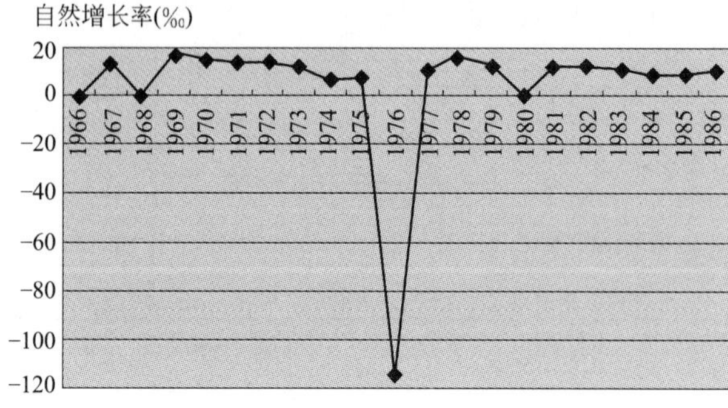

图1-29 唐山市1966～1986年年均人口自然增长率（‰）

（1）1966～1986年，除1976年以外，唐山市年均死亡人数在5579～7133之间，20年平均每年死亡6219人。而唐山地震发生的1976年，死亡人数高达144184人，是20年平均死亡人数的23倍多。

(2) 1966～1986年，除1976年以外，唐山市年均人口自然增长率在6.1‰～19‰之间，20年平均每年人口自然增长率为10.2‰。而唐山地震发生的1976年，人口自然增长率为－114.4‰，人口自然增长率下降达20年平均人口自然增长率的11倍多。

(3) 1966～1986年，除1976年以外，唐山市年均人口死亡率在4.2‰～6.2‰之间，20年年均人口死亡率为5.0‰。而唐山地震发生的1976年，人口死亡率高达127.2‰，是20年平均人口死亡率的25倍多。

1.9 房屋建筑和工程设施抗震经验[21,22,23]

1.9.1 房屋建筑

房屋建筑的倒塌是造成人员伤亡和设备破坏的主要原因。弄清其破坏机理和防倒塌措施是减轻地震灾害的重要课题。

多层砖房在唐山市有数百栋倒塌，主要是承重砖墙剪切裂缝的扩展所造成。但有少数砖房，在纵墙和横墙交接处设置钢筋混凝土构造柱，在每层楼盖处设置圈梁，并将构造柱与圈梁连接起来，震后，墙体虽有裂缝，但未倒塌。我国一些单位在以后所做的单片墙和整体房屋模型试验也证明，这一约束砌体的措施可以限制和延缓剪切裂缝的开展，提高抗倒塌能力。这一经验已被建筑抗震设计规范采用。

装配式单层钢筋混凝土厂房在地震烈度8到11度地区大量倒塌。在高烈度区，有些房屋因柱从根部或截面变化处折断，屋盖塌落。而屋盖及柱间支撑系统薄弱，则造成房屋纵向倒塌。屋架与柱连接不牢、屋面板与屋架连接不牢，以及端跨承重山墙倒塌等也是厂房倒塌的原因。但是，柱子强度足够、支撑系统完整的轻型屋盖厂房以及折板屋盖厂房一般都没有倒毁。可见，支撑、连接和柱是影响这类厂房倒塌的关键部位。无筋砖柱厂房抗震能力很差，往往因砖柱下部断裂或局部崩落而倒塌。

钢筋混凝土框架房屋在地震烈度10度和11度地区倒塌率虽然不高，但严重破坏者较多。倒塌皆因柱毁坏所致，而柱的主要震害有：上、下端水平裂缝，主筋压屈，柱身剪切裂缝及保护层剥落，钢筋滑动等。有强度较高的实心砖填充墙或钢筋混凝土嵌板的框架房屋没有倒塌，填充墙起了抗剪墙的作用。一座柱子采用螺旋箍筋的二层钢筋混凝土无梁楼盖结构，底层未倒，说明螺旋箍筋比一般箍筋对混凝土有更好的约束作用。

地下结构在地震烈度10度和11度地区破坏很轻，而其上面的地面建筑则几乎尽皆倒

---

21 叶耀先、刘锡荟．唐山地震的工程经验和城市地震防灾．北京：国家建委抗震办公室．1979年7月（中、英文，共22页）

22 Ye, Yaoxian & Liu, Xihui（叶耀先、刘锡荟）. 1980. Experience in Engineering from Earthquake in Tangshan and Urban Control of Earthquake Disaster, The 1976 Tangshan, China Earthquake, Papers presented at the 2nd U. S. National Conference on Earthquake Engineering held at Stanford University, August 22-24, 1979, EERI

23 Ye, Yaoxian（叶耀先）. 1979. Terremotos Destructivos Ocurridos en qnos recientes en China, REVISTA GEOFISICA, 10-11, pp. 5-22, MEXICO, 1979

塌。而且，凡有地下室的房屋，破坏都比没有地下室的房屋轻。地下结构破坏同其周围土质有关，一般位于松软土层中的破坏较重。有些地下结构的出入口被倒塌物堵塞，应注意避免。

砖烟囱在唐山震区数以万计，几乎全遭破坏。即使在烟囱高度中部以上部分，沿竖向及环向灰缝配筋，仍在上部断裂，成段倒下。但是，少数竖向钢筋锚固在钢筋混凝土环向圈梁中的砖烟囱，震后完好如初，说明锚固可靠的竖向钢筋可以防止烟囱上部断裂。用外包角钢或扁铁沿竖向及环向加固的砖烟囱，没有破坏，说明这种加固方法对提高砖砌体的延性和整体性作用明显。

在唐山震区，钢筋混凝土烟囱为数不多，百米以下者，震后基本完好。在地震烈度 9 度地区仅有的一座高 180m，按 7 度设防的钢筋混凝土烟囱，由于强度不足，主震时在 132m 高度处断裂，7.1 级余震时 132m 高度以上部分坠落。

农村存放粮食的土、砖圆仓，在地震烈度 9 度和 10 度地区，除老朽者外，很少破坏。说明圆形低矮结构有较高的抗震能力。

唐山地震时，在北京等地取得的强震记录及其后取得的余震记录表明，地面运动竖向与水平向加速度之比多在 2/3 和 1.0 之间，说明唐山地震地面运动竖向分量较大。有的厂房钢筋混凝土柱和砖烟囱出现多道水平裂缝，可能与此有关。

1.9.2 生命线系统

供电，供水、通信及交通等生命线一旦破坏，整个城市就陷入瘫痪。因此，保障生命线的安全对于抗震救灾和恢复生产都至关重要。

唐山市供电中断主要是发电厂和变电站房屋建筑倒塌，设备被砸坏或震坏所致。送电线路以及放在露天或地下室内而本身抗震性能又好的设备损坏很小。震后恢复供电主要靠京津唐电网。可见，保障主要房屋建筑的安全，对设备本身采取抗震措施，并尽可能放在露天或地下室内，采取高压送电线路和双路供电，并使电网成环，设置备用电源等都是确保供电的重要措施。

唐山市供水中断主要是供水建筑（如水厂房屋、水塔等）及地下管网破坏所造成。许多管线被倒塌的建筑物压住，无法检修。唐山地震说明，避免供水中断的主要措施有：保障供水建筑和设施的安全，用多水源分区供水，配水管用环状管网，管道用柔性接头，供水干线避开建筑物等。

唐山市通信中断的主要原因是；通信建筑倒塌，砸坏设备；市内通信线路被倒塌房屋砸断；长途和架空明线倒杆断线、混线等。但地下电缆大多基本完好，震后主要靠地下电缆恢复通讯。因此，保障通信建筑安全，对设备及线路采取相应措施，是保障通讯畅通的重要手段。

唐山市交通中断关键在于道路桥梁的破坏。铁路干线京山及通坨线分别破坏 69km 和 171km，路堤下沉、坍滑，路轨弯曲。桥梁主要震害有：墩台向河心滑移，桥墩折断，梁体纵、横向移位，落梁等。作为唐山门户的蓟运河和滦河大桥倒塌，震后架设浮桥才恢复交通。唐山地震说明：选择坚硬上层作桥址，加宽桥墩帽或设置挡块防止落梁，修建护岸或用较深群桩基础或在墩台基础间加拉梁，防止河岸土体向河心滑移及其所造成的震害，加强梁板结构整体性及支座锚固等都是防止桥梁倒塌的必要措施。

1.9.3 次生灾害

唐山是我国一个煤矿基地。虽然震后近万名井下作业人员安全返回地面，但矿井被淹却给恢复生产带来极大困难。震后井下涌水相当于震前的1.7到5.0倍，一个矿井每分钟最大涌水量高达160m^3。要经过一年左右才能恢复正常。因此，设置备用电源和应急排水设施是确保震后生产很快恢复的关键。

开平化工厂液氯车间阀门被砸坏，液氯溢出，幸遇震后下雨稀释才避免严重灾害。有的单位化学药品容器被砸坏引起爆炸或火灾。秦京输油管线，由于滦河公路桥倒塌而被折断，原油流入河中，污染了水体。

这些事实说明，对城市尤其是工矿区，应特别注意防止次生灾害。

1.9.4 设备

生命线的破坏，次生灾害的发生，以及生产中断都同设备破坏密切相关。

设备多为建筑物倒塌所砸坏。因此，保障建筑物的安全也就是保护设备安全。但是。重心低的贮罐和变压器移位，重心高的设备倾倒，泵类设备被与其相连的管道拉裂，精密仪器失灵，细长瓷套、瓷柱折断等设备本身的问题也不容忽视。所以，设备本身也要按抗震要求设计、加固。有些冶金用炉，由于停电而停风、停水，造成铁水、钢水凝于炉内，也是必须注意的问题。

1.9.5 城市规划

唐山市是一座有近百年历史的老城，人口密集，城市规划极不合理，从而加重了灾情。

唐山市路南区建筑密度高达70%，许多人被两侧建筑倒塌的块体砸死在狭窄的胡同里。震后交通堵塞，城外压车长达10余千米，市内南北干线堵塞十多个小时。唐山市位于山脚一带的市区破坏比其他地方轻，再次说明场地条件对震害有很大影响。可见做好城市居住区、道路和土地利用规划可以减轻灾害。

1.10 震后城市地震防灾工作

1976年，我国7度以上地震区面积约占全国面积的三分之一。在地震区内有38个50万人以上的大城市。国家计划兴建的骨干项目，有一半在地震区。为减轻未来地震灾害，唐山地震后的三年里，着重开展了以下工作。

1.10.1 对现有建筑物进行修复和加固

1975年海城地震以后，天津市一些单位对房屋和设备进行了加固，唐山地震时损失很小。天津发电设备厂震前加固的6万多平方米房屋，震后无一倒塌，就是很有说服力的例子。1976年7月28日唐山地震主震后，京、津两市修复加固过的房屋，1977年5月12日宁河地震时，大多未遭破坏。再次说明，震后修复和震前加固是减轻地震灾害的有效措施。

唐山地震以后，对现有建筑物的修复和加固首先在北京和天津两市开展。由于我国地震区面积很大，对于其他地震区，震前加固从哪里下手？根据唐山地震的经验，当时确定从有中期强震预报的城市抓起。为此，确定了一批重点城市，每年根据国家、地方和企业安排的资金和材料制定加固计划，首先加固重要设施、城市要害系统以及住房等。在两年多的时间里，修复加固了 4000 多万 m^2 的房屋，以及一批工程设施和设备。

修复必须结合加固。天津第二毛条厂三层钢筋混凝土框架房屋，1976 年唐山地震主震后只将柱子震坏部分作了简单修复，1977 年宁河地震时全部倒塌，说明修复要对建筑做整体考虑，不能只修复加固破坏的部位。

为使加固安全可靠，经济合理，1977 年国家颁发了《工业与民用建筑抗震鉴定标准》TJ-23-77，并组织编制了多种加固图集和资料。以后，又组织编制桥梁、市政工程和工业设备抗震鉴定标准。

1.10.2 修订抗震设计规范

位于地震烈度 10 度区的唐山市第一面粉厂面粉楼是 5 层钢筋混凝土框架结构，按 8 度抗震设防，是震前唐山市考虑抗震设防的极少数建筑物之一，震后基本完好，说明抗震设防效果显著。

唐山地震以后，对 1974 年《工业与民用建筑抗震设计规范》TJ-11-74 进行了修订。主要修改有：适当提高抗震设防标准，一般建筑的抗震设防烈度改按基本烈度采用，不再降低一度；增加考虑饱和轻黏质粉土（粒径大于 0.05mm 颗粒占总重 40%以上）的液化问题；对结构影响系数作了调整与更细的分类；除原定 9 度区外，8 度也考虑竖向地震荷载；根据唐山地震经验，侧重充实了构造措施。新的《工业与民用建筑抗震设计规范》TJ-11-78 已于 1978 年 8 月 1 日起施行。

随后，又对水工结构、道路桥梁、市政工程等抗震设计规范做了修订。

1.10.3 加强地震工程科学研究

唐山地震以后，扩大了地震工程的研究队伍，增设了研究机构，如中国建筑科学研究院工程抗震研究所等。

抗震加固措施的研究是唐山地震以后迫在眉睫的课题，着重研究了多层砖房和单层工业厂房的抗震加固措施。对于多层砖房，当时广泛采用的抗震加固措施有：加砌砖墙；在墙面加钢筋网水泥砂浆层；在楼盖标高处加钢筋混凝土圈梁，并沿横墙用钢拉杆将圈梁拉结；在墙体转角和纵横墙交接部位沿竖向加钢筋混凝图构造柱，并与圈梁相连等。

1978 年制订了我国地震工程科学技术发展规划。强震观测是地震工程的科学基础。当时我国仅布设百余台强震仪，唐山地震没有取得近场强震记录。规划要求 3～5 年内在主要地震区建立观测台网，并发展流动观测，建立资料分析与交换中心。

每次强震都是一次规模巨大的天然实验室试验。规划要求进一步总结历次强震，特别是唐山地震的工程经验，对主要破坏现象进行由表及里的分析。

规划十分重视发展试验装备，要求研制模拟地震振动台及其他测试仪器并建立试验基地。

城市地震防灾至关重要。规划要求研究京、津两市及其他重点城市震害预测、城市要害系统抗震及现有建筑抗震鉴定与加固等。

正确估计地震危险性，研究防止房屋建筑倒塌措施是唐山地震提出的重要课题。规划很注意基础研究，要求研究强震地运动特征和预测方法，结构破坏机理与反应分析及有关土动力学问题等。规划还要求结合我国国情，研究材料、构件和结构的动力性能及各类工程结构抗震措施，进一步修订建筑抗震设计规范和抗震鉴定标准。

1.11 灾后重建

唐山市的震后恢复重建工作，大约在地震发生 10 年以后宣告全部结束。整个恢复重建工作非常成功，特别是在计划经济时代，尤为不易。由于当时国家财政问题的困扰，唐山市的灾后恢复重建的指导方针和恢复重建规划曾先后做过几次修改，这对灾后恢复重建工作和进度都有很大的影响。从原地迁到其他地方重建（易地重建）和采用先进技术和材料等方面的决策，实际上并非十分可行，加之没有很好地做可行性研究，不仅造成了时间的浪费，而且导致造价和成本的增加。

1976 年 8 月，在开始部署修建简易住房的同时，政府就着手规划灾后重建。1978 年，唐山市恢复重建工作正式展开，到 1987 年 7 月，重建工作胜利完成，大约经历了十年时间。1990 年 11 月 13 日，唐山市成为中国第一个荣获联合国“人居荣誉奖”的城市，唐山市政府被评为“为人类住区发展做出杰出贡献的组织”。

1.11.1 重建规划的编制与调整

震后，来自中央机构和 14 个省的 2300 名专业人员来到唐山，负责制定恢复重建总体规划和各项专业规划。参加重建工作的大约有 10 万工人，其中 7 万人来自唐山市以外的地方。

1976 年 8 月 8 日开始，国务院联合工作组（由原国家计划委员会、国家基本建设委员会和中央有关部门组成）、河北省唐山抗震救灾指挥部、河北省建委、唐山市委和市政府以及唐山市抗震救灾指挥部恢复建设规划小组着手研究新唐山规划，组织全国 100 多名规划人员和 8 个勘察单位帮助编制重建规划。

1976 年 9 月 15 日提出唐山市震后重建规划的指导原则有：（1）备战备荒为人民；（2）集中发展小城镇，而不是发展大城市；（3）工农结合，城乡统一；（4）有利生产，方便生活；（5）先生产后生活；（6）所有位于压煤区或采空区上的企业和建筑，以及有严重污染的企业都应搬迁和重建。

1976 年 11 月提出《河北省唐山市城市总体规划》。按照这个规划，唐山重建规划的城市规划面积为 56.6km^2，规划人口为 65 万人。规划将新唐山市分为 3 个区，即老市区、东矿区和丰润新区。这三个区呈三角形布局，彼此相隔 25km。老市区的规划人口为 25 万人，在原来的路北区重建，开滦唐山煤矿、唐山钢铁厂和唐山电厂等都在这个区。东部矿区的规划人口为 30 万人，在原地恢复重建。原来在路南区的政府机关、企业和居民则迁往丰润，建设新区。丰润新区的规划人口为 10 万人。此外，丰南县城由于建筑物遭到严重破坏，而且地下压煤，也计划搬迁。根据规划，153 个单位需要搬迁，涉及的员工有 1.84 万人，而原来的路南区，则计划放弃不用。1977 年 5 月 14 日，中共中央和国务院原则批准了这个规划。

1977 年底，群众生活、工业生产、文教卫生、商业、城市生命线系统等已经基本恢复，震区已经具备了从恢复阶段向重建阶段转化的基本条件。1978 年 2 月 1 日，河北省革命委员会向国务院上报了《关于加快重建唐山市的报告》。报告提出要以革命化的精神，尽快的速度，较少的投资，把唐山建设成现代化的社会主义新型城市；要自力更生、艰苦奋斗，高速度发展工业生产，采用大包干的方法，按照全市统一规划、统一设计、统一投资、统一施工、统一分配、统一管理的“六统一”原则，尽快重建震后的新唐山；尽量采用新技术、新材料，城市布局要力求科学、合理，有利生产，方便生活，体现出中国 20 世纪 70 年代的建筑科学水平。计划一年准备，三年大干，一年扫尾，1982 年基本完成重建。1978 年 2 月 11 日，国务院批复原则同意。

为了用较短的时间，把唐山建设得比震前更美好，体现中国 20 世纪 70 年代城市建设的先进水平，1978 年 2 月到 1979 年 9 月，国家建委数次组织有关专家对规划进行调查、论证、修改、补充，并完成城市道路、给水排水、煤气、供热、供电和绿化等各项专业规划。1978 年 9 月 16 日又提出将新区规划人口由 10 万人增加到 15 万人。1979 年 9 月，又专题研究了新华道、建设路等主要街道的建筑物布局、高度、绿化等街景规划，进一步完善了《唐山市城市总体规划》。

1981 年 10 月，中共中央、国务院提出国民经济“调整、改造、整顿、提高”的八字方针，唐山市震后重建的调整原则是：压缩城市规模，控制城市人口，减少占地和投资，加快居民住房建设。1982 年 1 月 13 日，根据中共中央书记处对唐山恢复重建实行收缩方针的指示，中共河北省委和唐山市委制定了《唐山市恢复建设贯彻收缩方针的调整方案》，对总体规划做了大的调整。将城市建设的基本原则调整为：控制中心区，缩小新区，利用路南区；原路南区的居民和企业不再全部迁出；在能够避开地震断裂带和采煤波及区的地段，部分原有工业企业可以就地重建，迁出的企业由 92 个减少到 9 个，节省了搬迁费，并规划新建 13 个住宅小区，有效利用路南区的土地，重建路南区内的小山繁华商业区。重建资金的调整原则是：重点保证住宅建设，从紧安排配套工程，进一步调整工业企业，压缩非生产性建设，在确保按地震烈度 8 度设防的前提下，降低建筑造价。调整后，唐山市区划分为中心区（路南路、路北区），东矿区和新区，占地面积 73km^2，规划人口 65 万人。国务院于 1982 年 7 月 2 日对该方案给予批复。唐山市的重建就是按照这个方案实施的（图 1-30）。规划的制定和调整历时 6 年。

1.11.2 易地重建

易地重建遇到了很多困难，由此付出了沉重的代价。现将一些典型的事例归结如下。

丰润新区。经过 11 年的建设，到 1988 年底，丰润新区成为一个拥有 7.9 万人口的小型工业城区。原先设想，建设丰润新区是为了分散地震前在老市区里的企业和人口。但是，实际结果是，丰润新区的人口只有 50％是从老市区迁来的，企业只迁来了 9 个（仅占规划总数的 12％），而且还是部分搬迁。原来的唐山老市区人口从 1976 年地震刚刚过去时的 31 万人增加到 1987 年的 53 万人，远远高于规划的人口数。居住在老城区的人们

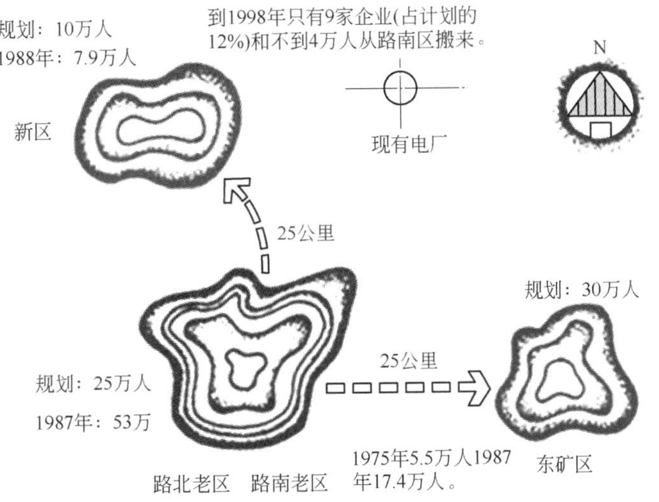

图 1-30　1976 年唐山震后唐山市重建规划

不愿意搬迁，因为丰润新区没有好的学校，没有好的医院，而且给他们的配偶找份工作也很困难。易地建设丰润新区的决策，显然是考虑不够慎重。

路南老区。最初，原来的路南区不准备再搞建设，而是用作公园和菜地，因为地面建筑物破坏严重，而且地下有可采挖的煤层。然而，由于该区的一些基础设施，如道路、供水、排水、地下管线等，以及工厂的设备还能使用，因此生产恢复很快。这样一来，城市基础设施和包括简易住房在内的生活设施的恢复也就顺理成章。这种恢复的进展越大，易地重建的难度就越高。5 年以后，国务院又颁发了新的指导原则，要求控制老城区的建设规模，减少丰润新区的建设规模，重建原来的路南区。于是，路南老区的大多数企业又在原址上恢复重建。路南老区的人口由 1975 年的 5.5 万人增加到 17.353 万人，这是当初做重建规划时未曾料到的。这充分说明，易地重建决策必须以可行性研究和深入细致的调查为基础。

开平、固原和东矿区。在规划选址初期，开平镇、固原镇和东矿区的行政和商业中心都计划易地重建。最后，考虑到居民的意愿、建设资金的缺乏以及原有基础设施的存在，又都在原地重建了。

市属地方企业。在规划选址初期，92 家大、中型企业和这些企业的 4.8 万名职工，以及 15 万家属都计划迁往丰润新区和唐山市周边的 11 个县及 22 个工业区。最终，到 1989 年，实际搬迁的只有 9 个企业和 4 万名职工和家属（占计划的 20.2%）。

丰南县城。1977 年 7 月决定将丰南县城迁往离开县城 4 公里的跨子庄村。到 1980 年底，在跨子庄村完成了部分公用设施和住房的建设，耗资 299 万元。1981 年，由于缺乏建设资金和许多企业已在丰南县城原地恢复重建，新县城建设告停。最终，丰南县城还是在原地恢复重建。

滦县县城。这是另一个在早期规划选址中计划易地重建的县城。搬迁的主要理由是县城所在地有潜在的可液化土层，又有活动断层通过，还受洪水的威胁。新县城选在距离老县城 3.4km 的地方。由于缺乏建设资金（计划投资 3900 万元，但到 1989 年底才得到 1900 万元），重建工作到 1989 年底只好中断。与此同时，原有县城仍按原样恢复重建。

结果导致一个县城被分成了两部分。

在制定《唐山市城市总体规划》时，从城市规划的角度确定了抗震防灾的指导思想：控制城市规模，积极发展小城市；注意功能分区，合理利用建设用地；适当降低建筑物密度，提高空地绿地面积；建筑物按 8 度抗震设防，完善建筑物结构；制定防灾规划，防止次生灾害发生。

依据抗震防灾指导思想，采取了一系列抗震减灾的战略性措施。改变中心区工矿企业过于集中，建筑物和人口密度过高的历史状况，严格控制中心区的规模；开辟新区，从中心区迁入部分大中型工厂，相应减少市中心区的人口；东矿区原地恢复重建，以开滦矿务局的几个大型煤矿为基础，依矿建区，完善城市基础设施，发展多功能的新兴综合性城市。实施这种城市布局规划后，唐山市区由各相距 25km 的三座中等城市组成，在地理位置上形成组团式、分散性的“小三角”。唐山市区的住宅与工业建筑，按照地震安全评价结果和地震影响小区划确定的地震烈度进行抗震设防。依据“大震不倒，中震可修，小震不坏”的抗震设计原则，对于性质、高度、层数不同的建筑物采用不同的抗震措施，重要的建筑物和城市生命线工程合理选择地段，提高抗震烈度设防，采用抗震性能好的结构形式。

1.11.3 住房重建

1. 唐山住房重建规划

1976 年唐山地震以后，很快就制定了住房重建规划。唐山市的住房重建包括以下 4 个阶段：

（1）搭建临时抗震棚阶段。地震发生后的最初几天，许多人待在露天的空地上。为了遮阳、蔽风和挡雨，灾民用旧木杆、垫子、破油毡、塑料布以及从废墟上弄来的其他东西自发搭起临时抗震棚。此外，部队还向政府机关和企业提供了一些帐篷。正是这些临时抗震棚保护了成千上万的灾民，渡过了炎热、多雨的夏季。图 1-31 是典型的唐山市沿街建设的临时棚屋（砖墙，油毡屋面），多数是解放军帮助搭建，非常简陋。

图 1-31 唐山市临时抗震棚

（2）搭建简易住房阶段。随着冬季的临近，住房问题显得更加严峻。为解决这一问题，在地震发生后的第 10 天，即 1976 年 8 月 6 日，在唐山抗震救灾指挥部召开的住房建设会议上，通过了一项简易住房建设计划，要求在冬季到来之前建造 35.2 万间简易住房。简易住房非常简陋，统一规划建设，统一分配。抗震、蔽风、挡雨、御寒、防火等因素在建设过程中都考虑到了。在简易住房建设高峰时期，在建设工地上，每天大约有 10 万人在工作，其中有 6 万人来自部队。到 1976 年 11 月 15 日，计划的 35.2 万间简易住房建成了，这些简易住房可供 90 万人临时居住。这时，每户家庭就有了 1～2 间简易住房。值得指出的是，唐山市全年仅有 500 万元维护费，用以维持这些简易住房的最低功能。

（3）建设半永久性住房阶段。建造半永久性住房是一个值得吸取的教训。因为半永久性住房用了一段时间后，还要拆除，这不仅带来人力、物力和财力的浪费，而且给大规模重建过程中的拆迁和重建规划的实施造成了巨大的困难。直到 20 世纪的 90 年代，路南区还有一些半永久性住房。

（4）建设永久性住房阶段。在永久性住房建设初期，计划用 5 年时间完成全部永久性住房建设，就是在 1982 年以前完成。然而，由于人口增加引发的建设规模的扩大、房屋建造成本的上涨以及预算的限制，永久性住房建设的完成时间拖后了 5 年。到 1986 年 7 月，除了居民自建的房屋以外，共建成了建筑面积为 1122 万 m^2 的永久性住房，为原定计划 780 万 m^2 的 144%。这些永久性住房可供 22.25 万户家庭居住。图 1-32 是典型的唐山市居民永久性住房。

图 1-32　唐山市典型的永久性住房

2. 住房重建施工

住房重建大体分为施工准备、组织施工、清理废墟、搬迁倒面等四个阶段。

（1）施工准备阶段

在地震废墟上建设新的城市，唐山市从城市规划、勘察、设计、建筑材料、施工建筑物资与设备、施工队伍和施工场地等各个方面充分做好准备工作。最先准备的是震后《唐山市城市总体规划》，唐山市震后重建的规划、勘察与设计是在全国十几个省、市和国务院有关部委的大力支援下完成的。工程地质勘察与设计任务采用勘察、设计单位与唐山市不同区域、建筑工程对口分片包干的方法，分别承担勘察设计任务。实践表明，这种方法责任分明，地域分工清晰，对口单位一般是一对一且具有很强的地域同一性，易于协调关系，对于较快地完成任务，及时提供施工图纸起到了重要作用。重建唐山消耗的钢材、水泥等建筑材料是在国家物资总局、国家建材总局和河北省有关部门的支持下，经唐山物资部门积极落实、组织调运，新建了 22 个建筑构件厂，制造和调运了施工设备 1600 多台（件）。

在施工准备阶段，解决了一些比较重要的问题：

1）建筑结构的选择。经反复比较研究，决定采用内浇外挂、内浇外砌、砖混加构造柱和框架轻板 4 种结构形式。所谓内浇外挂是内部纵墙、横墙为现浇钢筋混凝土，用筒子模板或片模一个单元一次浇灌而成，且墙面不再抹灰，楼板、厨房、厕所隔板、外墙板、楼梯、阳台等构件均在构件厂生产并抹面。内浇外砌的外墙改为砖砌，其他和内浇外挂相同。结果表明，内浇外砌整体性能好，抗震性能和保温性能高，造价比较便宜，被选作住宅建筑的主要结构形式之一。

2）建筑材料的选择。住宅建筑结构确定后，重点进行唐山启新水泥厂的续建，唐山市水泥厂的扩建，并新建唐山市第二水泥厂，以确保水泥的大量需求。

（2）组织施工阶段

有 10 万多人参加了唐山大地震震后的重建施工，其中支援唐山建设的省内外施工队伍 5.6 万人，唐山市的施工队伍 3.1 万人，各县和当时的人民公社的建筑队 1 万多人。

震后重建过程中，组织施工主要抓了施工重点、施工部署、施工质量和施工管理四个重要环节。从施工准备到重建全面展开，一直把居民住宅建设作为施工重点。具体做法是：

1）“四集中”。集中一部分施工条件好的居民小区、集中建筑设备、集中建筑材料、集中施工力量，重点保证居民住宅建设。

2）“三优先”。对居民住宅建设优先安排资金、优先供应物资、优先保证运输，一些不影响居民住宅配套的公用建筑给居民住宅建设让路。

3）在资金、建筑材料暂时出现困难时，允许居民住宅建设先借后补，避免影响施工进度。

4）居民住宅建设与水、电、路以及学校、商业等配套工程同步进行，一座居民住宅小区建成后，居民即可入住。1979～1985 年，各年竣工的居民住宅面积均超过当年竣工总面积的 60%，平均每年有 3 万多套配套住宅交付使用，基本适应了搬迁倒面的需要和居民入住新居的需求。

（3）清理废墟阶段

唐山大地震中，唐山市中心区的建筑物基本倒塌，产生的废墟大约有 2000 万 m^3。为重建唐山，必须清理废墟，并运往指定的地点。最初利用载重汽车清理主要街道的废墟，疏通市内交通，确保运送重伤员与救灾物资的车辆通行。各厂矿企业的废墟在恢复生产与重建过程中自行清理。截至 1978 年初，唐山市中心区清理废墟量多达 1000 万 m^3，为进一步清墟奠定了基础。随着清墟工作量的加大，已有运输工具已经不能满足需求，1979 年 3 月，组建了唐山市机械化施工公司，承担市中心区的主要清墟任务，提高了清墟效率和重建速度。也为 1986 年底基本完成清墟任务创造了良好条件。

（4）搬迁倒面阶段

搬迁倒面是震后灾区从简易城市向新城市发展的一个必经阶段，随着重建从城市的外围向市中心地带推进，居民或厂矿企事业单位从简易房或简易建筑物向新建的永久性建筑物陆续搬迁，为开辟新的建设地域“倒面”腾出施工工地。

一般认为，新唐山市是在废墟上重建的。实际上，地震以后，居民和企事业单位搭建的简易房有几十万间，遍布全市。所以，准确地说，新唐山市是在“简易城市”的基础上重建起来的。重建就要通过搬迁倒面，为永久性住房腾出建设场地。1978 年计划在采煤波及区和规划边缘区选 10 个点，建设 26.5 万 m^2 平房（占住宅总建筑面积的 5%），作为恢复建设的周转用房。周转用房建成以后，可腾出650多亩住宅建设用地，在这些土地上可建设30万m^2的4～5层楼房。此外，在钓鱼台等地建设93万m^2楼房住宅小区7个，建成后可腾出1950亩建设用地，为大规模住房建设提供场地。整个“搬迁倒面”，由市区外围开始，逐步转向市内。

“搬迁倒面”是一项涉及千家万户的复杂的工作。唐山市政府为此做了大量的工作。1979年7月10日颁发了《唐山市城市各项建设拆迁房屋暂行规定（草案）》，对拆迁、建设、安置和私房等问题做了明确的规定。为了加速重建，1979年9月30日又颁布了《关于拆除私房补偿暂行办法》，根据宪法第8、9条的精神，对补偿原则和办法做了具体规定。同时还颁布了《唐山市私有房屋拆迁评价标准》、《拆迁协议书》和《关于搬迁倒面房屋分配的暂行规定》。后者对1979年和1980年建设的半永久和永久性住宅在搬迁倒面中的分配做了具体规定，违反规定者除纪律处分外，予以强行搬迁。实践证明，这些规定并没有完全解决搬迁倒面中遇到的问题，以至影响到恢复重建的速度。1981年4月，随着市外住宅小区的建成，施工现场逐步转入市内。为加速搬迁倒面，政府除提出具体要求外，还颁发了《关于搬迁倒面若干问题的规定》。该规定对居民搬迁、公建搬迁、搬迁补助、搬迁倒面后简易住房的拆迁和回收、搬迁中的奖惩和搬迁机构等均有明确的规定。此后，又颁发了《关于恢复建设期间加强城市建设管理若干问题的暂行规定》。这些规定保证了搬迁倒面工作的顺利进行。1981年8月，唐山市召开了全市搬迁工作会议，针对住宅建设配套工程建设跟不上，住房分配上的不正之风，少数群众的无理要求和搬迁倒面工作不力等问题提出了解决办法。1982年10月29日，唐山市7届人大第一次会议通过了《唐山市恢复建设时期搬迁倒面若干问题的规定》，使搬迁倒面工作有了法规的约束。

从上述可见，在唐山市震后恢复重建中，由于对灾后临时住房缺乏研究，对在简易城市基础上恢复重建的困难认识不足，没有注意吸取国外的成功经验，因而使恢复重建工作遇到了诸多的阻碍。比如，前南斯拉夫1963年斯科普里地震以后，在应急反应阶段就强调永久住房的建设，并确定了简易住房的标准，使简易住房的建设规模大为减少，避免了搬迁倒面。

1.11.4 重建资金

唐山地震以后的恢复重建是在中国以计划经济为主、只有少量经济活动的时期进行的。当时国民经济处于崩溃的边缘。整个中国社会与世隔绝。唐山大地震发生后，联合国和许多国家表示愿意给予援助，然而，中国政府本着“自力更生，重建家园”的原则，没有接受任何国际和国外援助。

唐山重建资金主要来自中央政府，其余则来自地方政府、集体组织和个人。根据唐山市政府的统计，来自中央政府的恢复重建资金为43.57亿元，来自地方政府和个人捐款的为3.14亿元。

1976年10月，唐山市政府规定，所有唐山市民不许自己建房，这意味着禁止个人建房。这一限制个人住房建设热情的政策没有维持多久，到1981年，政府就开始允许个人建房。此外，还允许市民购买建好的住宅建筑。通过这种办法，弥补了住房建设上的财力不足。

国际上的资金援助已断然拒绝了。1989年，山西省与河北省交界处的太原—阳原地震后，世界银行的贷款，极大地加速了震后的重建工作。此后，接受国际和国外援助便成为一个加速震后重建的好办法。

表 1-9 为 1978 年、1979 年、1980 年唐山市震后重建建设资金的划拨额和这 3 年完成额的比较。图 1-33 则为 1978 年到 1980 年的 3 年间，唐山市震后重建建设资金的划拨额和完成额的比较。

1978～1980 年唐山市震后重建资金按项目和行业的划拨额和完成额（百万元）　**表 1-9**

项目	划拨额				完成额
	1978	1979	1980	合计	
住宅	22.22	238.1552	245.359	505.7337	346.5707
工业	105.633	67.0386	67.4249	240.0966	187.4122
建筑设备	0	74.3502	13.2005	87.5507	87.5507
城市建设	20	33.924	33.6134	87.5374	74.8627
建筑材料	35.4191	27.7097	0.7345	63.8633	57.6552
金融和贸易	10.26	8.8161	10.9803	30.0564	3.5938
文化、教育和公众健康	3.732	7.286	16.8672	27.8852	15.6817
破坏设备的恢复	4.3485	9.7955	11.9615	26.1055	26.1055
交通、邮电和通信	8.88	5.539	0.367	14.786	10.8717
政府机构	4.1673	0.2484	7.1442	11.5599	6.4916
其他	2.37	27.1373	92.348	121.8553	97.329
总计	217.03	500	500	1217.03	914.1248

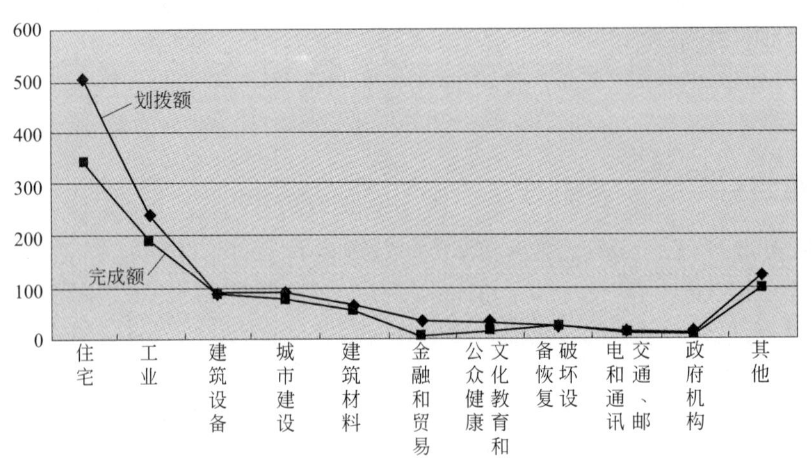

图 1-33　1978～1980 年唐山市震后重建建设资金的划拨额和完成额（百万元）

从图 1-33 和表 1-9 可以看出，大多数部门和项目的划拨资金数额都大于完成的资金额。这就是说，震后重建实际完成情况滞后于计划，即在重建初期，划拨资金没有得到有效的利用。造成这种情况的主要原因是：

（1）唐山市老城区的重建规划几经改变；

（2）新规划中的丰润新区没有与原有的县城相整合，建设进度迟缓；

(3) 东矿区的建设遇到诸多的困难，主要是因为规划的基础资料不足，例如，没有该地区的地形图，公共建筑的数量、规模和地点都没有明确；

(4) 测量工作组织得不好，跟不上规划和建设进度。

但是，以后几年，由于国家划拨的重建资金减少，以致重建资金显得十分紧张。

唐山地震发生两年之后，工业生产完全得到恢复。城市基本功能则在地震发生后不到一年的时间里就得到恢复。从1976年8月8日到1986年7月28日，整个震后重建设工作大约用了10年时间，取得的主要成就可归结如下：

(1) 共建成建筑面积1800万m^2的各类房屋，其中包括：

1) 住宅1122万m^2；

2) 厂房213万m^2；

3) 学校77.8万m^2；

4) 医院19万m^2；

5) 商业和服务业用房34.59万m^2。

(2) 完成道路干线65条，总长173km；铺设道路面积246万m^2。

(3) 完成供热面积300万m^2。

(4) 铺设天然气管线78km。

(5) 建成自来水厂4个，日供水能力达22.8万t，供水管线总长893km。

(6) 铺设排水管线总长298km。

(7) 受破坏的工业厂房得到修复，生产过程得以改进。

(8) 工业总产值达到37.9432亿元，相当于1975年的160%。

1.12 经验和启示

1976年唐山地震后，根据原国家建委指示，由河北省建委、国家建委京津地区抗震办公室、国家建委建筑科学研究院、七机部基建局以及北京、辽宁、内蒙古、山东、山西、陕西等省、市自治区建委有关单位70余人，组成河北省建筑工程抗震调查组。调查组在河北省唐山抗震救灾指挥部的直接领导下，进行了为期一个多月的调查，并向指挥部提交了报告[24]，阐述了地震灾害、经验和启示。

1.12.1 适当提高地震基本烈度和建筑抗震设防标准

唐山地震涉及面广，受灾程度重，造成的损失是新中国成立以来的历次强烈地震所没有过的。在地震烈度7度及7度以上的3.33万km^2范围内，房屋普遍遭到不同程度的破坏。唐山市到丰南是这次地震的极震区，地震烈度达10～11度，面积367km^2，房屋建筑几乎全部倒塌。唐山市路南区是这次地震的震中区，面积27.5km^2，地震烈度高达11度，房屋建筑几乎荡然无存。唐山市调查的房屋共有1346万m^2，其中生产用房843万m^2，671万m^2严重破坏和倒塌，占80%；生活用房503万m^2，476万m^2严重破坏和倒塌，

[24] 河北省建筑工程抗震调查组，《关于唐山市房屋建筑抗震设防的几点意见》，叶耀先执笔，1976

占 94%。丰南县 40 万间房屋，35 万间倒塌。房屋的大量倒塌，使人民生命财产和生产设备遭到极大损失。城市通讯、供水、供电、交通、医疗、水库等要害系统全面遭到破坏，不但造成生产中断，给人民生活带来极大困难，而且严重影响震后抗震救灾和恢复重建。

震前唐山市的地震基本烈度定为 6 度，低于建筑抗震设计规范规定的设防烈度，几乎所有房屋、工程设施和设备都没有抗震设防，这是造成这次地震巨大灾难的主要原因。唐山地震后，唐山市的地震基本烈度已经从原来的 6 度提高到现在的 8 度，建筑抗震设防标准也有相应的提高。[25]

1.12.2 建筑和工程设施抗震要留有适当的安全余地

唐山市是一座对地震没有设防的城市，地震时实际地震烈度高达 9～11 度，尽管大量建筑都是近代兴建的，但绝大多数没有抗震设防，以致酿成巨灾。这种情况在世界地震国家都常有发生，我国更是屡见不鲜。新中国成立以来，我国发生过 14 次强烈地震，其中 13 次与唐山地震雷同，实际地震烈度都高于原定的地震基本烈度，只有 3 次实际地震烈度没有超过原定的地震基本烈度。

这种失误主要来自对地震和地震工程认知的不足。表现在：当前的地震科学水平还不能准确地预测未来的地震危险；当前的地震工程水平还不能完全把握地震时房屋建筑和工程设施的地震性状。

1970 年 1 月 5 日云南通海地震以后，笔者到峨山县地震灾区调查，和农民一起探讨如何重建家园。农民带着深深的渴求问我，能不能帮我们把房子盖得地震来了，即使倒塌也不会伤人。这个问题笔者一直铭记在心，但至今还没有办法实现他们的渴求。困难在于，一般建筑设计的目标是防止破坏，把变量理想化为确定性的；而建筑抗震设计的目标是优化，要处理的是随机变量，所以必须以破坏发生在最近将来的概率为依据。如果以防止破坏为目标，把变量视为确定性的，则大量的一般建筑都将成为碉堡，人类所有财富用于抗震可能还不够[26]。可见，峨山农民提出的问题仍然是目前世界科学水平还不能解的世界级难题。

这就提醒我们，未来地震的实际地震烈度有可能超过设计时采用的抗震设防烈度。所以，我们必须努力学习，尽可能多地了解房屋建筑和工程设施的地震性状，特别是如何使建筑和工程设施整体和局部都具有良好的“延性”（ductility），为地震区建筑和工程设施留有适当的安全余地。

1.12.3 巨灾型地震的灾后恢复重建需要在国家支持下，充分发挥地方政府和灾民的作用

唐山地震属于巨灾型地震。震后，党中央、国务院迅速反应，为唐山恢复重建做出重大决策，不仅成立了中央抗震救灾指挥部，而且河北省唐山抗震救灾指挥部、唐山市抗震救灾指挥部等各级抗震救灾指挥机构相继设立，在唐山市恢复重建过程中加强领导，合理

---

[25] 中华人民共和国国家标准，《建筑抗震设计规范》GB 50011—2010，北京：中国建筑工业出版社，2010

[26] N·M·纽马克（Newmark），E. 罗森布卢斯（Rosenblueth）著，地震工程学原理，叶耀先、蓝倜恩、钮泽蓁译，北京：中国建筑工业出版社，1986，第 5 页（前言）

组织，统一指挥，有效地保证了恢复重建的进程。

为了加强领导，1978 年唐山市委、市人民政府决定成立唐山市建设指挥部，下设规划设计、施工、清墟搬迁、市政工程、建材、物资供应、交通运输等 7 个办事机构。唐山市党政领导机关派出 6 名市级领导干部担任唐山市建设指挥部的负责人，还抽调市有关委、办、局的主要领导担任各办事机构的主要负责人，形成强有力的领导核心。在建设指挥部的领导下，制定了统一规划、统一设计、统一投资、统一施工、统一分配、统一管理办法，对重建实行“六统一”管理。随着重建的发展和简政放权的需要，后来又采用了集中与分散、条块结合的办法，调动了唐山市各区和各单位投资重建的积极性。

搬迁倒面和居民住房分配是重建过程中十分重要、复杂又敏感的问题，必须加强领导，统一指挥，才能顺利进行。唐山市委、市人民政府发布了一系列命令、法规，要求全市人民顾大局，识大体，自觉执行搬迁倒面的有关规定，服从统一指挥，按要求准时搬迁；强调唐山市的各级领导干部发挥带头作用，在分房问题上与群众同甘共苦；严肃处理利用职权多占房、占好房的个别党员干部。减少了搬迁倒面的阻力，纠正了分配住房中的不正之风，有力地推动了搬迁倒面的顺利进行。

在重建中，采取“先准备、后施工；先外围、后中心；先地下、后地上；先试点、后推广；先住宅、后其他”的原则，发挥各级领导机构的功能，统一指挥，保障了重建过程中人力、物力、财力的合理调集与利用，确保了建设工程的质量，节省了重建投资，加快了重建速度，有效地防止了乱上项目、重复上项目，确保重建工作有序进行。同时还摸索、积累了震后大规模重建的指挥方法和经验，培养锻炼了指挥人才。例如，根据“先住宅、后其他”的原则，平均每年住宅竣工面积占全部建筑总竣工面积的 60%以上。后期还制定优惠政策，鼓励单位和个人自筹资金建设居民住宅。在震后重建期间，单位自筹资金建设居民住宅 76 万 m^2，群众自建住宅 1 万余套。震后 10 年，建成住宅 1122 万 m^2（不含群众自建），是原定重建任务 780 万 m^2 的 1.44 倍，22.5 万户居民乔迁新居。到重建结束时，98%的居民从简易房搬进重建的楼房或平房，1988 年完成了住宅建设的扫尾工程，全部灾民搬入新居。1990 年唐山市获联合国颁发的“人居荣誉奖”，被誉为“科学而热忱地解决住房、基础设施和服务设施的杰出典范”。

在重建中坚持以生产促重建。虽然地震中厂矿企业都遭到了严重破坏，在极其困难的条件下，震后一个月内，唐山市自行车厂、开滦马家沟矿、唐山钢铁公司等就形成了恢复生产的能力。在资金上，把重建资金与技术改造资金捆在一起使用。震后 10 年，唐山市区恢复和新建厂房 213 万 m^2，投入技术改造资金人民币 7.93 亿元，更新改造了 1048 个项目。

震后重建的新唐山，改变了震前功能分区混乱，工厂和住宅混杂等情况，达到方便生产、生活，有利于环境保护的目标。市区一般工业与民用建筑均按国家规定的基本烈度（地震后唐山市被划为地震基本烈度 8 度区）设防，城市生命线工程按抗震设计规范提高了设防标准。

1.12.4 勤俭节约、合理使用重建资金

在整个重建过程中，唐山市党政机关一方面发动广大职工努力增产，为国家多创造财富，减轻国家的经济负担；另一方面在规划、设计、施工、原材料供应等各个环节上，努

力开源节流，尽可能节省投资，把投资用在刀刃上。

严格工程设计和预决算检查。在大规模重建时期，全市每年的重建建筑面积任务高达250万m^2，耗用重建投资3亿～4亿元。为防止重建资金使用上的疏忽与浪费，成立了投资包干办公室和工程设计审查小组，分别严格审查工程预决算和工程设计。

在确保不降低抗震性能的前提下，合理调整建筑结构、建筑材料和装修标准，减少每平方米建筑的造价，推广“内浇外砌”、“砖混”结构，减少每平方米造价较高的“内浇外挂”建筑结构的数量，使每平方米居民住宅的造价降低10～20元，从而减少数千万元的建设资金。

除开滦煤矿和中央直属单位的重建资金以外，其他所有重建资金都采取投资包干的办法，即唐山市在收到中央拨款后，参照震前的建筑规模，核定各系统的投资指标，并下达到各级基层单位，对重建资金包干使用，层层包干，一次包死，超支不补，多了不退。多亏采用这种财政体制，有力地调动了各单位的积极性，使得地方政府在重建过程中力求节约开支，把开销控制在预算的数额之内，并想方设法筹集资金，弥补建设资金的不足。1986年重建完成时，国家总投资合计为26.1亿元。

改革物资供应体制，采用“一家备料千家使用”的方法。地方材料的采购、订货、供应、运输、结算等各个环节实行统一管理；国拨建材按施工预算统一供应。改“千家备料一家施工”为“一家备料千家使用”，有效地控制、稳定了工程造价，避免了因建材调价引起的工程决算扯皮现象。

1.12.5 城市规划要考虑防震，立足于防大震

首先，记取唐山路南区由于坐落在活动断层上而遭到毁坏的沉痛教训，规划前要查明活动断层的所在，如在其上建设，必须采取相应措施。

其次，在沙土液化严重的地段，地基失效造成房屋倾斜、下沉，室内地面拱裂，设备倾斜。房屋倒塌虽少，但修复十分困难。重大工程尽量不在这些地段建设，必须建设时，应采取相应措施。

第三，岩石地基上的房屋建筑破坏比其他地基上的轻。规划时尽量把重要工程建在岩石地基上。

第四，城市通信、供水、供电等要害设施不宜集中设置，应分散在城市周围，自成系统。

第五，要留有避震和疏散场地，适当加宽街道。

第六，注意防止地震次生灾害。如震后火灾、水库溃坝及剧毒气体和液体散逸等，在布局、安全防范等方面要采取有效措施。

1.12.6 适时修改重建规划，避免规模过大和异地重建造成更大的损失

唐山灾后重建规划采取大部分原地重建，少部分异地新建的方案。初期重建规划放弃老路南区，部分异地另辟新区重建。城市规模偏大，规划人口偏多。后来根据实际情况适时做了调整，如减少城市规模，包括减少新规划的丰润城区规模，重新利用在最初规划中放弃了的老路南区，控制城市人口，减少土地占用，避免类似项目的重复建设，加快住房建设，大量减少搬迁企业的数量等。

开平镇、固原镇和东矿区的行政和商业中心原来计划易地重建，最后都在原地重建。丰南县城原计划搬迁，新址完成了部分公用设施和住房的建设，后来由于缺乏建设资金和许多企业已在丰南县城原地恢复重建，新县城建设告停，最终，还是在原地恢复重建。滦县县城原计划易地重建，后来由于缺乏资金，搬迁只好终止。原有县城仍在原地恢复重建，结果导致一个县城被分成了两部分。

以上情况说明，灾后重建原则上应当原地重建，只有在原地重建难以避免未来灾害，难以承担昂贵的重建费用，绝大多数灾民同意搬迁的情况下，才可考虑异地重建。异地重建必须经过可行性论证，确认在经济上可行。

1.12.7 向地震灾害学习，把学到的经验用于灾后恢复重建

唐山地震灾后恢复重建值得称颂的是把从地震灾害调查中取得的抗震经验和措施用于恢复重建的实践以及今后的抗震设计。这些经验和措施主要的有：

1. 多层砖砌体房屋设置现浇钢筋混凝土构造柱

地震时，唐山市有数百栋多层砖砌体房屋倒塌，但少数砖房，在纵墙与横墙交接处设置现浇钢筋混凝土构造柱，并在每层楼盖处，把构造柱和设置的圈梁连接在一起，震后，墙体虽有裂缝，但并未倒塌。说明这项抗震构造措施可以约束砖砌体，限制和延缓剪切裂缝的开展，提高了“延性”和抗倒塌能力。这项抗震措施不但用于震后重建的多层砖砌体房屋，而且被列入唐山地震以后修订的《建筑抗震设计规范》（TJ-11-78），以及以后修编的各个版本的国家《建筑抗震设计规范》[27]，推向用于全国。

2. 重要设备、设施尽量建在地下

唐山市地震烈度10度和11度地段，地面建筑荡然无存，而地下建筑却破坏轻微。矿区地下巷道基本完好，近万名地下作业人员，震后安全返回地面。而且，凡有地下室的房屋，破坏都比没有地下室的房屋轻。可见，重要设备、设施应尽量建在地下。

3. 震后建筑的修复加固要做整体抗震设计

天津第二毛条厂的3层钢筋混凝土框架房屋，7月28日唐山地震主震时，遭受破坏。震后只对柱子震坏部位做了加固，没有对受损房屋做整体分析就进行加固。1977年5月12日宁河余震时，该房屋完全倒塌，警示抗震修复加固时，要对受损房屋整体进行抗震设计，不能只对破坏部位加固。

4. 保障生命线系统的地震安全

地震时，供电、供水、供气、通信和交通等生命线系统一旦破坏，整个城市或地区就陷入瘫痪，严重影响震后救援、生活和生产的恢复。唐山地震是新中国成立后首次发生在城市的大地震，严重的地震灾害为生命线系统的抗震设计提供了极为宝贵的启示。

唐山地震时，生命线线系统失去原有功能的主要原因有五：一是相关房屋建筑倒塌，砸坏内部设备；二是相关房屋建筑没有倒塌，但内部设备被震坏不能正常工作；三是地下和地上管网破坏；四是架空明线倒杆、断线、混线；五是道路桥梁破坏。因此，为保障生命线系统的安全，应针对上述原因，采取相应的抗震措施。

---

[27] 中华人民共和国国家标准，《建筑抗震设计规范》GB 50011—2010，北京：中国建筑工业出版社，2010，第84-95页

1.12.8 重建不能一味追求技术进步，忽视潜在家庭住户

在重建初期，提出震后重建一定要反映 1980 年代的先进技术水平，要求在住房建设中采用新型建筑材料、新的建筑技术和新的结构体系。于是计划建造一批生产新型建筑材料（如加气混凝板、石膏板、无熟料水泥、粉煤灰集料、膨胀珍珠岩等）的工厂，其中一些工厂已经建成，并开始试生产。后来，由于计划脱离实际，建成的工厂大多数都改了生产线，而那些还没有建成的工厂只好停建。生产用于外墙的预应力钢筋混凝土板和加气混凝土板的工厂有的准备扩建，有的准备新建。最终，这些工厂由于产品销不出去，造成有些停产，有些停建。一味追求技术进步的设想，造成了一千多万元的经济损失，这个教训必须记取。

唐山市重建经历了 10 年的时间，由于在重建规划中没有考虑到潜在的家庭户数，即地震时还是儿童，10 年后要独立成家，以致重建工作结束后，年轻夫妇没有房子住。今后住房重建，必须考虑潜在的家庭户数。

第 2 章　1976 年中国河北唐山地震震后经济恢复决策

唐山地震以后，房屋建筑和工程设施遭到严重破坏，百废待兴。在资金、人力和物力有限的情况下，要对需要恢复的行业和事项作出优先选择，确定恢复的重点和先后顺序，使有限的资源发挥最佳效果。本章从分析震前产业供需联系出发，用投入-产出分析法、层次分析法、多目标线性规划法以及系统动力学法等方法，以唐山市的恢复重建作为案例，说明经济恢复决策技术的具体运用。

本章系在笔者主持的建设部《震后恢复与重建的技术与决策》科研课题研究报告[1]的基础上撰写的，是新增加的一章，原书没有这方面的内容。

2.1　投入-产出分析及其应用

震后经济恢复恢复决策必须立足于对震前经济结构的分析。因为需要恢复的不只是单一经济部门，而是一个城市或地区的多个经济部门。投入-产出分析法又称部门联系平衡法或产业关联法，它可揭示国民经济各部门之间的联系，为震后恢复重建结构调整提供依据。投入系指生产过程中消耗的劳动对象、劳动资料和活劳动的数量，产出系指产品分配使用的方向和数量。投入-产出分析法就是通过划分经济部门、编制投入-产出表、建立模型和综合分析各经济部门之间的数量依存关系，借以进行各经济部门之间的综合平衡。

投入-产出分析法（Input-Output Analysis，简称 I-O）通常分为以下 4 个步骤。

2.1.1　划分经济部门

就是按照一定的规则，将整个经济划分为一定数量的部门。划分时，要考虑地震破坏情况、经济部门的重要性和现有可能收集到的资料情况。要把遭受地震破坏严重、需要重建的部门、自身的经济支柱部门和与国家经济建设关系重大的部门单独划分出来，对地震破坏轻而又不太重要的部门，则可以粗略划分，同时要考虑统计资料收集的可能性。

2.1.2　编制投入产出表

（1）经济部门的划分确定之后，就可以利用地区城市震前经济统计资料或相似城市的经济统计资料编制投入-产出表（表 2-1）。投入-产出表是反映地区城市经济各部门之间产

注：中国建筑技术发展研究研究中心，建设部抗震办公室资助科研课题《震后恢复与重建的技术与政策》研究报告，1993 年 12 月。课题承担单位：中国建筑技术发展研究研究中心，课题负责人叶耀先。参加人员：叶耀先、张幼启、孙应铨、刘丽文（中国建筑技术发展研究研究中心）；刘志刚、丁绍祥、陈寿梁（建设部抗震办公室）；胡健颖、刘红星、刘启明、雷运清、杨明（北京大学经济管理学院）。研究报告执笔人：叶耀先、张幼启、刘志刚、胡健颖、刘红星、刘启明、杨明、雷运清。

品交流的数量关系的棋盘式表格。表中各横行反映产品流向，各纵列反映生产过程中从其他部门得到的产品投入。根据投入产出表，计算投入系数（也称技术系数），可编制投入系数表。

（2）投入产出表可分为实物型和价值型两种。价值型以货币为计量单位，反映各经济部门产品的价值运动过程。本章采用价值型投入-产出表。表 2-1 中各横行反映产品流向即产出，各纵列则反映生产过程中从其他部门得到的产品投入。

（3）表中各值可利用地震前经济统计资料或类似地区经济统计资料算出。表中 X_{ij} 为投入-产出流量，表示第 i 个经济部门向第 j 个经济部门供应的产品数量，即第 j 个经济部门消耗第 i 个经济部门的产品数量。

价值型投入-产出表 **表 2-1**

产出→ / ↓投入		中间产品					最终产品	总产值
		部门 1	部门 2	…	部门 n	小计	Y_i	X_i
物质消耗	部门 1	X_{11}	X_{12}	…	X_{1n}	E_1	Y_1	X_1
	部门 2	X_{21}	X_{22}	…	X_{2n}	E_2	Y_2	X_2
	·	·	·	…	·	·	·	·
	·	·	·	…	·	·	·	·
	·	·	·	…	·	·	·	·
	部门 n	X_{n1}	X_{n2}	…	X_{nn}	E_n	Y_n	X_n
	小计	C_1	C_2	…	C_n	C	Y	X
新创造价值	劳动报酬 V_j	V_1	V_2	…	V_n	V		
	纯收入 M_j	M_1	M_2	…	M_n	M		
	小计 N_j	N_1	N_2	…	N_n	N		
总产值 X_j		X_1	X_2	…	X_n	X		

2.1.3 建立数学模型

投入-产出法可以按行或列来建立数学模型。行模型描述中间使用产品、最终使用产品和总产品之间的平衡关系，即：中间使用产品 ＋ 最终使用产品 ＝ 总产出。用数学方程组表示，则为下式：

$$\sum_{j=1}^{n} X_{ij} + Y_i = X_i \qquad (i=1,2,\cdots,n) \tag{2-1}$$

式中：X_{ij}——第 i 个经济部门向第 j 个经济部门提供的产品数量，即第 j 个经济部门消耗第 i 个经济部门的产品数量；

$\sum_{j=1}^{n} X_{ij}$——第 i 个经济部门提供的中间产品数量；

Y_i——第 i 个经济部门提供的最终使用产品数量；

X_i——第 i 个经济部门的总产出。

设各个部门的直接消耗系数为：

$$a_{ij} = \frac{X_{ij}}{X_j}，\quad 即\ X_{ij} = a_{ij} X_j \tag{2-2}$$

a_{ij} 的含义是第 j 个经济部门每单位产出要消耗第 i 个经济部门的产品或劳务的数量。将其代入式(2-1)得：

$$\sum_{j=1}^{n} a_{ij} X_j + Y_i = X_i \qquad (i=1,2,\cdots,n) \tag{2-3}$$

令 A 为产品的直接消耗数量矩阵，Y 为最终产品数量的列向量，X 为总产值的列向量，即：

$$A=\begin{bmatrix} a_{11} & a_{12} & \cdots & a_{1n} \\ a_{21} & a_{22} & \cdots & a_{2n} \\ \cdots & \cdots & \cdots & \cdots \\ a_{n1} & a_{n2} & \cdots & a_{nn} \end{bmatrix}$$

$$Y=\begin{bmatrix} Y_1 \\ Y_2 \\ \cdots \\ Y_n \end{bmatrix} \qquad X=\begin{bmatrix} X_1 \\ X_2 \\ \cdots \\ X_n \end{bmatrix}$$

则式(2-2)可写成矩阵形式如下：

$$AX+Y=X, \quad 即 \quad Y=(I-A)X \tag{2-4}$$

$(I-A)$ 为非奇异矩阵，故有：

$$X=(I-A)^{-1}Y \tag{2-5}$$

式(2-4)的含义是：如果已知各经济部门的总产值的列向量 X，只要左乘投入-产出矩阵 $(I-A)$，就可得到各经济部门的最终产品数量。式(2-5)的含义则是：如果已知各经济部门的最终产品数量的列向量 Y，只要左乘矩阵 $(I-A)^{-1}$，就可得到各经济部门的总产出数量。

投入-产出法的列模型反映各经济部门产品价值的形成过程，描述物质消耗费用、新创造价值和产品总价值之间的关系。其方程式为：

$$\sum_{i=1}^{n} X_{ij} + V_j + M_j = X_j \qquad (j=1,2,\cdots,n) \tag{2-6}$$

将式(2-2)代入式(2-6)可得：

$$\sum_{i=1}^{n} a_{ij} X_j + V_j + M_j = X_j \qquad (j=1,2,\cdots,n) \tag{2-7}$$

令 $V_j+M_j=N_j$，且

$$V=\begin{bmatrix} V_1 \\ V_2 \\ \cdots \\ V_n \end{bmatrix} \qquad M=\begin{bmatrix} M_1 \\ M_2 \\ \cdots \\ M_n \end{bmatrix} \qquad N=\begin{bmatrix} N_1 \\ N_2 \\ \cdots \\ N_n \end{bmatrix}$$

则式(2-7)可写成下列矩阵形式：

$$A^T X+N=X, \quad 即 \quad (I-A^T)X=N \tag{2-8}$$

从而有：

$$X=(I-A^T)^{-1}N \tag{2-9}$$

式中：A^T 为直接消耗系数矩阵 A 的转置矩阵。

如果已知物质消耗系数和各经济部门的总产值，则可利用式(2-8) 求出各经济部门的新创造价值。如果已知各经济部门的新创造价值，则可利用式(2-9) 求出各经济部门的总产值。

投入-产出表全面客观地反映了各经济部门之间的技术经济联系，在一定时期内具有相对稳定性。利用投入-产出表提供的信息，建立产业结构综合评价指标体系，数据来源方便可靠，既可分析震前产业结构，又可对震后产业结构的调整与恢复效果做出动态评价。

2.1.4 构建投入-产出模型框图

投入-产出模型框图如图 2-1 所示。

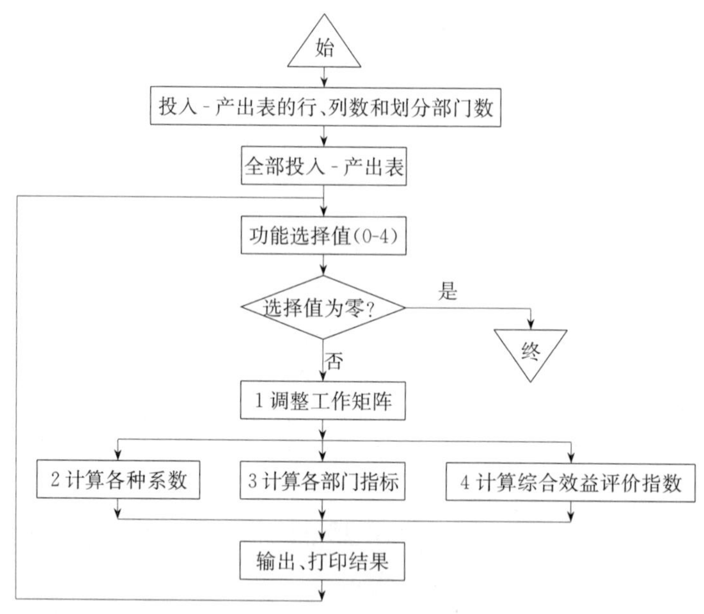

图 2-1 投入-产出模型框图

1. 震前产业关联分析

震前各个产业部门的关联效果是震后经济恢复的重要依据。从经济联系的角度来说，产业之间的有机联系可以分为三个部门：一是前向连锁效果（Forward linkage effect），通过各部门对其他部门的供给联系（向其他部门提供中间投入）发生作用；二是后向连锁效果（Backward linkage effect），通过各部门对其他部门的需求联系（从其他部门获得中间投入）发生作用；三是旁侧影响，即对地区基础设施的影响。产业部门间投入-产出联系所决定的投资连锁效果，对震后投资决策非常重要，甚至可能是决定震后经济发展的最基本的因素。因为借助于产业部门间的投入-产出联系，投资的连锁效果将对整个投资决策形成压力，以此做出决策并付诸行动。

从投入-产出表可以求出各产业部门的关联度。设投入产出列昂节夫逆矩阵为 Q，则有：

$$Q=(I-A)^{=1} \tag{2-10}$$

从纵向看，该矩阵实际上就是各产业波及效果系数矩阵。波及效果系数实际就是完全需要系数，它表示当某一产业部门的生产量发生一个单位的变化时，各个产业部门产出量变化总和系数。

任何一个产业的生产活动，通过产业之间相互联结的波及效果，必然会影响和受影响于其他产业的生产活动。若把一个产业影响其他产业的程度叫做带动度，而把受其他产业影响的程度叫感应度，则带动度和感应度的大小就反映了各产业间的关联程度。一般来说，这种关联程度越大，产业结构就越合理。而带动和感应这两个方向的作用都可在 $(I-A)^{-1}$ 矩阵中表现出来。在 $(I-A)^{-1}$ 矩阵中，某一产业横行上的数值反映该产业受到其他产业影响的程度，即感应度的系数系列，也就是其他产业生产发生变化时，使该产业的生产发生相应变化的程度的系数系列；而纵列上的数值则反映该产业影响其他产业的程度，即带动度的系数系列，也就是该产业生产发生变化使其他产业的生产发生相应变化程度的系数系列。与感应度和带动度相对应，影响其他产业和受其他产业影响的一般的、平均的趋势可用带动度系数和感应度系数表示，其计算公式分别为：

带动度系数：

$$QB_j = \frac{\sum_{i=1}^{n} Q_{ij}}{\frac{1}{n}\sum_{i=1}^{n}\sum_{j=1}^{n} Q_{ij}} \tag{2-11}$$

感应度系数：

$$QF_i = \frac{\sum_{j=1}^{n} Q_{ij}}{\frac{1}{n}\sum_{i=1}^{n}\sum_{j=1}^{n} Q_{ij}} \tag{2-12}$$

如果某产业的带动度系数和感应度系数大于1，则说明该产业对其他产业的影响或受其他产业的影响居于平均水平以上；如果某产业的带动度系数和感应度系数小于1，则说明该产业对其他产业的影响或受其他产业的影响居于平均水平或以下。

除了用带动度（系数）和感应度（系数）反映震前的产业关联以外，还可用下列指标反映某地区产业的发育水平：

（1）消费系数：

$$P_i = \frac{W_i}{X_i} = \frac{i\text{ 个经济部门提供的消费量}}{i\text{ 个经济部门的产值}} \tag{2-13}$$

（2）固定资产积累系数：

$$U_i = \frac{K_i}{X_i} = \frac{i\text{ 个经济部门提供的固定资产积累量}}{i\text{ 个经济部门的产值}} \tag{2-14}$$

（3）流动资金积累系数：

$$P_i = \frac{E_i}{X_i} = \frac{i\text{ 个经济部门提供的流动资金积累量}}{i\text{ 个经济部门的产值}} \tag{2-15}$$

（4）调出系数：

$$m_i = \frac{S_i}{X_i} = \frac{i\text{ 个经济部门的调出量}}{i\text{ 个经济部门的产值}} \tag{2-16}$$

（5）调入系数：

$$n_i=\frac{R_i}{X_i}=\frac{i\text{ 个经济部门的调入量}}{i\text{ 个经济部门的产值}} \tag{2-17}$$

（6）消费结构系数：

$$g_i=\frac{W_i}{\sum_{i=1}^{n}W_i}=\frac{i\text{ 个经济部门的产品消费量}}{\text{各个经济部门的产品消费总量}} \tag{2-18}$$

（7）流动资金积累结构系数：

$$e_i=\frac{E_i}{\sum_{i=1}^{n}E_i}=\frac{i\text{ 个经济部门提供的流动资金积累量}}{\text{各个经济部门的流动资金积累总量}} \tag{2-19}$$

（8）固定资产积累结构系数：

$$k_i=\frac{K_i}{\sum_{i=1}^{n}K_i}=\frac{i\text{ 个经济部门提供的固定资产积累量}}{\text{各个经济部门的固定资产积累量}} \tag{2-20}$$

根据唐山市 1987 年投入-产出表（由于资料所限，只能用 1987 年投入-产出表的直接消耗系数和震前各经济指标进行分析），可算出唐山市产业结构的各项指标，如表 2-2 所示。从表中各产业的关联分析可以看出：唐山市感应度系数大于 1 的产业有：冶金（2.8723）、电力（1.4017）、纺织（1.3698）、煤炭（1.2882）、化学（1.1787）、农业（1.1436）和机械（1.0856）；带动度系数大于 1 的产业有：冶金（1.4571）、机械（1.1997）、缝纫皮革（1.1168）、其他工业（1.0976）、造纸文具（1.0724）、建筑业（1.0249）、纺织（1.0132）和化学（1.0131）。在轻工业中，除纺织工业外，带动度系数虽然较高，但感应度系数却很低。而重工业中的冶金、化学工业、机械工业等都是感应度系数和带动度系数都很高的部门，因而综合连锁效应强，对国民经济的驱动作用大。能源工业的带动度系数虽低，但感应度系数却比轻工业高。重工业中，建材、石油，轻工业中的缝纫皮革、造纸和森林等，带动度系数和感应度系数都小于 1。

实际上，感应度系数和带动度系数散布在 1 附近，即分布在全产业的感应度系数和带动度系数的平均水平附近。某产业的感应度系数或带动度系数偏离平均值 1 越大（大于 1 或小于 1），表明该产业受其他产业变动的影响或其变动对其他产业的影响越大或越小；感应度系数和带动度系数偏离平均值越大，偏离程度大的产业数目越多，就是从整体上说明全产业的相互关联作用不稳定，整体关联程度不高。由于全部产业的感应度和带动度的和为同一个定数，因此各产业的感应度系数和带动度系数相对于 1 的变异程度越小，反映产业结构整体关联作用越强，产业结构越合理。

变异程度采用标准差 σ 度量，其表达式为：

$$\sigma=\sqrt{\sigma_{感}^2+\sigma_{带}^2} \tag{2-21}$$

式中：$\sigma_{感}$——感应度系数的标准差；

$\sigma_{带}$——带动度系数的标准差。

根据唐山市 1987 年投入-产出表计算得出 $\sigma=3.02123$（$\sigma_{感}=2.5574$，$\sigma_{带}=1.6068$），根据我国 1981 年投入-产出表计算得出 $\sigma=2.0578$（$\sigma_{感}=1.9243$，$\sigma_{带}=0.7292$）。可见，唐山市的三个标志变异度均比全国的大，表明唐山市的产业结构关联作用较全国弱（标准

唐山市 19 个经济部门产业结构分析指标 表 2-2

序号	产业部门＼指标	结构比例系数	带动度	带动度系数	感应度	感应度系数	消费系数	流动资金积累系数	固定资产积累系数	调出系数	调入系数	消费结构系数	积累结构系数	流动资金积累结构	固定资产积累结构
1	农业	20.59	1.9754	0.6572	3.4375	1.1436	0.291200	0.08489	0.02693	0.3865	0.1469	0.2810	0.1457	0.5411	0.04409
2	煤炭	5.09	2.6082	0.6926	3.8721	1.2882	0.045700	−0.02255	0	0.5481	0.4430	0.0109	−0.00726	−0.0355	0
3	冶金	16.09	4.3799	1.4571	8.6339	2.8723	0.000041	0.02695	0	0.3330	0.3293	0.000035	0.03091	0.1513	0
4	非金属采选	1.52	1.8330	0.6098	8.0170	0.6710	0.023300	−0.03801	0	0.4491	0.6842	0.00165	0.00364	−0.0178	0
5	食品	4.20	2.8513	0.9486	1.8234	0.6066	0.553600	0.04010	0	0.5823	0.7072	0.1090	0.01066	0.0522	0
6	纺织	3.03	3.4055	1.0132	4.1175	1.3698	0.401800	0.04847	0	0.5363	0.8683	0.05696	0.00928	0.0454	0
7	缝纫皮革	1.01	3.3570	1.1168	1.1502	0.3827	0.664900	0.03093	0	0.3739	0.2825	0.03141	0.00197	0.0097	0
8	森林	0.22	2.8780	0.9575	1.3819	0.4597	1.728900	0.15011	0.02846	0.3621	4.0919	0.01817	0.00253	0.0102	0.00507
9	造纸文具	1.73	3.1138	1.0724	1.6401	0.5456	0.089380	0.05643	0	0.5467	0.1959	0.00725	0.00618	0.0302	0
10	电力	6.70	2.6648	0.9178	4.2134	1.4017	0.024630	0	0	0.4836	0.2646	0.00773	0	0	0
11	石油	0	1.0000	0.3327	1.6370	0.5446	—	—	—	—	—	0.000674	0.0115	0.0056	0
12	化学	4.12	3.0454	1.0131	3.5432	1.1787	0.137250	0.01823	0	0.5048	0.6786	0.02653	0.00476	0.0233	0
13	建材	5.35	2.2853	0.7603	1.5280	0.5083	0.009400	0.01850	0	0.6851	0.1893	0.00205	0.00543	0.0266	0
14	机械	6.87	3.6061	1.1997	3.2633	1.0856	0.222600	0.03274	0.84990	0.5080	1.2914	0.07223	0.38634	0.0701	0.46755
15	其他工业	0.07	3.2992	1.0976	1.3126	0.4367	0.583530	0.06447	0	2.5092	5.8170	0.001946	0.00929	0.0455	0
16	建筑业	8.70	3.0808	1.0249	1.0000	0.3327	0	0	0.66530	0.4066	0.0720	0	0.36640	0	0.46052
17	货运邮电	3.06	1.7746	0.5904	2.1477	0.7145	0.124420	0.009094	0.05351	0.3299	0.3937	0.01782	0.01210	0.0086	0.00130
18	商业饮食	4.06	1.9818	0.6593	1.9689	0.6550	0.485400	0.02663	0.04439	0.1626	0.2039	0.09243	0.01825	0.0335	0.01434
19	其他三产业	8.30	1.9604	0.6522	2.4128	0.8027	0.674040	0	0	0.0280	0.0340	0.26230	0	0	0

差越接近于0，关联作用程度越大）。

2. 震前产业结构综合效益评价模型

震后产业结构调整的主要依据有二。一是产业之间的关联程度，二是产业结构的效益指标。利用投入-产出表可以得出综合评价产业结构经济效益的模型体系，主要步骤如下：

（1）设置各产业部门单项评价指标。表示各产业在不同方面的效益的具体指标如下：

①第 i 产业部门积累率

$$AR(i)=\frac{\text{第 } i \text{ 产业部门提供的积累总额}}{\text{第 } i \text{ 产业部门的产值}} \tag{2-22}$$

②第 i 产业部门利润率

$$TR(i)=\frac{\text{第 } i \text{ 产业部门社会纯收入}}{\text{第 } i \text{ 产业部门的产值}} \tag{2-23}$$

③第 i 产业部门贡献度

$$DR(i)=\frac{\text{第 } i \text{ 产业部门的增加值}}{\text{第 } i \text{ 产业部门的产值}} \tag{2-24}$$

④第 i 产业部门生产率

$$PR(i)=\frac{\text{第 } i \text{ 产业部门最终净产值}}{\text{第 } i \text{ 产业部门的产值}} \tag{2-25}$$

⑤第 i 产业部门劳动报酬率

$$LR(i)=\frac{\text{第 } i \text{ 产业部门劳动报酬额}}{\text{第 } i \text{ 产业部门的产值}} \tag{2-26}$$

⑥第 i 产业部门投资占用率

$$IR(i)=\frac{\text{第 } i \text{ 产业部门固定资产投资额}}{\text{第 } i \text{ 产业部门的产值}} \tag{2-27}$$

（2）在单项经济效益评价指标基础上推导各产业部门经济效益综合评价指标

具体可按下列步骤进行。

①由上述6个指标建立产业结构单项评价矩阵 T_1：

$$T_1=\begin{bmatrix} AR \\ TR \\ DR \\ PR \\ LR \\ IR \end{bmatrix}=\begin{bmatrix} AR(1) & AR(2) & \cdots\cdots & AR(n) \\ TR(1) & TR(2) & \cdots\cdots & TR(n) \\ DR(1) & DR(2) & \cdots\cdots & DR(n) \\ PR(1) & PR(2) & \cdots\cdots & PR(n) \\ LR(1) & LR(2) & \cdots\cdots & LR(n) \\ IR(1) & IR(2) & \cdots\cdots & IR(n) \end{bmatrix}=(t_{ij}^1)_{6\times n} \tag{2-28}$$

②对 T_1 矩阵各元素除以各行的和，得到产业结构单项评价指标相对值短阵 T_2：

$$T_2=(t_{ij}^2)_{6\times n} \tag{2-29}$$

式中：

$$t_{ij}^2=\frac{t_{ij}^1}{\sum_{j=1}^{n} t_{ij}^1} \tag{2-30}$$

③根据 6 个指标的定义，采用层次分析法依次确定各单项指标的权数，建立产业结构单项评价指标权数向量 Q：

$$Q=(q_1,q_2,q_3,q_4,q_5,q_6) \tag{2-31}$$

式中 Q 可以根据决策者的偏好选择。

④对矩阵 T_2 各行乘以相应单项的权数，得到产业结构单项评价指标加权相对值矩阵 T_3 如下：

$$T_3=(t_{ij}^3)_{6\times n} \tag{2-32}$$

式中：

$$t_{ij}^3=t_{ij}^2\times q_i \tag{2-33}$$

⑤对矩阵 T_2 各列求和，得到各产业部门单项指标加权相对值向量 P 如下：

$$P=(p_1,p_2,\cdots,p_n) \tag{2-34}$$

式中：

$$p_i=\sum_{i=1}^{n} t_{ij}^3 \qquad (j=1,2,\cdots,n) \tag{2-35}$$

⑥对向量 P 的各元素加权，以综合考虑各产业部门对产业结构的整体作用，加权数为各产业部门的影响力系数，由此得到各产业部门产业效益综合评价指标向量 T：

$$T=(t_1,t_2,\cdots,t_n) \tag{2-36}$$

式中：

$$t_i=p_i\times w_i \qquad (i=1,2,\cdots,n) \tag{2-37}$$

式中，w_i 为第 i 个产业部门的影响力系数。向量 T 的元素 t_i 即为第 i 个产业部门产业结构效益综合评价值，可用以对第 i 个产业部门的社会经济贡献程度、生产效率、劳动效率、资金利用效率以及对整体产业结构的影响等诸多经济效益因素进行综合评价。

(3) 形成地震前后产业结构效益综合评价动态指标。根据上述分析，产业结构效益动态评价指标 F 可表为：

$$F=\frac{\sum_{i=1}^{n} t_i X_i}{\sum_{i=1}^{n} X_i} \tag{2-38}$$

产业结构效益动态评价指标 F 可以定量地表示产业结构的合理程度。在研究震后产业结构的调整方案时，可以对不同调整方案的优化模拟结果进行定量评判，以比较各方案的优劣。理想的调整方案，各年的 F 值应呈增长趋势。F 值的时间序列变化趋势代表产业结构合理性变化趋势。如 F 值呈增长态势，则表示产业结构趋于合理，反之则不合理，此时应考虑制定适当产业政策予以调整。

产业结构效益动态评价指标 F 的表达式还可写成：

$$F=\sum_{i=1}^{n} t_i \times \frac{X_i}{\sum_{i=1}^{n} X_i} \tag{2-39}$$

此式表明，产业结构综合效益评价值取决于各产业结构效益综合评价值 t_i 和各产业部门在全市或全地区生产总结构中所占的比重，即

$$\frac{X_i}{\sum_{i=1}^{n} X_i} \tag{2-40}$$

根据专家评判，得出权重为：Q=(0.0419,0.1649,0.3408,0.2694,0.0419,0.1412)。

由此可见，6个指标对各产业的综合效益的重要性程度依次为：产业部门的贡献度(0.3408)，产业部门的生产效率（0.2694)，产业部门利税率（0.1649)，产业部门投资占用率（0.1412)，产业部门积累和劳动报酬率同等重要，权重均为0.0419。根据此权重，算得唐山市各工业部门综合经济效益的排序如表2-3所示。

从表2-3可以看出：机械、建材、电力具有较好的综合经济效益，轻工业居中，而冶金、煤炭的经济效益很不理想。冶金、煤炭这种低效率的格局一方面是由于现行价格体系极不合理，另一方面也是由于区内市场在很大程度上是作为区外加工工业产品的吸纳地而存在。区内原材料同消费之间的关系是通过区外加工工业的转换折射达到均衡的。

唐山市工业部门综合经济效益排序结果　　　　表2-3

部门	机械	建材	电力	森林	造纸	缝纫
权重值	0.300657	0.079689	0.068771	0.066192	0.060698	0.059849
位次	1	2	3	4	5	6
部门	非金属采选	化学	纺织	冶金	食品	煤炭
权重值	0.05382	0.049814	0.048958	0.004572	0.037261	0.020044
位次	7	8	9	10	11	12

2.2 层次分析决策技术

层次分析法（Analytical Hierarchy Process Method，简称AHP）是美国运筹学家A. L. Saaty在1970年代初提出的决策方法。其思路是把复杂问题分解成若干层次，在比原来问题简单得多的层次上逐步进行分析。它可以把人的主观判断用量化形式表达和处理，可以解决难于完全用定量方法分析和处理的复杂问题，特点是简洁、有效和直观。

2.2.1 层次分析法分为6个步骤

1. 明确问题

把要解决的问题所包含的因素分组，每一组为一个层次，再按照最高层、相关的中间

层和最低层的形式排列起来。最高层表示目标，即解决问题所要达到的目的；中间层表示实现预定目标所涉及的中间环节，中间层一般又分为策略层、约束层、准则层等；最低层表示解决问题的措施或政策。

2. 建立层次结构

就是标明上一层次与下一层次元素之间的联系。如果某个元素与下一层次所有元素均有联系，则称这个元素与下一层次的元素存有完全层次关系。但一般都是不完全层次关系，即某个元素只与下一层次的部分元素有联系。层次之间可以建立子层次。子层次从属于主层次的某个元素，它的元素与下一层次的元素有联系，但不构成独立层次，层次结构往往用结构图形式来表示。

3. 构造判断矩阵

层次分析法的信息基础是人们对每一层次各元素的相互重要性给出的判断，把这些判断用数值表示出来，写成矩阵形式，就是构造判断矩阵，这是层次分析法的出发点，也是层次分析法的关键步骤。

判断矩阵表示上一层次某元素与本层次有关元素之间的相对重要性。假定 A 层次中的元素 A_k 与下一个层次中的元素 B_1，B_2，…，B_n 有联系，则判断矩阵可取下列形式：

A_k	B_1	B_2	…	B_n
B_1	b_{11}	b_{12}	…	b_{1n}
B_2	b_{21}	b_{22}	…	b_{2n}
…	…	…	…	…
B_n	b_{n1}	b_{n2}	…	b_{nn}

（2-41）

矩阵中 b_{ij} 表示对于 A_k 来说，B_i 对 B_j 相对重要性的数值表现形式，通常 b_{ij} 取 1，2，3，⋯ ，9 以及它们的倒数，其含义为：

1——表示 B_i 与 B_j 同样重要；

3——表示 B_i 比 B_j 重要一点；

5——表示 B_i 比 B_j 重要；

7——表示 B_i 比 B_j 重要得多；

9——表示 B_i 比 B_j 极端重要。

它们之间的数：2,4,6,8 及各数的倒数的含义类似。显然，任何判断矩阵都应满足：

$$b_{ii}=1$$

$$b_{ij}=\frac{1}{b_{ij}} \qquad (i,j=1,2,\cdots,n)$$

因此，对于 n 阶判断矩阵，我们只需要对$\frac{n(n-1)}{2}$个元素给出数值。

4. 层次单排序

层次单排序是指根据判断矩阵计算对于上一层某元素而言，本层次元素与之有联系的元素的重要性次序的权值排序。它是对层次所有元素针对上一层次而言的重要性进行排序的基础。层次单排序可以归结为判断矩阵的特征值和特征向量的计算问题，即对判断矩阵

B 计算满足下列等式的特征值和特征向量。

$$BW=\lambda_{\max}W \tag{2-42}$$

式中 $\lambda_{\max}$——B 的最大特征值；

W——对应于 $\lambda_{\max}$ 的正规化特征向量，W 的分量 w_i 是相应元素单排序的权值。

为检验判断矩阵的一致性，需要计算它的一致性指标 CI：

$$CI=\frac{\lambda_{\max}^{-n}}{n=1} \tag{2-43}$$

显然，当判断矩阵具有完全一致性时，$CI=0$，$\lambda_{\max}^{-n}$ 愈大，CI 愈大，矩阵的一致性愈差。为弄清判断矩阵是否具有满意的一致性，需要将 CI 与平均随机一致性指标 RI（表 2-4）进行比较。对于 1～9 阶矩阵，RI 值如下表所示。

RI 值 **表 2-4**

阶数	1	2	3	4	5	6	7	8	9
RI	0.00	0.00	0.58	0.90	1.12	1024	1.32	1.41	1.45

对于一、二阶判断矩阵，RI 只是形式上的，因为按照我们对判断矩阵所下的定义，一、二阶判断矩阵总是完全一致的。当阶数大于 2 时，判断矩阵的一致性指标 CI 与同阶平均随机一致性的指标 RI 之比称为判断矩阵的随机一致性比例，记为 CR，当 $CR=\frac{CI}{RI}$ 小于 0.1 时，判断矩阵是否具有满意的一致性，否则就需要对判断矩阵进行调整。

5. 层次总排序

利用同一层次中所有层次单排序的结果，计算针对上一层次而言本层次所有元素重要性的权值，就是层次总排序。层次总排序要从上到下逐层顺序进行，对于最高层下面的第二层，其层次单排序即为总排序。假定上一层次所有元素 $A_1, A_2, \cdots, A_m$ 的总排序已经完成，得到的权值分别为 $a_1, a_2, \cdots, a_m$，则与 A_i 对应的本层次元素 $B_1, B_2, \cdots, B_n$ 单排序的结果为：

$$b_1^i, b_2^i, \cdots, b_n^i \qquad (i=1,2,\cdots,n) \tag{2-44}$$

若 B_i 与 A_j 无关，则 $b_j^i=0$ $(j=1,2,\cdots,n)$，于是可得层次总排序表如表 2-5 所示。

层次总排序表 **表 2-5**

层次 A ＼ 层次 B	A_1 A_2 $\cdots$ A_m	B 层次总排序
	a_1 a_2 $\cdots$ a_m	
B_1	b_1^1 b_1^2 $\cdots$ b_1^m	$\sum_{i=1}^{m} a_i b_1^i$
B_2	b_2^1 b_2^2 $\cdots$ b_2^m	$\sum_{i=1}^{m} a_i b_2^i$
…	… … … …	
B_n	b_n^1 b_n^2 $\cdots$ b_n^m	$\sum_{i=1}^{m} a_i b_n^i$

显然，

$$\sum_{j=1}^{n}\sum_{i=1}^{m}a_{i}b_{1}^{i}=1$$

即层次总排序仍为归一化正规向量。

6. 一致性检验

为评价层次总排序的计算结果的一致性，需要计算与层次单排序类似的检验量：

层次总排序一致性指标 CI：

$$CI=\sum_{i=1}^{m}a_{i}CI_{i} \tag{2-45}$$

式中 CI_i——与 A_i 对应的 B 层次中判断短阵的一致性指标。

层次总排序随机一致性指标 RI：

$$RI=\sum_{i=1}^{m}a_{i}RI_{i} \tag{2-46}$$

式中 RI_i——与 a_i 对应的 B 层次中判断短阵的一致性指标。

层次总排序随机一致性比例 CR：

$$CR=\frac{CI}{RI} \tag{2-47}$$

同样，当 $CT\leqslant 0.10$ 时，我们认为层次总排序的计算结果具有满意的一致性。

用层次分析法建立的震后经济恢复模型同样具有阶段性和区域性，震后的前期阶段和后期段，考虑的角度是不同的。前期阶段主要考虑的是基础设施的恢复与重建，以及“瓶颈”产业部门的恢复。层次分析法模型的建立主要依据四个原则，即（1）与居民正常生活关系密切者优先；（2）与国家、大区域重大项目经济发展关系紧密者优先；（3）当地经济骨干企业优先；（4）经济效益差，布点不合理者，缓建或不建。根据上述原则建立的震后前期的层次分析法模型如图 2-2 所示。

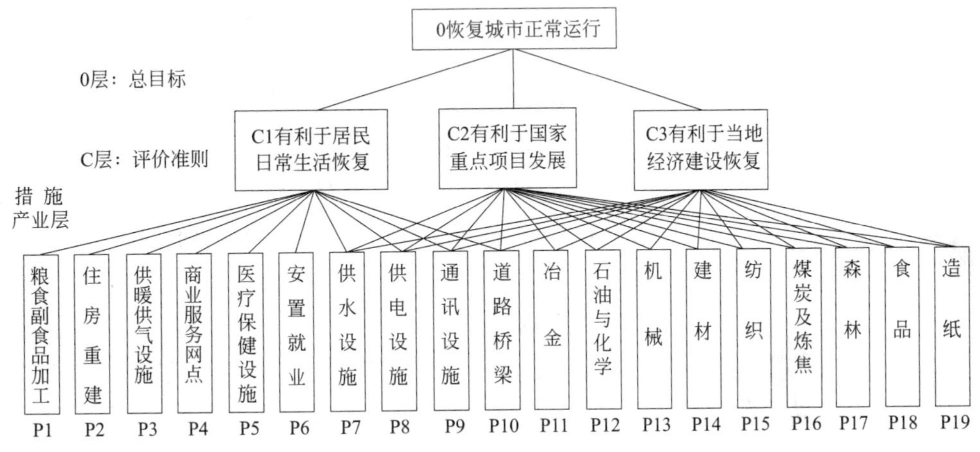

图 2-2 震后经济恢复重建前期决策层次分析法模型树

层次分析法的模型框图如图 2-3 所示。

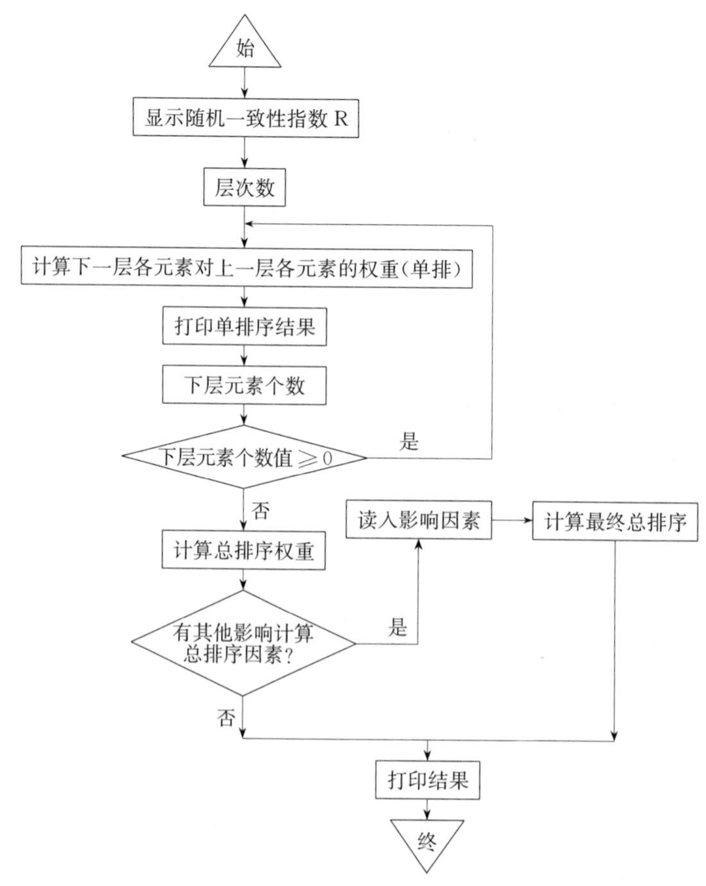

图 2-3　层次分析法模型框图

2.2.2　层次分析决策技术在唐山地震灾后恢复重建的应用

根据唐山市的具体情况，建立震后前期的决策层次分析模型时，在综合考虑了各项影响因素的基础上，选择了确定震后经济恢复的三大准则，19 项恢复措施。整个层次结构模型包括三个相互联系的层次。在图 2-3 中，上下两层元素的联系是通过两者间的直线来表示的。

在填写判断矩阵时，课题组邀请了包括唐山市计委、经委、市经济研究所等单位的领导和专家，以填表方式对同一层次中各因素两两间相对于上一层次的某因素的相对重要性提出了个人意见，并在计算机上对填写结果进行了整理、综合、检验和剔除其中不合理因素，最后排出的结果如表 2-6～表 2-10 所示。

评价准则层排序结果　　　　**表 2-6**

	有利于居民日常生活恢复	有利于国家重点项目发展	有利于当地经济建设恢复	总权重	均值
代号	C1	C2	C3	1	0.3333
权重值	0.6506	0.2225	0.1268		
位次	1	2	3		

子目标 C1 下措施排序结果 表 2-7

	粮食副食品加工厂	住房重建	供暖供气设施	商业服务网点	医疗保健设施	安置就业就学
代号	P1	P2	P3	P4	P5	P6
权重值	0.0992	0.0468	0.0221	0.0468	0.0221	0.0940
位次	4	6	9	7	8	5
	供水设施	供电设施	通信设施	道路桥梁	总权重	均值
代号	P7	P8	P9	P10	1	0.1
权重值	0.3310	0.1950	0.1276	0.0154		
位次	1	2	3	10		

子目标 C2 下措施层排序结果 表 2-8

	供水设施	供电设施	通信设施	道路桥梁	冶金	石油与化学	机械	
代号	P7	P8	P9	P10	P11	P12	P13	
权重值	0.1490	0.1654	0.0716	0.0407	0.1464	0.0298	0.0989	
位次	3	1	6	8	4	10	5	
	建材	纺织	煤炭与炼焦	森林	食品	造纸	总权重	均值
代号	P14	P15	P16	P17	P18	P19	1	0.0769
权重值	0.0519	0.0368	0.1639	0.0136	0.0167	0.0233		
位次	7	9	2	13	12	11		

子目标 C3 下措施层排序结果 表 2-9

	供水设施	供电设施	通信设施	道路桥梁	冶金	石油与化学	机械	
代号	P7	P8	P9	P10	P11	P12	P13	
权重值	0.1912	0.1912	0.1419	0.1058	0.0103	0.0126	0.1028	
位次	1	2	3	4	13	11	5	
	建材	纺织	煤炭与炼焦	森林	食品	造纸	总权重	均值
代号	P14	P15	P16	P17	P18	P19	1	0.0769
权重值	0.0723	0.0556	0.0171	0.0308	0.0412	0.0275		
位次	6	7	12	9	8	10		

总目标 O 下措施层排序结果 表 2-10

	粮食副食品加工厂	住房重建	供暖供气设施	商业服务网点	医疗保健设施	安置就业就学	供水设施
代号	P1	P2	P3	P4	P5	P6	P7
权重值	0.0612	0.0304	0.0144	0.0304	0.0144	0.0646	0.2733
位次	5	9	14	10	15	4	1

续表

	供电设施	通信设施	道路桥梁	冶金	石油与化学	机械	建材
代号	P8	P9	P10	P11	P12	P13	P14
权重值	0.1879	0.1169	0.0304	0.0237	0.0108	0.0344	0.0246
位次	2	3	8	12	16	7	11
	纺织	煤炭与炼焦	森林	食品	造纸	总权重	均值
代号	P15	P16	P17	P18	P19	1	0.0526
权重值	0.0173	0.0386	0.0082	0.0090	0.0082		
位次	13	6	19	17	18		

从总排序的结果可以看出，震后恢复的三个准则中，有利于居民日常生活排在首位，权重高达 0.6506，其次是有利于国家重点项目发展和有利于当地经济建设恢复。这说明震后人民生活的安定是迫切和首要的问题。从 C1，C2 和 C3 等 3 个子目标来看，供水、供电等基础设施的恢复都处于首要地位，这些都是震后恢复的先行产业。有利于国家重点项目的发展和有利于当地经济恢复两个子目标下，专家们的意见出现了相反的结果。从有利于国家重点项目前发展考虑煤炭、冶金、机械等重工业的恢复重建是迫切的，同时也说明这些部门对国家经济发展的重要性。从有利于当地经济建设恢复角度来说，专家们的意见较集中于轻工业，而将煤炭、冶金等重工业排在了最后的位置。这说明了国家重点企业与地方轻工业发展的不协调。两类企业差别明显，生产中也缺乏联系。地方轻工业主要与地方经济相结合，为地方生产与生活提供服务，而大中型企业习惯于纵向联系，企业本身大多内向配套，独立进行所有的生产与生活服务。两类企业形成一种“二元经济”结构，既无法发挥大中型企业对地方经济的带动作用，地方企业也无力为大中型企业提供配套服务。综合排序给出了这三种方案的综合结果。

总之，多层次目标的决策分析表明，震后重建的前期阶段主要应以水、电、通信设施为发展重点，在解决就业和住房等社会问题的同时，应迅速着手解决煤炭、机械、建材、冶金等波及效应很强的产业。

震后重建的后期阶段是整个产业结构恢复和完善的阶段。在这个阶段，投资的重点应逐渐从基础设施的重建转向产业部门的发展顺序选择。这时的产业选择应该彻底摆脱传统产业结构的影响。地震使各个产业部门都遭到了破坏，各个产业部门的重建都处在同一起跑线上，这就为改变传统不合理的产业结构提供了契机。

产业系统是一个复杂有序的大系统，影响产业结构水平和发展变化的因素大致有两个：一是来自产业系统内部，包括产业之间相互影响、相互制约的结构关联度和产业体系内部调整的均衡力（如适应市场需求、资源禀赋条件、产业技术水平变化而调整产业结构、生产成本和边际效益的能力，由最终产品数量和结构变化引起消耗系数 a_{ij} 和 b_{ij} 发生变化的能力等）；二是来自产业系统外部，包括技术进步、社会需求的引导作用，政府参与产业结构变化的政策调整影响，以及就业状况和环境等社会影响因素等。在这些因素中，任何一个因素发生变化，都会引起现有产业结构的变化。

在分析了影响产业结构因素的基础上，根据唐山市的具体情况以及资料来源等因素，选择了 5 个方面的 14 项指标作为唐山市地震后期主导产业的基准，它们是：

（1）考虑需求对产业结构的影响，用需求收入弹性来衡量。通过对各产业收入弹性的考察可知，生产高收入弹性的产品的产业，在产业结构中将占更多的份额。

（2）考虑产业关联对产业结构的影响，用感应度系数和带动度系数来衡量，分别表示产业的前向和后向关联作用。

（3）考虑产业经济效益对产业结构的影响，用积累率、利税率、贡献度、生产效率、投资占用率和劳动报酬率等 6 个表明各产业在不同方面效益的指标来衡量。

（4）技术进步对产业结构的影响，用技术进步率、能源完全消耗系数和交通邮电完全消耗系数（由投入产出表计算出来，反映产业对能源、交通邮电消耗的指标）来衡量。此外，投资占用率，即固定资产的利用效率也可反映一个产业的技术水平。

（5）社会环境效益对产业结构的影响，用国民收入乘子、劳动报酬率、环境污染程度等 3 个指标衡量，分别反映人民生活水平、就业状况及生存生活环境状况等方面由于经济发展而带来的社会效益。

本节选择需求、产业关联、经济效果、技术进步和社会环境效益等作为评价优先发展产业的准则，同时分别用 14 项评价指标反映 5 项准则，唐山市震后优先发展产业的评价指标及其计算方法和说明如表 2-11 所示。

唐山市震后优先发展产业的评价指标及其计算方法和说明　　表 2-11

评价指标名称	说　明	计算公式
1. 收入弹性 S_i	某部门产值需求量与人均国民收入增量之比	$S_i=\left(\frac{\Delta P_i}{P_i}\right)\Big/\left(\frac{\Delta R}{R}\right)$
2. 感应度系数 QF_i	某部门前向推动其他产业发展的能力	$QF_i=\sum_j Q_{ij}\Big/\left(\frac{1}{n}\right)\sum_i\sum_j Q_{ij}$
3. 带动度系数 QB_j	某部门后向带动其他产业发展的能力	$QB_j=\sum_i Q_{ij}/\left(\frac{1}{n}\right)\sum_i\sum_j Q_{ij}$
4. 技术进步率 r_i	某部门产值增量中扣除劳力增长和资金增长的作用后剩余的部分	$r_i=\Delta P_i/P_i-\alpha\Delta K_i/K_i-\beta\Delta M_i/M_i$
5. 能源完全消耗系数 E_i	某部门	$E_i=\Delta\sum_j' Q_{ij}$
6. 交通邮电完全消耗系数 TR_i	某部门对能源的消耗量	$TR_i=\Delta\sum_j'' Q_{ij}$
7. 积累率 AR_i	某部门提供的积累总额与该部门产值之比	$AR_i=V_i+g_i$
8. 利税率 TR_i	某部门社会纯收入与该部门产值之比	$TR_i=R_i/P_i$
9. 贡献度 DR_i	某部门国民生产值与该部门产值之比	$DR_i=X_i/P_i$
10. 生产效率 D_i	某部门增加值与该部门产值之比	$D_i=(P_i-L_i)/P_i$

续表

评价指标名称	说　明	计 算 公 式
11. 投资占用率 IR_i	某部门固定资产投资与该部门产值之比	$IR_i=K_i/P_i$
12. 国民收入乘子 G_i	某部门增加单位最终产品对国民收入的贡献	$G_i = \sum_j Q_{ij} \cdot \delta$
13. 劳动报酬率 LR_i	单位产值付出的劳动报酬	$LR_i=W_i/P_i$
14. 环境污染程度	每单位污染对应的产值	经验判断

表中：P_i—某部门产值；R—人均国民收入；β—劳力产出弹性；$\sum'$— 对能源产业求和；K_i—某部门的资金；Q—列昂节夫矩阵；α —资金产出弹性；$\sum''$— 对交通邮电产业求和；δ—某部门的净产出率；V_i—固定资产积累系数；g_i—流动资金积累系数；R_i—部门社会纯收入；X_i—部门国民生产值；L_i—成本；K_i—部门固定资产投资额；W_i—部门劳动报酬。

根据上述设想建立的层次分析模型如图 2-4 所示。评价震后第二阶段的发展指标中，大多是根据投入产出模型计算的，如感应度系数、影响度系数、能源消耗系数、交通邮电消耗系数、积累率、利税率、贡献度、生产效率、投资占用率以及国民收入乘子等。另一些则是通过建立数学模型得到的，如需求收入弹性系数和技术进步率等。根据表 2-11 列出的评价指标公式算出的各产业的 14 项评价指标值如表 2-12 所示。根据专家填表，上机计算，最后得到的如表 2-13、表 2-14 和表 2-15 所示。

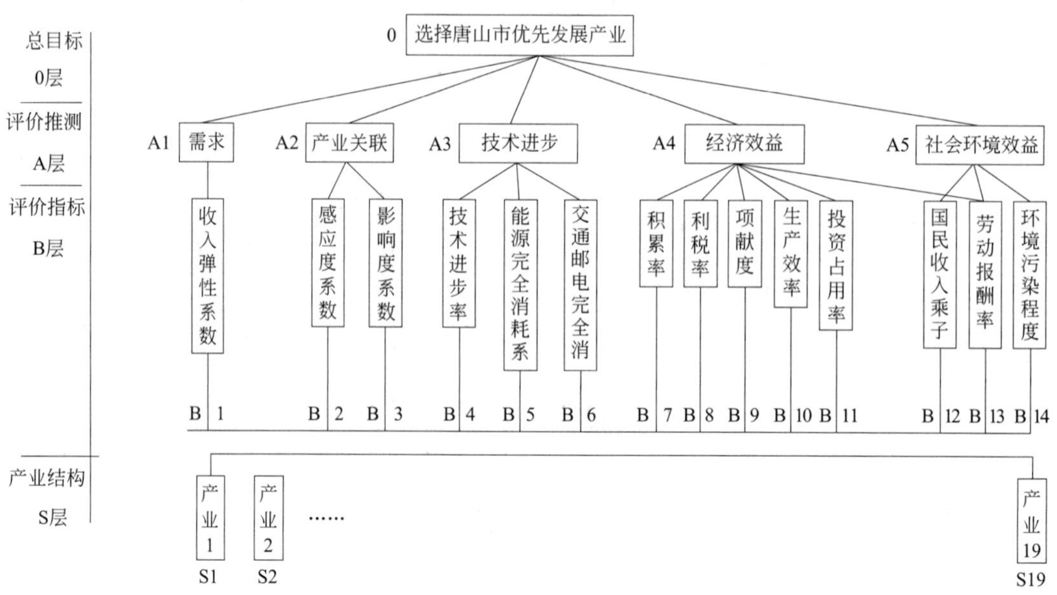

图 2-4　经济发展重建后期层次分析模型树

从总结排序结果看，在第二层的 5 个评价准则中，产业结构经济效益和产业关联的权重值很大，是选择优先发展产业时，首要应考虑的目标。在震前产业结构不合理、产业发展水平受到重挫的情况下，应选择效益好和关联度大的产业作为优先发展产业，以期通过震后产业结构的调整，达到主导产业的发展带动产业结构趋向合理的目标。

层次分析决策评价指标结果

表 2-12

指标 \ 部门	煤炭	冶金	非金属	食品	纺织	缝纫皮革	森林	造纸	电力	石油	化学	建材	机械	其他
收入弹性系数	1.175	1.591	1.429	1.115	1.I88	0.905	1.119	1.050	1.567	1.013	1.538	1.353	1.554	0.834
感应度系数	1.288	2.872	0.671	0.607	1.370	0.383	0.460	0.546	1.402	0.545	1.179	0.508	1.086	0.437
影响度系数	0.693	1.457	0.610	0.949	1.013	1.117	0.958	1.072	0.918	0.333	1.013	0.760	1.200	1.098
技术进步率	0.014	0.042	0.010	0.005	0.008	0.008	0.005	0.030	0.015	0.009	0.029	0.025	0.039	0.014
能源完全消耗系数	2.069	0.378	0.121	0.015	0.034	0.012	0.017	0.010	1.837	1.051	0.130	0.030	0.242	0.005
交通邮电完全消耗系数	0.048	0.119	0.013	0.011	0.015	0.004	0.004	0.007	0.052	0.129	0.067	0.021	0.091	0.011
积累率	−0.023	0.027	−0.038	0.040	0.048	0.031	0.179	0.056	0	0	0.018	0.018	0.063	0.064
利税率	0.016	0.096	0.348	d.105	0.107	0.116	0.101	0.135	0.256	0	0.138	0.307	0.132	0.180
贡献度	0.221	0.121	0.534	0.141	0.193	0.229	8.237	0.220	0.274	0	0.194	0.405	0.227	0.246
生产效率	0.040	0.107	0.369	0.120	0.161	0.192	0.184	0.179	0.200	0	0.145	0.339	0.180	0.225
投资占用率	0	0	0	0	0	0	0.004	0	0	0	0	0	0.124	0
国民收入乘子	0.154	0.923	0.745	0.219	0.661	0.221	0.254	0.293	0.843	0	0.513	0.518	0.591	0.296
带动报酬率	0.205	0.025	0.186	0.036	0.086	0.114	0.136	0.084	0.017	0	0.057	0.098	0.094	0.066
环境污染程度	0.492	1.203	0.830	1.461	0.767	1.241	2.432	0.471	1.046	0.890	0.353	0.393	1.332	1.571

评价准则层排序结果 **表 2-13**

	需求	产业关联	技术进步	经济效益	社会环境	总权重	均值
代号	A1	A2	A3	A4	A5		
权重值	0.0698	0.2675	0.1381	0.4814	0.0435		0.2
位次	4	2	3	1	5		

第 3 层 14 个评价指标的排序结果见表 2-14。排在首位的是影响度系数，即主导产业对其他产业的影响力。排在第二位的是产业的利税率，即强调主导产业的社会纯收入大小。排在第三位的是贡献度，即考虑产业为社会生产的新增价值。此外，较为靠前的指标还有投资占用率，其余指标权重不大，影响程度相对较小。

评价指标层排序结果 **表 2-14**

	收入弹性系数	感应度系数	影响度系数	技术进步率	能源完全消耗系数	交通邮电完全消耗系数	积累率	利税率
代号	B1	B2	B3	B4	B5	B6	B7	B8
权重值	0.0698	0.0538	0.2140	8.0615	0.0399	0.0155	0.0614	0.02137
位次	5	9	1	6	11	12	7	2
	贡献度	生产效率	投资占用率	国民收入乘子	劳动报酬	环境污染程度	总权重	均值
代号	B9	B10	B11	B12	B13	B14		
权重值	0.1150	0.0614	0.0711	0.0111	0.0536	0.0045	1	0.0714
位次	3	8	4	13	10	14		

在以上分析的基础上，排出了 14 个产业的优先发展顺序如表 2-15 所示。从表可见，权重值超过均值的产业依次为：机械（0.1573），食品（0.1492），非金属采选（0.0906），冶金（0.0734），电力（0.0723）。这些选出的优先发展产业，具有较高的收入弹性和技术进步率，可以带动震后产业结构实现质的变化而不断升级换代，具有较高的感应度系数与带动度系数，它们的发展对震后经济的发展起着举足轻重的作用。

产业结构措施层排序结果 **表 2-15**

	煤炭	冶金	非金属采选	食品	纺织	缝纫皮革	森林	造纸
代号	S1	S2	S3	S4	S5	S6	S7	S8
权重值	0.0432	0.0734	0.0906	0.1492	0.0500	0.0449	0.0471	0.0514
位次	13	4	3	2	10	12	11	9
	电力	石油	化学	建材	机械	其他	总权重	均值
代号	S9	S10	311	S12	S13	S14		
权重值	0.0723	0.0209	0.0577	0.7011	0.1573	0.0718	1	0.0714
位次	5	14	8	7	1	6		

1987年唐山市投入-产出直接消耗系数表

表 2-15（续）

序号		1 农业	2 煤炭	3 冶金	4 食品	5 纺织缝纫皮革	6 森林	7 造纸文教用品	8 电力	9 石油	10 化学	11 建材	12 机械	13 其他工业	14 建筑业	15 货运邮电业	16 商业饮食业	17 其他第三产业
1	农业	0.1981024	8.0001422	0.0000558	0.5883266	0.0576500	0.0000450	0.0698556	0.0000169	0	0.0338527	0.0027600	0.0005749	0.0052378	0.0004505	0.0000005	0.0407756	0.0147157
2	煤炭	0.0064954	0.3331268	0.0270473	0.0034921	0.0020600	0.0868434	0.0052178	0.1907806	0	0.0761264	0.0423100	0.0124841	0.0065810	0.0041882	0.0096372	0.0078892	0.0121890
3	冶金	0.0829714	0.0138456	0.6795915	0.0015043	0.0020040	0.0886048	0.0217292	0.0046714	0	0.0123413	0.0764100	0.3128457	0.1048436	0.2024086	0.0043606	0.0023742	0.0092594
4	食品	0.0406966	0.0000497	0.0003010	0.1020024	0.0031000	0.0006254	0.0023812	0.0001438	0	0.0067839	0.0702000	0.0005888	0.0792621	0.0057570	0.0002945	0.1391957	0.0112997
5	纺织缝纫皮革	0.0032700	0.0048600	0.0010970	0.0386700	0.5383900	0.0050850	0.0631500	0.0008750	0	0.0249900	0.0056900	8.0099400	0.0247200	0.0029000	0.0030550	0.0047240	0.0077000
6	森林	0.0063889	0.0052422	0.0004997	0.0007146	0.0008850	0.1384751	0.0053538	0.0001883	0	0.0007670	0.0026660	0.0082518	0.0247513	0.0303652	0.0012247	0.0043482	0.0065755
7	造纸文教用品	0.0015167	0.0003168	0.0002153	0.0050193	0.0073904	0.0058774	0.2549914	0.0002351	0	0.0108298	0.0188000	0.0060706	0.0125005	0.0008886	0.0017348	0.0052511	0.6123085
8	电力	0.0126746	0.0751243	0.0224250	0.0180640	0.2255100	0.0288559	0.0634165	0.3432469	0	0.1041472	0.0802000	0.0235143	0.0240696	0.0146079	0.0117349	0.0072011	0.0225430
9	石油	0.0062025	0.0066057	0.0054076	0.0023045	0.0033280	0.0100413	0.0046874	0.0044438	0	0.0117385	0.0174900	0.0081881	0.0150519	0.0131868	0.1194225	0.0066944	0.0227255
10	化学	0.0570295	0.0258248	0.0097230	0.0055801	0.0503600	0.0704627	0.0724238	0.0030628	0	0.2900409	0.0310370	0.0409231	0.1353322	0.0124948	0.0293751	0.0044658	0.0546943
11	建材	0.0113150	0.0900240	0.1307700	0.0699700	0.0056600	0.1743030	0.0313270	0.0197910	0	0.0392840	0.1094550	0.0160120	0.0094100	0.1906080	0.0049700	0.0003600	0.0343760
12	机械	0.0145915	0.0628076	0.0292846	0.0147884	0.0183550	0.0393406	0.0617145	0.0120124	0	0.0347338	0.0382800	0.2069708	0.0386422	0.0751751	0.0511922	0.0231698	0.0599132
13	其他工业	0.0014284	0.0006994	0.0016983	0.0003384	0.0018070	0.0000171	0	0.0000049	0	0.0006806	0.0008370	0.0003418	0.1872511	0.0013453	0.0083682	0.0027825	0.0011688
14	建筑业	0	0	0	0	0	0	0	0	0	0	0	0	0	0	0	0	0
15	货运邮电业	0.0112038	0.0110117	0.0172894	0.0154417	0.0090930	0.0391179	0.0212224	0.0564146	0	0.0290643	0.0585830	0.0182729	0.0155244	0.0723595	0.0086214	0.0094992	0.0328914
16	商业饮食业	0.0147907	0.0080517	0.0159681	0.0160385	0.0134400	0.0658597	0.0282016	0.0112860	0	0.0269686	0.0176200	0.0291139	0.0253790	0.0381967	0.0271343	0.0199357	0.0227626
17	其他第三产业	0.0186205	0.0090549	0.0107741	0.0158249	0.0238950	0.0364705	0.0335773	0.0033203	0	0.0533758	0.0219000	0.0285988	0.0240358	0.0215539	0.0911876	0.1133948	0.0508233

2.3 多目标线性规划决策技术及其应用

震后产业结构恢复的最佳规模及投资选择是地震灾后恢复重建需要决策的重要事项之一。投入-产出模型可以反映经济系统内部的产品（或部门）的结构和联系，使经济系统内部保持协调。但是，它本身并不能提供优化方案。

一个理想的经济产业结构，必须满足国民经济内外部的约束条件，达成一个或几个目标。本节采用多目标线性规划决策技术，以产业部门之间的投入-产出关系作为约束条件，通过线性规则的对偶理论分析资源的相对稀缺性，为制定震后恢复重建产业政策提供依据，并以唐山市地震灾后恢复重建为案例说明如何具体应用。

2.3.1 地震灾后经济恢复多目标线性规划模型目标函数

震后最优的产业结构应在震后生产技术条件下，充分利用和合理安排原有资源，外援资金，原材料，燃料和劳动力等，使产值总额，净余值总额和利税总额达到最大，即取下列三个目标函数，分别代表产值总额最大（$MaxZ_1$），净余值总额最大（$MaxZ_2$），利税总额最大（$MaxZ_3$），以及综合规模产值（$MaxZ_4$）最大。

$$MaxZ_1=X_1+X_2+\cdots+X_n \tag{2-48}$$

$$MaxZ_2=C_{21}X_1+C_{22}X_2+\cdots+C_{2n}X_n \tag{2-49}$$

$$MaxZ_3=C_{31}X_1+C_{32}X_2+\cdots+C_{3n}X_n \tag{2-50}$$

$$MaxZ_4=C_{41}X_1+C_{42}X_2+\cdots+C_{4n}X_n \tag{2-51}$$

式中：$X_i(i=1,2,3,\cdots,n)$ 为决策变量，表示第 i 个产业部门的总产值；$n=12$，为划分的产业部门；$C_{2j}(j=1,2,3,\cdots,n)$ 为净产值率，即各产业部门的净产值与产值之比；$C_{3j}(j=1,2,3,\cdots,n)$ 为利税率，即各产业部门的利润和税金总额与总产值的比率；C_{4j} $(j=1,2,3,\cdots,n)$ 为综合规模产值。

1. 约束条件

约束条件有投入-产出约束，资源约束和规模约束等：3 个，其表达形式如下。

（1）投入-产出约束

$$X_i-\sum_{j=1}^{n}a_{ij}X_i\geqslant Y_i \tag{2-52}$$

式中：a_{ij}——投入-产出直接消耗系数；

Y_i——地震后第 i 产业的最小最终需求。

（2）资源约束

1）区域运输能力约束

$$\sum_{i=1}^{n}Q_iX_i\leqslant T \tag{2-53}$$

式中：Q_i——第 i 部门单位产值的货运量；

T——地震后的最大运输能力。

2）劳动力约束

$$\sum_{i=1}^{n} L_i X_i \leqslant L \tag{2-54}$$

式中：L_i——第 i 部门单位产值的职工人数；

L——地震后的职工人数。

3）资金约束

$$\sum_{i=1}^{n} K_i X_i \leqslant M \tag{2-55}$$

式中：K_i——第 i 部门单位产值的投资额；

M——地震后的最大的工业投资。

4）水资源约束

$$\sum_{i=1}^{n} q_i X_i \leqslant W \tag{2-56}$$

式中：q_i——第 i 部门单位产值的耗水量；

W——地震后工业总用水量。

（3）规模约束

$$B_i \geqslant X_i \geqslant A_i \tag{2-57}$$

式中：A_i 和 B_i 分别为 i 部分发展的下限和上限。

2. 模型框图

多目标线形规划模型框图如图 2-5 所示。

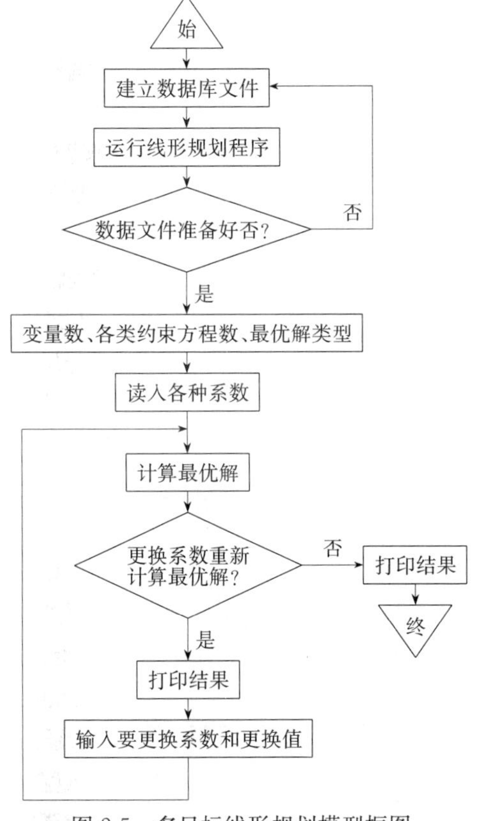

图 2-5　多目标线形规划模型框图

2.3.2 地震灾后经济恢复多目标线性规划模型在唐山市地震灾后恢复重建的应用

震后的线性规划模型与层次分析法相对应，也分为震后经济恢复的前期阶段和后期阶段。首先要根据经验和重建规划，确定工业产值恢复到震前水平的年数。对于唐山市的情形，1976～1977 年为前期阶段，1977～1979 为后期阶段，恢复到地震以前的水平的时间为两年。线性规划模型的右端参数主要是根据震后的实际情况和两阶段层次分析法所得的结果确定。对于不同的参数可以通过模型寻优，以求最佳方案。在给出唐山市的线性规划模型以前，要先列出线性规划模型所需要的系数和约束条件的各约束值。这些系数和约束值分别如表 2-16～表 2-18 所示。

多目标线性规划约束方程系数表 **表 2-16**

	Q_i $\frac{千吨}{万元}$	L_i $\frac{人}{万元}$	K_i $\frac{万元}{万元}$	q_i $\frac{万吨}{万元}$	C_{2i} $\frac{万元}{万元}$	C_{3i} $\frac{万元}{万元}$	C_{4i} $\frac{万元}{万元}$
煤炭	0.0437	2.29505	0.45360	0.0611	0.03972	0.01552	0.123?
冶金	0.08663	0.42493	0.02351	0.23087	0.1069	0.09617	0.1916
食品	—	0.9803	0.03033	0.02569	0.1202	0.1054	0.2013
纺织,缝纫,皮革	—	0.73950	0.01304	0.02815	0.1684	0.08079	0.6121
森林	0.0584	1.72196	—	0.01420	0.1837	0.1008	0.2201
造纸文具	—	1.18231	0.00221	8.14059	0.1788	0.1352	0.2377
电力	—	0.11583	0.30974	0.04062	0.2000	0.2563	0.3129
石油	—	—	—	—	—	—	—
化学	0.00524	0.61620	0.01177	0.04839	0.1446	0.1376	0.2275
建材	0.1160	1.75571	0.07521	0.40470	8.3466	0.2758	0.3732
机械	—	1.12490	0.05917	0.02699	0.1799	0.1322	0.2365
其他	—	1.62810	0.01955	0.06346	8.2252	0.1803	0.2787

唐山市地震后前期线性规划各约束条件约束值 **表 2-17**

部门	煤炭	冶金	食品	纺织,缝纫,皮革	森林	造纸文具	电力
约束值	12223	7775	1221	4125	332	1228	3540
部门	机械	其他	运输能力	劳动力	资金	水资源	
约束值	8100	2940	9236	298482	82385	37041	

这样，我们可得唐山市地震恢复前期多目标线性规划模型如下。

决策变量：

$X_1, X_2, \cdots, X_{12}$分别为煤炭，冶金，食品，纺织缝纫和皮革，森林，造纸文具，电力，石油，化学，建材，机械和其他等12个工业部门的总产值。

目标函数：

（1）总产值最大，从公式(2-46）可得：

$$MaxZ_1 = X_1 + X_2 + \cdots + X_{12}$$

（2）净产值总额最大，从公式(6.49）和表2-17可得：

$$MaxZ_2 = 0.03972X_1 + 0.1069X_2 + 0.1202X_3 + 0.1684X_4 + 0.1837X_5 + 0.1788X_6 + 0.2000X_7 + 0.1446X_9 + 0.3466X_{10} + 0.1799X_{11} + 0.2252X_{12}$$

（3）利税总额最大，从公式(2-50）和表2-17可得：

$$MaxZ_3 = 0.01552X_1 + 0.09617X_2 + 0.1054X_3 + 0.08079X_4 + 0.1008X_5 + 0.1352X_6 + 0.2563X_7 + 0.1376X_9 + 0.2578X_{10} + 0.1322X_{11} + 0.1803X_{12}$$

（4）综合规划产值最大，从公式(2-51）和表2-17可得：

$$MaxZ_4 = 0.1237X_1 + 0.1916X_2 + 0.2013X_3 + 6121X_4 + 0.2201X_5 + 0.2377X_6 + 0.3129X_7 + 0.2275X_9 + 0.3732X_{10} + 0.2365X_{11} + 0.2787X_{12}$$

约束条件：

（1）主要部门的投入产出约束，从公式(2-52）和表2-16可得：

1）煤炭

$$0.66687X_1 - 0.02705X_2 - 0.00349X_3 - 0.0018X_4 - 0.00684X_5 - 0.00521X_6 - 0.19078X_7 - 0.07613X_9 - 0.05335X_{10} - 0.01248X_{11} - 0.00658X_{12} \geqslant 12223$$

2）冶金

$$-0.01385X_1 + 0.3204X_2 - 0.00158X_3 - 0.00255X_4 - 0.08861X_5 - 0.02173X_6 - 0.00467X_7 - 0.01234X_9 - 0.02756X_{10} - 031285X_{11} - 0.10484X_{12} \geqslant 7775$$

3）食品

$$-0.00005X_1 - 0.0003X_2 + 0.8980X_3 - 0.00174X_4 - 0.00063X_5 - 0.00238X_6 - 0.00014X_7 - 0.00678X_9 - 0.00093X_{10} - 00086X_{11} - 0.07926X_{12} \geqslant 1221$$

4）纺织、缝纫、皮革

$$-0.00107X_1 - 0.00027X_2 - 0.03793X_3 + 0.46491X_4 - 0.00282X_5 - 0.0621X_6 - 0.00022X_7 - 0.02362X_9 - 0.00319X_{10} - 00543X_{11} - 0.02191X_{12} \geqslant 4125$$

5）森林

$$-0.00524X_1 - 0.00050X_2 - 0.00072X_3 - 0.00078X_4 + 0.86153X_5 - 0.00535X_6 - 0.00019X_7 - 0.00077X_9 - 0.00277X_{10} - 00825X_{11} - 0.02475X_{12} \geqslant 332$$

6）造纸文具

$$-0.00032X_1 - 0.00022X_2 - 0.00502X_3 - 0.00366X_4 - 0.00588X_5 + 0.74501X_6 - 0.00024X_7 - 0.01083X_9 - 0.02458X_{10} - 00607X_{11} - 0.0125X_{12} \geqslant 1228$$

7）电力

$-0.07512X_1-0.02243X_2-0.01806X_3-0.03069X_4-0.02886X_5-0.06342X_6+0.65625X_7-0.10415X_9-0.06853X_{10}-02351X_{11}-0.02407X_{12}\geqslant 3540$

8）机械

$-0.06281X_1-0.02929X_2-0.01479X_3-0.01926X_4-0.03934X_5-0.06171X_6-0.01201X_7-0.03473X_9-03261X_{10}+0.79303X_{11}-0.06172X_{12}\geqslant 8100$

9）其他工业

$-0.0007X_1-0.0017X_2-0.00034X_3-0.00047X_4-0.00002X_5-0.0001X_7-0.00068X_9-0.00059X_{10}-00034X_{11}+0.81275X_{12}\geqslant 2940$

2. 资源约束，从表 2-16 可得；

（1）震后运输能力的约束

$0.0437X_1+0.00633X_2+0.0584X_5+0.00524X_9+0.1168X_{10}\leqslant 9236$

（2）震后劳动力的约束

$2.29505X_1+0.42493X_2+0.98030X_3+0.73950X_4+1.72196X_5+1.8221X_6+0.11583X_7+0.61620X_9+1.75571X_{10}+1.12490X_{11}+1.62810X_{12}\leqslant 298482$

（3）震后资金的约束

$0.45360X_1+0.02351X_2+0.03033X_3+0.01304X_4+0.00221X_6+0.30974X_7+0.01177X_9+0.07521X_{10}+0.05917X_{11}+0.01955X_{12}\leqslant 82385$

（4）震后水资源的约束

$0.0611X_1+0.25087X_2+0.02569X_3+0.02815X_4+0.01420X_5+0.14059X_6+0.04062X_7+0.04839X_9+0.040470X_{10}+0.02699X_{11}+0.06346X_{12}\leqslant 37041$

3. 规模发展约束

从表 2-17 可得：

（1）煤炭工业规模约束： $0\leqslant X_1\leqslant 59124$

（2）冶金工业规模约束： $0\leqslant X_2\leqslant 42901$

（3）食品工业规模约束： $0\leqslant X_3\leqslant 10368$

（4）纺织、缝纫、皮革工业规模约束： $0\leqslant X_4\leqslant 19808$

（5）森林工业规模约束： $0\leqslant X_5\leqslant 1323$

（6）造纸文具工业规模约束： $0\leqslant X_6\leqslant 3339$

（7）电力工业规模约束： $0\leqslant X_7\leqslant 16549$

（8）化学工业规模约束： $0\leqslant X_9\leqslant 12696$

（9）建材工业规模约束： $0\leqslant X_{10}\leqslant 14890$

（10）机械工业规模约束： $0\leqslant X_{11}\leqslant 38915$

（11）其他工业规模约束： $0\leqslant X_{12}\leqslant 15632$

震后恢复前期的目标主要是总产值恢复到震前水平的一半，其中各项约束值根据实际情况做出规划和调整。

唐山市 12 工业部门投入-产出（I-A）矩阵系数 **表 2-18**

序号	工业部门	1 煤炭	2 冶金	3 食品	4 纺织缝纫皮革	5 森林	6 造纸文具	7 电力	8 石油	9 化学	10 建材	11 机械	12 其他工业
1	煤炭	0.66687	−0.02705	−0.00349	−0.0018	−0.00684	−0.00521	0.19078	0	−0.07613	0.05335	−0.01248	−0.00658
2	冶金	−0.01385	0.3204	−0.00158	−0.00255	−0.08861	−0.02173	−0.00467	0	−0.01234	−0.02756	−0.31285	−0.10484
3	食品	−0.00005	−0.0003	0.8980	−0.00174	−0.00063	−0.00238	−0.00014	0	−0.00678	−0.00093	−0.00086	−0.07926
4	纺织缝纫皮革	−0.00107	−0.00027	−0.03793	0.46491	−0.00282	−0.0621	−0.00022	0	−0.02362	0.00319	−0.00543	−0.02191
5	森林	−0.00524	−0.0005	−0.00072	−0.00078	0.06153	−0.00535	−0.00019	0	−0.00077	−0.00277	0.00825	−0.02475
6	造纸文具	−0.00032	−0.00022	−0.00582	−0.00366	−0.00588	0.74501	−0.00024	0	−0.01083	−0.02458	−0.00607	−0.0125
7	电力	−0.07512	−0.02243	−0.01806	−0.03069	−8.02886	−0.06342	0.65625	0	−0.10415	−0.06853	−0.02351	−0.02407
8	石油	−0.00661	−0.00541	−0.00231	−0.00353	−0.01004	−0.00469	−0.00444	0	−0.01174	−0.01889	−0.00819	−0.01505
9	化学	−0.02583	−0.00972	−0.00558	−0.04689	0.07046	−0.07242	−0.00306	0	0.70996	−0.03195	−0.04092	0.13533
10	建材	−0.00604	−0.01048	−0.00602	−0.00085	−0.00304	−0.00485	−0.00333	0	−0.00866	−0.97753	−0.0199	−0.00354
11	机械	−0.06281	−0.02929	−0.01479	−0.81926	−0.03934	−0.06171	−8.01201	0	−0.03472	−0.03261	0.79303	−0.00172
12	其他工业	−0.0007	−0.0017	−0.00034	−0.00047	−0.00002	0	−0.0001	0	−0.00068	−0.00059	−0.00034	0.81275

从表2-19～表2-21可见，震后发展阶段中，冶金，电力和纺织、缝纫、皮革等轻工业的产值比重有所提高，均达到了约束条件的上限。从层次分析法亦可以看出，电力工业是重中之重，因为它既是水煤组合的最佳体现者，又具有最大的社会总联系效应，向前可带动冶金工业的发展，向后可刺激煤炭开发和洗选加工，解决产运矛盾，就地转化。轻工业的发展震后不能忽略，如线性规划所示，轻工业是投资少，适合地方资源特点且见效快的行业，虽无力很快成为部门生长点，但能带动农业发展和地方经济增长，满足本 地人民生活需要，提供大量的就业机会，对震后经济重建的促进作用很显著。

唐山地震后前期阶段各目标下工业部门最佳规模（单位：万元） **表2-19**

工业部门＼目标	现状产值（总产值）1978	总产值总额最大下产值	净产值总额最大下产值	利税总额最大下产值	综合规划产值*
煤炭	59124（25.1%）	25260（18.7%）	25440（19.2%）	25440（19.2%）	25260（18.7%）
冶金	42901（18.2%）	42900（31.8%）	42900（32.5%）	42900（32.5%）	42900（31.8%）
食品	10368（4.4%）	8141（6.0%）	1806（1.4%）	1806（1.4%）	8141（6.0%）
纺织、缝纫、皮革	19808（8.4%）	19810（14.7%）	19810（15.0%）	19810（15.0%）	19810（14.7%）
森林	1323（0.6%）	865（0.6%）	872（0.7%）	872（0.7%）	865（0.6%）
造纸文具	3339（1.4%）	2125（1.6%）	2165（1.6%）	2165（1.6%）	2125（1.6%）
电力	16549（7%）	16550（12.3%）	16550（12.5%）	16550（12.5%）	16550（12.3%）
化学	12696（5.4%）	0（0%）	0（0%）	0（0%）	0（0%）
建材	14890（6.3%）	0（0%）	3267（2.5%）	3267（2.5%）	0（0%）
机械	38915（16.5%）	15520（11.5%）	15520（11.5%）	25240（10.8%）	25260（10.8%）
其他工业	15632（6.6%）	3783（2.8%）	3783（2.8%）	10120（4.3%）	10120（4.3%）
产值合计	235547（总产值）	134954（总产值）	132174（总产值）	132174（总产值）	134998（总产值）
目标值/现值**		0.57	0.56	0.56	0.57

注：*综合规划各子目标的权值系利用层次分析法取得，其权重向量为（0.1016，0.3367，0.5617），0.1016＋0.3367＋0.5617＝1

**指各子目标计算结果与其现状实际值之比。

唐山地震后前期阶段各目标下工业部门最佳规模（单位：万元） **表 2-20**

工业部门 \ 目标	现状产值（总产值）	总产值总额最大下产值	净产值总额最大下产值	利税总额最大下产值	综合规划产值
煤炭	59124 (25.1%)	47520 (20.3%)	47520 (20.3%)	47990 (20.6%)	47520 (20.3%)
冶金	42901 (18.2%)	69850 (29.8%)	69850 (29.8%)	69850 (30.0%)	69850 (29.8%)
食品	10368 (4.4%)	6495 (2.8%)	6495 (2.8%)	6495 (2.8%)	6495 (2.8%)
纺织、缝纫、皮革	19808 (8.4%)	32010 (13.7%)	32010 (13.7%)	28550 (12.3%)	32010 (13.7%)
森林	0.1323 (0.6%)	0.1205 (0.5%)	0.1205 (0.5%)	0.1204 (0.5%)	0.1205 (0.5%)
造纸文具	3339 (1.4%)	3357 (1.4%)	3357 (1.4%)	3323 (1.4%)	3357 (1.4%)
电力	16549 (7%)	27340 (11.7%)	27340 (11.7%)	29030 (12.5%)	27340 (11.7%)
化学	12696 (5.4%)	6562 (2.8%)	6562 (2.8%)	6562 (2.8%)	6562 (2.8%)
建材	14890 (6.3%)	4393 (1.9%)	4393 (1.9%)	4393 (1.9%)	4393 (1.9%)
机械	38915 (16.5%)	25260 (10.8%)	25260 (10.8%)	25240 (10.8%)	25260 (10.8%)
其他工业	15632 (6.6%)	10120 (4.3%)	10120 (4.3%)	10120 (4.3%)	10120 (4.3%)
产值合计	235547（总产值）	234112（总产值）	234112（总产值）	232757（总产值）	234112（总产值）
目标值/现值		0.99	0.99	0.99	0.99

唐山地震后各工业部门的影子价格和灵敏度分析 **表 2-21**

工业部门	前期		后期	
	影子价格	灵敏度分析 Δb≤	影子价格	灵敏度分析 Δb≤
煤炭	0	25385	0	22191
冶金	1.518	42901	0.937	48330
食品	90	10368	0	1605
纺织、缝纫、皮革	0.210	11077	0.475	24055
森林	0	858	0	705
造纸文具	0	2070	0	1640
电力	1.333	16549	1.195	8542
化学	0	1245	0	1047
建材	0	816	0	798
机械	0.041	15421	0.011	25257
其他	0	3765	0	10124

2.4 系统动力学决策技术

本章前面所述的投入-产出分析和多目标线性规划是在特定的约束条件下，寻求最优解，是在有诸多限制的情况下，把决策转化为约束，求得的最佳方案。系统动力学决策技术主要用于决策方案的比较，从比较中挑选出比较满意的方案。其特点是引入了时间变量，模拟不同决策方案引发的动态结果，考察某些因素的变化可能引起的其他因素的连锁反应。

系统动力学（System Dynamics，简称 SD）以系统思考（Systems thinking）为理论基础，但融入了计算机仿真模型，是美国麻省理工学院（MIT）的福瑞斯特（Jay W. Forrester）教授在 20 世纪 50 年代后期创立的，其代表性著作是发表于 1961 年的《工业动力学》（Industrial Dynamics），它阐明了系统动力学的原理与典型应用，初期主要用于工业企业管理，处理诸如生产与雇员情况的变动，市场股票与市场增长的不稳定性等问题。20 世纪 80 年代初传入我国。系统动力学模型是一种结构-功能模拟，是研究复杂社会经济系统的计算机仿真方法，由于通过计算机来研究社会经济发展的战略与策略，所以又被人们誉为“策略和政策实验室”。1984 年，上海交通大学管理学院建立了《2000 年的中国》系统动力学模型，包括 11 个子模型，共 700 多个方程，输出了 2000 年和 2030 年的一系列数据，用以分析我国未来社会经济发展趋势和方案论证。

2.4.1 建模思路和步骤

系统动力学决策技术是用来研究某一具体地域地震灾后恢复重建过程的。所以必须选择某一遭受地震灾害的地域作为样本。本节选择唐山市区作为系统动力学决策技术模型的系统边界，就是以唐山市区（不含市带县地域）作为模型研究的地域范围。

系统动力学决策技术模型旨在为震后地域恢复重建决策提供一个范例，因而决策模型应当力求实用，并可用于其他地域。唐山市是一个百万人口以上的大城市，1985 年市区人口为 1338384 人，问题纷繁复杂，建模涉及数百个变量，上千个 DYNAMO 语句。我们力求在现有资料和数据的基础上，尽量使采用的系数、指标和方程准确和符合规律，使仿真结果接近实际情况。根据可能收集到的资料情况，我们选择年作为仿真时间间隔，当然，如果有足够的资料和数据，也可以用季度或月作为仿真时间变量的基本单位。我们借助于 Micro-DYHAMO 仿真系统的最新版本，在 IBM-PC 微型计算机上实现了模型的设计调试和仿真决策实验。

构建系统动力学决策模型一般有以下步骤：

（1）明确问题。这一步是建立模型的基础。要弄清要解决的问题和要求，确定系统的目的和功能，然后描述对问题有关的因素，即找出相关的变量。随后分析、解释各个因素、变量之间的相互关系。

（2）绘制因果关系图（Causual Relationship），建立模型框架。这一步是构建模型的轮廓，包括确定模型的各个模块或子模型及其模块，绘制各变量之间的因果反馈回路图。

（3）绘制系统流图。这一步是建立 DYHAMO 方程的基础和依据，即在因果关系图的基础上，进一步深入研究各变量的动态机制，用系统动力学的符号，编绘系统流图，把整个模型直观形象地描述出来。即确定变量的个数和类型，确定参数，使时滞具体化，为编写程序做好准备。

(4) 根据流图分析各变量的数量关系，建立数学模型，主要是状态方程、速率方程和确定反映技术经济指标的一系列参数值。

(5) 运用 DYNAMO 语言编制系统软件，然后在微机上调试，验证模型的有效性。

(6) 拟定可能的决策方案，在微机上进行仿真研究，对每个方案的运行结果进行分析，然后择优选取。

系统动力学决策建模框图如图 2-6 所示。

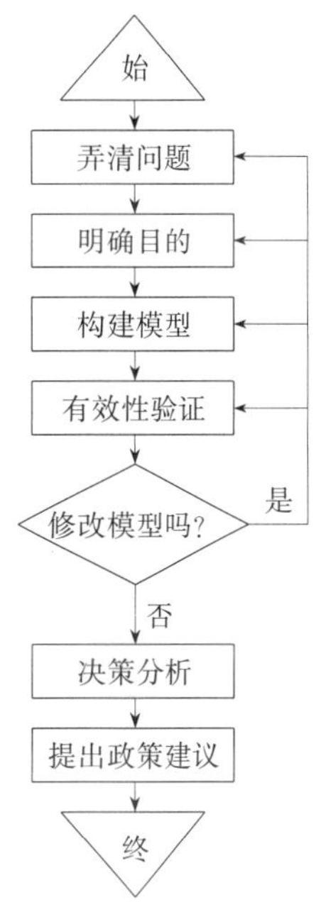

图 2-6 系统动力学决策建模框图

2.4.2 决策问题与模型总体结构

地震灾后恢复重建过程大体上可以分为三个阶段，即：(1) 应急救援阶段，主要活动是人员搜救、伤员医疗救护、尸体掩埋、传染病防治、对幸存者药品、食物、衣物的援助发放和临时棚屋搭建等；(2) 恢复阶段，主要活动是能够修复的公用设施，交通、通讯、水、电设施，住房、商业和工业建筑得到恢复，以及清理废墟等；使社会和经济活动基本到接近地震以前的状态；(3) 重建阶段（包括恢复性重建和发展性重建），主要活动是永久性住房建设，生命线系统和厂矿企业修复重建，使城市各经济部门达到或超过震前水平。本节所述的系统动力学决策模型主要用来解决第二和第三阶段的决策问题。在这两个阶段的决策问题中，我们选择了重大的、可以时间序列化的、适宜于用系统动力学方法处理的问题进行分析。这些问题包括四个方面：即 (1) 人口的恢复和发展；(2) 水、电、用地为主的公用设施的恢复建设；(3) 住房的恢复重建；(4) 工业部门的恢复和发展。因此，系统动力学决策模型包括人口、公用设施、住房和工业 4 个子系统。这 4 个子系统是相互联系，相互影响的，其相互关系如图 2-7 所示。从图 2-7 可以看出：人口子系

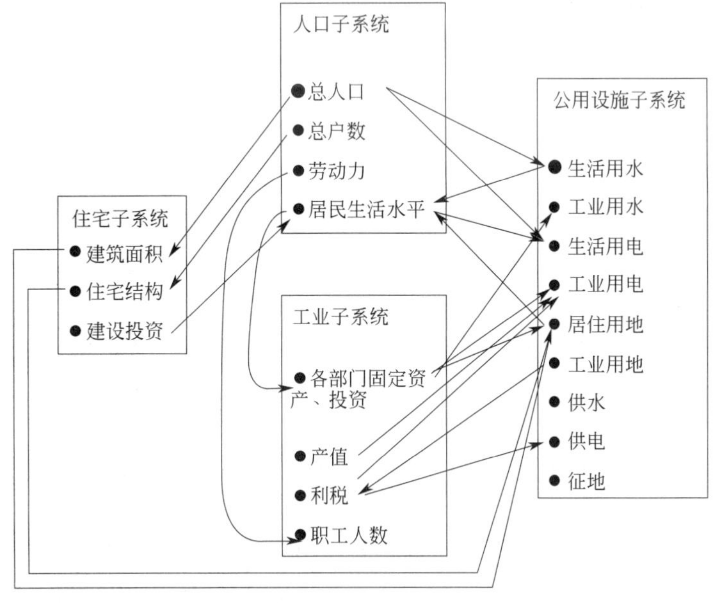

图 2-7 人口、公用设施、住房和工业 4 个子系统的相互关系示意图

统与住宅子系统、公用设施子系统的关系十分密切，这是因为人口数量和结构的动态变化决定了对住宅的需求量和需求量结构，以及生活用水、用电和用地的多少，而住宅及水电的实际供给能力又反过来影响人民的实际生活水平。同样，工业子系统与公用设施子系统也密不可分，各个部门固定资产的多少在很大程度上限制了工业用水、用电和用地量，而实际供水、供电量又反过来影响工业能力的发挥，直接影响产值和利税。为了阐述方便清晰，我们把各个子系统分开，论述它们的功能、结构和仿真结果。

2.4.3 人口子系统

1. 地震对人口的影响和震后人口恢复的特点

人口发展包括人口自然变化，机械变动和结构变动。一般来说，地震等自然灾害以后，人口变动与平常截然不同，具有鲜明的特点，表现在：

(1) 出生率升高。人口在遭受了地震破坏之后，由于社会、心理和经济等因素的影响，自身具有恢复生息的强烈倾向和机制，人口的出生率较震前明显提高。唐山市区1973～1975年出生率大约在12%～16%之间，震后1977～1982年出生率升高到17%～26%。1983年后才降到15%以下。

(2) 死亡率降低。地震时死亡率最大，唐山市区1976年的死亡率高达127.2‰。然而震后人口的死亡率在相当长时间里一直保持在很低的水平。因为地震对人口的杀害是有选择性的，幸存者多为年轻力壮的，而遇难者则多为年老体弱多病的，经过地震的这种杀害选择，人口结构趋于年青强壮。1976年前，市区人口死亡率在6%左右，而1978～1985年死亡率一直处于4.5%～5%的低水平。

(3) 震后人口自然增长大幅度上升。1976年以前，唐山市区人口自然增长率已降至6%～7%，但震后1978～1983年却高达11.5%～21%。

(4) 人口迁移和人口交换率明显增大。一方面，一部分伤残人员、孤儿被转移出地震灾区，一部分人因恐惧心理也离开受灾地区。另一方面，由于震后抢险救灾和恢复建设需要大量的外地劳动力补充地震造成的劳动力缺失，大量建筑工人、工程技术人员、管理人员调入灾区，从事进行恢复建设，其迁入量之大，远远超过上面所述的迁出量，从而表现出数量可观的净迁入。唐山市区1977～1984年期间人口净迁入量都很大，1979年是高峰，净迁移16.1万人，净迁入率高达13.33%。

(5) 地震使家庭规模、结构和性别结构发生突变。地震以后的1982年，唐山市区重新组合的家庭达到7515户，占总户数的2.16%。同时家庭规模变小，平均每户为3.8人，而地震以前的1975年，户均人口为4.4人。性别结构也有变化，1976年地震以前，性别比在105左右，而震后一直保持在110以上。造成这种情况的原因有二：一是地震时女性死亡人数多于男性，唐山市区女性震亡7.45万人，而男性震亡则为6.14万人；二是震后大量迁入的人口中，男性占绝对优势，这样就促使震后总人口中男性比重上升。

上述震后人口变动规律是人口子系统结构设计及决策方案选择的重要依据。

2. 子系统的功能和结构

在唐山实地调查中，我们发现在实施恢复建设规划过程中，投资预算一再被突破。污水处理厂刚刚建成，处理能力就已饱和，不能满足要求；供水供热不足，商业服务设施一直滞后。究其原因，主要是制定恢复重建规划预算时，没有考虑人口的动态发展。以前的决策和规划是静态的、没有弹性的，特别是没有意识到震后人口超常的高生育现象，没有考虑到人口的大量迁入以及迁入人口的自然增长，所以规划总是被现实所突破，决策总是难以与实际情况吻合，导致规划过时和决策被动。

我们设计人口子系统的用意正是为了解决上述问题，使决策、规划成为动态、弹性，符合实际情况。其中，状态变量和辅助变量有：总人口、男性人口、女性人口、劳动龄人口、总户数，各种规模的家庭数量，人口密度，人均住房建筑面积，生活用水和用电量，以及人均产值和利税等。所以，运用子系统可以研究不同决策和政策条件下，上述因素是如何变化的。

人口子系统考虑的因素及其因果机制如图 2-8 所示。图中 A $\xrightarrow{+}$ B 表示正向因果关系（Positive Causal Link)，即因素 A 的增加、减少会导致因素 B 相应的增加、减少。而 A $\xrightarrow{-}$ B 则表示反向因果关系（Negative Causal Link)，即因素 A 的增加导致因素 B 的减少，因素 A 的减少引起因素 B 的增加。

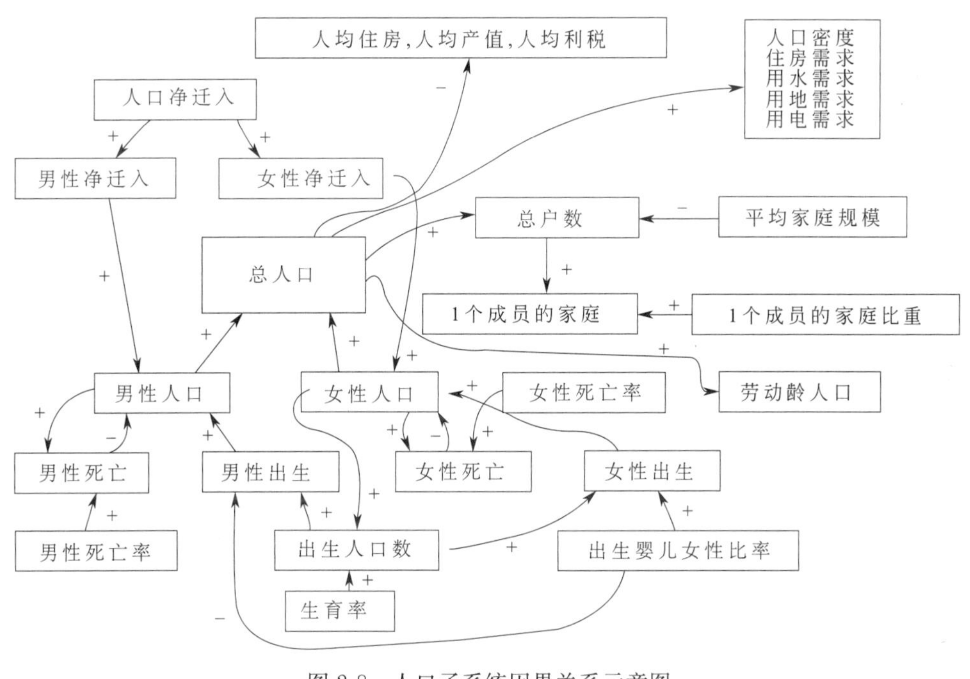

图 2-8　人口子系统因果关系示意图

A ⇄ B（上下均为 +）表示两因素之间存在正向因果关系，也就构成了正反馈环（Positive Causal Feedback Loop)。同理，A ⇄ B（+、−）表示一个负反馈环（Negative Causal Feedback Loop)。

由图可见，男性人口数和男性死亡数，女性人口数和女性死亡数分别构成了一个负反馈环。即人口多→死亡少→人口少→死亡多。女性人口和出生人口之间则是一个正反馈环，即女性人口多→出生多→女婴多→女性人口更多→出生更多。

净迁入人口与总人口之间，总人口与人口密度、生活用地、用水、用电需求，住房需求之间是正向因果关系链。总人口与人均住房建筑面积、人均产值和人均利税之间是反向因果关系链，其他因素之间的关系从图不难看出。由此可得人口子系统流程图如图 2-9 所示。

3. 主要关系方程和重要参数的确定

由于震后人口数量及结构直接影响到住宅、公用设施的需求及结构，进而影响到生活水平的相对值，所以，系统的核心是人口数量和结构。

总人口分为男、女两部分，以考评地震前后性别比变化。男、女人口的发展又分为出生、死亡和净迁入三个部分，以男性人口为例，其状态方程为：

$$L \quad MAL \cdot K = MAL \cdot J + DT \cdot (MB \cdot JK - MD \cdot JK + MIM \cdot JK)$$

其中，男性出生人数由人口数、妇女生育率，以及婴儿中男婴比例决定，其方程为：

$$R \quad MB \cdot KL = B \cdot K \cdot (1 - FBF)$$

$$A \quad B \cdot K = FEM \cdot K \cdot FFR$$

式中，MAL 为男性人口数，MB 为男性人口增长率，MD 为男性年死亡人数，MIM 为男性年迁入人数，B 为年新出生的人数，FBF 为产婴中女性所占百分比，FEM 为女性人口数 FFR 为女性生育数（占女人数比率）。产婴中女性所占百分比 FBF 是一个相当稳定的参数，通过计算，取值为 48.38%。

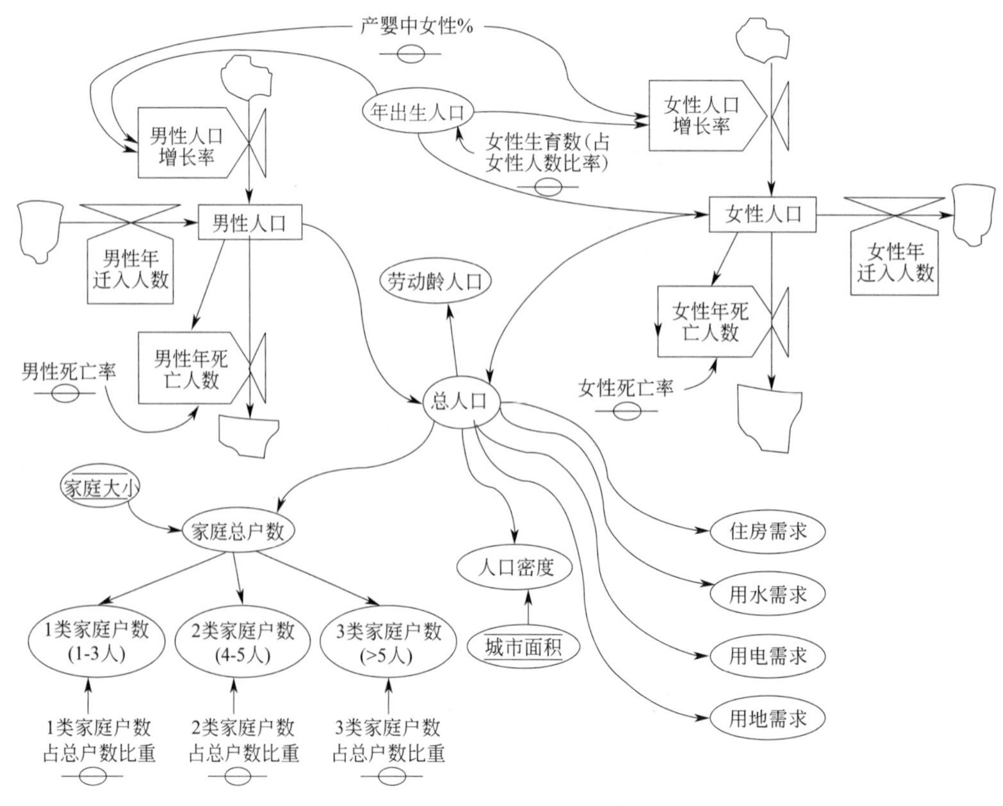

图 2-9　人口子系统流程图

死亡人口数由人口数和死亡率按下式确定。

$$R \quad MD \cdot KL = MAL \cdot K \cdot MDR$$

这里，MDR 为男性死亡率，震后取值为 4.8%。

家庭总户数由总人口与平均家庭规模决定，各种规模的家庭户数则由其比例和总户数求得。

$$A \quad HH \cdot K = POP \cdot K / FS \cdot K$$

$$A \quad HH1 \cdot K = HH \cdot K \cdot FS1$$

$$A \quad HH2 \cdot K = HH \cdot K \cdot FS2$$

$$A \quad HH3 \cdot K = HH \cdot K \cdot FS3$$

式中，HH 家庭总户数，$HH1$ 为一类家庭（1～3 人）户数，$HH2$ 为二类家庭（4～5 人）户数，$HH3$ 为三类家庭（5 人以上）户数，POP 总人口，FS 为家庭规模，$FS1$ 为一类家庭户数在总家庭户数中的比重，$FS2$ 为二类家庭户数在总家庭户数中的比重，$FS3$ 为三类家庭户数在总家庭户数中的比重。平均家庭规模是逐渐减少的，通过分析唐山市区资料，其值以表函数形式给出如下。

$$A \quad FS \cdot K = TABHL(FST, TIME.K, 1, 8, 1)$$

$$T \quad FST = 3.900/3.890/3.887/3.880/3.867/3.709/3.723/3.680$$

根据《1987 年中国人口抽样调查》，一类家庭（1～3 人）的比例 $FS1$ 为 48.21%，二类型家庭（4～5 人）的比例 $FS2$ 为 36.82%，三类家庭（5 人以上）的比例 $FS3$ 为 14.97%。这三种类型家庭的数量显然是住区规划设计的重要依据。

其他变量大多由总人口、人均需求量和其他子系统的变量算出。

人口子系统的决策变量是妇女生育率和人口净迁入量。妇女生育率由计划生育政策控制，人口净迁入量由市政府有关规定和计划决定。

2.4.4 工业子系统

1. 震后工业恢复的特点

工业是城市最主要的经济部门，在经历了应急救灾和基础设施的抢修之后，随之而来的就是设法以最快的速度，最经济优化顺序恢复和重建被地震摧毁的厂矿企业，使城市重新获得生机和活力。

震后城市工业的恢复重建与平地新建相比，有以下特点。

首先，震后工业恢复重建往往比一般新建的速度要快。因为厂矿房屋建筑和设备在遭到震灾破坏之后，其基础和部分房屋、设备还有保留，尤其是在中等强度地震作用下更是如此。加之原来的设计图纸，工艺资料和技术人员的键在，可以缩短建设工期，减少部分投资。

其次，城市工业震后恢复重建在部门、企业选择上比较明确。一般优先重建震前效益好的骨干企业和部门。部门和企业的选择是在原来的部门和企业中优选，而不像新兴城市工业发展目标很难确定。一个城市之所以发展这样或那样的工业，承担某一特定职能并不是偶然的，而是长期历史形成的，通常是与城市及其周围的自然资源、劳动力技能素养、市场、文化传统等密切相关。地震虽摧毁了厂房和设备，但这些条件依然存在。比如，唐山地震使开滦煤矿生产中断，但发展煤炭电力工业的煤炭资源仍然存在，启新水泥厂、唐山钢厂被震塌，但周围发展水泥工业、钢铁工业的石灰石、铁矿资源还存在，机车车辆厂虽成一片废墟，但工人、技术人员还有很多幸存，仍能通过恢复电力、钢铁等企业为它的重建提供条件。所以，震后工业部门选择具有惯性和继承性，一般仍然以震前的重点骨干行业为支柱。例如丰润新区，仍以机械建材、建筑、纺织为主，原意向中的电子工业因条件限制没有发展起来。

第三，地震尽管给城市带来巨大的灾难，同时也给她的发展带来新的机遇，中央政府一般会拨专款救援复建，各省、市、区以及友好国家和国际组织也会给予资金和物资的援助，从而使城市恢复重建有较可靠的资金保证。利用恢复重建机遇，还可以吸取震前经济建设的教训，纠正以前布局及企业选择上的失误。对那些布点不合理、污染大的企业，可以易地建设（如唐山机场、启新水泥厂等）。那些原来仓促上马、经济效益差的企业，可以应舍弃恢复重建。

工业发展除了受水、电和用地等基础设施的影响和制约以外，还受制于自身内部。厂矿企业之间，各个工业部门之间往往存在供需联系，互为投入，互为产出。一个企业、部门的变化很可能引发其他企业、部门的连锁反应，所以如何运筹协调各部门的投资、发展规模和时序也是十分重要的。

2. 子系统的功能和结构

工业生产恢复重建决策是系统动力学决策模型的核心。从唐山市实地调查发现，震后工业重建面临不少决策难题，如：各工业部门以怎样的投资比例、发展规模和结构恢复重建才能达到投资少、见效快、产值高、利税多，同时使各工业部门之间、工业与能源、供水等方面达到协调平衡。

针对以上问题，我们在工业子系统中设置了各工业部门的投资，固定资产，产出，利税，电力需求，供水、用地需求，各部之间的相互需求，人均工业产值和利税等变量，用以分析投资变化、部门恢复重建速度的变化对经济效益变化影响，以及对其他部门和能源、供水等方面的要求。

工业部门的划分要考虑到地震损坏的程度，受破坏严重者应划分详细，震前主导工业部门很可能仍然成为震后重要的工业部门，也应划分和反映出来。诚然，部门划分还应考虑现有的资料收集的可能性，以及模型的计算量。在系统动力学决策模型中，我们把工业划分为冶金、电力、煤炭、机械、建材、纺织缝纫、食品、森林、化学、造纸、石油、其他等共计 12 个部门。包含 12 个部门的因果关系图相当复杂，难以用简单的图形表出，这里仅就其中的第 i，j 两个部门给出其因果关系图，如图 2-10 所示，这里 $i \neq j$。由图可知，工业部门固定资产与折旧之间有一个负向反馈环，即固定资产越多，折旧越多，而折旧越多，固定资产则越少。投资延迟与固定资产呈负向因果关系，延迟越长，投资在瞬刻形成固定资产则越少，投资与固定资产、产值、利税，各种物质消耗之间形成了一个很长的正向因果链。固定资产与劳动力需要、用地需求之间形成了几条正向因果关系。工业子系统简化流图如图 2-11 所示。

3. 主要关系方程式和参数选取

工业子系统划分成 12 个部门，涉及的关系方程和参数十分繁多。工业固定资产是状态变量，即具有累计特征的存量，它由新增固定资产和折旧决定，其状态方程为：

$$L \quad FAi \cdot K = FAi \cdot J + DT \cdot (IRi \cdot JK - DRi \cdot JK)$$

$$R \quad DRi \cdot KL = FAi \cdot K / ALi$$

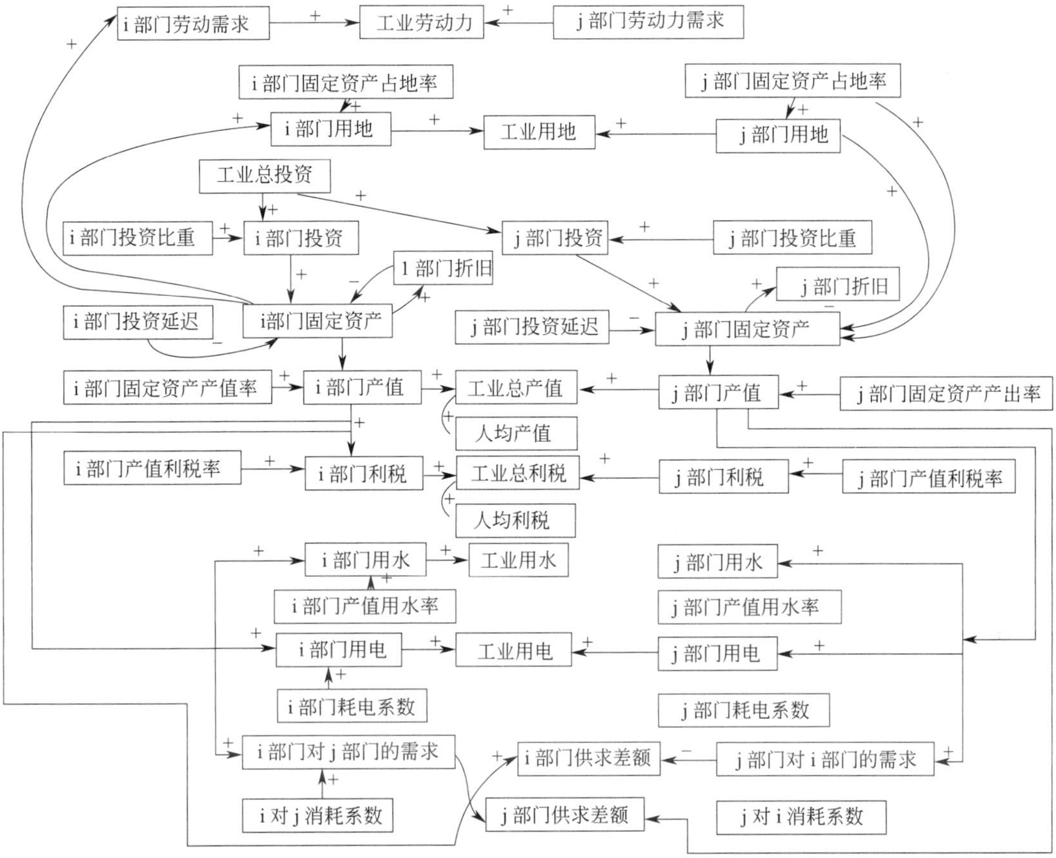

i 部门劳动需求
工业劳动力
j 部门劳动力需求
i 部门固定资产占地率
j 部门固定资产占地率
i 部门用地
工业用地
j 部门用地
工业总投资
i 部门投资比重
i 部门投资
j 部门投资
j 部门投资比重
1 部门折旧
j 部门折旧
i 部门投资延迟
i部门固定资产
j 部门投资延迟
j 部门固定资产
i 部门固定资产产值率
i 部门产值
工业总产值
j 部门产值
j 部门固定资产产出率
人均产值
i 部门产值利税率
i 部门利税
工业总利税
j 部门利税
j 部门产值利税率
人均利税
i 部门用水
工业用水
j 部门用水
i 部门产值用水率
j 部门产值用水率
i 部门用电
工业用电
j 部门用电
i 部门耗电系数
j 部门耗电系数
i 部门对 j 部门的需求
i 部门供求差额
j 部门对 i 部门的需求
i 对 j 消耗系数
j 部门供求差额
j 对 i 消耗系数

图 2-10 工业子系统简化因果关系示意图

LU
LBR
Li
LRi
LRj
Lj
LUi
LBRi
LUj
LBRj
FIi
II
DELAY1
IRi
Ti
FAi
ALi
DRi
IRRi
Tj
FAj
DRj
ALj
0i
OUTi
OUT
OUTj
0j
OPPR
POP
PRi
PRTi
PRT
PRj
PRTj
Ii0j
ij0i
DTj
PRPR
DIi
GFAi
GFAJ
Wi
Wj
WDi
IWD
WDj
Ei
Ej
EDi
IED
EDj

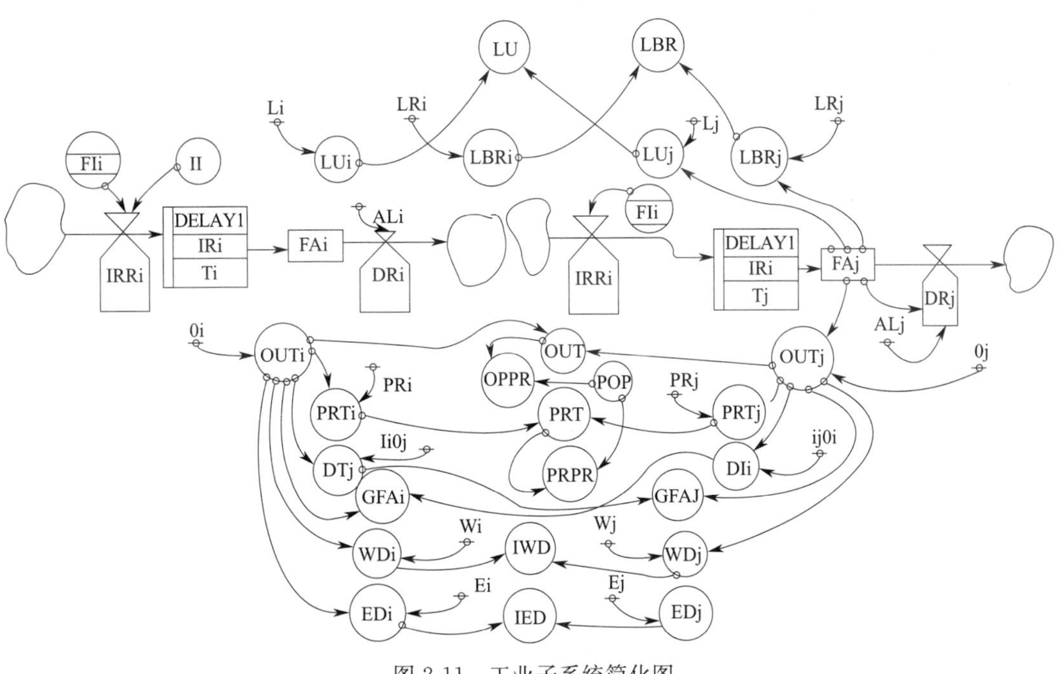

图 2-11 工业子系统简化图

式中：FAi 为第 i 部门的固定资产，IRi 为第 i 部门的新增固定资产，DRi 为第 i 部门的固定资产折旧，ALi 为第 i 部门的固定资产折旧年限。

折旧率按固定资产平均寿命的倒数计算。各个工业部门固定资产的平均寿命显然互不相同。通过计算，依纺织、食品、造纸、木材加工、石油、化工机械、建材、冶金、煤炭、电力的次序其平均寿命变大。

新增固定资产取决于投资和形成固定资产的延迟时间，这里选取一阶延迟函数：

$$R \quad IRi \cdot KL = DELAYi(IRRi \cdot KL, Ti)$$

式中：$IRRi$ 为第 i 部门的年新增固定资产。

震后投资形成固定资产的时延比一般情况下要短，具体数值可由震后实际情况模拟获得。这一数值决定了各工业部门投资的见效速度。

工业各部门之间需求由它们的投入-产出关系决定。工业部门 i 对 j 部门的需求等于 i 部门产值 $OUTi$ 与 i 对 j 的直接消耗系数的乘积：

$$A \quad DIj \cdot K = OUTi \cdot K \cdot IiOj$$

这里，直接消耗系数是 12×12 维矩阵，由投入产出表算得（取值来自《震后重建的经济恢复与决策模型》P55-60）。

各工业部门的产值由其固定资产和固定资产产值率的乘积求得。固定资产产值率是一个重要的经济效益指标，由统计资料算得（来自《唐山市区统计资料汇编》）。

各工业部门产值与其他部门对该部门的需求之差反映这一部门平衡关系，如果为正值则说明城市内该部门有盈余，可以调出；若为负值，则应增加投资，提高产出，或者从外地调入，以维持该部门的平衡。

产值利税率、单位产值耗水、耗电均是工业部门的效益指标，作为重要参数由《唐山市区统计资料》算出。

各工业部门的用地、劳动力需求与其行业的特征和技术水平相关，反映在各工业部门单位固定资产用地系数、单位固定资产装备需要劳动力个数，同样也是重要参数。（来自《唐山市区统计资料》）。

子系统的决策变量是工业投资数量以及各部门的投资比重。唐山市是我国重要的工业城市，震后工业恢复任务大，各级地方政府和部门、中央都投入了大量的资金，但只有把这些资金以适当的比例，适宜的时间投入各部门才能取得良好效益和使经济协调发展。这一子系统可以动态逐年追踪、实验各种投资、恢复方案的效果。

2.4.5 住宅子系统

1. 面临的问题与子系统的功能

地震通常会造成成片的民房倒塌，使得地震幸存者无家可归。所以，尽快为灾民修建栖身之所是震后必须迅速着手解决的问题。为灾民修造住宅，一般要经历临时棚屋、半永久住房和永久性住房三个阶段。唐山市的情况就是如此。这三种类型房屋，由于建设速度、费用和功能不同，有其各自不可取代的作用。唐山市在简易（临时）、半永久、永久性三代住房的转换过程中，由于区位、比例、时机上的失误，造成了一些浪费和施工的延滞。

住房建筑材料、建筑结构、建筑造型和式样直接影响住宅的造价、建设速度和抗震、舒适、美观等性能。在唐山市重建伊始，曾提出甩掉青砖汉瓦，用新技术、新材料建设社会主义新唐山。后来由于造价高昂，工期拖后，经过实践摸索，纠正了超前和洋跃进的口号，采取了比较切合实际的方案。唐山市住宅主要采取砖混、内浇外砌和内浇外挂等三种结构。

建设住宅必然要选择场地，清理废墟或重新征地。城市震后一般应就地重建。另拓新区和易地建设往往会造成资金浪费和带来许多意想不到的麻烦，诸如通勤上班、文化娱乐、子女教育和购物等问题难以解决等等。住宅的建设应考虑商店、粮店、菜场、诊所、绿地等服务和环境设施的配套。

根据以上情况。住宅子系统主要用于分析在不同建筑类型的投资比例条件下，住宅建筑面积、造价、居住用地、住宅供求缺口的变化，当然也可以分析住宅的建设速度。

2. 子系统的结构

在系统动力学决策模型中，将住房统一划分为三类。可以是临时、半永久和永久性住房，也可以是砖混、内浇外砌和大板住宅。

住宅的建筑面积与投资、建设周期相关，住宅的需求与人口的动态变化相关，从家庭规模的角度，住宅需求的套型、居住用地则与住宅建筑面积，住宅平面系数、楼层、容积率等相联系。

住宅的维修和拆除取决于其质量。质量好，则使用寿命长，平均每年的折旧也较少。

各类住宅虽然在震后都以超常速度修建，但相互之间差别还是很明显。一般来说，质量和工期是一对矛盾，质量好、抗震性能高的建筑，建设工期则较长，投资与住宅减数周期也较大。如何在两者之间妥协，正是决策者面临的困难问题。图 2-12 为住宅子系统因果关系图。住宅子系统简化流程图则如图 2-13 所示。

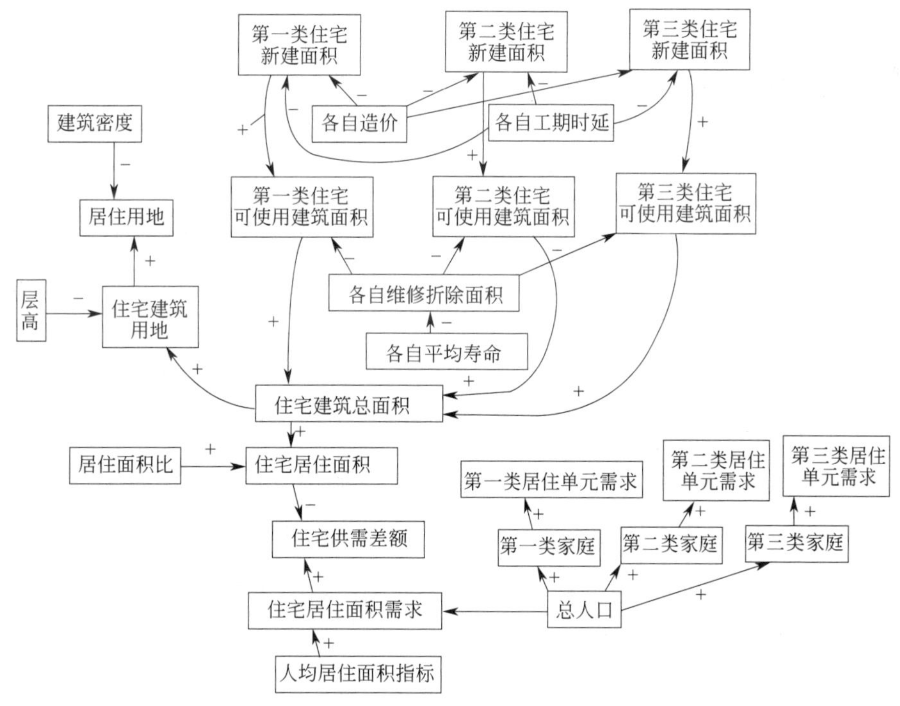

图 2-12　住宅子系统因果关系图

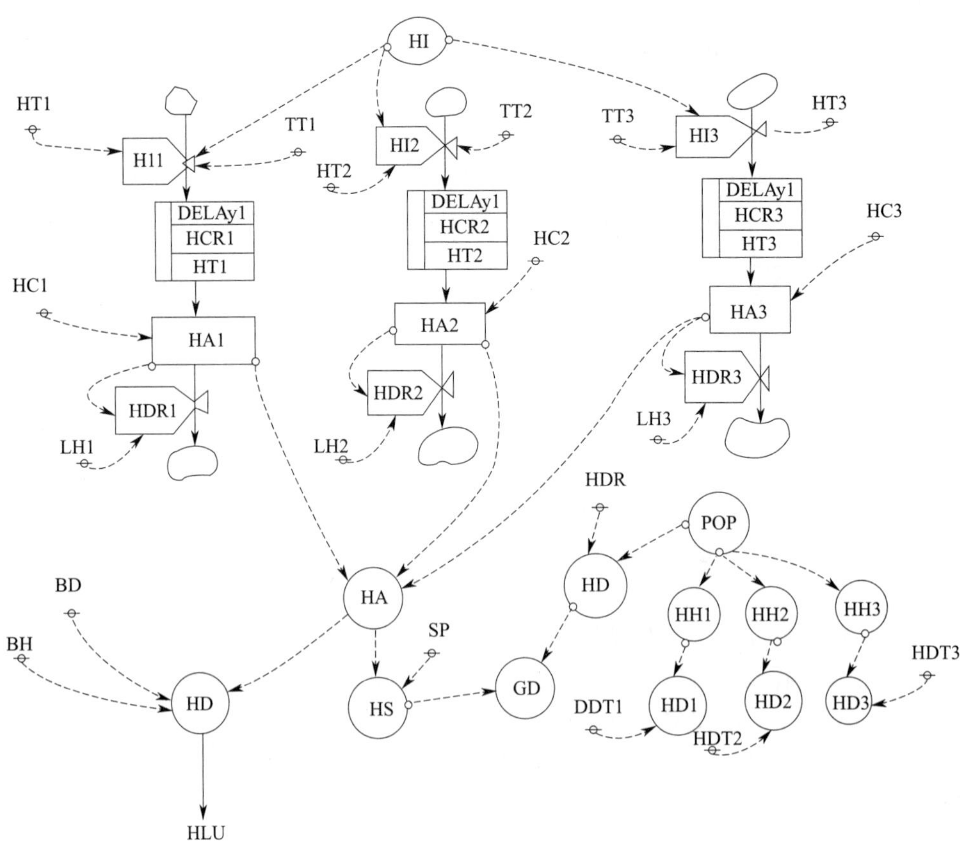

图 2-13　住宅子系统简化流程图

3. 主要关系方程及参数的选择

各种类型的住宅总建筑面积存量等于初始量加上新建建筑面积，减去拆除建筑面积，可用下式表示：

$$L \quad HAi \cdot K = HAi \cdot J + DT \cdot (HCRi \cdot JK - HDRi \cdot JK)$$

式中：HAi 为第 i 类住宅的建筑面积，$HCRi$ 为第 i 类住宅的增加率，$HDRi$ 为第 i 类住宅的拆除建筑面积。

新建住宅建筑面积取决于投资、工期和单位建筑面积造价，可用下式所示：

$$R \quad HCRi \cdot KL = DELAYi(HIi \cdot KL, HCi)/HTi$$

拆除住宅建筑面积取决于该类型住宅建筑的平均寿命，可用下式表出。

$$R \quad HDRi \cdot KL = HAi \cdot K/LHi$$

住宅总建筑面积等于总建筑面积与住宅建筑面积系数的乘积，可表示如下。

$$A \quad HS \cdot K = HA \cdot K \cdot SP$$

式中，住宅建筑面积系数可取 0.55。

居住用地等于居住建筑面积除以容积率，可用下式表示。

$$A\quad HLU \cdot K = HA \cdot K / ABHDBD$$

式中，容积率 $ABHDBD$ 可取 2.5。

居住建筑面积需求取决于总人口和人均居住建筑面积指标，可表示为：

$$A\quad HD \cdot K = POP \cdot K \cdot HDR$$

人均居住建筑面积近期取 $6m^2$，远期取 $8m^2$。一类家庭（1～3 人）提供一居室，平均建筑面积取 $30m^2$；二类家庭（4～5 人）提供二居室，平均建筑面积取 $45m^2$；三类家庭（5 人以上）提供三居室，平均建筑面积取 $60m^2$。住宅需求建筑面积可用住宅单元需求量乘以单元建筑面积得到，表示式如下。

$$A\quad HD3 \cdot K = HH3 \cdot K \cdot HDT3$$

子系统的决策变量为住宅投资及其比例结构。

2.4.6 公用设施子系统

1. 震后公用设施恢复的特点

公用设施包含内容很多，这里主要考虑水电设施。交通、通信设施虽然也很重要，但在唐山地震的具体情况下，其恢复比较迅速，多在震后早期完成，而且难以量化和时间序列化，所以在 系统动力学决策模型中没有涉及。

相对于厂矿和建筑破坏来说，地震对城市公用设施的破坏则比较轻。特别是路面、地下管线、给排水管道等设施破坏轻微，只是在地层断裂、变形和扭动的地段破坏严重。水、电、交通、通讯与居民生活息息相关，而且也是工业恢复的先行•要条件。所以，在震后应急阶段就已开始着手恢复建设，在较短的时间内，就开通了交通、通信线路（尽管有些是简易、临时的），水、供电恢复是相互关联的，在震后的一周里，居民饮用水均靠自己解决或营救人员运送，在电力部分恢复后，30% 水井得以启动。7 月底，通过地下管网送水面积就恢复到了 78%，东矿区恢复更快。唐山发电总厂厂房遭到严重破坏，就地复建，发电较快。供电局市区变电所完全被震毁，供电全部中断，通过全国各大电厂和电力施工队伍维修，在震后第 14 天就实现了华北电网并网发电，不到 4 个月就达到了震前水平，使简易房有了照明，工业用电也在一定程度上得到满足。1979 年、1980 年几乎所有变电所、控制台都已修复。

由此可以看出，水、电、交通等设施的震后复建比新建、投资要节省的多，速度也快得多。水电在简易应急修复之后，随着人口和工业的恢复发展，对水电的供给则提出了更高的要求。唐山市水厂设计能力偏小，难于满足需要。例如老区水厂当时按 38 万人设计，实际用水人口已达 50 万，电力因为外调及工业需求，也相当紧张。可见，震后水电以怎样的速度恢复和发展来适应人口的增长和工业的建设的需要，仍然是值得研究的课题。

2. 子系统的结构

公用设施子系统考虑了供水、供电能力，生活、工业用水用电需求，以及供求差距。另外，还考虑了居住用地、工业用地。这一子系统结构比较简单明了，因果关系以正向为主，几条正向因果关系链是其骨干。图 2-14 为公用设施子系统因果关系图。公用设施子系统简化流程图则如图 2-15 所示。

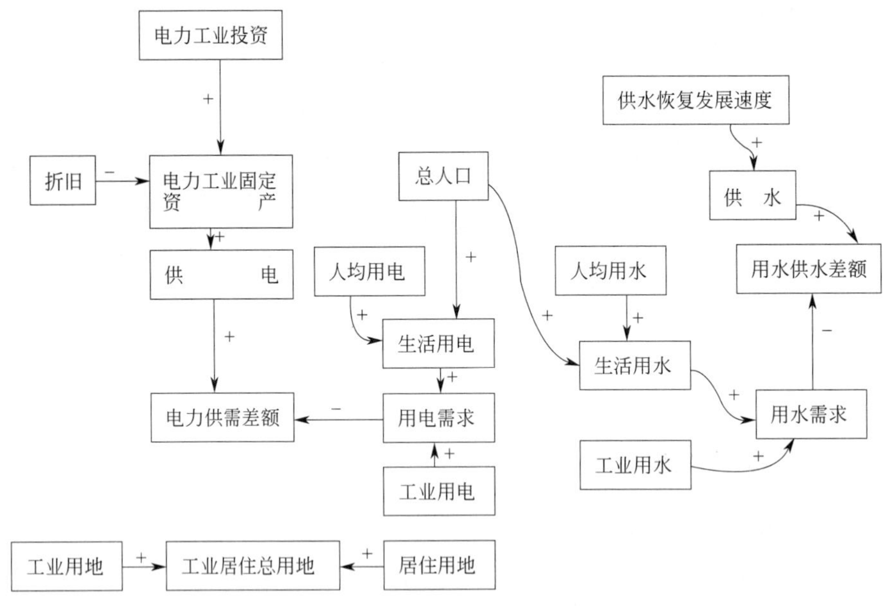

图 2-14 公用设施子系统因果关系图

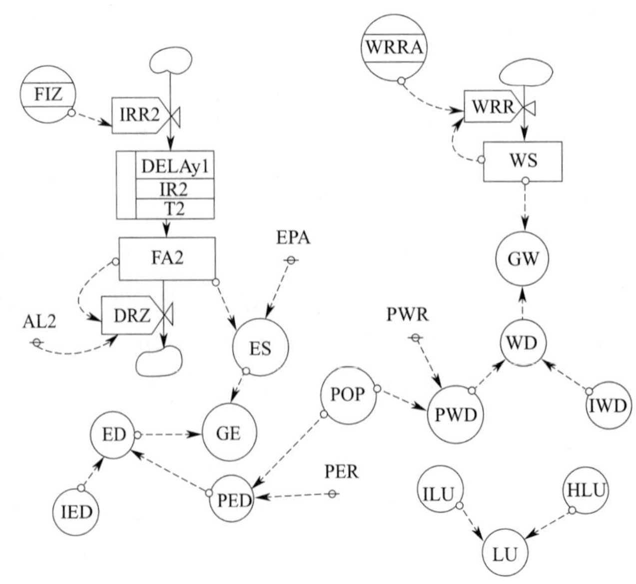

图 2-15 公用设施子系统简化流图

3. 主要关系方程式及参数

电力的恢复重建显然与其固定资产和投资延迟有关。

$$A \quad ES \cdot K = FA2 \cdot K \cdot EPA$$

$$L \quad FA2 \cdot K = FA2 \cdot J + DT \cdot (IR2 \cdot JK - DR2 \cdot JK)$$

$$R \quad IR2 \cdot KJ = DELAY1(IRR2 \cdot KL, T2)$$

$$R \quad DR2 \cdot K = FA2 \cdot K / AL2$$

单位产值的发电量取为 16 万 kWh/万元。

总人口数与人均用电量和人均用水量的乘积则分别为生活用电和生活用水。人均生活用水取 108L/d，生活用电则取 86.5kWh/(年·人)，市政生活用电取 291.7kWh/(人·年)。

$$A \quad PED \cdot K = POP \cdot K \cdot PER$$
$$A \quad PWD \cdot K = POP \cdot K \cdot PWR$$

供水能力由供水恢复发展速度控制，由于供水系统固定资产难以确定，所以，不从投资角度研究。

$$L \quad WS \cdot K = WS \cdot J + DT \cdot WRR \cdot JK$$
$$R \quad WRR \cdot KJ = WS \cdot K \cdot WRRA \cdot K$$
$$A \quad WRRA \cdot K = TABHL(WRRAT, TIME \cdot K, 1, 8, 1)$$

供水恢复发展年均增长率由表函数给出。

用水用电供求差距由供给量与工业、生活两部分的需求量计算。

$$A \quad GE \cdot K = ES \cdot K - ED \cdot K$$
$$A \quad ED \cdot K = IED \cdot K + PED \cdot K$$
$$A \quad GWDS \cdot K = WS \cdot K - WD \cdot K$$
$$A \quad WD \cdot K = PWD \cdot K + IWD \cdot K$$

工业用地、居住用地两顶之和反映工业发展与居民生活需要征地量。

$$LU \cdot K = LIU \cdot K + HLU \cdot K$$

子系统的决策变量是电力工业投资与供水恢复发展速度。

2.4.7 仿真与政策分析

1. 模型的有效性检验

应用系统动力学对实际系统建立的模型，都要进行正确性检验。对于社会经济系统，不可能用模型运算结果与实验结果相对照的办法来检验。对于本节所述的系统动力学决策模型，我们采用直观检验、运行检验和回顾性检验进行有效性检验。直观检验包括建模目标的正确性，系统边界选择是否恰当，判断变量的选择及其相互关系，判断参数是否切合实际等等。运行检验是对用 DYNAMO 语言编写的程序进行运行调试，以判断表达式的正确性和通过观测运行结果判断模型的合理性。回顾性检验是验证模型的行为与真实系统行为的一致性，也就是用历史数据来检验模型的正确性。

2. 人口发展政策分析

(1) 仿真分析

根据《唐山经济概况》第十五章人口所提供的唐山市区人口资料，震前 1975 年总人口为 1133572 人，震后 1977 年为 1093054 人，1984 年达到 1358394 人。

通过运行模型模拟震后唐山市区人口恢复过程，得到总人口、总户数和男性人口的仿真数值。这些数值与实际的人口、户籍、男女人口数值十分接近，如表 2-22 所示。图 2-16

为人口恢复仿真曲线，图 2-17 为家庭户数恢复仿真曲线。仿真说明人口子系统的设计是准确可行的，模型是有效可用的。

唐山市区人口仿真结果 **表 2-22**

YEAR	POP	RPOP	HOUSE-HOLD	RHOUSE-HOLD	RSERP	MAL	RMAL	FEM	RFEM
年	仿真人口	实际人口	仿真户数	实际户数	人口恢复比率（%）	仿真男性人口	实际男性人口	仿真女性人口	实际女性人口
1977	1093. e3	1093. e3	280. 3e3	280. 3e3	92. 00	568. 2e3	568. 2e3	524. 8e3	524. 8e3
1978	1154. e3	1152. e3	298. 9e3	296. 2e3	97. 12	617. 5e5	617. 1e3	536. 4e3	536. 2e3
1979	1211. e3	1209. e3	316. 9e3	311. 0e3	101. 89	661. 0e3	645. 0e3	549. 5e3	563. 8e3
1980	1247. e3	1245. e3	329. 8e3	321. 0e3	104. 92	679. 1e3	661. 4e3	567. 5e3	584. 0e3
1981	1278 e3	1277 e3	341. 7e3	330. 3e3	107. 57	694. 6e3	675. 7e3	583. 4e3	601. 7e3
1982	1313. e3	1313. e3	354. 8e3	346. 6e3	110. 50	711. 7e3	692. 6e3	601. 2e3	628. 6e3
1983	1342. e3	1342. e3	367. 6e3	360. 5e3	112. 93	726. 2e3	786. 1e3	615. 6e3	636. 0e3
1984	1356. e3	1356. e3	376. 6e3	369. 1e3	114. 09	773. 1e3	714. 1e3	622. 5e3	644. 3e3

注：e3＝10^3

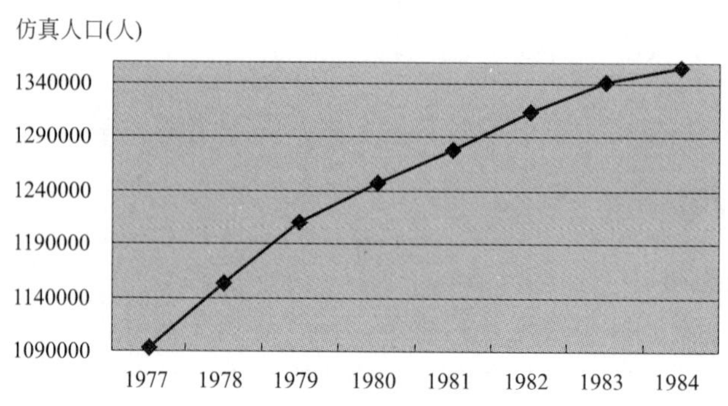

图 2-16　人口恢复仿真曲线

从仿真结果可以看出，震后人口以较快的速度恢复发展，人口增长率明显高于震前，经过 3 年，即到 1979 年，唐山市区总人口已恢复到震前水平。1984 年，市区人口已达震前的人口的 114%。震后人口自然增长率虽然远高于震前，但仍呈逐渐下降状态。1984 年降到震前水平（见《唐山市经济概况》第 442 页）。

（2）方案比较与政策建议

人口子系统中，震后妇女生育率和净迁入人口数可以通过计划生育政策以及户籍管理等手段加以调节。所以，可以以不同的妇女生育水平和净迁入人口数设计不同方案，模拟由此而引起的变化。

方案 1：人口死亡率（MDR，FDR）为 6‰，妇女一般生育率（FFRT）为 26‰，即

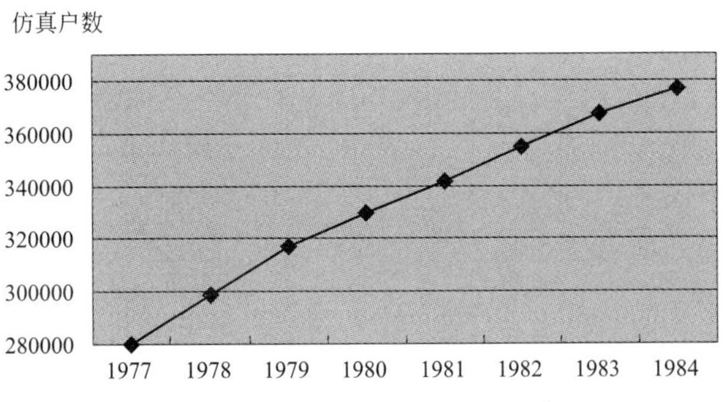

图 2-17　家庭户数恢复仿真曲线

生育、死亡情况大致与震前相同。

方案 2：人口死亡率（MRD，FDR）为 4.8‰，妇女一般生育率（FFRT）由 40‰逐渐降到 26‰，生育、死亡情况大致与震后实际情况雷同，但略低。

方案 3：净迁入人口数（NIMT）震后前 5 年为每年 1 万人，后几年为每年 5000 人，即迁移状况大致与震前类似。

方案 4：净迁入人口数（NIMT）震后各年分别为 50000，40000，30000，20000，10000，5000，4000 和 3000，即大约雷同于震后实际情况。

以上 4 个方案，所得到的人口、生活消费及需求状况的动态发展如表 2-23～表 2-26 所示。表 2-27 为 1985 年 4 个人口方案运行结果的汇总比较。从表 2-27 可见：

（1）方案 1 与方案 3 运行结果甚为接近。

（2）方案 1 系在不考虑震后高生育、低死亡而以震前人口发展状态为基础做的推测，1985 年，方案 1 比方案 2 总人口少 4.5 万人，总户数少 1.25 万户。由于总人口和总户数的减少，相应地住房建筑面积需求少 50 万 m^2，生活用水需求少 164.27 万 t，生活用电需求少 1702.11 万 kWh。如采取有效措施把人口发展速度控制在震前水平建设速度相同，则 1985 年人均住房建筑面积可达 8.79m^2，比方案 2 多 0.3m^2。人均工业产值和人均利税分别为 2980 元和 5880 元，均高于方案 2 的水平。

（3）方案 4，1985 年总人口的仿真值比方案 3 多 10 万人，其数值远高于每年净迁入差额之和 8.8 万人，即包括了由于迁入人口的自然增长而增加的人口。由于方案 4 既考虑了震后迁入可能面临的高峰，又考虑了迁入人口本身的自然增长，所以，生活用水、生活市政用电以及住房建筑面积需求均高于方案 3。

（4）地震后，如能对人口的自然增长和迁入数进行有效控制，可以减缓城市人口的急剧回升，从而减少对住房、用水和用电等方面的需求量，相对实际生活水平则会随之提高。

（5）实际上，震后对人口的控制幅度是有限的，人口比震前增长速度快是必然的，也是符合规律的。这是因为，震后人口生育率上升，死亡率下降，自然增长加速，同时迁入量剧增，加之迁入人口多为中青年，又带来自然增加，从而导致人口超常发展。所以，震后公用设施、市政服务等方面的规划不仅应考虑到人口动态发展，而且还应考虑到人口的动态发展是超常的、快速的。特别是要考虑潜在的户数，因为重建时间一般要延续 5～10 年，震后的少年到建成时要组建家庭，需要有自己的住房。

人口方案 1 的运行结果 **表 2-23**

YEAR	HH	HH1	HH2	HH3	POP	RSERP	PWD	PED	HD	PD	HAPR	OPPR	PRPR
年	总户数	其中 1 类家庭户数	其中 2 类家庭户数	其中 3 类家庭户数	人口（人）	人口恢复比率（%）	生活用水需求（t）	生活用电需求（万 kWh）	住房需求（m^2）	人口密度（人/km^2）	人均实际居住建筑面积（m^2）	人均产值（万元/人）	人均利税（万元/人）
1977	280. 3e3	135. le3	103. 2e3	36. 91e3	1093. e3	92. 00	3989. 65	41339. 30	12. 03e6	16561. 42	0. 25	0. 12	0. 02
1978	297. le3	143. 2e3	109. 4e3	39. 13e3	1147. e3	96. 52	4185. 62	43369. 87	12. 62e6	15927. 00	0. 78	0. 20	0. 04
1979	311. 8e3	150. 3e3	114. 8e3	41. 07e3	1191. e3	100. 25	4347. 69	45049. 19	13. 11e6	15469. 44	2. 25	0. 22	0. 04
1980	322. 3e3	155. 4e3	118. 7e3	42. 44e3	1212. e3	102. 53	4446. 29	46070. 86	13. 41e6	15227. 01	4. 16	0. 22	0. 04
1981	331. 7e3	159. 9e3	122. 1e3	43. 69e3	1241. e3	104. 41	4528. 08	46918. 41	13. 66e6	14768. 70	5. 30	0. 23	0. 04
1982	340. 8e3	164. 3e3	125. 5e3	44. 88e3	1261. e3	106. 12	4602. 16	47685. 89	13. 88e6	14056. 46	6. 21	0. 24	0. 04
1983	348. 5e3	168. 0e3	128. 3e3	45. 90e3	1272. e3	107. 07	4643. 25	48111. 68	14. 01e6	141056. 61	7. 22	0. 25	0. 05
1984	355. 7e3	171. 5e3	131. 0e3	46. 85e3	1281. e3	107. 78	4674. 21	48432. 48	14. 10e6	13409. 48	8. 12	0. 27	0. 05
1985	359. 3e3	173. 2e3	132. 3e3	47. 32e3	1293. e3	108. 86	4721. 12	48918. 56	14. 24e6	13544. 06	8. 79	0. 29	0. 05

人口方案 2 的运行结果 **表 2-24**

YEAR	HH	HH1	HH2	HH3	POP	RSERP	PWD	PED	HD	PD	HAPR	OPPR	PRPR
年	总户数	其中 1 类家庭户数	其中 2 类家庭户数	其中 3 类家庭户数	人口（人）	人口恢复比率（%）	生活用水需求（t）	生活用电需求（万 kWh）	住房需求（m^2）	人口密度（人/km^2）	人均实际居住建筑面积（m^2）	人均产值（万元/人）	人均利税（万元/人）
1977	280. 3e3	135. 1e3	103. 2e3	36. 91e3	1093. e3	92. 00	3989. 65	41339. 30	12. 03e6	16561. 42	0. 25	0. 12	0. 02
1978	299. 4e3	144. 3e3	110. 2e3	39. 43e3	1156. e3	97. 25	4217. 62	43701. 49	12. 72e6	16048. 79	0. 78	0. 20	0. 04
1979	316. 2e3	152. 4e3	116. 4e3	41. 64e3	1208. e3	101. 66	4408. 91	45683. 60	13. 30e6	15687. 29	2. 22	0. 22	0. 04
1980	328. 6e3	158. 4e3	121. 0e3	43. 28e3	1242. e3	101. 54	4533. 66	46976. 15	13. 67e6	15526. 29	4. 08	0. 21	0. 04
1981	339. 8e3	163. 8e3	125. 1e3	44. 75e3	1271. e3	106. 96	4638. 42	48961. 68	13. 99e6	15128. 58	5. 18	0. 22	0. 04
1982	350. 4e3	168. 9e 3	129. 0e3	46. 15e3	1296. e3	109. 11	4731. 94	49030. 64	14. 27e6	14452. 85	6. 04	0. 23	0. 04
1983	359. 4e3	173. 3e3	132. 3e3	47. 34e3	1312. e3	110. 42	4788. 68	49618. 58	14. 44e6	14496. 87	7. 00	0. 25	0. 05
1984	367. 7e3	177. 3e3	135. 4e3	48. 42e3	1324. e3	111. 40	4831. 19	50059. 06	14. 57e6	13859. 83	7. 86	0. 26	0. 05
1985	371. 8e3	179. 2e3	136. 9e3	48. 97e3	1338. e3	112. 65	4885. 39	50620. 67	14. 74e6	13015. 32	8. 49	0. 28	0. 05

人口方案 3 的运行结果 表 2-25

YEAR	HH	HH1	HH2	HH3	POP	RSERP	PWD	PED	HD	PD	HAPR	OPPR	PRPR
年	总户数	其中 1 类家庭户数	其中 2 类家庭户数	其中 3 类家庭户数	人口（人）	人口恢复比率（%）	生活用水需求（t）	生活用电需求（万 kWh）	住房需求（m^2）	人口密度（人/km^2）	人均实际居住建筑面积（m^2）	人均产值（万元/人）	人均利税（万元/人）
1977	280. 3e3	135. 1e3	103. 2e3	36. 91e3	1093. e3	92. 08	3989. 65	41339. 30	12. 03e6	16561. 42	0. 25	0. 12	0. 02
1978	289. 5e3	139. 5e3	106. 6e3	38. 12e3	1117. e 3	94. 0 4	4078. 86	42255. 43	12. 30e6	15517. 74	0. 81	0. 20	0. 04
1979	300. 1e3	144. 7e3	110. 5e3	39. 53e3	1147. e3	96. 50	4184. 83	43361. 75	12. 62e6	14890. 00	2. 34	0. 23	0. 04
1980	310. 2e3	149. 5e3	114. 2e3	40. 85e3	1172. e 3	98. 68	4279. 45	44342. 17	12. 91 e6	14655. 66	4. 32	0. 23	0. 04
1981	320. 5e3	154. 5e3	118. 0e3	42. 20e3	1199. e3	100. 87	4374. 60	45328. 03	13. 19e6	14268. 10	5. 49	0. 24	0. 04
1982	332. 5e3	160. 3e3	122. 4e3	43. 78e3	1230. e 3	103. 53	4489. 75	46521. 15	13. 54e6	13713. 13	6. 37	0. 24	0. 05
1983	345. 1e3	166. 4e3	127. 1e3	45. 45e3	1260. e3	106. 01	4597. 44	47636. 99	13. 87e6	13917. 92	7. 29	0. 26	0. 05
1984	354. 8e3	171. 1e3	130. 6e3	46. 73e3	1277. e3	187. 50	4662. 17	48307. 72	14. 06e6	13374. 93	8. 14	0. 27	0. 05
1985	359. 2e3	173. 2e3	132. 3e3	47. 31e3	1293. e3	108. 83	4719. 83	48905. 18	14. 24e6	13540. 35	8. 79	0. 29	0. 05

人口方案 4 的运行结果 表 2-26

YEAR	HH	HH1	HH2	HH3	POP	RSERP	PWD	PED	HD	PD	HAPR	OPPR	PRPR
年	总户数	其中 1 类家庭户数	其中 2 类家庭户数	其中 3 类家庭户数	人口（人）	人口恢复比率（%）	生活用水需求（t）	生活用电需求（万 kWh）	住房需求（m^2）	人口密度（人/km^2）	人均实际居住建筑面积（m^2）	人均产值（万元/人）	人均利税（万元/人）
1977	280. 3e3	135. 1e3	103. 2e3	36. 91e3	1093. e3	92. 00	3989. 65	41339. 30	12. 03e6	16561. 42	0. 25	0. 12	0. 02
1978	299. 8e3	144. 5e3	110. 4e3	39. 49e3	1157. e3	97. 40	4224. 06	43768. 23	12. 74e6	16073. 30	0. 78	0. 20	0. 04

续表

YEAR	HH	HH1	HH2	HH3	POP	RSERP	PWD	PED	HD	PD	HAPR	OPPR	PRPR
年	总户数	其中 1 类家庭户数	其中 2 类家庭户数	其中 3 类家庭户数	人口（人）	人口恢复比率（%）	生活用水需求（t）	生活用电需求（万 kWh）	住房需求（m^2）	人口密度（人/km^2）	人均实际居住建筑面积（m^2）	人均产值（万元/人）	人均利税（万元/人）
1979	318.5e 3	153.5e3	117.3e3	41.94e3	1217.e3	102.39	4440.32	46009.00	13.39e6	15799.04	2.20	0.22	0.04
1980	334.0e3	161.0e3	123.0e3	43.98e3	1262.e3	106.25	4607.75	47743.87	13.90e6	15779.97	4.01	0.21	0.04
1981	347.2e3	167.4e3	127.9e3	45.73e3	1299.e3	109.31	4740.29	49117.15	14.30e6	15460.82	5.07	0.22	0.04
1982	359.7e3	173.4e3	132.4e3	47.37e3	1331.e3	112.01	4857.66	50333.33	14.65e6	14836.85	5.88	8.23	0.04
1983	372.9e3	179.8e3	137.3e3	49.11e3	1361.e3	114.56	4967.97	51476.37	14.98e6	15039.65	6.74	0.24	0.04
1984	382.8e3	184.5e3	140.9e3	50.41e3	1378.e3	115.99	5029.98	52118.89	15.17e6	14430.13	7.55	0.25	0.05
1985	387.0e3	186.6e3	142.5e3	50.96e3	1393.e3	117.25	5084.60	52684.81	15.34e6	14586.82	8.16	0.27	0.05

1985 年 4 个人口方案的运行结果 **表 2-27**

	HH	HH1	HH2	HH3	POP	RSERP	PWD	PED	HD	PD	HAPR	OPPR	PRPR
方案	总户数	其中 1 类家庭户数	其中 2 类家庭户数	其中 3 类家庭户数	人口（人）	人口恢复比率（%）	生活用水需求（t）	生活用电需求（万 kWh）	住房需求（m^2）	人口密度（人/km^2）	人均实际居住建筑面积（m^2）	人均产值（万元/人）	人均利税（万元/人）
1	359.3e3	173.2e3	132.3e3	47.32e3	1293.e3	108.86	4721.12	48918.56	14.24e6	13544.06	8.79	0.29	0.05
2	371.8e3	179.2e3	136.9e3	48.97e3	1338.e3	112.65	4885.39	50620.67	14.74e6	13015.32	8.49	0.28	0.05
3	359.2e3	173.2e3	132.3e3	47.31e3	1293.e3	108.83	4719.83	48905.18	14.24e6	13540.35	8.79	0.29	0.05
4	387.0e3	186.6e3	142.5e3	50.96e3	1393.e3	117.25	5084.60	52684.81	15.34e6	14586.82	8.16	0.27	0.05

3. 工业发展的政策分析

（1）仿真分析

唐山市是我国东部沿海极为重要的重工业城市，工业发展历史悠久，是近代中国工业的摇篮。这里有开滦煤矿、唐山发电总厂、唐山钢铁厂、启新水泥厂、冀东水泥厂、机车车辆厂和建筑陶瓷厂等著名骨干企业，电力、煤炭、冶金和机械是重要的工业部门。

根据市区工业统计，按照震后各工业部门投资及新增固定资产进行仿真实验，所得结果如表 2-28 所示。从表可见，所得到的产值，固定资产等仿真值与实际数值相差甚小。这就是说，经回顾性检验，模型结构设计是正确的，参数和方程选取也基本上符合实际状况。

唐山市区工业仿真结果 **表 2-28**

YEAR	OUT	ROUT	RRT	RSER	OUT1R	RSEO1	OUT2R
年	工业总产值（万元）	实际工业总产值（万元）	利税（万元）	工业恢复率（%）	冶金部门产值比重（%）	冶金部门恢复率（%）	电力部门产值比重（%）
1977	130000	138000	24220	55	16.1187	48.8263	10.4173
1978	228200	228100	43210	97	18.8633	100.3200	16.4742
1979	262900	262000	49690	112	18.9639	116.1928	18.1779
1980	264500	273700	49950	112	20.3870	125.6846	18.4854
1981	285300	279900	53110	121	19.3580	128.7343	17.1188
1982	300100	299400	56200	127	18.4705	129.2176	16.4559
1983	321900	322100	60820	137	19.5581	146.7423	15.4118
1984	349600	349400	65840	148	19.3907	158.0200	15.8988

唐山市区工业仿真结果 **表 2-28（续 1）**

YEAR	RSEO2	OUT3R	RSEO3	OUT5R	RSEO5	OUT6R	RSEO6
年	电力部门恢复率（%）	煤炭部门产值比重（%）	煤炭部门恢复率（%）	化工部门产值比重（%）	化工部门恢复率（%）	机械部门产值比重（%）	机械部门恢复率（%）
1977	81.8039	24.8049	52.7628	6.0395	61.8196	16.5979	55.4278
1978	227.1275	23.0954	89.1247	5.1929	93.3211	13.3258	78.1292
1979	288.7381	19.2785	85.6738	4.992	193.3532	14.3624	97.0127
1980	295.4282	16.8129	75.2098	5.9604	124.1662	10.6115	72.1201
1981	295.1238	18.1582	87.5829	5.7300	128.7620	11.1184	81.5133
1982	298.4416	17.4725	88.6953	6.0721	143.5441	12.7029	97.9706
1983	299.7621	16.9584	92.2805	5.6188	142.4532	14.9307	123.4972
1984	335.8759	13.9886	82.6701	5.8414	160.8556	15.3329	137.7499

唐山市区工业仿真结果 **表 2-28（续 2）**

YEAR	OUT7R	RSEO7	OUT8R	RSEO8	OUT9R	RSEO9
年	建材部门 产值比重 （%）	建材部门 恢复率 （%）	森工部门 产值比重 （%）	森工部门 恢复率 （%）	食品部门 产值比重 （%）	食品部门 恢复率 （%）
1977	6.3391	55.3258	0.7448	73.1639	6.2347	78.1466
1978	7.0964	108.7378	0.4502	77.6312	4.0698	89.5607
1979	6.6968	118.2211	0.3797	75.4370	4.9413	125.2755
1980	6.？ 618	120.1050	0.5986	119.6565	5.2946	135.0627
1981	5.7186	109.5713	0.1870	185.0252	7.0006	192.6373
1982	6.7581	136.2195	0.4931	111.8525	5.5166	159.6935
1983	6.2950	136.0807	0.4761	115.8314	4.8945	151.9517
1984	6.1129	143.5284	0.6021	159.0996	5.1463	173.5340

唐山市区工业仿真结果 **表 2-28（续 3）**

YEAR	OUT10R	RSEO10	OUT11R	RSEO11	OUT12R	RSEO12
年	纺织部门 产值比重 （%）	纺织部门 恢复率 （%）	造纸部门 产值比重 （%）	造纸部门 恢复率 （%）	其他部门 产值比重 （%）	其他部门 恢复率 （%）
1977	6.8356	44.8465	1.3198	51.3679	5.3477	44.4572
1978	5.679	65.4134	1.2198	83.3511	4.5332	66.1654
1979	6.0523	80.3155	1.3061	102.8191	4.8571	81.674
1980	8.4658	113.0375	1.6305	129.154	4.9915	84.4524
1981	9.4875	136.6505	1.4867	127.0346	4.3442	79.2856
1982	9.5463	144.6448	1.8265	164.1817	4.6856	89.9630
1983	10.5344	171.1846	1.2837	123.7475	4.0466	83.3239
1984	11.0477	194.9912	1.2435	130.2019	5.4031	120.8414

从整个工业来看，恢复发展过程基本上呈反 S 型（参见图 2-18 和图 2-19），即 1979 年以前恢复重建速度很快，以后的发展速度则明显减缓，呈现平稳状态。1977 年底整个

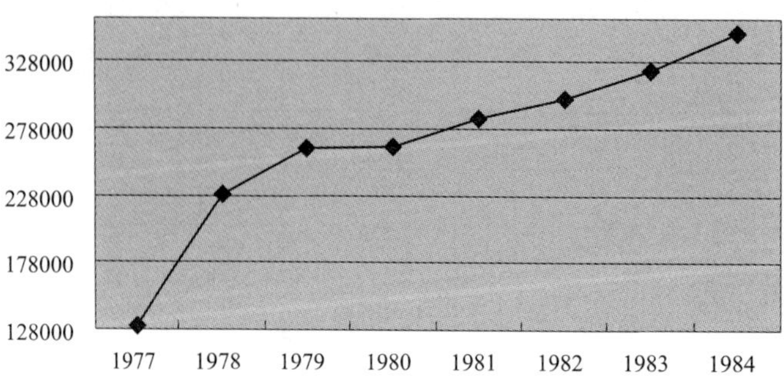

图 2-18　工业总产值恢复仿真曲线

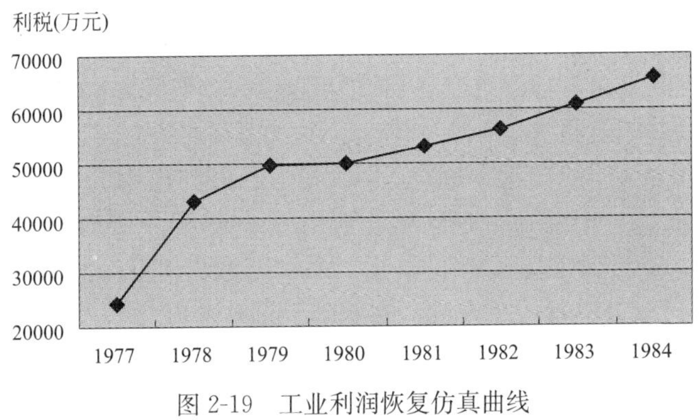

图 2-19　工业利润恢复仿真曲线

工业水平达到震前 1975 年 55%，1978 年达到 97%，1979 年超过震前水平，为震前 122%，1984 年工业产值达到震前的 148%。

在各个工业部门里，冶金、电力、建材行业恢复速度最快，只用了两年，1978 年底基本上达到震前水平；化工、食品、造纸工业的恢复大约用了三年，1979 年底达到震前水平；纺织、木材工业的恢复持续到 1980 年，用了 4 年时间；机械工业一直到 1983 年才完全恢复，用了 7 年时间；煤炭行业产值 1978 年恢复到震前的 98%，此后发展缓慢，一直没有达到震前水平。

（2）方案比较与政策建议

工业生产恢复和发展的决策主要反映在工业投资数量和投资的部门结构。工业投资数量和时间分布对工业恢复速度和过程的影响可以很方便地在系统动力学模型上演示实验。我们主要针对不同工业投资结构，模拟产值利税、工业用水、用电、用地和劳动力需求的变化，进行多方案比较分析。不同方案工业部门投资比重（%）如表 2-29 所示。其中，方案 1 的投资结构大致与震后实际状况类似；方案 2 加强工业投资，稍微降低重工业的投资比重；方案 3 则不仅加强工业投资，同时在重工业内部又加强对机械、冶金和化工等工业部门的投资。

不同方案工业部门投资比重（%）　　**表 2-29**

	冶金	电力	煤炭	化工	机械	建材	森工	食品	纺织	造纸	其他
方案 1	5.6	37.1	37.2	2.6	5.8	3.1	0.4	1.4	4.0	0.6	2.2
方案 2	6.0	30.0	30.0	3.0	6.0	3.0	0.5	7.0	10.0	2.3	2.2
方案 3	10.0	26.5	26.5	8.0	10.0	3.0	0.5	7.0	4.0	2.3	2.2

唐山市区工业仿真结果见表 2-28。三个方案的运行结果如表 2-30～表 2-32 所示。从这些表可以看出：

（1）从方案 1 的仿真结果可以看出，唐山市是一个输出型的工业基地。除石油要大量输入外，其他各工业部门的产出均多于自身工业的需求，可以输出支援其他地区。其中，以煤炭、电力、机械、建材工业输出的产品最多，纺织和食品工业可次之。冶金和化学工业虽然产出也较多，但城市其他工业需求大，能够输出的产品并不多。森林加工业和造纸工业产出少，能够输出的产品更少，在唐山市属于辅助工业部门。

（2）方案 2 仿真结果表明，适当加大轻工业部门的投资，不但可以提高整个工业的经济效益，而且固定资产产值率也明显提高。同样数量投资所取得的产值和利税远高于方案1。根据方案 2 的投资结构，1985 年工业产值可达 40.98 亿元，利税达 124 亿元，固定资产产值率为 9.76 元，产值利税率为 17.66 元，而方案 1 投资结构同年工业产值为 31.18 亿元，利税 5.852 亿元，固定资产产值率 142 元，产值利税率为 18.77 元。按方案 2 投资，耗水略高于方案 1，用电、用地与方案 1 相差很小，但需要劳动力 27.96 万要比方案 1 多大约 4.84 万人。相应电力、煤炭的输出产品则因投资比重降低而减少。

（3）方案 3 仿真结果说明，在方案 2 的基础上进一步在重工业部门内调整投资结构，加强机械、冶金、化工行业比重，整个工业的产值、利税会更高，1985 年工业总产值可达 46.92 亿元，利税 81 亿元，固定资产产值率达 18.54 元，产值利税率 18.14 元，劳动力需求增加到 38.26 万。但用水、耗电、用地明显多于方案 1 和方案 2。同时，电力、煤炭输出产品更少。

（4）唐山市震后工业恢复过程大致呈反 S 型，这是与投资的时序密切相关的，总体来看，用了大约 3 年时间就已达到震前水平，但各个工业部门恢复的 时间不尽相同，这与各部门的特点，地震破坏程度，震后投资多少相关。

（5）唐山市是以重工业为主的城市，震后工业恢复仍然以震前的主导工业部门为主。震后投资最多的是煤炭、电力工业 ，其次是机械、建材、化工、纺 织工业。

（6）作为一个重要的能源、机械、建材基地，在震后工业恢复发展过程中，有大量煤炭、电力、建材产品输出，除石油工业需要输入外，其他工业部门均能满足自身需要，并且有一定数量的产品可以外运。

（7）在震后恢复建设中，适当增加纺织缝纫、食品、造纸等轻工部门投资比，可以提高整个工业的经济效益和劳动力就业岗位，产值、利税明显上升而用水、用电、用地差别不大。

（8）在重工业中，适当加大机械、化工、冶金部门投资，而减少电力、煤炭投资也可以使产值、利税和劳动力就业岗位增多，但同时工业用水、用电、用地亦明显增多。

（9）因价格体系扭曲，煤炭、电力工业经济效益较差，但作为一个能源基地，唐山市仍然应保持给予煤炭、电力较高的投资比例，保证产品输出。

唐山市区工业（方案 1）运行结果 **表 2-30**

YEAR	OUT	RSER	PRT	PROUT	OUFAR	IWD	IED
年	工业总产值（万元）	工业恢复率（%）	利税（万元）	万元产值（万元/万元）	新增固定资产比重（%）	工业用水（万 t）	工业 用电（万 kWh）
1977	130000	55.17	24220	18.64	3.89	10290	10080
1978	225700	95.81	42690	18.91	5.37	19110	16880
1979	267700	113.63	49550	18.51	6.31	21830	22600
1980	253500	187.63	47110	18.58	6.04	21420	22490
1981	280500	119.16	50880	18.13	6.68	22480	25490
1982	299600	127.21	54550	18.20	7.13	23600	28530

续表

YEAR	OUT	RSER	PRT	PROUT	OUFAR	IWD	IED
年	工业总产值（万元）	工业恢复率（%）	利税（万元）	万元产值（万元/万元）	新增固定资产比重（%）	工业用水（万 t）	工业 用电（万 kWh）
1983	269300	114.34	50970	18.93	6.41	22760	25500
1984	294500	125.82	55610	18.88	7.01	24700	28220
1985	311800	132.37	58520	18.77	7.42	25770	30580

唐山市区工业（方案 1）运行结果 **表 2-30（续 1）**

YEAR	ILU	LBR	OUT1	DI1	GOD1	OUT2	DI2
年	工业用地（m^2）	工业用劳动力（人）	冶金工业产值（万元）	冶金工业需求（万元）	冶金工业供需差额（万元）	电力工业产值（万元）	电力工业需求（万元）
1977	46680000	125800	20950	22690	−1742.93	13540	10080
1978	51940000	141100	42010	40650	1366.53	20750	16880
1979	57810000	155600	48250	47060	1185.89	36430	22600
1980	61900000	169600	50290	45120	5166.5	38530	22490
1981	66600000	183000	50530	45590	49937.22	44950	25490
1982	71140000	195800	58930	47850	3874.41	51820	28530
1983	75510000	208100	52570	50750	1824.67	44880	25500
1984	79730000	219900	57590	56370	1217.86	51530	28220
1985	83800000	231200	59180	58210	971.36	56730	30580

唐山市区工业（方案 1）运行结果 **表 2-30（续 2）**

YEAR	GOD2	OUT3	DI3	GOD3	OUT4	DI4	GOD4
年	电力工业供需差额（万元）	煤炭工业产值（万元）	煤炭工业需求（万元）	煤炭工业供需差额（万元）	石油工业产值（万元）	石油工业需求（万元）	石油工业供需差额（万元）
1977	3459	31200	12630	18570	0	976.47	−976.47
1978	3872	56520	22820	33690	0	1686.94	−1686.94
1979	13830	53440	22230	31210	0	1863.75	−1863.75
1980	16040	36110	16710	19400	0	1766.70	−1766.7
1981	19460	43120	19180	23940	0	1841.57	−1841.57
1982	23280	44400	28150	24250	0	2038.77	−2038.77
1983	19380	47010	26820	26200	0	1927.03	−1927.03
1984	23310	42440	19890	22550	0	2115.12	−2115.12
1985	26150	44620	20950	23670	0	2229.29	−2229.29

唐山市区工业（方案 1）运行结果 **表 2-30（续 3）**

YEAR	OUT5	DI5	GOD5	OUT6	DI6	GOD6
年	化工工业 产值 （万元）	化工工业 需求 （万元）	化工工业 供需差额 （万元）	机械工业 产值 （万元）	机械工业 需求 （万元）	机械工业 供需差额 （万元）
1977	7849	6067	11781.23	21570	8186	13380
1978	13340	10380	3462.24	29620	12980	16640
1979	12340	10950	1391.16	35890	14780	21190
1980	15630	11650	3979.12	25640	11880	13760
1981	16200	12050	4144.22	26980	12870	14110
1982	17840	13130	4709.52	31890	14280	17600
1983	16910	11800	5108.11	39220	15240	23980
1984	19550	13440	6102.65	44770	16550	28220
1985	21100	14300	6798.74	46600	17330	29270

唐山市区工业（方案 1）运行结果 **表 2-30（续 4）**

YEAR	OUT7	DI7	GOD7	OUT8	DI8	GOD8
年	建材工业 产值 （万元）	建材工业 需求 （万元）	建材工业 供需差额 （万元）	森林工业 产值 （万元）	森林工业 需求 （万元）	森林工业 供需差额 （万元）
1977	8239	1228.55	7009	967.96	711.42	256.54
1978	16350	2070.67	14280	1520.28	1121.92	398.36
1979	15290	2323.59	12970	1414.77	1207.00	207.77
1980	16000	2855.31	13940	1895.26	1105.12	790.14
1981	14420	2175.67	12250	1171.97	1022.09	149.88
1982	17970	2421.30	15550	1459.31	1183.18	276.13
1983	17460	2445.34	15010	824.96	1055.56	−238.61
1984	17810	2669.33	15150	1336.35	1256.18	80.16
1985	18480	2794.09	15680	1450.49	1323.36	127.13

唐山市区工业（方案 1）运行结果 **表 2-30（续 5）**

YEAR	OUT9	DI9	GOD9	OUT10	DI10	GOD10
年	食品工业 产值 （万元）	食品工业 需求 （万元）	食品工业 供需差额 （万元）	纺织工业 产值 （万元）	纺织工业 需求 （万元）	纺织工业 供需差额 （万元）
1977	8102	1479.61	6623	8883	5701	3182
1978	11730	2185.98	9543	20520	12450	8068
1979	19910	3188.92	16730	29400	17600	11800
1980	12230	2416.79	9816	41640	23900	17740
1981	22650	3570.35	19280	46840	27060	19780

续表

YEAR	OUT9	DI9	GOD9	OUT10	DI10	GOD10
年	食品工业产值（万元）	食品工业需求（万元）	食品工业供需差额（万元）	纺织工业产值（万元）	纺织工业需求（万元）	纺织工业供需差额（万元）
1982	23450	3639.32	19810	41890	24690	17200
1983	11030	2091.14	8937	26850	15970	18890
1984	13070	2715.55	11180	28900	17360	11540
1985	15040	2904.48	12140	31030	18630	12400

唐山市区工业（方案 1）运行结果 **表 2-30（续 6）**

YEAR	OUT11	DI11	GOD11	OUT12	DI12	GOD12
年	造纸工业产值（万元）	造纸工业需求（万元）	造纸工业供需差额（万元）	其他工业产值（万元）	其他工业需求（万元）	其他工业供需差额（万元）
1977	1715.18	1039.37	675.80	6949	1383.37	5566.19
1978	2680.38	1717.05	963.25	10140	2053.16	8089.32
1979	3288.11	1968.22	1319.89	12000	2417.2	9583.70
1980	3784.00	2087.05	1696.96	11770	2367.84	9403.23
1981	3609.05	2069.39	1539.66	10210	2087.16	8124.78
1982	5583.19	2724.78	2858.41	12400	2501.51	9899.34
1983	3342.29	2013.81	1328.48	9227	1901.91	7324.61
1984	3554.88	2213.68	1341.21	13120	2642.09	10480.00
1985	3809.80	2347.69	1462.11	13770	2772.13	11000.00

唐山市区工业（方案 2）运行结果 **表 2-31**

YEAR	OUT	RSER	PRT	PROUT	OUFAR	IWD	IED	ILU	LBR
年	工业总产值（万元）	工业恢复率（%）	利税（万元）	万元产值（万元/万元）	新增固定资产比重（%）	工业用水（万 t）	工业用电（万 kWh）	工业用地（m^2）	工业用劳动力（人）
1977	130000	55.17	24220	18.64	3.09	10290	10080	46680000	125800
1978	264800	112.43	48130	18.18	6.31	20400	17380	52130000	149200
1979	351100	149.07	61210	17.43	8.36	24540	23380	57340000	171300
1980	340600	144.62	59090	17.35	8.11	24530	23390	62300000	192000
1981	413000	175.32	69220	16.76	9.83	26820	26880	67000000	211600
1982	437400	185.70	73840	16.88	10.41	28600	29720	71570000	230100
1983	343600	145.86	61400	17.87	8.18	25640	25310	75910000	247500
1984	383900	162.98	68220	17.77	9.14	28130	28020	80050000	264000
1985	409800	173.97	72360	17.66	9.76	29540	30270	84020000	279600

唐山市区工业（方案 3）运行结果 **表 2-32**

YEAR	OUT	RSER	PRT	PROUT	OUFAR	IWD	IED	ILU	LBR
年	工业总产值（万元）	工业恢复率（%）	利税（万元）	万元产值（万元/万元）	新增固定资产比重（%）	工业用水（万 t）	工业用电（万 kWh）	工业用地（m^2）	工业用劳动力（人）
1977	130000	55.17	24220	18.64	2.92	10290	10080	46680000	125800
1978	275000	116.75	50210	18.26	6.18	21310	17920	53290000	152500
1979	368100	156.26	64850	17.62	8.27	26230	23930	59610000	177700
1980	365400	155.11	64320	17.61	8.21	27090	24450	65640000	201500
1981	442900	188.04	75640	17.08	9.95	29990	28050	71400000	224000
1982	474500	201.44	81760	17.23	10.66	32440	31140	76910000	245300
1983	386300	164.00	70600	18.28	8.68	30070	26970	82190000	265400
1984	436900	185.48	79590	18.22	9.81	33580	30110	87230000	284500
1985	469200	199.20	81120	18.14	10.54	35660	32600	92070000	302600

4. 住宅发展的政策分析

（1）仿真分析

经过因果性检验，住宅建筑面积仿真与实际建筑面积值大致相同，说明模型基本上可行。唐山市住宅需求和住宅建设进度明显呈反 S 型（图 2-20 和图 2-21），1978～1980 年住宅建设进度很快，之后建设速度减缓。住宅需求与人口发展同步，按人均居住面积 $6m^2$，即人均住宅建筑面积约为 $11m^2$ 考虑，1984 年住宅建筑面积总需求约为 1492 万 m^2，而实际建成住宅建筑面积为 1138 万 m^2，合人均 $7.67m^2$ 建。按人均居住面积 $6m^2$ 计算，已有 70%人口满足要求。从家庭规模结构来看，到 1984 年 1 至 3 人的家庭有 18.15 万户，4 至 5 人家庭有 13.86 万户，5 人以上家庭有 4.96 万户，以此作为一居室、二居室、三居室住宅的需求数量，分别以 30、45 和 $60m^2$ 建筑面积计算，1984 年需要住宅建筑面积 1466 万 m^2，与前一种按人均计算法大体相近。

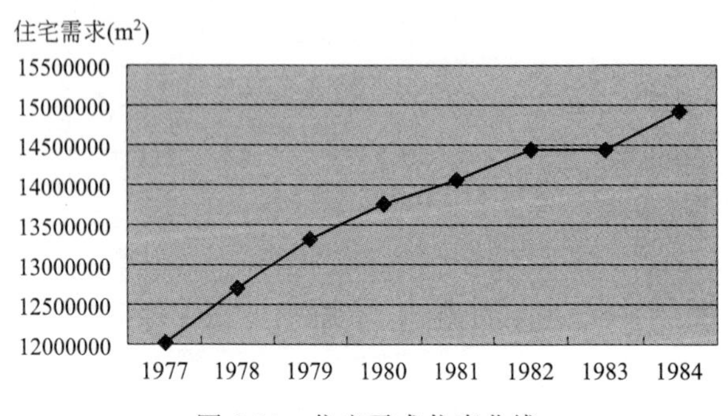

图 2-20　住宅需求仿真曲线

（2）方案对比与政策建议

从表 2-33 的住宅建设仿真结果来看，震后住宅建设速度不尽如人意。由于执行“先生产，后生活”的指导思想，到 1984 年仍有许多居民没有正式住房或住房达不到标准。这里我们提出一个更快的住宅重建方案，来推算投资、建筑面积以及居住用地的需求。

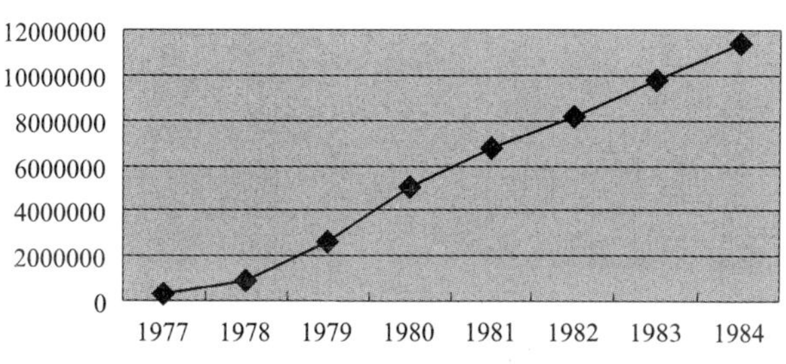

图 2-21 住宅建设仿真曲线

方案 1：以人均居住面积 6 平方米计算，要求 1978 年有 18%的居民能达到这一标准，1980 年、1982 年和 1984 年分别由 50%、78%、和 85%的居民达到上述标准。

考虑到唐山地震之后住宅重建采取了三种结构类型即：（1）砖混结构，即砖墙承重，钢筋混凝土楼、屋盖；（2）内浇外砌，即内部为钢筋混凝土墙，外墙则为砖砌；（3）内浇外挂，即即内部为钢筋混凝土墙，外墙则为钢筋混凝土预制挂板。这三种类型结构住宅的造价、性能和建设周期都不相同，所以建设效果同所采用的结构类型比重相关。这里我们设计料两个方案进行对比。

方案 2：砖混结构、内浇外砌和内浇外挂三种住宅的比重分别为 30%，60%和 10%，即基本上与震后实际建设情况相同（见《唐山市经济概况》，P221）。

方案 3：提高砖混结构的比重，砖混结构、内浇外砌和内浇外挂三种住宅的比重分别为 50%、40%和 10%。

按照方案 1 要求的住宅恢复建设速度，相应需要的投资和建筑竣工面积都要相应增加，如表 2-34 所示，到 1984 年，累计投资达到 21.7 亿元，住宅建筑面积达到 1292 万 m^2。

方案 2 和方案 3 的运行结果分别见表 2-35 和表 2-36。对比这两个表的结果可以看出，增加砖混结构住宅的比重，可以在相同的投资状态下，增加住宅的建设速度和建筑面积。按方案 2 投资结构，1980 年住宅建筑面积为 273.2 万 m^2，19.9%的居民可以达到人均居住面积 $6m^2$ 的标准，1984 年住在建筑面积为 1184 万 m^2，80%的居民可以达到这个标准。而按照方案 3 投资结构，1980 年住宅建筑面积为 285.8 万 m^2，20.8%的居民可以达到上述标准，1984 年住宅建筑面积为 1242 万 m^2，83.22 的居民可以达到上述标准。

唐山市住宅仿真结果 **表 2-33**

YEAR	HA	RHA	HI	HAPR	HD	GH	GHR
年	仿真建筑面积（m^2）	实际建筑面积（m^2）	住宅投资（万元）	人均建筑面积（m^2）	住宅需求（m^2）	供需差额（m^2）	供需比率（%）
1977	275000	275000	4619.2	0.252	12030000	−11760000	2.28
1978	884800	885000	14870	0.767	12700000	−11820000	6.97
1979	2657000	265700	44640	2.195	13330000	−10670000	19.93
1980	5087000	5088000	85460	4.081	13720000	−8636000	37.07
1981	6742000	6743000	113300	5.275	14070000	−7328000	47.92

续表

YEAR	HA	RHA	HI	HAPR	HD	GH	GHR
年	仿真建筑面积（m^2）	实际建筑面积（m^2）	住宅投资（万元）	人均建筑面积（m^2）	住宅需求（m^2）	供需差额（m^2）	供需比率（%）
1982	8199000	8201000	137800	6.245	14450000	−6255000	56.73
1983	9821000	9823000	165000	7.32	14450000	−4950000	66.49
1984	11380000	11380000	191100	8.393	14920000	−3546000	76.24

唐山市住宅仿真结果 **表 2-33（续）**

YEAR	HH1	HD1	HH2	HD2	HH3	HD3
年	一类住宅单元数	一类住宅建筑面积（m^2）	二类住宅单元数	二类住宅建筑面积（m^2）	三类住宅单元数	三类住宅建筑面积（m^2）
1977	135100	4054000	103200	4644000	36910	2215000
1978	144100	4323000	110100	4953000	39370	2362000
1979	152800	4583000	116700	5251000	41740	2504000
1980	159000	4770000	121400	5464000	43430	2606000
1981	164700	4942000	125800	5662000	45000	2700000
1982	171100	5132000	130700	5879000	46730	2804000
1983	177200	5317000	135400	6091000	48410	2905000
1984	181500	5446000	138600	6239000	49590	2976000

唐山市住宅（方案 1）运行结果 **表 2-34**

YEAR	HA	GHR	HD	GH	HI
年	建筑面积（m^2）	供需比率（%）	住宅需求（m^2）	供需差额（m^2）	投资需求（万元）
1977	275000	2.28	12000000	−11760000	4620
1978	1292000	10.17	12700000	−11410000	21710
1979	3000000	22.51	13300000	−10330000	50400
1980	6964000	50.74	13700000	−6760000	116990
1981	8298000	58.98	14000000	−5772000	139400
1982	9888000	68.41	14400000	−4566000	166120
1983	11300	76.51	14700000	−3470000	189840
1984	12920	86.55	14900000	−2008000	217060

唐山市住宅（方案 2）运行结果 **表 2-35**

YEAR	HA	HA1	HA2	HA3	HAPR
年	住宅建筑面积（m^2）	砖混（m^2）	内浇外砌（m^2）	内浇外挂（m^2）	人均建筑面积（m^2）
1977	275000	82480	165000	27500	0.2515
1978	982300	292500	527000	82770	0.7820

续表

YEAR	HA	HA1	HA2	HA3	HAPR
年	住宅建筑面积（m^2）	砖混（m^2）	内浇外砌（m^2）	内浇外挂（m^2）	人均建筑面积（m^2）
1979	1513000	496500	880000	136800	1.2502
1980	2732000	960000	1543000	228900	2.1918
1981	5328000	1974000	2932000	413700	4.1627
1982	7302000	2644000	4079000	579400	5.5618
1983	9305000	3359000	5289000	756900	7.0091
1984	11840000	4205000	6675000	959600	8.7345

唐山市住宅（方案 2）运行结果 **表 2-35（续）**

YEAR	HD	GH	GHR	HLU
年	住宅需求（m^2）	供求差额（m^2）	供需比率（%）	住宅用地（m^2）
1977	12030000	−11760000	2.28	109980
1978	12700000	−11800000	7.10	360927
1979	13330000	−11810000	11.36	605361
1980	13720000	−10990000	19.91	1093000
1981	14070000	−8750000	37.81	2128000
1982	14450000	−7152000	50.52	2921000
1983	14770000	−5367000	63.67	3762000
1984	14920000	−3084000	79.34	4736000

唐山市住宅（方案 3）运行结果 **表 2-36**

YEAR	HA	HA1	HA2	HA3	HAPR
年	住宅建筑面积（m^2）	砖混（m^2）	内浇外砌（m^2）	内浇外挂（m^2）	人均建筑面积（m^2）
1977	275000	82480	165000	27500	0.215
1978	921800	434100	405000	82770	0.789
1979	1551000	775700	639000	136800	1.216
1980	2858000	1550000	1080000	228900	2.230
1981	5659000	3241000	2005000	413700	4.481
1982	7706000	4359000	2768000	579400	5.895
1983	9882000	5552000	3573000	756900	7.348
1984	12420000	6964000	4496000	959600	8.121

唐山市住宅（方案 2）运行结果　　表 2-36（续）

YEAR	HD	GH	GHR	HLU
年	住宅需求 (m^2)	供求差额 (m^2)	供需比率 (%)	住宅用地 (m^2)
1977	12030000	−11760000	2.28	109980
1978	12700000	−11780000	7.26	368738
1979	13330000	−11780000	11.64	620587
1980	13720000	−10870000	20.83	1143000
1981	14070000	−8411000	40.22	2264000
1982	14450000	−6748000	53.31	3083000
1983	14770000	−4890000	66.90	3953000
1984	14920000	−2504000	83.22	4968000

从表 2-33 到表 2-36 和以上分析可以得出如下结论。

（1）震后住宅建设速度是超常的、快速的，其过程呈典型的反 S 曲线，即前期进展迅速，后期则建设速度放缓。

（2）震后住宅需求随人口的高速恢复发展而迅速增加，根据家庭规模结构可以推测出不同规模住宅单元需求。尽管唐山市震后住宅建设恢复迅速较快，但由于受“先生产，后生活”指导思想的影响，以及对震后人口发展速度估计不足，在震后相当时期内，住宅不能满足需求，存在较大缺口，需要进一步增加投资。

（3）在住宅建筑结构类型选择上，需要在质量、性能、投资与建设速度和数量之间权衡。适当增加低造价的砖混结构可以提高建设速度和增加住宅建筑面积，但建筑的抗震性能和适用性能则稍有欠缺。提高内浇外砌结构类型住宅的比重，特别是提高内浇外挂结构类型住宅的比重，虽可提高抗震性能和适用性能，但建设速度和造价会明显提高，针对这种情况 ，选择以内浇外砌结构住宅为主，砖混结构住宅为辅，尽量减少内浇外挂结构住宅是正确的。

5. 基础设施恢复发展的政策分析

（1）仿真分析

唐山市水电恢复仿真结果如表 2-37 所示。由仿真结果可以看出，水电设施的恢复速度是很高的。1977 年，供水能力就已经达到到震前的 80.06%，1978 年达到震前的 90.87%，1979 年就完全恢复到震前水平，达到震前的 105.05%。1977 年，电力供给恢复到震前的 73.45%，1978 年就超过震前水平，达到震前的 203.93%。从供水恢复过程来看，1977～1980 年恢复很快，1980～1982 年处于缓慢发展状态，1982～1984 年又以较快的速度发展，总体上呈线型性或粗略的反 S 型（图 2-22）。供电恢复在 1977～1979 年十分迅速，1979～1983 年变化很少，1983 年之后又有发展，基本上呈反 S 曲线（图 2-23）。

唐山市水电恢复仿真结果　　表 2-37

YEAR	WA	RWS	RSESW	EIS	RSERE
年	供水仿真结果（万 t）	实际供水（万 t）	供水恢复比率（%）	供电仿真结果（万 kWh）	供电恢复比率（%）
1977	3100.00	3100.00	80.06	216603.61	73.45
1978	3518.50	3518.00	90.87	601397.18	203.93
1979	4067.39	4068.00	105.05	764511.06	259.24
1980	4913.4	4919.00	126.90	782246.54	265.25
1981	5331.04	5329.00	137.68	781440.49	264.98
1982	5448.32	5445.00	140.71	790225.41	257.95
1983	6232.88	6229.00	160.97	793721.86	269.14
1984	6843.70	6838.00	176.75	889345.64	301.57

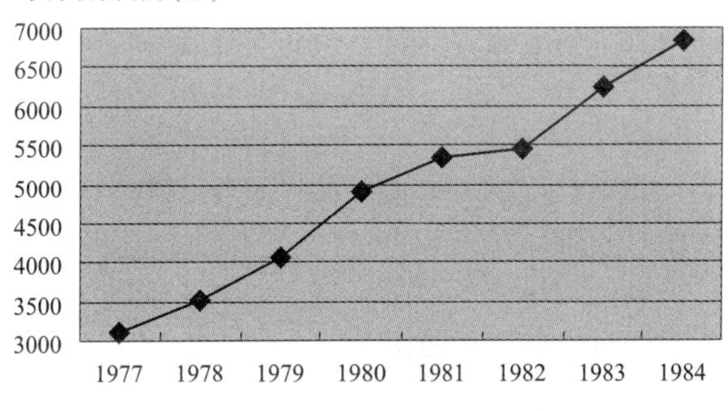

图 2-22　供水恢复仿真曲线

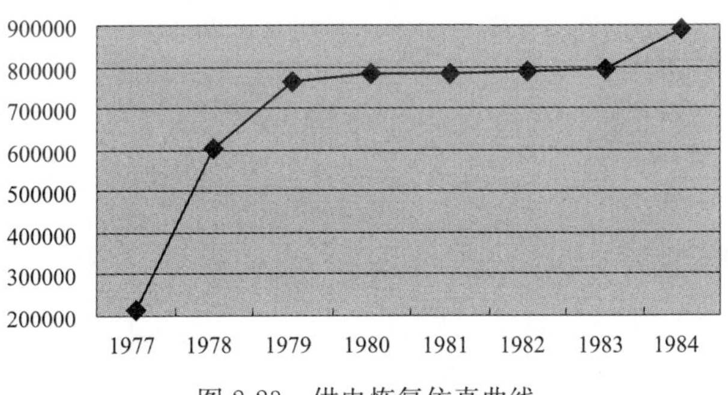

图 2-23　供电恢复仿真曲线

（2）方案比较与政策建议

虽然供水、供电恢复较快，但由于人口的迅速增加和工业的恢复和发展、生活用水用电和工业用水、用电都以很快速度地增长，致使供求矛盾仍很突出，特别在用水方面更为明显。这里设计两个方案，如表 2-38 所示，以比较其效果，方案 1 大致与震后实际状况相同，方案 2 恢复发展速度略高于实际状况。

供水设施恢复方案的恢复增长率（%） **表 2-38**

年	1977	1978	1979	1980	1981	1982	1983	1984	电力工业投资比重(%)
方案 1	14	16	20	9	2	14	10	9	37
方案 2	20	20	25	10	10	10	10	10	40

方案 1 的仿真结果如表 2-39 所示。从表可以看出：唐山市震后城市生活用水由 1977 年的 3989.65 万吨，增加到 1985 年的 5006.66 万吨；工业用水由 1977 年 10285.09 万吨，增加到 1985 年 29989.46 万吨。尽管在震后初期供水恢复较快，但因后期发展速度变缓，供求水缺口一直在扩大，难以满足需求。供电能力一直超出城市自身需求，有大量的电力输出，但作为一个能源基地，其电力的紧缺状况还取决于每年电力输出的定额指标。

方案 2 的仿真结果如表 2-40 所示。此表表明，提高并保持城市供水恢复发展速度，增加电力投资可以缓解城市用水紧缺状况，提高电力输出能力。

上述分析可以得出如下结论。

（1）供水、供电设施的恢复是在震后前期恢复发展很快，后期则有所减缓，趋势呈反 S 型。

（2）由于人口和工业的迅速发展，震后需水量随之剧增。唐山市后期由于供水发展缓慢，而成为缺水十分严重的城市，作为能源基地，电力供给一直高于自身需求，其用电紧张程度依赖于电力向外输出的指标定额。

（3）提高和保持供水设施的恢复和发展，使其与人口增长和工业发展相协调十分重要，只有这样才不会出现城市严重缺水局面。

水电设施（方案 1）运行结果 **表 2-39**

YEAR	ES	ED	IED	PE D	GE	RSERE
年	供电（万 kWh）	需电（万 kWh）	工业用电（万 kWh）	生活用电（万 kWh）	供需差额（万 kWh）	恢复比率（%）
1977	216600	51420	10080	41340	165200	73.45
1978	331700	59770	18190	43640	271900	112.48
1979	58200	679500	22170	45780	514100	197.36
1980	615400	70020	22870	47140	545300	208.66
1981	717700	74250	25910	48340	643500	243.38
1982	822400	78710	29050	49660	748700	280.56
1983	716600	78000	27250	50750	638600	242.99
1984	822700	81290	30020	51270	741400	278.97
1985	905600	84380	32500	51880	821200	307.07

水电设施（方案 1）运行结果　　表 2-39（续）

YEAR	WS	WD	IWD	PWD	GW	RSERW
年	供水（万 t）	需水（万 t）	工业用水（万 t）	生活用水（万 t）	供需差额（万 t）	恢复比率（%）
1977	3100.00	14274.74	10285.09	3989.65	−11170	80.06
1978	3534.00	22995.77	18784.11	4211.66	−19460	91.27
1979	4099.44	26153.83	21735.31	4418.53	−22050	185.87
1980	4919.33	27234.36	22684.45	4549.90	−223420	127.05
1981	5362.07	28698.19	24033.35	4664.84	−23340	138.48
1982	5469.31	29861.49	25069.25	4792.24	−24390	141.25
1983	6235.01	31842.46	26945.06	4897.40	−25610	161.03
1984	6858.51	33914.60	28966.73	4947.88	−27060	177.13
1985	7475.78	34996.11	29989.46	5006.66	−27520	193.07

水电设施（方案 2）运行结果　　表 2-40

YEAR	ES	ED	IED	PE D	GE	RSERE
年	供电（万 kWh）	需电（万 kWh）	工业用电（万 kWh）	生活用电（万 kWh）	供需差额（万 kWh）	恢复比率（%）
1977	216600	51420	10080	41340	165200	73.45
1978	341700	59980	16340	43640	281700	115.86
1979	607700	68500	22720	45780	539200	286.07
1980	647500	70710	23570	47140	576800	219.56
1981	759100	75140	26800	48340	683900	257.39
1982	878100	79800	30140	49660	798400	297.77
1983	762500	78990	28240	50750	683600	258.57
1984	877200	82440	31190	51270	794700	297.44
1985	967700	85710	33830	51880	882000	328.15

水电设施（方案 2）运行结果　　表 2-40（续）

YEAR	WS	WD	IWD	PWD	GW	RSERW
年	供水（万 t）	需水（万 t）	工业用水（万 t）	生活用水（万 t）	供需差额（万 t）	恢复比率（%）
1977	3100.00	14274.77	10285.09	3989.65	−11170	80.06
1978	3720.00	23021.09	18809.43	4211.66	−19300	96.07
1979	4464.00	26219.03	21800.50	4418.53	−21760	115.29
1980	5580.00	27316.01	22766.11	4549.90	−21740	144.11
1981	6138.00	28803.11	24138.27	4664.84	−22670	158.52
1982	6751.80	29990.29	25198.05	4792.24	−23240	174.38
1983	7426.98	31959.05	27061.66	4897.40	24540	191.81
1984	8169.68	34052.92	29105.04	4947.88	−25880	210.99
1985	8986.55	35153.96	30147.30	5006.66	−26170	232.89

2.5 结语

震后经济恢复的决策模型，应该是以决策者为主体的管理决策过程，全过程应该经过信息采集（intelligence）、设计（design）和选择（choice）等三个阶段。信息采集是指对历次地震信息的收集与加工，建立通用的地震信息数据库系统。通过计算机的查询和检索，研究决策环境，分析和确定影响决策的因素或条件。设计是指发现、开发以及分析各种震后经济恢复可行方案的活动。选择则是确定“最佳”的可行方案，并予以实施和审核。

本章提出的结构化模型（投入-产出模型和多目标线性规划模型）和半结构化模型（层次分析法）可以根据震后决策者的意愿，根据不同地区问题的要求组成模型结构，在决策者参与下完成决策的全过程。

抗震决策部门应尽快研制震后决策分析支持系统（Decision Arialysis and Support System After Earthquake）。该系统主要目标应该有处理结构化、半结构化和非结构化的能力，能在一定程度上模拟人的智能行为，工作方式是以决策者为中心，能引入人的知识和经验，计算机系统只是一个工具。国外 1980 年代的动态交互式决策分析支持系统 DIDASS（Dynamic Interactive Decision Analysis and Support Sys tem）的技术为解决上述问题提供了可行性。

主要参考文献

1. 叶耀先、张幼启、刘志刚、胡健颖、刘红星、刘启明等，《震后恢复与重建 的技术与政策》研究报告，建设部抗震办公室资助科研课题，中国建筑技术发展研究研究中心，1993 年 12 月，获 1995 年度建设部科技进步三等奖
2. 刘恢先等，《唐山大地震灾害》(一)、(二)、(三)、(四)，地震出版社
3. 柳宝全等，唐山市大事记，唐山市档案馆，1986 年 12 月
4. 江淮等，《唐山经济概况》，河北人民出版社，1986
5. 王子平等，瞬间与十年－唐山地震始末，地震出版社，1986
6. 《唐山经济研究》，唐山市经济研究中心
7. 《唐山市国民经济统计资料》，1975-1988 年
8. 《唐山市市城镇体系布局规划说明书》
9. 《宏观经济及其能源需求预测》，广东省、西德合作能源调研办公室编
10. 《区域规划系统工程应用》，向元望等编
11. 《系统动力学》，胡玉奎编
12. Haas J. E. Reconstruction following disaster，The Nit Press，1977
13. Jay W. Forrester，Urban Dynamics
14. Jay W. Forrester，Industrial Dynamics

第 3 章　1989 年中国山西大同-阳高地震灾后恢复重建

山西大同-阳高地震灾后恢复重建是世界银行贷款项目[1]。贷款总额为 3000 万美元，还款期为 35 年。重建在 1990 和 1991 两年内完成。本章阐述地震及其灾害，应急救援，地震灾害评估，灾后重建的内容、目标、规章、标准、异地重建原则，灾民参与和项目实施组织，以及经验和启示等。本章内容原书没有，全部为新增。

3.1　地震及其灾害

1989 年 10 月 19 日 01 时 01 分，在山西省雁北境内桑干河畔、六棱山麓的大同、阳高、浑源、广灵 4 县交界处，发生震级为 6.1 级的地震，国家地震局命名为“大同-阳高地震”。震中位于北纬 39°56′，东经 113°51′，宏观震中位于大同县西册田乡堡村，震中烈度为 8 度，震源深度为 14km。此前于 10 月 18 日 22 时 57 分，曾发生过 5.7 级前震。这次地震使山西省大同、阳高、浑源、广灵以及河北省阳原和内蒙古丰镇等市、县遭到不同程度的破坏。造成 15 人死亡（世界银行备忘录是 20 人）、74 人重伤（世界银行备忘录是不到 200 人）；窑洞、房屋整体倒塌 10185 间、墙体倒塌、开裂等严重破坏难以修复的窑洞、房屋 37134 间；墙体或拱顶裂缝或局部破坏、适当修复方能使用的中等破坏窑洞、房屋 45937 间，损坏 70462 间；部分民用或农用水井井壁变形，有的已无法使用；水渠渡槽错位、裂缝，册田水库等中、小型水库坝体发生裂缝，使水利工程受损；个别厂房、车间墙体开裂影响生产。总的经济损失约为人民币 3.65 亿元。大同-阳高 6.1 级地震宏观震中位置图和地震烈度分布分别如图 3-1 和图 3-2 所示。地震的有感范围北到内蒙古化德县，南到山西屯留，西至内蒙古东胜，东抵天津市，面积约 20 万 km^2。[2]

这次地震发生在山西省雁北地区贫困的农村，地处海拔 1300m 以上，是受侵蚀的黄土高地。1988 年，山西省雁北地区人均收入仅为 331 元（89 美元），邻近的河北省阳原县人均收入稍高一点，但也只有 446 元（120 美元）。1989 年山西大同-阳高地震震后重建是中国震后重建，搞得最好的之一，是世界银行贷款重建项目。贷款总额为 3000 万美元，还款期为 35 年。重建在 1990 和 1991 年两年内完成。笔者作为世界银行咨询专家，从头到尾参加了重建工作。专家组组长是世界银行驻华高级专员，加拿大籍的斯道特（Paul Stott）先生，成员有中国建筑技术研究院叶耀先和财政部国际银行司梁子谦先生（图 3-3）。

---

[1] 世界央行称为“North China Earthquake Reconstruction Project”（中国北部地震重建项目）

[2] 山西省地震局 赵新平等，1989 年 10 月 19 日山西省大同-阳高 6.1 级地震，http：//data.earthquake.cn/data/zhenli/wjf/html/zhenli092.htm

图 3-1 大同-阳高 6.1 级地震宏观震中位置图

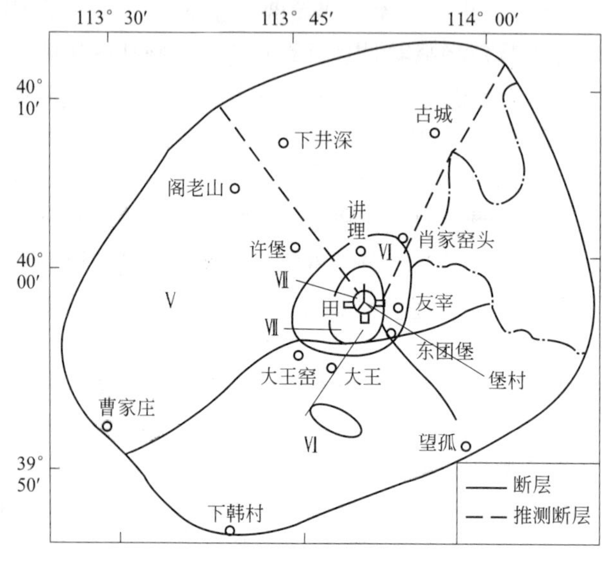

图 3-2 大同-阳高 6.1 级地震地震烈度分布图

图 3-3　世界银行专家组组长珀尔·斯道特（Paul Stott，加拿大籍，右 2）、专家组成员叶耀先（右 3）向灾民了解情况和征求意见

3.2　应急救援

地震发生时气温为零下 4℃，地震使 8 万多人无家可归。震后，政府在应急救灾中起了主导作用。山西省雁北地委、行署在地震后第二天就成立了雁北地区抗震救灾指挥部，下设动态资料、宣传报道、慰问捐款及来函来电处理、组织救灾队伍、抢险、震情监测、救灾物资供应、医疗救护、保卫、接待、车辆调配等 11 个组。雁北卫生系统于 10 月 19 日 2 时成立抗震救灾领导小组，组成地、县、乡 3 级医疗队 72 个（360 人），有 10 个防治队深入灾区，对水源进行监测。组织灾民自己动手，就地取材搭建简易过渡住房（图 3-4）。

图 3-4　简易过渡住房

由于震前国家地震局就把山西北部晋、冀、蒙三省交界地区列为全国地震重点监视防御区之一，主震之前发生 5.7 级地震后，人员受到惊吓，接受防灾宣传的乡镇干部阻止村民回屋，大多滞留在室外。所以，2 个小时后主震发生，房屋破坏虽较严重，但人员伤亡较轻。震后 1 天，就使社会秩序井然。

3.3 地震灾害评估

究竟地震造成多大损失是灾后救援和重建的重要依据，此前大陆地区没有做过系统的灾害评估。1989 年春夏之交的政治风波以后，西方发达国家对我国实行了全面经济封锁，从大同-阳高地震以后开始解冻复苏。1989 年 11 月 9～11 日，世界银行驻华高级专员斯道特和万德路先生，在财政部国际银行司人员陪同下到灾区考察。世界银行代表初步决定给予灾区重建贷款。但要同世界银行谈判贷款，中方必须拿出灾害评估数据。经世界银行论证通过后，才能给予贷款。起初，灾害损失数据是根据各个部门上报的数据加起来的，开始是 2 亿多元，后来增加到 3 亿多元，4 亿多元，到 1989 年 11 月 17 日增加到 5.2 亿元。雁北行署负责同志说，这是经过 4 次现场调查复核，最终经过审计监察部门审定的，绝无水分。为了做好灾害评估，地震部门专家和当地政府部门人员共 17 人，联合组成 5 个调查组，经过实地培训，现场评估和室内作业，充分利用近 3 年的统计资料求出工农业和社会总产值增长系数、间接损失等。12 月 2 日提出评估报告，12 月 3 日同世界银行代表谈判，世界银行代表说：评估报告是中方提供的最好的一份文件，评估损失 3.2 亿元人民币结果可信，同我们的估算基本一致。[3]

3.4 震后重建

3.4.1 重建内容和目标

重建包括两个方面内容：

1. 村庄重建，共计有 150 个村，其中 80 个村在山西省雁北地区的 4 个县，70 个村在河北省阳原县，包括 24000 间倒塌住房的重建，49500 间住房的修复和加固，1200 间公共设施（村学校教室、村卫生所、村仓库和其他村公用房屋），1200 间其他房屋的修复和加固，以及供电、供水等村重要基础设施的新建和修复和 5 个县的 10 多个乡村企业受损房屋的修复。

2. 对国家地震预报和防灾的援助，包括提升和加强国家地震局的地震监测网和为雁北地区制定应急防灾计划。

重建目标是：

（1）通过规划和设计准则使异地重建的村庄数目最少，重在修复，而不是重建。

---

[3] 孙国学，谈我国首次震害评估工作及其意义- 以 1989 年 9 月 18 日大同-阳高地震为例，《山西地震》，1993 年 12 月第 4 期，54-57 页，http：//www.doc88.com/p-6857093133174.html

（2）分期完成重建，先期使每户有两间修复加固的住房，而不是像地震以前那样，每户有 4 间传统的不抗震的住房。根据偿还能力通过财政部和地方财政部门与灾民签订贷款合同，偿还能力高的可以建 3 间房子，偿还能力低的只能建 1 间房子，宅基地留有发展空间，日后有钱可以扩建。

（3）引进新的农村住房技术，即加筋土坯拱顶房，可能需经现场试验，证明其具有抗震性能。

3.4.2 重建规章

重建开始前，世界银行就制定了一个备忘录[4]，对地震灾情、重建项目的目标、任务、实施时间安排、中国政府的责任、效益和风险做了简要阐述。

备忘录有 1 个技术附件和 6 个附录。

技术附件是重建规章的核心，包括以下 6 个方面内容：

1. 背景。阐述地震情况，房屋建筑类型，村庄破坏统计，公共设施的破坏情况，产业和来源，以及经济损失等。

2. 政府对地震的应对。阐述政府震后的快速反应，应急救援，解决过渡住房，制定重建规划等。

3. 国际开发协会（International Development Association，IDA）对地震的应对和策略。阐述根据中国政府要求，11 月 9～11 日，世界银行中国代表处派出三人在财政部官员陪同下考察灾区，表达了采取行动帮助重建的愿望；以及后续行动和具体援助策略和措施。

4. 重建项目表述，包括项目将在 1990 年和 1991 年实施，村庄和企业重建计划，重建标准，以及对地震预报和减轻地震灾害的援助。

5. 项目费用和财务安排，项目管理和管理机构，采购，报销和审计。

6. 对环境和社会的影响，报告和评估。

6 个附录是：

附录 1a　雁北行署和阳原县社会经济数据

附录 1b　村庄损失评估

附录 1c　所选公办企业信息汇总

附录 2a　村庄重建计划-规划和设计标准

附录 2b　传统土坯拱窑住房简图

附录 2c　村庄重建计划-建造费用估计

附录 3a　项目管理机构示意图

附录 3b　项目执行办公室机构示意图

附录 3c　项目实施安排汇总

---

[4] Memorandum and Recommendation of the President of the International Development Association to the Executive Directors on A Proposed Development Credit of SDR 23.4 Million (Equivalent to US$30.0 Million) to the People's Republic of China for the North China Earthquake Reconstruction Project, January 18, 1990, Document of The World Bank，这是灾后重建的宪章，所有执行人员必须遵守。

附录 4a　项目实施进度表

附录 4b　项目任务、责任人和完成日期

附录 4c　项目任务计划和实际完成日期监控表

附录 5　采购和报销安排

附录 6　国家地震预报援助子项

3.4.3　严格控制重建标准

世界银行认为，这个项目最大的风险是高标准重建住房，这可能导致计划拖延，建设费用过高，灾民难以负担。因此，世界银行经过同地方政府协商，当地、省和中央政府保证，村庄重建规划和设计标准做到重点放在受损房屋的修复加固，而不是像最初提出的整体重建。在《备忘录》中，反复强调不可提高重建标准。对地震受损的房屋，主要通过修复和加固继续使用，而不是完全新建。

重建村庄的选择是控制重建标准的前提。灾后重建由县政府在省、行署领导下负责实施。县政府在最新灾害评估数据的基础上，选择重建村庄。山西雁北行署和河北阳原县分别选择了 80 个和 70 个村作为重建村，位于地震烈度 6、7 和 8 度区的村庄优先考虑。

每个被选重建的村庄都应编制重建规划，规划分期实现。每个规划都以下列资料为依据：

（1）根据建设部《工业与民用建筑抗震鉴定标准》TJ23-77 对受损房屋进行抗震鉴定；

（2）有关村庄和家庭的社会经济信息；

（3）村庄现有公共设施情况。

村庄规划应说明重建规模，包括住房、公共建筑、基础设施和设备；需要资金和财务计划，包括各个农户的贷款安排；以及易地重建时的搬迁费用和安排。

规划应规定各项工作的责任人，包括材料供应和采购计划。

所有列入重建的农户，在重建结束时，至少应有两间永久性住房。农户可以根据自己情况，对重建住房做出选择，是重建、修复，还是加固，包括每种选择所需要的资金、材料和劳动力，以及还款期和义务。

住房重建和修复标准如表 3-1 所示。

住房重建和修复标准　　**表 3-1**

类型	说明和材料	建筑面积（m^2）	建造费用（元/m^2）	劳动力（%）	家庭年最低收入*（元）
	重建				
AA2	钢筋混凝土框架，土坯墙，木檩、椽屋顶	21.5	159	48	400
AA3	木架，砖墙，木屋架，木檩、椽屋顶	21.5	194	54	488
BB1	土拱窑，由薄壳内衬	21.5	120	60	300
	修复和加固	21.5	45	40	120
	重建公共房屋				
学校	钢筋混凝土/木框架，砖墙，木屋架、檩椽屋顶	70	166～173		
诊所	同上	128	217		

续表

类型	说明和材料	建筑面积（m^2）	建造费用（元/m^2）	劳动力（%）	家庭年最低收入*（元）
仓库	同上	120	207		
办公室	同上	21	200～500		
农业加工	同上	117	200		
	修复加固公共房屋	21	21		

* 家庭最低年收入是贷款可负担的标准，系根据4口之家计算，原则上能在10年后还本付息，年息为1%。贷款为两间房建造费用的60%，还款不应超过家庭年毛收入的25%。

公共建筑除符合上表所述的住房重建和修复标准外，新建筑尚应遵守国家规划、设计规范和标准。新建和修复的建筑的装修和设备应符合国家相关的标准。

村庄规划应说明公共基础设施重建规模，需要资金和财务计划，以及实施安排。公共基础设施包括道路、排水、卫生、供水、电力、通信、公共广播以及灌溉等系统。对新建有收益的基础设施，如水井和供电设施等，必须在中期需求预测的基础上，考虑相关运行费用、债务、收益和现有的运行补贴，使建成后能够正常运行，自己养活自己。

新建筑规划、私人和公共建筑应有相应机构审阅，确保符合国家建筑抗震规范要求，确保是抗震建筑。现有修复的住房应进行加固，达到抗震要求。

3.4.4 严格控制异地重建

世界银行的《备忘录》里规定，当村庄受到严重破坏，考虑到未来可能发生的灾害，不宜在原地重建，需要异地重建时，必须满足下列要求：

（1）90%住宅和公共建筑严重破坏或倒塌，符合重建条件；

（2）相关村民必须全部同意搬迁；

（3）新址应靠近村民田、地，且能方便地获得水、电和通信；

（4）原址难于采取措施应对未来灾害，新址必须在地质上安全，避开环境险情；

（5）迁址发生的费用（包括征地补偿费、三年农业生产损失以及村民搬家费用）在财务上必须可行。

这次地震的震中堡村，曾经要求异地重建。笔者请乡政府帮助召集村民代表开会讨论。会上笔者问他们："为什么不能在原地重建?"回答是："村里房屋倒塌使巷道堵塞，倒塌物堆积1m多高，原地重建很困难。"笔者跟他们说："要选另外一个地方重建，又要占用一块农田；在原地重建，房子虽然倒了，但是基础、墙、道路、供水和供电管线、电线杆等还是可以利用，不但重建速度快，而且重建费用也会省许多；巷道堵塞可以清除，工作量也不是很大"。他们听后觉得有道理。笔者又说："你们想搬迁，世界银行的《备忘录》里规定，必须符合5个条件"，笔者把这5个条件讲了之后，问他们："你们说，我们堡村符合这些条件吗?"他们想了想，异口同声地说："那还真的不符合"。就这样，村民都同意在原地重建。

3.4.5 灾民参与重建

这次地震重灾区的房屋多为单层土坯拱窑。墙是砖或土坯砌筑，拱顶则全用土坯砌筑（图3-5）。图3-6是典型土坯拱窑住房的平面图和立面图。从墨西哥来的世界银行专家建议，

图 3-5　传统土坯拱窑住房

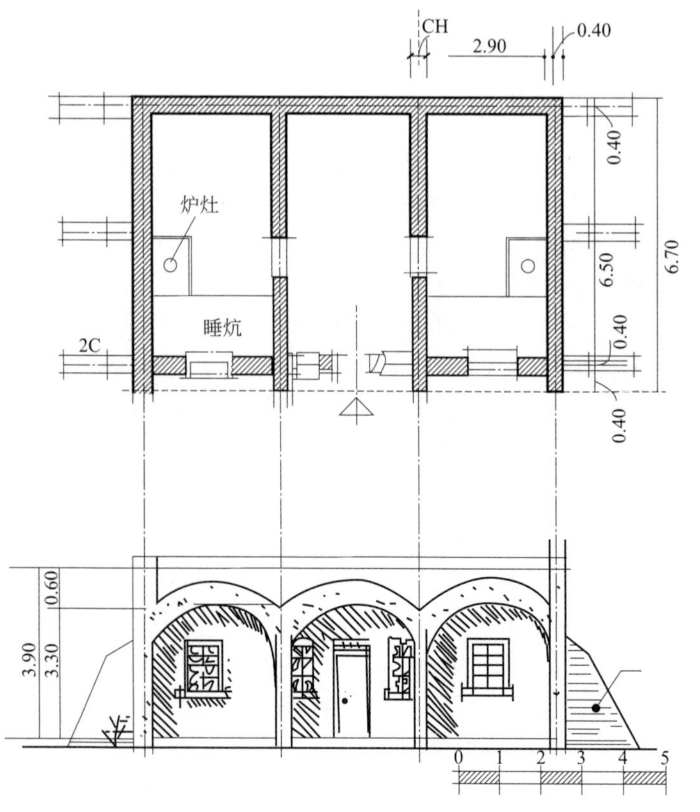

图 3-6　典型土坯拱窑住房的平面图和立面图

在拱顶内表面加钢丝网水泥砂浆抹面层，形成加筋土坯拱窑（图 3-7）。笔者跟灾区的工匠们商量，他们都不赞成，说施工很困难，水泥砂浆和土坯不易粘牢，地震以后土坯拱窑住房拱顶塌落主要是因为支撑拱顶的墙体倒塌，而不是拱顶本身毁坏，加钢丝网水泥砂浆抹面层对防止拱顶倒塌作用也不大。笔者同村民们讨论，他们也不赞成，说花钱多，负担不起。后经专家组讨论，决定不予采用。

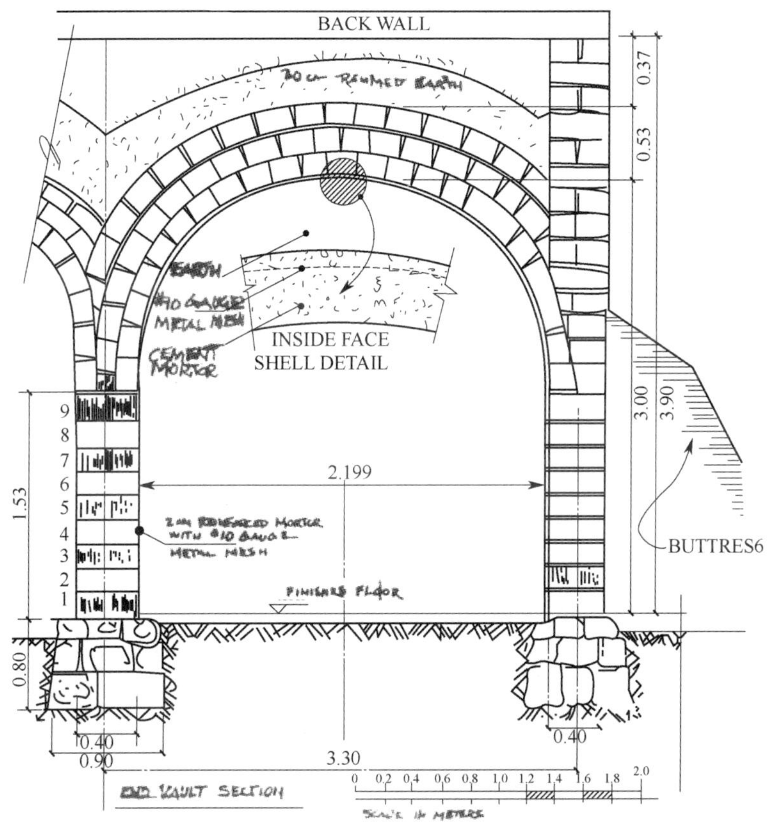

图 3-7 建议的加筋土坯拱窑

图 3-8 单层土坯拱窑住房

原来的土拱房都是村民自建的，如何重建的知识在他们那里。笔者想尽可能运用他们的知识和经验重建，于是就到各村观察，发现有的农户，在清除废墟后，利用原来的基础或墙体重建，既省钱，又快，又好。于是，就请设计院出示意图，及时召开现场观摩会，推广好的重建案例（图 3-8）。结果，村民们很满意，因为重建运用了他们自己的知识和经验，房屋符合当地的气候条件和生活习惯，贯彻了自力更生的精神，不是把外地的房屋或别人的知识和经验强加给他们。

3.5 项目实施组织

大同-阳高地震后，山西、河北两省在实施前就在行署、县、乡、村级组建了灾后重建项目执行机构，并明确职责。山西省雁北行署和河北省阳原县重建项目实施组织图分别如图 3-9 和图 3-10 所示。山西省雁北行署由行署专员领导下的项目办公室负责具体实施。项目办公室下设规划设计、资金管理、采购和建设等 4 个组。项目办公室设主任一名，副主任 4 名，副主任分别兼任 4 个组的组长。县、乡级也设规划设计、资金管理、采购和建设等 4 个组，村级则设村项目组。河北省阳原县则由县长领导下的项目办公室负责具体实施。乡、村级也设规划设计、资金管理、采购和建设等 4 个组。

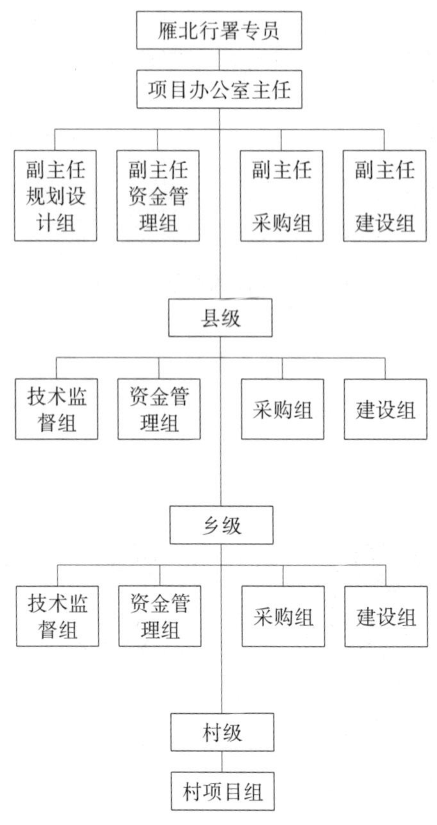

图 3-9　山西省雁北行署项目实施组织图

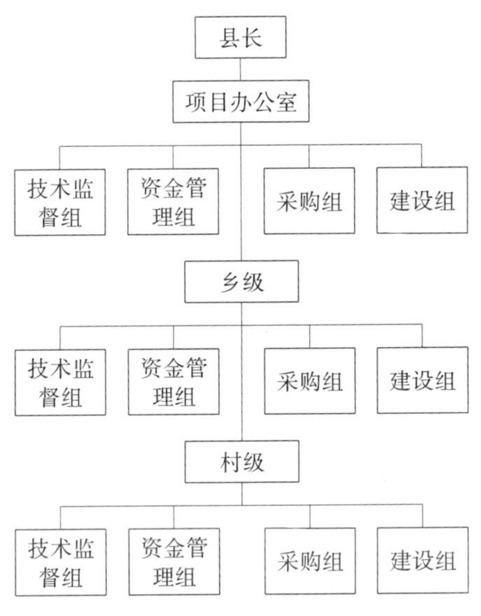

图 3-10　河北省阳原县项目实施组织图

3.6　经验和启示

大同-阳高地震灾后重建的主要特点和经验如下。

1. 坚持“自力更生、艰苦奋斗、发展生产、重建家园”的灾后重建方针

大同-阳高地震造成 15 人死亡，74 人重伤；房屋倒塌 10185 间，严重破坏 37134 间，损坏 45937 间；经济损失 3.2 亿元。地震的灾区在山西省雁北地区大同县和河北省阳原县，是很贫穷的地方。重建用世界银行贷款。贷款总额为 3000 万美元，还款期为35 年。重建在两年内完成。最后农民全部提前还贷，国家对农民住房重建投入不多，完全符合国家“自力更生、艰苦奋斗、发展生产、重建家园”的灾后重建建设方针。这样的经验，现在中国人很少知道。

2. 在大陆地区首次进行严格的地震灾害评估，获得世界银行代表认可

地震灾害评估是灾后救援和重建的重要依据，此前大陆地区没有做过系统的灾害评估。要同世界银行谈判贷款，中方必须拿出灾害评估数据，经世界银行论证通过后，才能给予贷款。根据各个部门上报的数据相加得到的损失，开始是 2 亿多元，后来增加到 3 亿多元，4 亿多元，1989 年 11 月 17 日增加到 5.2 亿元。专家和政府部门人员联合组成调查组，经过实地培训，现场评估和室内作业，利用近 3 年的统计资料，得到的经济损失为 3.2 亿元。获得世界银行代表的认可，说我们的评估结果同他们的估算基本一致。

3. 制定重建《备忘录和建议》，对重建所有相关问题做了明确的规定

重建开始前，1990 年 1 月 18 日，世界银行就专为项目执行人员制定了一个文件，名称是《备忘录和建议》(Memorandum and Recommendation)。对执行人员这是一个具有法律性的文件，不但明确了重建的内容、目标、任务、责任、重建标准、异地重建和时间安排，而且还阐明了项目的效益和风险。文件指出：这个项目唯一的、最大的风险是高标准重建住房，这可能导致计划拖延，建设费用过高，灾民难以负担。为此，特别指出要把重点放在受损房屋的修复加固，而不是整体新建。为了控制异地重建，提出了必须满足的5个条件。这个文件是保证重建顺利进行的关键。

4. 分期完成重建，灾民通过与地方财政部门签订贷款合同，获得贷款

重建分为两期。前期使每户有2间修复加固的住房，而不是每户有4间新建的住房。根据偿还能力，通过财政部和地方财政部门与灾民签订贷款合同，偿还能力高的可以建3间住房，偿还能力低的只能建1间住房，宅基地留有发展空间，日后有钱可以扩建。灾民根据偿还能力，与地方财政部门签订贷款合同，获得重建贷款，不但保证了贷款的如期偿还，而且保证了清正廉洁。

专家组组长珀尔·斯铎特（Paul Stott）先生定期带领世界银行专家组到现场查看，并向世界银行驻北京代表处提交书面报告。一次在现场查看时，斯铎特先生看到有的村民贷款建3间房，就很生气，说这样不行。笔者当即把世界银行的《备忘录和建议书》（英文本）中的允许建3间房的文字部分指给雁北行署重建办公室主任看，请他拿去把这段文字指给斯铎特先生看。斯铎特先生看后，马上改变脸色，点头示意可以。由此可见《备忘录和建议书》的厉害。

5. 灾民参与重建

当地农民住房多数是土坯拱窑。重建前，世界银行专家建议在拱顶的内圈做一层钢筋网水泥砂浆抹面，形成加筋土坯拱窑。经同当地农民工匠商量，没有采用，既节省材料，又加快了重建速度。在重建过程中，发现重建好的农户，召开现场观摩推广会，推动灾民互相学习，充分调动他们参与的积极性，做到了重建的住房既抗震又保持乡土特色。

第4章　1995年台湾集集地震震后恢复重建

4.1　基本情况

台湾“九二一”大地震，是20世纪末期台湾地区最大的地震，发生时间为1999年9月21日凌晨1点47分，震中在北纬23°52′、东经120°47′，位于台湾地区南投县集集镇，车笼埔断层上面。规模高达里氏7.3级。全岛均感受到严重摇晃，共持续102秒，常称为“九二一大地震”或“集集大地震”。

全台死亡人数2357人、失踪人数48人（合计2405人）；受伤人数11306人，其中重伤人数713人；房屋全倒51378户、半倒53522户（合计104990户）；财产损失约新台币3412亿元。每年9月21日被定为台湾防灾日。于被震毁的台中县雾峰乡原址设有“九二一地震教育园区”。

4.2　地震破坏

4.2.1　地震烈度

按照台湾地区现有的地震区划图，位于震中的南投县和台中县属二区，其对应加速度峰值PGA为230Gal（相当于地震区划烈度的8度）；而实际等震线表示PGA已经达到500～600Gal，在日月潭和名间乡“新街国小”测得最大加速度分别高达989Gal和983Gal。如果对照现行的地震烈度表，震中的实际地震烈度已达到10～11度，远高于当地的设防区划烈度。

4.2.2　建设场地特性

（1）断层影响：断层两侧6km地区内建筑物受损分布密集，约占总数的60%。

（2）液化现象严重：园林白果山麓、大里市区和台中港最严重，原因是场地土层中含饱和粉砂土、地下水位高或系人工填海造地。

（3）盆地效应：台北地区距震中150km，震度达8～9度，有300多栋建筑物损坏；埔里镇距震中20km，震度达10～11度，建筑损坏严重。损坏均由于场地特征周期与建筑结构周期相近，在地震波长周期分量作用下产生共振所致。

（4）软弱地基沉陷：邻近河川和故河道地区，如台中港码头的破坏。

4.3 应急

4.3.1 灾民安置

第一阶段，在机关学校体育场设置帐篷，以收容灾民。

第二阶段，发放租金或提供临时屋，形式由居民选择。发放租金每人每月 3000 元，期限为 12 个月；临时屋指组合屋、货柜屋或铁皮屋，一户 8 坪（相当于 26.45m^2）。

4.3.2 生命线工程的修复与应急设施建设

（1）整治崩塌地，防治泥石流，防止生命财产安全受到危害。

（2）整建水利设施，修复区域排水设施和自来水灌溉设施。

（3）处理堰塞湖（九份二山、草岭），避免决堤造成重大灾害。

（4）推动四大流域整体治理。

4.3.3 卫生和防疫

（1）空运破伤风疫苗到灾区，紧急调送各地防疫消毒器材、消毒药水；疫情监测人员进驻灾区进行疫情监控。

（2）组成医疗分队分批进驻 40 多个医疗服务站。

（3）自震灾日起至 9 月 30 日，灾民无论是否持保健卡，均免部分负担，医疗费用及住院膳食费亦一律由保健局先行全额支付。若有医院未实施规定，灾民可向保健局申诉。

（4）对受伤者或紧急伤病员实施救助。

4.4 恢复

4.4.1 灾后重建的组织架构及沿革

重建会以行政部门首长为召集人，由“政务委员”兼执行长专职负责重建工作，四位副执行长也都是专职人员；委员由相关行政部门、灾区地方政府及灾民代表组成，负责重点重建事项的协调、审核、决策，推动地震灾后重建委员会的成立和运行，负责规划、协调推动震灾重建事项。

重建会的组织结构可分为三个阶段。第一阶段的重建会以行政为导向，成立了企划、大地工程、公共建设、产业振兴、生活重建、住宅及社区、行政等七处，以及巡回辅导小组和民众服务中心，均由专职人员负责。第二阶段重建会进行了分组简化，设公共建设、社区重建、产业振兴、行政等四处，以及民众服务中心。随着灾后重建工作的进行，2005 年 3 月以后重建会进入第三阶段，组织机构再次简化，仅设综合业务处和行政处。重建会的组织及功能对照如下图表（图 4-1，图 4-2，图 4-3，表 4-1）。

图 4-1　重建会第一阶段组织架构

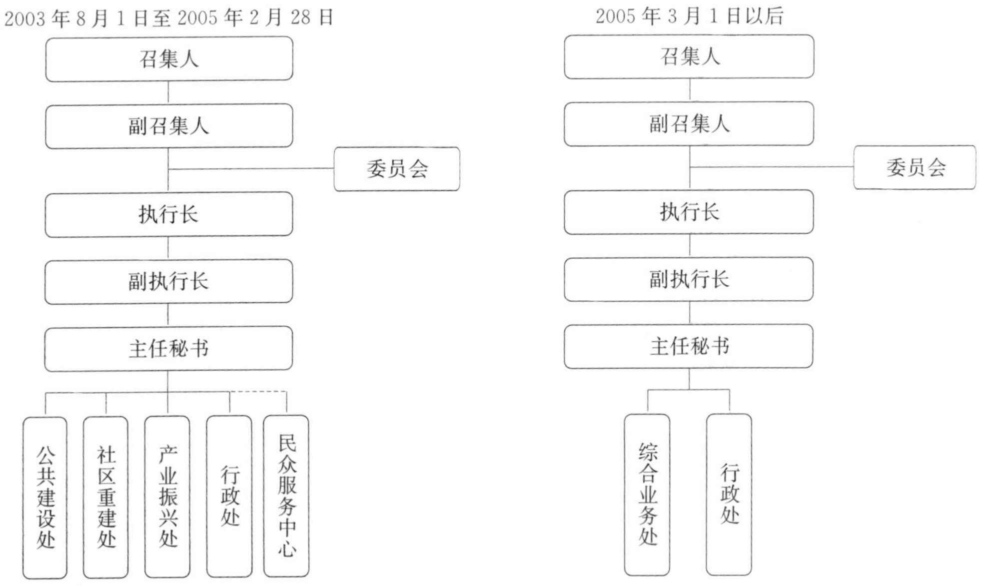

图 4-2　重建会第二阶段组织架构

图 4-3　重建会第三阶段组织架构

新、旧重建会的组织及功能对照表　　**表 4-1**

	新重建会	旧重建会
组成方式	以“组织规程”的方式设立专责机构	以“设置要点”的方式设立任务编组
委员会组成	34～38 人，“政务委员”、相关部门首长、灾区县市长与民间团体代表，灾民代表(不得少于 5 人)	35～39 人，“政务委员”、相关部门首长、灾区地方政府
工作人员	均为专职调兼人员，另约聘 30～40 人专职	相关机关派兼

续表

	新重建会	旧重建会
分组原则	问题导向、功能分组(7组)	行政导向、部门分组(13组)
机动功能	灾区巡回辅导小组	无
单一窗口	民众服务中心	无
办公地	常设于重建区	设于台北,另于台中市警局5楼设置临时办公室,现已撤销
预算	基金预算山重建会编列,各部门规划执行	各部门编列,各部门自行推动运用

4.4.2 政策制定机制

1. 重建会的决策职责

重建政策基本上是由重建会来协调、统合的，台湾地区领导人对重建工作只是设定目标，提示重点。

重建会定位在协调、审核、决策、推动及监督，不是实际执行机关。重建会在重建政策上有其协调、审核、决策功能；在执行上，有其推动及监督功能。

实际执行重建计划项目者，系由台湾地区政府各行政部门及所属机关或县市政府按业务分工原则办理。如果重建会直接担任实际执行机关，是否适宜，角色是否混淆，待后重建时期可评估验证。

2. 政策制定程序

当一项重建业务有必要形成政策时，通常先经重建会内部讨论，再邀相关行政部门及地方政府讨论，形成初步共识后，再做成政策草案。重要政策会提送到每月一次的重建委员会讨论决定。

政策制定的过程需要改进的地方包括：

（1）时间仓促，未经充分讨论，政策不够周全。

（2）地方政府意见未被充分咨询，降低了地方政府认同感及支持态度。

（3）民众意见未充分表达，有民众因不了解而持反对立场。

（4）学术界参与规划或被征询的程度偏低。

（5）事先应充分考虑执行上的可能负面因素。政策执行时遇到阻碍，导致工程进度放慢。这些因素包括征地、民众抗争、发包流标、经费不足、执行人员人力不足。

3. 由上而下主导模式

政府所推动的政策，是通过行政体系在完成立法的程序下执行。重建政策的制定、相关内容的立法，以及预算的编列是由上而下的主导模式。

重建政策的主导模式是“由上而下”的，台湾地区政府负担全部重建经费。重建的计划项目系由相关行政部门及县市政府提出，经重建会统整审核，这种由台湾地区政府编列预算，核定扶助计划经费的模式比较有效率，但有些地方不够周全。虽然也强调社区重建计划由地方主导，民间参与，台湾地区政府支援，但事实上还是由台湾地区政府主导。主要的原因是：除长期以来行政惯性外，地方的规划能力及人力有所不足。

4. 政党协商推动措施

重建工作是台湾地区在野党监督政府执行的重要施政内容之一。新旧房贷利率降低、以地易地措施、组合屋的延后拆迁，均是折中后产物。政党在协商过程中，基本偏向反映民众的利益，但这种倾向也许不是理性决策的正面因素。

5. 媒体议题设定功能

媒体在重建报道上对负面新闻往往采取加权处理，以至于正面的政策是不会给予太大篇幅的，无形中对重建政策的沟通效果有一定程度的影响。

6. 政策执行渐进调整

重建政策在执行过程中应根据当时的经验及外界反映，渐进变迁，以获得顺利执行的结果。上述渐进决策执行模式是一种不补救性的做法，例如重建会因为各界批评其未广建平价住宅容纳受灾户，自 2002 年年底，住宅政策中的“平价住宅”部分，渐渐多了起来。

政策的调整或多或少造成执行单位的困扰，招致批评，例如租金延长发放一年，组合屋居住期限的一再延长，基层执行单位有较多抱怨。

4.5 恢复性重建

4.5.1 重建方针

1999 年“九二一”地震发生后，台湾省当地“政府”基本上采取了“救灾第一，安置为先”的策略。就重建工作提出了六个重要的重建方针：

（1）资源及人力的有效统合。

（2）以特别预算突破总预算编列限制。

（3）公共设施重建与生态环境重建并重。

（4）个别补贴及慰助金超越美、日先进国家。

（5）给灾民一个安全的家。

（6）重视历史建筑及古迹重建。

4.5.2 重建原则

1. 需与“九二一”震灾有关

范围是以“九二一”震灾及其余震所造成之灾害为限。

2. 公有建筑重建以复旧为主

重建范围广大，为妥善运用有限资源，有多少钱，做多少事，应以采取原地、原规模面积重建为原则。一些机关未经重建会许可，擅自扩大重建办公厅舍面积，完工后面临经费不足请求增加补助情形，重建会一律不批准。

3. 私人财产重建不补偿

救灾及重建的运作过程，首先是解除对生命的危害，完成公共工程复建；提供生活支援，包括住宅重建融资贷款，但政府对私有财产重建无补偿之义务。

私有土地上的陡坡，政府一般不予处理，如果该地段经评估有危及公共安全的情况，则采用个案方式处理。以上是基于私人财产不予补偿的原则。私人财产损失不补偿原则也有例外，对于供公众使用的私人道路，如果因震灾损坏，政府也会协助修理。虽然说私人财产不补偿，但是实质上高额的慰问金，房屋全倒、半倒补助及重建贷款利息补贴等，也是另一种形式的补偿。

4. 采取最有利规定

灾后重建工作，暂行条例第 2 条规定，本条例未规定者，适用其他有关规定。但其他有关规定较本条例更有利灾后重建者，适用前者。除此之外，包括补助条件、补助金额、补助人口数等，或者补助期限一延再延，也都应采取对灾民较有利的做法（但有关批评认为救助办法一再加码有不当之处）。

5. 尽快完成重建

重建工作必须在限定时间内（2004 年 6 月底）突破行政程序的羁绊，完成主要工作。

4.5.3 重建四阶段

分析台湾灾后重建策略，可将重建分为以下四个阶段，分别为第一阶段（2000 年 6 月 1 日～2000 年 12 月 31 日）、第二阶段（2001 年 1 月 1 日～2001 年 6 月 30 日）、第三阶段（2001 年 7 月 1 日～2002 年 5 月 31 日）和第四阶段（2002 年 6 月 1 日～2004 年 12 月 31 日）。

1. 第一阶段（2000 年 6 月 1 日～2000 年 12 月 31 日）

（1）健全重建法律机制：2000 年 11 月 29 日完成《灾后重建暂行条例》修正，2001 年 3 月 31 日完成 27 项自发修正工作。

（2）分阶段筹编特别预算，突破财政困境。

（3）全力冲刺公共部门的公共设施复建。

（4）启动重建 293 所学校工程。

（5）积极协调解决住宅重建相关财政困难。

（6）在维护现有法制安定的要求下，放宽民间部门各项重建门槛。

（7）以信保基金协助弱势族群跨越重建门槛。

（8）以生态规划与生态工法进行大地重建。

（9）体察政府有限，民力无穷，建立政府与民间合作典范。

2. 第二阶段（2001 年 1 月 1 日～2001 年 6 月 30 日）

（1）将灾区正名为重建区，期盼早日完成重建。

（2）组成 13 个土石流专案处理小组。

（3）打通并完成重建区所有干道、桥梁、观光联络要道。

（4）全力冲刺学校重建目标。

（5）重建区产业已逐渐恢复。

（6）住宅重建步入正轨。

3. 第三阶段（2001 年 7 月 1 日～2002 年 5 月 31 日）

第三阶段属于工作的验收和检验阶段。

（1）新校园的实现。

（2）公共设施的复建。

（3）启动住宅及社区重建专案。

（4）2001 年 12 月 31 日前完成 10 栋完全倒塌的集合住宅的重建及 96 栋集合住宅的

修复加固工程。

（5）恢复就业市场供需机制，重建公共工程劳动力供需协调机制协调就业，开发一万个重建区民众工作机会。

（6）配合2002年国际生态旅游年，由重建区出发，推动台湾生态旅游年，发展主题产业文化，结合地区产业特色，全力培植8条风光游览线，发展观光产业。

（7）全力修复震灾受损古迹36处。

4. 第四阶段（2002年6月1日～2004年12月31日）

以“优质重建”、“永续环境”、“安居乐业”为目标导向，继续推动五年振兴计划与各项重建工作：

（1）解决住宅重建土地权属不清问题，全力加速集合住宅重建。

（2）2002年12月31日前完成7栋集合住宅易地重建工程，10栋集合住宅原地重建工程，2处都市更新重建工程。其余于2004年度完成。

（3）以可持续观点，用自然工法、生态工法完成大地重建。

（4）推动100处社区总体营造，落实新城乡。

（5）落实地区防灾经验的传承。

（6）引进新产业，提高重建区企业生产力。

2002年研究制订了《重建区振兴计划书》（实施期限2003～2007年），其内容概要参见附件。

4.5.4 天然灾害的物资调度

有关天然灾害救助措施，诸如急救原则、救灾物资的调度、支援及救灾物资机制的建立，基本上采取下列措施：

（1）协调红十字会总会建立救灾物资物流资源及备灾中心机制；依据灾害防救的相关规定请“直辖市”、县（市）及乡（镇、市、区）公所依灾害防救基本计划及地区灾害潜势特性拟订地区灾害防救话音计划。

（2）编印社会救助团体资源手册，举办救灾物资系统讲习，以期强化救灾的预防工作。

（3）辅导红十字会总会协助提供“直辖市”及各县（市）必需的物资与设备救助灾民。

（4）建立救灾物资物流资源及备灾中心机制，主动协调各分支会建构其所辖救灾物资物流委托计划，以利发生天然灾害时用资调度。

（5）加强“直辖市”、县（市）及乡（镇、市、区）公所对于救灾物资系统专业知识的宣传，定期举办社会求助业务工作人员研习班。

（6）制订输送重大天然灾害救灾物资的作业方式，有效调节救济粮供需，相关部门制订《救灾物资调节作业规定》。

4.5.5 重建区土地重测与开发

1. 土地重测

“九二一”震灾后，灾区部分土地发生隆起、扭曲、地裂、错开等严重变形或移位，土地界址与地籍界线确有产生偏移的情况，依据《九二一震灾重建暂行条例》第八条等有关法令规定，完成土地地籍图重测工作。

2. 农村（原住民）**社区开发重建**

农村聚落重建地区由行政主管部门农业委员会制定《农村聚落重建计划作业规范》，据此拟定重建计划，实施重建；原住民聚落重建地区，由行政主管部门原住民委员会制定《原住民聚落重建计划作业规范》，据此拟定原住民聚落重建计划，办理重建，不适用《灾后社区重建计划内容及作业规范》相关规定。

原住民委员会除了依据《灾后重建计划工作纲领》规定的分工及工作流程，研究制定《原住民聚落重建计划作业规范》外，还邀集灾区各县政府、乡公所委请成功大学防灾中心作灾区各部落勘查报告（表4-2）。

农村（原住民）聚落重建计划工作流程与时程 **表4-2**

时间					
1999年11月15日	前置工作	乡村区毁损状况初步调查(农委会)	原住民聚落地质安全调查(原民会)	山坡地及土石流灾害调查(农委会)	农村及建筑重建作业手册、农村聚落重建计划作业规范
2000年02月10日	提交农村(原住民)聚落重建地区重建计划				
2000年03月10日	提交农村(原住民)聚落重建地区细部计划				
2000年03月31日	提交农村(原住民)聚落重建审议小组				
2000年04月15日	提交农委会(原民委)				

依行政主管部门原住民委员会所提计划说明中有关规划成果图书内容来看，应包含项目如下：

（1）规划区现状：位置与范围、聚落人口、社会经济、土地权属与面积、地质环境、灾害状况调查、重建专案分析。

（2）重建范围及限制发展范围划定，居民意愿调查，重建课题探讨与对策。

（3）重建规划构想：房舍、道路交通、公共设施、产业经营、自然生态环境、综合规划成果配置及经费概估、实施方式与制度。

（4）结论与建议。

4.5.6 住宅修复与重建

1. "三择一"政策（表4-3）

台湾灾民住房安置"三择一"政策比较表 **表4-3**

项目	执行情形	评　　估
让售"国宅"	①按"国宅"售价打七折配售1062户； ②重建时期媒介"国宅"出租给列册低收入户及中低收入户，接受灾户及非受灾户，分别以市场租金三折、五折及七折计价； ③军队老旧眷村改建融资计划，多余"国宅"以八折计价让售	①以打折方式出售"国宅"，避免社会资源浪费，消纳部分"国宅"； ②应加大优惠措施，增加诱因； ③长期性解决，选择最佳模式； ④政策制定时，"国宅"出租应列入考虑

续表

项目	执行情形	评　　估
申领租金	①第一年发放系以人为单位，每人每月 3000 元，一年发放一次，总计发放 316096 人次，共补助 112 亿 8000 多万元； ②延长发放一年，以户为单位，核发 6307 户，共计核发 625347242 元。另针对没有签订租赁契约者，发放“改善受灾户居住生活补助费”，总计补助 4196 件，核发 261569316 元	①以发放租金的方式，缩小政府处理“住”的问题的范围； ②先后发放两年，有助于生活改善； ③除了自行解决住宅问题者外，也有一部分人只是短期性解决住的问题
配置临时住宅	①兴建临时住宅（组合屋）5854 间，安置 5270 户，未形成资源浪费； ②依暂行条例规定可住四年，“立法部门”党团协商延长居住期限到 2005 年年底； ③目前尚住有 1394 户（1467 间），其回迁工作是后重建时期的重要工作之一	①提供无力重建的弱势者临时性住所； ②符合资格的住户较难处理； ③平价“国宅”、救济型住宅是解决途径； ④中期性解决住的问题

注：“国宅”为台湾的公共房屋，全称“国民住宅”

2. 建筑管理

重建过程中，陆续推动了《协助受灾住宅集合住宅更新重建方案》、《协助受损集合住宅拟定修缮补强计划方案》、《“九二一”灾区家屋再造方案》、《“九二一”灾区 333 融资造屋方案》、《临门方案》、《筑巢专案》等。建筑管理侧重以下几点：

（1）加强建筑师及专业技师的管理

1）设定开业建筑师的执业范围及责任。

2）加强建筑师的管理，提高建筑专业设计品质，推动行政与技术分立制度，加速建造执照及难项执照审核时效。

3）加强审查建筑师是否允诺他人假借其名义执行业务。

4）建筑师公会查证建筑师是否允诺他人假借其名义执行业务。

5）请建筑投资商业同业公会“全国联合会”转知所属会员，有关建筑物的设计应确实委托开业建筑师办理，并直接与开业建筑师接洽办理委办事宜。

（2）提升建筑设计品质

1）避免建筑技术相关规定变动过于频繁，相关部门办理建筑有关规定讲习，以促使建筑相关从业人员对建管相关规定深入了解。

2）“营建署”收集、归纳、重建及整理历年来的建筑管理解释函令，提供各级建管行政机关及民间建筑投资业与建筑师执行业务的参考。

3）由相关部门督导主管建筑机关确实执行建筑执照与杂项执照抽查的规定。

4）定期换照加强建筑师的管理，淘汰不适者。

5）加强先进建筑方法的研究。

（3）研修建筑技术规划

1）提高建筑物的耐震能力。

2）避免大口径的配管埋设于混凝土构造柱内，致减少有效断面积，及不合理的柱梁断面设计，影响混凝土构造安全。

3）提升混凝土构造的设计技术及施工品质。

4）提升建筑物耐震工程技术。

5）提升加强砖造建筑物的设计技术及施工品质。

6）评估土壤液化的潜在性。

7）落实执行《建筑物结构与设备专业工程技师验证规则》中有关专业技师执行业务行为的验证记录办理申报规定。

（4）落实营造业管理

1）现行营造业的管理均依据营造业管理规则的规定办理。

2）杜绝营造业及其专任工程人员租借牌照。

3）落实施工勘验的执行。

4）鉴于甲等综合营造业最具影响力，相关部门已针对甲等综合营造业的工程施工品质、实绩、财务状况及组织规模等相关事项一一检查。

5）杜绝顶楼增建等违章建筑行为。

4.5.7 市政基础设施的修复与重建

由于震区面对震后巨大数量的垃圾，地方在经费、人力已无法承担，台湾地区政府必须在财力和人力上给予支援。

所有回收的垃圾再生品，政府必须提供经济补助，并要求公共建设所需的用品以再生品为优先选择。利用破损、筛分、磁选等程序，分离建筑物中的钢筋、混凝土块、砖块及木材等物质，混凝土块等可用于基础工程建设的填方料，钢筋类则可以再生利用。

4.5.8 古迹及历史建筑的修复重建

1. 工作程序

古迹修复必须忠于原貌，忠于原工法、原材料的特殊性，依据其损坏程度及处理时程分为三种处理方式：第一种为紧急支撑加固；第二种为局部整修；第三种为整修、重修、重建，由县市政府拟定计划。

依文化资产保存的规定，应迅速运行抢救古迹修复采购程序，采用古迹重大灾害应变处理办法，运行历史建筑修复采购程序及采用历史建筑登录辅助办法。在古迹修复计划审查过程中，必须反复修正，直到审查通过才可以进行后续工程招标与施工等程序。施工过程中不容有任何步骤失误。

2. 专款补助

行政主管部门核定专款作为灾区受损古迹第一阶段紧急抢修经费及第二阶段修复经费。

3. 特殊性要求

震灾古迹修复程序包括紧急加固处理、调查研究、规划设计、审查、发包施工、验收、完工结案等程序，有其特殊性，不像一般新建工程。行政主管部门组成“九二一震灾受损古迹修复专案指导小组”，为灾区县市政府提供对于因震灾受损古迹行政执行层面等的协助辅导与咨询。

4.5.9 重建费用及赈灾款管理

1. 重建费用

优惠贷款是住宅重建最主要的资金来源。依《“中央银行”九二一震灾灾民家园重建专案优惠贷款》的规定，“九二一”震灾受灾户，其自有住宅毁损并经承办金融机构勘察属实者，每一受灾户可由所有权本人、配偶、直系亲属中一人提出申请贷款。其中贷款金额最高为350万，期限最长为20年，在350万的贷款额度中，150万额度内利息为零，即免息。超过150万的部分，按年利率3%（固定利率）计息。

针对住宅重建，政府部门及民间团体分别提出不同的奖励措施，例如规划设计费奖励、政府及民间部门的营建奖励等。

原住民聚落重建计划住宅与兴建奖励补助要点为：行政主管部门原住民委员会鼓励聚落受灾户住宅修建时，营造与当地自然景观及人文环境相协调的建筑式样，塑造原住民聚落优质、美观的生活环境空间，针对原住民乡镇的住宅重建、新建及改建，总面积不小于 $66m^2$ 者，提供每一住宅单位新台币20万元补助。

全倒户或半倒户拆除重建的房屋，经主管部门机关认定系因地震损坏原地个别拆除重建，委托建筑师协助规划设计的农舍、原住民住宅、一般住宅、店铺住宅、集合住宅等，每平方米补助400元，最高每户补助5万元，即建筑设计建造奖励。

灾前自有房屋全倒、半倒经政府机关核发证明文件，其本人（或继承人）及配偶无其他自有住宅者，均得跨县市申请，以一户为限。国民住宅售价依原核定公告出售价格的七折计算。

2. 赈灾款管理

（1）民间捐款的运用

民间募款、团体募款属自行运用。

行政主管部门及相关部门设立“九二一”灾专户进行募款，并成立由社会公信人士、公益团体及政府相关部门人员（含受灾县市政府代表）担任董监事的“财团法人‘九二一’震灾重建基金会”，依据该会章程，其捐款用途使用于下列各项：

1）灾民安置生活医疗及教育扶助事项；

2）协助失依儿童及少年抚育事项；

3）协助身心障碍者及失依老人的安（养）护事项；

4）协助社区重建的社会与心理建设事项；

5）协助社区及住宅重建的相关事宜；

6）协助成立救灾队及组训事项；

7）协助重建计划的调查、研究及规划事项；

8）关于重建记录及出版事项；

9）与协助赈灾及重建有关事项。

同时，为妥善管理及有效运用“九二一”灾捐款，该基金会制订了《财团法人“九二一”震灾重建基金会基金及经费管理运用办法》据以执行。

（2）民间捐款的查核

相关部门组成查核小组于2000年9月6日起至当月16日止，对受灾县（市）政府捐款流向开展进一步监督查核，对于查核结果，就需检讨改进事项函请县（市）政府限期改善。

同时规定“九二一”灾捐款，应运用于能使灾民直接受益的生活、居住、医疗、就业等相关项目，非属救灾的有关活动（如出国考察、休闲旅游等）不得支用。

至于捐款所剩余额限期缴交台湾地区政府，由“财团法人‘九二一’震灾重建基金会”统筹运用或灾区县市政府（乡、镇、市公所）规划使用。

（3）现有法规的修正

现行《统一捐募运动办法》条文仅10条。有鉴于此，行政主管部门于2000年9月颁布《捐募管理条例草案》，增强了捐募公开透明制度。

该条例草案将劝募管理方式分为备查、登记及许可三级制；进行劝募时应出示主管机关劝募许可证（或劝募登记字号）与劝募团体工作证，劝募团体接收捐赠应开立收据，劝募所得超过五百万元者，应经会计师签证，劝募所得收支情形及捐款使用情形应公开征信，并制订有违反规定的罚则。

4.6 发展性重建

4.6.1 相关政策法规

重建政策包括《灾后重建政策白皮书》、《灾后重建计划工作纲领》、《震后紧急法令》和《“九二一”震灾重建暂行条例》。各法规的颁布及实施期限如下：

《灾后重建政策白皮书》2000年3月发布；

《灾后重建计划工作纲领》2000年11月9日发布；

《震后紧急法令》1999年9月27日发布，实施期限至2000年3月24日；《“九二一”震灾重建暂行条例》在《震后紧急法令》失效后，拟具该条例草案，实施期间为5年。

1. 法规之建置与实施

（1）台湾于1999年9月25日发布紧急命令，内容如下：

1）政府为筹措灾区重建之财源，应缩减暂可缓支之经费，对各级政府预算得为必要之变更，调节收支移缓救急并在新台币800亿元限额内发行公债或借款，由行政主管部门依救灾、重建计划统筹支用，并得由台湾地区政府各机关进行执行，必要时得先行支付其一部分款项。

2）台湾“中央银行”得提拨专款，供银行办理灾民重建家园所需长期低利、无息紧急融资，其融资作业由台湾“中央银行”予以规定，并管理之。

3）各级政府机关为灾后安置需要，得借用公有非公用财产，其借用期间由借用机关与管理机关议定，不受公有财产法第四十条及地方财产管理规则关于借用期间之限制。各级政府机关管理之公有、公用财产适于供灾后安置需要者，应即变更为非公用财产，并依前项规定办理。

4）政府为安置受灾户，兴建临时住宅并进行灾区重建，得简化行政程序，不受都市计划法、区域计划法、环境影响评估法、水土保持法、建筑法、土地法及“国有财产法”等有关规定之限定。

5）政府为执行灾区交通及公共工程之抢修及重建工作，凡经过都市计划区、山坡地、森林、河川及地区公园等范围，得简化行政程序，不受各该相关法令及环保法令有关规定之限制。

6）灾民因本次灾害申请补发证照书件或办理继承登记，得免缴纳各项规费，并由主管机关简化作业规定。

7）政府为迅速执行救灾、安置及重建工作，得征用水权，并得向民间征用空地、空屋、救灾器具及车、船、航空器，不受相关规定之限制。卫生医疗体系人员为救灾所需而进用者，不受公务人员任用法之限制。

8）政府为维护灾区秩序及迅速办理救灾、安置、重建工作，调派军队执行。

9）政府为救灾、防疫、安置及重建工作之迅速有效执行，须制定灾区之特定区域实施管制，必要时须强制撤离居民。

10）受灾户之役男，得依规定征服国民兵役。

11）因本次灾害而有妨害救灾、囤积居奇、哄抬物价之行为者，处一年以上七年以下有期徒刑，得并科新台币五百万元新台币以下罚金；以诈欺、侵占、恐吓、抢夺、强盗或其他不正当之方法，取得贩灾款项、物品或灾民之财物者，按刑法或特别刑法之规定，加重其刑至二分之一。前两项之未遂犯罚之。

(2)《“九二一”震灾重建暂行条例》

该条例立法原则，一是为简化行政程序，提升政府重建效能；二是结合民间资源，鼓励民间参与重建。前后经历了三次修订。

2. 工作纲领、目标及原则

(1) 工作纲领

如图 4-4：

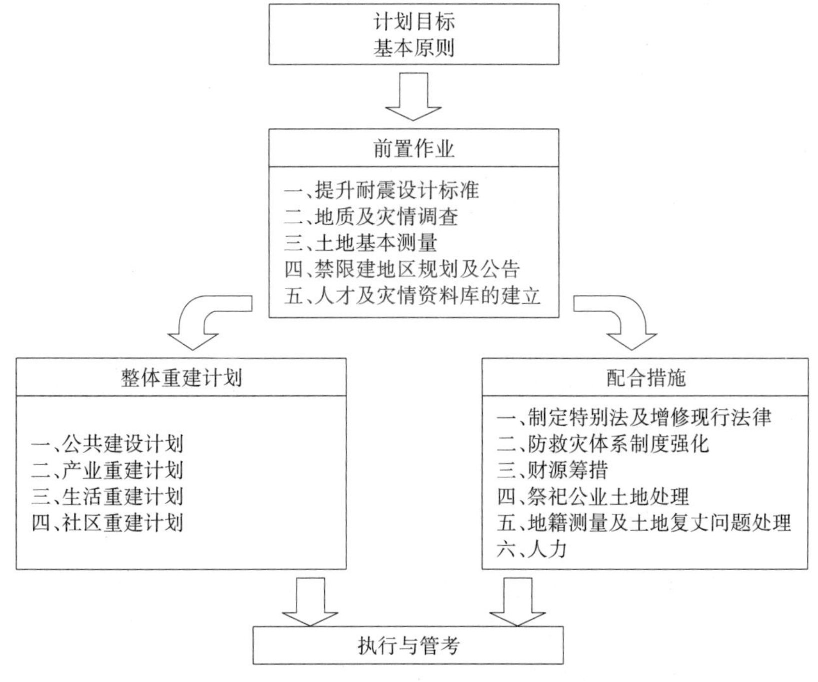

图 4-4　计划流程体系表

(2) 计划目标

1）塑造关怀、互助的新社会。

2）建立社区营造的新意义。

3）创造可持续发展的新环境。

4）营造防震抗灾的新城乡。

5）发展多元化的地方产业。

6）建设农村风貌的生活圈。

（3）基本原则

1）以人为本，以生活为核心，重建新家园。

2）考量地区及都市长远发展，因地制宜，整体规划农业用地与建设用地使用。

3）建设与生态、环保并重，都市与农村兼顾；营造不同特色的都市与农村风貌，建造景观优美的城乡环境。

4）强化建筑物、设施与社区防灾功能，迅速建立确实具有应变能力的运输、通信网络，强化维生系统建设。

5）结合地方文化特色与产业形态，推动传统产业复兴，建立企业再造。

6）明确上下级政府权责，加强政府部门横向、纵向分工合作；采用有弹性、灵活的做法，缩短行政程序，加速重建家园进程。

7）考虑各级政府能力，善用民间资源，鼓励民间积极参与，建立民众、专家、企业、政府四合一的工作团队。

8）公共建设、产业、生活重建计划由上级政府主导，民间支援，地方配合；社区重建计划由地方主导，民间参与，台湾地区政府支援；各项设计依完成时序分别执行。重建政策制定的基础，除了上述《灾后重建计划工作纲领》、《灾后重建政策白皮书》和《“九二一”震灾重建暂行条例》所提示的内涵外，更重要的是以体察到的重建灾区民众需要作为制定各项政策的基础。

3. 重建重要政策方向

重建会统合规划重建事项，包括制定各项政策。重建会是基于《灾后重建计划工作纲领》及《灾后重建政策白皮书》的指导原则，依据《“九二一”震灾重建暂行条例》规定，使用特别预算等经费推动重建工作的。

重要政策方向如下：

（1）组织功能方面

1）统合政府资源人力，依据事权统一、问题导向、功能分组、单一窗口等原则，推动政府部门纵向贯彻与横向联系。

2）设置辅导小组，奔赴灾区，了解民情，协助社区发展。

3）设置民众服务中心，受理民众震情案件，了解民众困难，协助解决问题。

（2）住宅重建方面

1）在重建特别预算中，设置重建更新基金提供金融优惠，配合台湾“中央银行”1000亿元新台币重建家园紧急融资贷款，协助灾民进行住宅修缮及重建工作。

2）建立震损住宅判定争议处理及修复机制，提供经费辅助及法令技术咨询，辅导住宅重建。

3）简化行政程序，提供奖励扶助，租税减免，协助个别住宅重建。

4）调派人力，分期、分区完成重建地籍重测，以满足住宅重建需求。

5）推动各项利息补贴措施，降低受灾户负担，以利于住宅重建。

6）推动新社区开发，老街更新，农村聚落重建，原住民聚落重建等。

7）进行临时住宅安置辅导。

（3）生活重建方面

1）尽快发送慰问金、辅助费。

2）解决灾民居住问题，推动申领租金，申购“国宅”，配住组合屋三择一安置措施。

3）办理医疗服务，维护公共卫生。

4）积极推动就业辅导及职业训练。

5）设置生活重建服务中心，提供咨询服务。

6）对弱势户进行特别扶助。

7）推动社区总体营造。

（4）公共建设方面

1）尽快完成水、电、气、通信等基础设施恢复运作。

2）积极推动道路、桥梁抢通及修建、重建。

3）设置简易教室与推动学校重建齐头并进。

4）公有建筑重建。

5）古迹修复。

6）公共工程品质查核。

（5）大地工程方面

1）进行崩塌地整治、泥石流防治，防止生命财产安全受到危害。

2）水利设施整建，修复区域排水设施和自来水灌溉设施。

3）堰塞湖处理（九份二山、草岭），避免决堤造成重大灾害。

4）推动四大流域整体治理。

5）地震纪念整备。

（6）产业振兴方面

1）发展酒、竹、茶、花等地方特色产业。

2）提升旅游品质，规划观光带，成立策略联盟，吸引外地观光客。

3）提供产业优惠融资，协助工商业经营。

4）推动重建区产业振兴措施。

5）推动形象圈计划，促进商业活动。

6）出台农特产促销措施。

4.6.2 重建工作的管制与考核

1. 管制与考核

“九二一”大地震后，在灾后重建计划工作纲领的规范下，特别成立了行政主管部门“九二一”震灾灾后重建推动委员会，即重建会，先后以行政导向及问题导向，在法令、预算及进度控管等方面，统筹协调及管控政府所有重建工作。

（1）管制机制

为强化重建工作管制功能，界定重建会为台湾地区各部会及地方县市政府重建业务的控管单位。重建会各业务处为“控管单位”，负责“过程控管”；重建会企划处管考科为“综整控管单位”，负责“结果汇总”。

重建业务大致分为“追踪控管案件”及“计划管制控管案件”两大类；两类按管控机关分，又可分为台湾最高行政主管部门管控（由研考会及重建会共同列管）以及重建会自行控管两部分。各类案件的管控情形略述如下：

1）行政主管部门追踪管控案件：包括台湾地区领导人巡视重建区指示事项，领导人、副领导人巡视重建区指示事项及重建推动委员会会议决议事项三部分。

2）行政主管部门计划管制控管案件：包括 2001 年度“九二一”震灾灾后重建计划、1999 年下半年暨 2000 年度“九二一震灾灾后公共设施附建计划”两大部分。

3）重建会自行追踪控管案件，包括工作会议决议事项、灾民陈情案件。

4）重建会自行控管“计划管制案件”，主要内容为办理水利设施重建、废弃物处理设施整建、高危险崩塌地紧急处理、土石流危险溪流紧急处理、台风季节土石灾害紧急处理等工作。

（2）考核机制

为有效监控重建工作进度。重建会于年终对上一年度办理的重建业务加以考核，期间通过考核机制来敦促各机关与地方政府落实执行，并检视阶段性的重建成果。考核作业偏重在奖励部分，以鼓舞士气。

2. 检讨与建议

（1）困难问题与解决

1）修正预算执行进度表达方式，反映实际执行成效。

2）提升管考系统执行速度，增进管考系统使用效率。

3）新增管考系统异常资料检核功能，确保资料的正确性。

4）改进管考系统报表控制功能，提升资料使用效能。

5）整合各机关单一窗口，发挥团队效能。

（2）管考发挥的功能

1）掌握重建工程（工作）整体执行情况。

2）加速重建工程（工作）的推动。

3）配合电子化政府的减纸运动，提升行政效率。

4.7 经验教训

4.7.1 规划设计问题（非重建工作的经验教训）

在破坏的房屋建筑中，1974 年以前建造的占 38%，1975～1982 年建造的占 21%。这是因为台湾地区的建筑耐震设计规范是 1974 年参考美国 UBC 规范修订的，并于 1982 年大幅度修正后颁布，在此之前缺乏专门的抗震设计与施工法规，大部分木、砖、土坯结构，低层老旧砖砌体房屋和钢筋混凝土结构不抗震。在结构抗震设计方面，存在以下一些问题：

1）体系不良。平、立面不规则，高宽比太大，软弱楼层存在，使水平剪力的传递与分布不均匀。

2）含软弱层结构。底楼为骑楼或挑高，店面大开门用于商业经营；办公楼底层挑高成开放空间，墙体不落地或被拆除；地下室抽梁、抽柱形成停车场或休闲设施，导致墙梁较上部楼层少，破坏总数占25%。

3）柱子数量太少，结构体系的冗余度不足，个别柱子破坏导致结构整体倒塌。

4）柱断面太小。有些新建低层钢筋混凝土建筑，为了美观将柱子宽度缩至墙体厚度（异形柱）。

5）柱子配筋问题。主筋排列太密，混凝土握裹力不够；主筋在同一标高处搭接；柱中预埋管管径过大或偏心，导致柱有效断面减小。

6）短柱效应。集中在学校建筑，由于纵墙开门、窗，窗台将柱子下部约束，使柱原有的抗弯有效长度变短，或填充墙不到顶，对柱子起约束作用形成短柱。

7）商住建筑和学校建筑底层纵向（平行于骑楼或走廊方向）墙梁太少，成为软弱层；二层以上采用悬臂楼层或外走廊（学校），当楼层较多时重心不稳，地震时倾覆或破坏一层的墙、柱。

8）地下室为了增加停车位或车道布置，取消部分核心筒墙体或上层剪力墙不落地。

9）防震缝设置宽度不够，地震时相邻建筑物相互碰撞，造成破坏。

4.7.2 施工质量问题（非重建工作的经验教训）

1）不按图施工。柱子主筋搭接长度不够，在梁柱接头处搭接（应在楼层中间），搭接高度没错开，节点处箍筋没有加密。

2）梁柱端部箍筋弯钩没达到135°，且间距太大（200～300mm），甚至未配箍筋。

3）钢筋保护层厚度太小，握裹不良，钢筋锈蚀。

4）钢筋保护层厚度过大，使柱核心区面积减小，承载力和延性严重折减。

5）混凝土中混有杂物，浇捣时加水或时间太长已初凝仍然使用。

6）楼梯没用钢筋或小梁与墙体连接，地震时断裂，影响逃生。

7）饰面板材没采用挂钩。

8）挡土墙与主体结构之间距离太近，挡土墙的滑移导致结构开裂。

4.7.3 使用管理问题（非重建工作的经验教训）

1）装修工程擅自拆墙，甚至破坏梁、柱，改变结构体系，形成软弱层（例如将住宅变为营业场所等）。

2）违法违规进行不当的增层、扩建，增加原有建筑物梁、柱和基础的负担，或产生偏心，而原结构没有同时加固。

3）缺乏维护知识和设计文件不全，造成紧急救难及补强修复的困难。

4.7.4 社会对重建工作的评价

1. 重建步调缓慢

重建工程数量庞大，牵涉许多机关、众多相关规定，各个部门的工作有快有慢，像公共工程进展尚称顺利，惟有住宅方面比较缓慢，而这个部分又偏偏是社会关注的焦点，尤其是集合式住宅重建。

住宅重建牵涉土地产权、贷款还款能力、重建意愿等因素，社会上的看法就是贷不到款，银行刁难。事实上，住宅重建牵涉许多主客观因素，也要顾及公平性原则，并不是靠重建会或暂行条例规定就可以解决的。

2. 行政程序繁琐

行政机关有许多有关规定及程序的羁绊，并且要经许多次的协调才能定案。不但民众不耐烦，公务员对那些繁琐的程序也无可奈何。

最困难的行政作业就是特别预算的编制。另外有些棘手案件，公文旅行，转来转去又回到原点，民众抱怨在所难免。重建委员会执行长上任后，加强办理“与民有约”活动，由首长亲自会见民众，缩短行政流程，协助解决问题。

附件《重建区振兴计划书（2003～2007 年）》

1　计划目标与策略

1.1　计划目标

五年内达成下列目标，包括：

（1）配合产业发展所创造之工作机会加强就业服务，以使失业率降低至台湾地区平均水平值以下；

（2）主要风景区旅游人数达 800 万人次/年；

（3）加强崩塌地水土保持整治及生态复育，稳定观光轴线边坡，提供安全及丰富内涵的旅游；

（4）辅导传统农业成功转型提升为休闲农业或观光服务业；

（5）推动 100 处社区总体营造，成功发展城乡企业。

1.2　振兴策略

规划振兴策略，包括：

（1）规划休闲旅游套装行程，配合观光季节、旅游轴线，结合民间资源综合规划；

（2）改善风景区公共设施，提供足够发展需求的建设数量与品质；

（3）加强促销，提升宣导推广企划；

（4）观光轴线沿途迫切需整治及稳定地区，优先协助改善；

（5）依据既有农业环境，规划符合发展需求之观光休闲农业计划推动实施；

（6）善用地方文化特色及经营管理训练，相关证照及行政措施简化；

（7）加强农业技术研究，提升本土农特产品创新开发，并建立品牌拓展国际性市场；

（8）协助提升社区产业经营管理能力，改善营运体质，可持续发展；

（9）规划符合都会、乡村、原住民等不同社区适用之建造模式及发展机制。

2　观光休闲产业的振兴

2.1　建构休闲旅游系统

依据重建区各重要景点、产业区位、交通动线，规划九大观光轴线。规划套装游程，包括：（1）国际性观光活动；（2）地方观光活动；（3）特色活动；（4）生态活动；（5）林业活动。

2.2 休闲农业旅游系统经营

规划套装农业休闲旅游区，培训农业休闲解说员。发展精致、知性的农业休闲旅游产业。

2.3 改善旅游服务

塑造主要联络道路景观，确保整体观光景观优质化。协助地方政府研拟具体措施，解决影响景观之骑楼、违建、广告招牌及共同管线等问题。建构观光旅游巴士系统，提升旅游便利性与道路交通安全等。

2.4 宣导与推广

加强促销，提升宣导推广整体企划。

3 地方产业竞争力的提升

3.1 协助改善产业经营管理能力

引进现代化经营观念、结合促销与媒体广宣活动加强社会对传统市场重视，规划人才培训、新产品研发、建立市场行销通路等集体式经营管理辅导。

3.2 传统产业再造

发展具有独特风味、深受消费者喜爱之乡土特产。辅导扩充生产规模，满足市场需求。开发具有竞争力、高经济价值之产业。以新品种更新及现代化栽培技术带动地区产业发展。其他的重点产业包括：竹材陶艺、石雕、漆、造纸、木业等传统工艺与农村产业之活化与再造。

3.3 形象商圈再造

对受灾严重的乡镇商圈进行活化辅导，协助重建区商圈进行自治管理组织干部训练、店家经营辅导、人才培养及行销广宣等。

3.4 发掘创新产业增加竞争力

以企业诊断、辅导、人才训练及知识分享，提升重建区企业经营整合能力。运用产业聚群整合发展，强化重建区整体产销价值链的功能及创新能力。通过国内外参展强化国际市场开拓力，带动重建区的经济能力。协助重建区企业经营资金专案。

4 建设与自然和谐共存的生活环境

4.1 推动产业发展所需的集水区整治

重建会积极推动重建区四大流域整体治理与管理规划。

4.2 推动生活、生产、生态之农村聚落

持续办理农村聚落重建工作，改善社区公共设施、休闲设施、生态环境，发展农村产业，结合产业与观光休闲活动，改善农业生产环境，并营造出具有生产、生活及生态三生一体之农村聚落新风貌。

4.3 建构安全生活环境

系统推动县市防灾应变设备与资讯示范建置，整合各部会、学校研究中心资源，作为防灾预防事务之基础。强化重建区八县市防救灾资讯与设备，提高适应天然灾害之预防及疏散作业能力，与台湾地区政府灾害应变中心联系与支援协调。

5 社区总体营造的继续推动

5.1 创造产业发展的城乡住宅建设

以社区总体营造精神进行住宅单元的设施整建（如重建区富有历史意义之老街），利

用产业发展的效益带动重建地区及周边住宅需求，吸引外移人口回流。在公共设施规划完竣后，配合住宅建设规划相关硬件设施、防灾设备，创造优质生活环境，增加重建区观光人潮，有效创造就业机会，带动重建区商业振兴活动，进而提升灾民所得水准，增加灾民偿还贷款之能力，使居民生活因振兴计划而受益，住宅建设借此亦能引导城乡再造与产业发展。

在原住民聚落重建部分，利用振兴产业所带来的波及效果，借由原住民社区总体营造塑造原住民聚落特色。原住民部落将可提供文化保存、游客游憩、登山向导训练、民宿等多样化休闲机能，除维护原住民民居特色外亦可增加原住民同胞之就业机会与经济能力。

5.2 推广社区照顾系统

重建区各县市设置生活重建服务中心。建构完整的福利服务输送体系及个案管理资讯系统。办理福利社区化成果观摩展示会。举办身心障碍者、原住民、单亲家庭、儿童、妇女等弱势群体心灵重建活动。

5.3 建构多元就业服务机制

将重建区就业服务措施与常态就业服务机制接轨，应利用就业市场工作机会之开发，适时调整训练职类，协助民众顺利就业，积极落实就业促进措施。

5.4 发展社区营造网络

鼓励重建区之社区串联，推动“共同产销、共同采购”，以促进社区产业发展，发送家户经济。

6 推动策略

6.1 示范计划

择定四个地区，整合该范围内之产业发展、公共设施、文化资产及生活重建与社区营造。

6.2 暖身活动

(1)“九二一”地震纪念碑国际竞图”活动及兴建计划。

(2) 举办“九二一”地震防救灾与重建国际研讨会。

(3) 组织“社区总体营造”观摩。

(4) 开展“重建区活力再现”活动。

(5) 召开商圈博览会。

6.3 其他配合措施

各县市政府已推动重建计划经费结余款。按照各县市政府之结余额度，符合本计划目标、振兴策略等原则之计划项目，推动各项产业振兴及相关工作，纳入振兴计划报核定实施。

7 预期效益

(1) 妥善运用重建资源与既有的重建基础，重点加强产业发展所需之公共设施、水土保持、崩塌地整治等相关建设，加强观光游憩及农业发展环境建设，培育重建区可持续发展基础条件。

(2) 提供职能训练，辅导社区总体营造100处，健全社区产业，创造就业机会，增加重建区民众实质收入，改善民众生活水准。

(3) 促销活动之举办，预计可销售农特产品达1.4亿元（新台币）以上。扩充具有独特风味和高经济基础价值之果树等农业栽培面积 400hm^2 以上，估计可增加农民收益达 2000 万元，并提供重建区居民就业机会。且预计主要风景区旅游人数达 800 万人次/年，带动周边相关餐饮、农特产、手工艺品等产业经济的发展。

（4）举办示范计划及暖身一系列活动，推广重建经验，重新塑造重建区完整的景象呈现给各地各界人士，增加对重建区之认识，达到吸引观光人潮、创造就业机会、提供重建区发展之多元化商机的目的。

第 5 章　1996 年云南丽江地震震后恢复重建

5.1　基本情况

1996 年 2 月 3 日 19 时 14 分，云南省丽江及其邻近地区发生 7.0 级强烈地震，震中位于北纬 27°18′，东经 100°13′，震源深度 10km，属主震余震型。这次地震的烈度从 6 度到 9 度区的范围共 1.8 万多 km^2，其中 9 度区面积 1225km^2，8 度区 2438km^2，7 度区 4152km^2，6 度区 10906km^2。在 9 度区的范围内，有些点烈度高达 10 度。

5.2　地震破坏

丽江地震的特点是震源浅，烈度高，破坏范围大。这次地震，使 4 个地州、9 个县、92 个乡镇、848 个办事处（村公所）受到不同程度的破坏，灾情最严重的是丽江县（现为丽江市），较严重的有鹤庆县、中甸县（现为香格里拉县），受到波及的有永胜县、宁蒗县、剑川县、兰坪县、华坪县、洱源县等 6 县。全部受灾人口达 100 多万人，其中特重灾人口 36 万多人。房屋全倒或已成危房不能居住的无家可归者 32 万多人；死亡 309 人，重伤 4070 人，轻伤 12987 人。大小牲畜死亡 10 万多头；共倒损民房 103 万多间，约 1236 万 m^2；损失粮食 3000 多万 kg。1200 多所学校、160 多所医院、卫生所、25 条共 1500km 公路、26 座桥梁、3 座中型水电站、2 座中型水库、35 座小型水库、885km 通信线路、107.6km 自来水管网、1000 多个机关企事业单位遭受了不同程度的破坏，造成直接经济损失 40.31 亿元。

震中位于丽江地委行署所在地——丽江纳西族自治县内。丽江县城是丽江地区的政治、经济、文化中心，人口密集，建筑密度大，古城是国家级历史文化名城，正在申报世界文化遗产。县城内具有 800 多年悠久历史的著名古建筑群四方街，倒损严重。大理白族自治州鹤庆县、迪庆藏族自治州中甸县遭受的破坏也十分严重。

农村民房大面积倒塌。极震区丽江县大研镇、黄山乡、白沙乡、金山乡等乡镇农村民房倒塌率高达 75%。

震区的生命线工程和重要基础设施遭到严重破坏，短期内难以恢复。供水、供电不能正常进行，加重了震害损失。

5.3　重建阶段

整个恢复重建工作分三个阶段，用三年时间完成。分年度的实施步骤如下：

1996 年，恢复重建的重点是为整个恢复重建打好基础，保障灾区群众的生产、生活基本正常。为此，在前一阶段抢险救灾取得阶段性胜利的基础上，在保证农业生产正常进行、重要工矿企业简易恢复生产的前提下，为确保夺取恢复重建家园的全面胜利，优先安排民房、教育、卫生、基础设施。

基础设施年内要抓好供电、供水、交通、通信等部门的恢复重建，上半年要全部恢复正常运行，年内基本完成恢复重建项目，保证重建家园的需要。农村民房，年底前完成异地集中配套建设的统建任务，其他倒毁民房的恢复重建年内也要基本完成。教育、卫生系统的房屋，能修复使用的，雨季前尽可能修复；重建的，年底前完成大部分工程量。用国外捐赠款重建的教育、医疗项目，签有协议的，要按协议安排工期，保证年内开工。建材行业必须完成 1996 年的恢复重建计划，同时，要完成新建扩建计划。新建的 2～3 个砖瓦厂，力争年内全部投产，达到年产砖 1 亿块以上的生产能力。原有的砖瓦厂、水泥厂等建材企业，必须在上半年恢复正常生产，确保恢复重建的建材供应。同时，在雨季前抢修好粮食、供销、商业等物资供应部门的仓库、门市等建筑物，并在年底前基本完成各类可修复加固房屋的修复、加固工作，其中，优先安排公检法司、旅游等部门的房屋修复。年内一般暂不安排各级政府部门的办公用房，在资金可能的情况下，可安排部分村公所的重建。

在 1996 年的基础上，1997 年在安排好重灾县恢复重建工作的同时，要以教育、卫生、农田水利为重点，全面开展恢复重建工作。教育、卫生系统的修复重建。除极少数工程量较大的重建、新建项目外，面上要全部完成恢复重建和修复加固。丽江县水泥厂结合恢复生产进行技术改造，新增水泥生产能力 2 万～4 万 t/年，应于 1997 年底完成。完成丽江古城第一期规划实施项目。同时，基本完成丽江县城重要公共建筑的修复加固。公检法司、旅游、商业、金融等部门全部恢复正常。

1998 年主要是基本完成重灾县丽江、鹤庆县城的恢复建设和政府部门办公用房的恢复重建。改、扩建的中、小型水库、部分新建学校和医院，都要基本完工。要基本完成丽江古城第二期规划实施项目。同时，全部修复加固、恢复重建工作进入扫尾阶段，恢复重建后的县城、乡镇、自然村要形成各具特色的新面貌，工矿企业要达到或超过震前的生产能力，要基本完成按计划安排的发展项目。个别因特殊原因未能按期完成的恢复重建项目或发展项目，也要有明确的完成期限，力争全面完成恢复重建工作。

5.4 恢复性重建

5.4.1 农村民房恢复重建

农村民房的恢复重建是整个地震灾区恢复重建工作的首要任务，必须抓紧抓好。要按统一规划、分步实施的办法，分三种类型安排，即异地集中配套建设、易地适当集中建设和就地恢复重建及修复，在 1997 年春节前基本完成。

（1）易地集中配套建设，主要是成片倒塌且因地质条件不适合在原址重建的村庄。易地重建点应按照社会主义新农村的要求，统一勘察、统一规划、统一设计。水、电、路、村级小学、卫生所、村公所等公建设施，由建设部门组织统一建设。民房则按照统一的规划和标准设计方案，采取统筹与自建相结合的办法建设。易地集中配套建设初步拟定建设6个点、102户，即：丽江县白沙乡开文行政村文荣二社93户；黄山乡中济行行政村中海村227户；金山乡金山行政村开元、文宏村157户；大研镇文智办事处9～12社253户，鹤庆县云鹤镇145户，中甸县三坝乡哈巴村150户。

（2）易地适当集中建设，主要是因滑坡、泥石流等各种因素需搬迁重建的民房，每个点控制在50户左右。因滑坡、泥石流需搬迁重建的居民点，应经过严格的科学论证，并报经省恢复重建指挥部批准后实施。

（3）就地恢复重建及修复。分四种类型分别安排，即倒塌、严重损坏、中度损坏和轻度损坏。

（4）民房易地集中建设资金按照群众自筹、银行贷款、国家一次性补助相结合的原则，由有关地、州、县制定相应的补助标准，报云南省恢复重建指挥部批准后执行。就地重建民房，视受损程度（倒塌、严重损坏和中度损坏），由各地制定相应的补助标准，给予一次性补助。轻度损坏原则上自行修复，确有困难者适当补助。

民房恢复重建资金安排务必要处理好修复、异地新建和就地重建的关系，制定严格的标准，避免形成太大的反差。

农村民房恢复重建工作，由建设部门和民政部门组织实施。

5.4.2 基础设施恢复重建

这次地震使城市基础设施遭到严重破坏。为保证整个恢复重建工作的顺利进行，城市基础设施应按照“保证恢复运行、不断调整完善、力争有所发展”的要求，有重点、分阶段完成恢复重建及改、扩建工作。

（1）供水：重点恢复重灾县丽江、鹤庆、中甸等县城自来水管网、自来水厂（站）及供水设备；结合丽江古城恢复重建规划，改造古城给排水系统，提高古城消防能力；改善重灾县城排水系统。

（2）供电：重点恢复丽江黑白水、白浪花、迪庆冲江河、兰坪罗松场电站等骨干电站。中甸县的螺丝湾电站可列入重建计划，但不占恢复重建资金总盘子；恢复发、配、供电系统，恢复供电系统的生产、生活用房；修复丽江县城城市供电设施。

（3）交通：重点是重灾县受损县乡公路、震损桥梁及交通设施的恢复。丽江-邓川公路99.74km、丽江拉市-石鼓镇公路28.5km及其他公路改造项目，可列入恢复重建计划，但不占恢复重建资金总盘子。

公路恢复重建项目的审批，省管公路以条条为主，地方公路以块块为主。

（4）通信：恢复重建重灾区、乡（镇）邮电局（所）40余项。修复受损通信设施、农村电话线路及附属设备。改造重灾县城通信设施，提高通信能力。

（5）农田水利设施：重点恢复中型水库2座、小型水库35座及灾区水利工程70余项。

基础设施新建项目，视资金情况重点安排电力、给排水、交通和通信系统。

5.4.3 丽江古城恢复重建

古城的恢复重建工作，要按照中央、省委、省政府领导“恢复原貌”的要求，科学规划，分期实施，用三年时间完成古城恢复重建。

规划重点恢复重建新华街、七一街、光义街、新义街及东大街等5条街。现有建筑物中民族特色显著、保存完好的，应予以很好保留；与古城风貌不协调的后来建筑物，应按规划要求改造，在地震中倒塌或年久失修的建筑应拆除重建；严重破坏古城风貌的建筑应拆除。同时，要全面考虑绿化、工程设施配置、消防及抗震抗灾的需要。通过古城恢复重建规划的实施，让古城充实新的文化内涵，使传统的历史文化与现代文明有机结合起来。

5.4.4 主要系统恢复重建

（1）教育：分三个方面进行恢复重建：一是完成丽江、鹤庆、中旬县等重灾县地直、县级中、小学的恢复重建及修复加固，包括丽江地区卫校、丽江地区中学、丽江一中、鹤庆一中、二中等中、小学校；二是完成整个灾区乡、镇中、小学的恢复重建及修复加固；三是完成灾区受损村小学的恢复重建及修复加固。

（2）卫生：恢复重建及修复加固的重点是，重灾县丽江、鹤庆、中甸境内地、县级医院；受损严重的乡（镇）卫生院、卫生防疫站、妇幼保健站；波及县遭受破坏的卫生机构。

要求对重点院、所要重点安排、优先实施。门诊楼、住院楼等重要建筑的修复加固，要在年内完成，其他项目2～3年完成。恢复重建项目要坚持实事求是的精神，震损多少恢复多少。新建项目（包括捐赠及世界银行贷款项目）必须视资金情况并经省恢复重建指挥部批准后方能实施。

（3）重要工业企业：重点恢复与当地国民经济发展及恢复重建工作密切相关的项目，包括迪庆纸浆厂、丽江玉峰水泥厂、丽江县水泥厂、宁蒗战河纸厂等。根据灾区恢复重建的需要，优先安排新建2～3个砖瓦厂，使灾区机制砖生产能力达1亿块/年左右。对影响当地财政收入、税收及居民生活的企业及主要的乡镇企业，也要优先安排、尽快恢复生产。企业恢复重建资金应以企业自筹、贷款为主，国家补助为辅。

重点企业的恢复，由省经贸委牵头，会同有关地、州、县及省级有关厅局共同负责组织实施。

企业恢复重建的有关优惠政策，由省经贸委负责研究制定，上报省恢复重建指挥部批准后执行。

5.4.5 其他系统恢复重建

其他系统主要是机关事业单位、旅游、公检法司、社会福利、消防、商贸、金融及未列入上述项目的系统。这些系统的恢复重建要按照恢复重建的方针、原则，做好鉴定工作，根据震害情况确定重点，原则上以修复加固为主，凡倒塌需重建的项目，一律按原面积重建，原则上不再扩建或新建。

5.5 发展性重建

5.5.1 重建方针及原则

灾区的恢复重建，坚持“一个方针”、“二个结合”、“四个原则”，即“自力更生、艰苦奋斗、生产自救、各方支持、重建家园”的方针；恢复重建与扶贫攻坚相结合，恢复重建与发展包括旅游业在内的民族地区经济相结合；先急后缓、先重后轻；确保重点、照顾一般；条块结合、以块为主、责任到县；先抓恢复、后量力发展的原则，尤其要优先考虑民房、教育、卫生、基础设施等重点项目。

恢复重建资金实行定额补助，按项目计划下达，包干使用，一次包死，超支不补。灾情重的多补，灾情轻的少补。发动群众，自力更生筹措资金、投工投料、生产自救、重建家园。有一定偿还能力的受灾企业，原则上只安排少量补助，尽可能利用贷款恢复生产；国内外的捐赠款项，统一纳入恢复重建计划资金盘子，严格按照捐赠者的意愿安排。恢复重建要因地制宜、就地取材，与当地财力、物力和民俗相适应。丽江古城要按“恢复原貌”的原则进行。

为保证恢复重建方针、原则的贯彻执行，灾区各级党委、政府要遵照党中央、国务院对地震灾区的一系列指示精神，按照省委、省政府的统一部署，加强思想政治工作，加大宣传力度，要大力宣传党中央、国务院、中央军委及省委、省政府和全国人民对灾区各族群众的关心和支持，大力宣传恢复重建的方针、原则，大力宣传顾大局、识大体、不等不靠，主要依靠自己力量恢复生产，重建家园的思想，大力宣传互帮互助、团结友爱的精神。在恢复重建中，必须坚持两手抓，一手抓恢复重建，一手抓工农业生产的发展；一手抓物质文明建设，一手抓精神文明建设。通过广泛组织、动员、宣传，激发灾区百万群众重建家园的热情，上下齐心，苦干三年，全面完成重建任务。

5.5.2 实施对策

恢复重建工作按照“统一领导、统一规划、分级管理、条块结合、以块为主、责任到县”的原则，采取以下对策：

1. 计划管理

恢复重建计划按照“统一计划、分级管理、条块结合、以块为主、严格监督”的要求，在统筹考虑资金规模的基础上，认真进行计划编制和管理。计划一经正式下达，不得任意更改。年度计划以地（州）恢复重建指挥部为主，根据所属县恢复重建指挥部报的年度计划并协调省级有关部门意见，统筹平衡进行编制，经省恢复重建指挥部批准下达后执行。

恢复重建项目实行计划单列，不纳入固定资产投资规模，固定资产投资方向调节税实行零税率。年度计划按照省恢复重建指挥部下达的国家及省补助资金规模及条块当年自行掌握的自筹资金进行编制。

2. 项目审批

凡列入计划的项目，都必须经过可行性研究及初步设计两个阶段的审批，较小的项目可简化为初步设计一个阶段。

审批权限确定如下：地州县自筹资金的项目，由地州县恢复重建指挥部按基本建设程序的有关规定审批；由国家、省补助资金和省接收捐赠资金安排的项目，一律由省恢复重建指挥部审批。

3. 项目管理

恢复重建工作实行专员、州长、县长负责制，项目管理实行项目负责人制，要做到职责明确、层层落实。对基础设施中跨地区且技术性较强的系统，如交通、通信、电力、水利等行业，项目管理以条条为主，主要由省级主管厅局负责；其他项目，由地、州、县地方政府负责。

所有建设项目，按建设性质区分为“修复加固项目”、“重建项目”、“扩建项目”和“新建项目”四类。无论那一类项目，都要注明是“全民企业”、“全民事业”、“行政机关”、“城镇集体”、“乡镇集体”、“部队”或是“个体”。对“扩建”、“新建”项目要从严控制，必须严格按照基本建设程序办理。所有项目必须按计划批准的内容及规模实施，并按时上报工程进度，接受审计、统计及财务部门的监督管理。

4. 资金管理

恢复重建资金实行专款专用，强化审计、监督，严格管理制度。资金使用按财务部门要求，认真填报决算。按项目管理要求，资金切块到地州县，再由地州县安排到项目。资金根据工程进度按季拨付。

资金实行包干使用，超支部分不予追加，节余部分可别安排于其他恢复重建项目。

5. 规划设计及施工管理

灾区的恢复重建，应严格执行《云南省建筑市场管理条例》，各级建设主管部门要严格基本建设程序，切实加强灾区建筑市场管理。

严禁无证或越级进行勘察、规划设计及施工。建设单位选择的勘察、规划设计及施工队伍，必须是经省、地、县建设主管部门严格认证、符合资质的单位。

严格执行国家对工程建设的抗震设防规定及规范要求，不得任意降低或提高设防标准，特殊情况需专题论证。

严格按图施工，严格质量监督制度，对达不到质量要求的必须返工。对造成重大质量事故者，依法追究责任。

工程竣工后要进行竣工决算审计，并认真组织竣工验收，做好有关资料的归档工作。

6. 技术管理

为加强对恢复重建工作的领导，省政府成立了云南省丽江地震灾区恢复重建指挥部，下设恢复重建办公室及财务管理组和审计监察组。人员由有关部门抽调组成，全面负责恢复重建的组织实施工作。

省级有关厅局应按照职责范围，协助各地、州、县做好恢复重建的技术管理及指导工作，制定必要的技术规定，以便有章可循，达到经济合理安全的要求。

对技术及质量方面的争议，由省建设厅商有关部门裁决。

5.6 经验教训

丽江地震灾区恢复重建工作，要认真总结经验、充分吸取教训，在规划布局、场地选择、建筑设计、施工管理各个环节，都要认真贯彻“以预防为主”的方针，按国家和省里的有关规定进行抗震设防，加强抗震措施。

(1) 建筑场地要选择抗震有利地段。异地新建的新农村点及城镇新区开发，要进行工程地质、水文地质及地震地质综合勘察，在科学论证的基础上，确定建设范围，避开滑坡、泥石流、活动断层等不良地质地段，地基承载条件要好。

（2）严格执行国家及省关于工程抗震设防标准的有关规定，特别是生命线工程要加强抗震措施。任何单位及个人无权擅自降低或提高设防标准。

（3）加强结构抗震研究，合理选择结构形式。对量大面广的农村民房，在认真总结我省历次地震灾区恢复重建经验的基础上，建设主管部门要组织有关设计人员制定既符合灾区民情、民俗、民居特点，又利于抗震，同时易于操作的农房标准设计方案，供群众选用。对其他建设项目，要精心设计，严格材料标准，抓好施工管理，确保建设工程的抗震设防质量。

（4）加快城市抗震防灾规划的实施步伐，全面提高城市的综合抗震能力。为此，各地要在认真总结震害经验的基础上，按照省恢复重建指挥部的统一部署，认真落实，及时开展抗震防灾规划的编制或修编工作，加快实施步伐，为恢复重建中的抗震防灾决策提供科学的依据。

党中央、国务院对丽江地震十分关心，给予了很大的支持。国际社会及社会各界对灾区也十分关注，给予了热情的帮助，为灾区恢复重建创造了有利条件。但整个恢复重建工作量大、面广，任务十分艰巨，困难仍然很多。因此，丽江地震灾区恢复重建必须在省委、省政府的统一领导下，依靠各级党委、政府的共同努力，各有关部门分工负责、密切配合，把自力更生、艰苦奋斗、生产自救、重建家园的方针贯彻始终，妥善处理好恢复重建与适度发展的关系；有限资金与欠账太多的关系；确保重点与兼顾一般的关系；全局利益与局部利益的关系；长远安排与近期实施的关系；正常建设与抗震救灾的关系，圆满完成恢复重建这一光荣而艰巨的任务，使灾区各族人民获得一个安居乐业的新家园。

第 6 章　2003 年新疆伽师地震震后恢复重建

6.1　基本情况

2003 年 2 月 24 日 10 时零 3 分，新疆喀什地区伽师县卧里托格拉克乡南部发生里氏 6.8 级地震，震中位于北纬 39 度 29 分，东经 77 度 15 分。喀什地区的巴楚、伽师、岳普湖、麦盖提、疏勒、疏附、莎车、英吉沙和喀什市等 8 县 1 市不同程度受灾，其中巴楚县受灾尤为严重[1]。

灾区面积为 $21498km^2$。灾区波及人数 659392 人。根据地震现场灾害调查与损失评估工作，此次地震造成的直接经济损失为 13.7 亿元。

6.2　地震破坏

据新疆维吾尔自治区人民政府统计，截至 2 月 27 日 20 时，灾害共造成 9 个县（市）81 个乡（镇）51 万多人受灾，因灾死亡 268 人，受伤 4000 多人，其中 2058 人伤势较为严重，因灾倒塌民房 1.7 万户、7.7 万间，灾区中小学校、卫生院以及交通、通讯、水利、电力等基础设施损毁严重，灾区群众的生产、生活受到了严重影响。此次地震灾害主要呈现出以下特点：

一是因灾死亡人员较多。这次地震造成 268 人死亡，是近年来我国地震灾害造成人员死亡最多的一次，也是新疆有历史记载以来导致死亡人数最多的一次地震灾害。

二是重灾区集中，损失惨重。尽管此次地震波及 8 县 1 市，但损失主要集中在巴楚县的琼库尔恰克乡、阿拉格尔乡和色力布亚镇 3 个乡镇，其中琼库尔恰克乡的格什勒克、叶格曼贝希、吾斯塘博依、且克且克、玉吉米力克、塔什郎托格拉克、拱拜孜等 7 个村，遭到毁灭性破坏，几乎被夷为平地。

三是灾害发生在经济欠发达的少数民族聚居区，灾区自救能力比较低。从工作组实地考察的情况看，受灾群众多为维吾尔族，群众家底很薄，居民住房多为土块垒起来的房子，抗震水平低。房子一旦倒塌，群众自我恢复重建能力又很差，加大了政府的救济压力。

---

[1] 民政部救灾处新疆巴楚——伽师地震抗震救灾工作情况［J］. 中国减灾 . 2003（01）

6.3 应急

灾害发生后，党中央、国务院高度重视抗震救灾工作，江泽民、胡锦涛、朱镕基、温家宝等中央领导同志十分关心灾区群众，对抗震救灾工作做出重要指示。新疆维吾尔自治区党委书记王乐泉同志、自治区主席司马义·铁力瓦尔地同志获悉灾情后当即从北京飞赴灾区了解灾情，指导救灾工作。自治区党委副书记、常务副主席王金祥、副主席努尔兰·阿不都满金带领工作组先期到达灾区，深入一线指挥抗震救灾工作。

灾区各级党委、政府迅即成立抗震救灾指挥部，组织动员数千名干部、群众全力抢救人民生命财产，并派出多支医疗队赶赴灾区抢救伤员。驻疆部队、驻疆武警 3000 多名官兵、200 余名公安干警和防暴队员，新疆生产建设兵团农三师 700 余名民兵及时赶到灾区，与当地干部、群众一起从废墟中抢救受伤人员和遇难群众，对受灾人员立即组织转移和抢救，最大限度地减少人员伤亡。对遇难人员做好善后工作，于 24 日当天组织群众和宗教人士顺利安葬了所有遇难人员，安抚了遇难者亲属。同时，采取有力措施，广泛开展社会捐助活动，筹集发放大批帐篷、衣被、燃煤、粮食、方便食品、饮用水等生活物资，帮助灾区群众解决生活困难。据初步统计，截至 3 月 3 日共发放粮食 566.5t、饮用水 22 万瓶、各类方便食品 375.5t、衣被 51.2 万件床、救灾帐篷 1.1 万顶、燃煤 1078t 以及价值 119 万元的药品。目前，灾区的应急抢险已取得初步胜利，灾区群众吃饭、住宿、御寒衣被等紧迫问题已得到基本解决，灾区人心安定，社会稳定。

为了帮助灾区做好抗震救灾工作，民政部于 2 月 24 日地震发生当天即从武汉中央级救灾物资储备库向灾区紧急调拨 6000 顶救灾专用帐篷，2 月 25 日会同财政部向灾区下拨 1100 万元中央救灾应急资金，其中新疆 800 万元，兵团 300 万元。2 月 27 日，根据灾区的实际情况，民政部工作组又现场决定从郑州中央级救灾物资储备库向灾区调拨 7000 顶帐篷。3 月初，调拨的 13000 顶救灾帐篷已全部运抵灾区，并于 3 月 4 日上午全部分发到户并搭建完毕，基本保证了倒房的灾民每户 1 顶帐篷。

6.4 恢复

“2·24”地震发生以后，2 月 26 日、3 月 10 日两次由建设部总工程师及有关司局人员和专家组成的工作组，赶赴灾区协助地方开展工作，针对该地区的民居、学校、公共建筑与商业建筑、市政设施恢复重建提出意见。4 月初建设部会同中国地震局组成联合工作组，就灾后重建规划工作进行专题调研，对灾后重建地区地质条件评估、乡镇重建规划、重建房屋的建筑结构选型等提出建议。自治区党委、人民政府与各级政府在恢复重建的方案确定、重建规划、设计、施工等环节中组织有序、工作扎实。在恢复重建过程中，各级管理部门决策科学、部署周密、管理严格。通过各级党委、政府以及有关部门周密的组织、细致的工作，喀什地震灾区在震后 8 个月的时间基本完成了恢复重建任务，完成了灾区五县 30645 户居民、277 所学校（校舍面积 145392m^2）、35 个卫生院（新建 21270m^2，加固维修 9492m^2）和 210 个基层政权点的恢复重建和加固工作，完成了灾区道路、供水等市政设施的重建、维护工作。

通过实地调研考察，巴楚伽师地区震后迅速恢复重建有以下工作应予以肯定：

一是高度重视恢复重建规划工作。恢复重建坚持“原地重建、适当调整”的原则。灾区民居的恢复重建以原址重建为主，按照改善居民生活环境、节约和保护耕地、提高抗御自然灾害等原则适当调整公共建筑、生产用地以及道路、水、电、绿化等公共设施的布局。成片倒塌的民居因地制宜统一规划，将少量过于分散的居民点合理迁并。

二是提供符合实际的农房重建设计方案。自治区建设厅、喀什地区建设局组织相关建筑设计单位提供了六种结构形式 16 套恢复重建方案供灾民选择。设计方案综合考虑了抗震防灾要求、当地居民的经济承受能力、生活习惯、建筑材料、施工工期的要求。恢复重建中民房、卫生院、乡村基层组织等普遍采用了适合当地特点、抗震性能较好的木板夹芯结构，学校大多采用了建设速度快的彩钢板结构。

三是加强组织动员，确保灾民入冬前搬进新居。为引导示范农房建设，按照重建方案建设了六种结构形式的样板房。地方政府将所有农村工匠组织起来，采取“民建公助”的办法，进入受灾户帮助建房。为调动灾区居民建房的积极性，国家补助的建房资金直接发放给灾区群众，原则上先发放 50%，剩余的 50%待房屋建成、验收合格后再发放。对学校、医院及办公用房等公共设施建设统一组织了招投标，在保证质量的前提下，有效地降低了成本。地方各级政府还十分注重责任落实，做到重灾乡有一名地区领导负责，重灾村有一名县级领导抓落实，确保了恢复重建的质量和进度。

6.5 恢复性重建

6.5.1 全面实施城乡抗震安居工程

新疆维吾尔自治区党委、政府在巴楚伽师地震灾区恢复建设的同时，针对新疆是一个地震多发区、地震灾害频发、直接危及人民群众生命财产安全实际情况，在全疆范围内实施城乡抗震安居工程，提高抗震设防标准，消除地震灾害隐患。据统计新疆现有农村住房 1.87 亿 m^2，计 251 万户，其中 80%的房屋不符合抗震要求，农村住房改造任务 1.5 亿 m^2，平均约 200 万户，自治区力争用五年的时间完成全区城乡住房加固改造。从调研情况看，新疆维吾尔自治区党委和政府实施城乡抗震安居工程的决定未雨绸缪、居安思危，是完全正确的，是为民做实事、解民于安危的具体实践。

一是政府城乡抗震安居工程决策时机选择及时正确。城乡抗震安居工程是在历年多次地震灾害加剧之时和巴楚伽师地震灾区恢复建设即将完成之际，得到了各级政府的重视和全疆各族人民的支持，尤其是地震易发地区广大人民群众的拥护，座谈中一位 70 多岁的农民说他卖了牛也要先建抗震房。在巴楚伽师地震灾区恢复重建工作中积累的经验，为全区开展抗震安居工作奠定了良好的工作基础。

二是政府组织动员、资金补助推动与农民积极性相结合。区政府从区财政中每年拿出 1 个亿，扶贫资金中每年拿出 6700 万元，专款补助特困户和低收入贫困户的抗震房建设。加上国家补助和地方政府自筹，在喀什地区每户可以补助 6000 元，建设一个约 $50m^2$ 的抗震房。政府的补助资金使政府为民服务的意志与农民希望居住安全房的要求结合起来，夯实了政府工作的基础，调动了广大农民的积极性，推动了抗震安居建设工程的进展。

三是选择推荐的农民抗震房的形式符合民情民意，适合当地农民的生活水准，农民看得明、学得会、用得起。此次在南疆广大农村地区推荐的抗震房是在巴楚伽师地震灾区恢复建设中得到农民普遍采用的木板夹心结构，具有良好的抗震性能，由于主要采用地方现有材料，施工简单，每平方米造价只要 130 元左右；而当地砖混建筑，因建材需要大量外运，每平方米达到 580 元；主要用于学校、医院等公共建筑恢复重建的彩钢夹芯板结构，每平方米造价达 700 余元。

四是工作组织周密细致，符合新疆民族地区的工作特点。喀什地区各级政府充分尊重民意，把政策交给群众，建与不建、在原宅基地建还是异地建设完全自愿，先建的先补助、不搞强迫命令和硬性摊派。工作中基层村镇采取分级包干、村干部包户、排定 5 年计划、张榜公布、计算机辅助管理等方式，将住房最危险、生活最困难的农户抗震房的建设放到前边，既解决了住房最危险的困难户，也调动了地震易发地区群众自发投资建设抗震房的积极性。在工作中严格资金管理，各县市设立资金专户，专款专用，银行发放、农民领取，杜绝截留。各级政府高度重视质量安全工作，建设部门严格工程质量的监管，建立工程技术人员定点联系制度，加强农村工匠培训，持证上岗，确保农民建房安全。

城乡抗震安居工程在新疆广大农村地区的实施是政府组织的“安居工程”，是扭转震后被动救灾为积极主动地防御地震灾害的建设工程，是将因房屋不安全带来的长期危害化解为彻底解除农民住房的安危，使农民安居而乐业再致富的“民心工程”。目前，南疆各县均有建成的抗震样板房，部分县（市）已建成一部分抗震房，在南疆实施抗震安居工程的 20 个重点县（市）可达到 12 万户（全区约可达到 20 余万农户）。在调研中我们也看到城乡抗震安居工程在南疆农村地区还存在着宅基地占地偏大、村镇规划比较薄弱、村庄环境差、基础设施配套跟不上等问题。在琼库尔恰克乡和色力布亚镇等村镇，在“木板夹心房”的一层房上直接搭建二层房，存在不安全的因素，已经要求自治区建设厅尽快组织专家予以论证。

新疆南天山地震带是地震可能性较大的全国十个危险区之一，新疆维吾尔自治区党委和政府组织城乡抗震安居工程的做法对全国其他地震易发地区的民房尤其是农民住房的抗震工作思路有重要的启示作用。在城乡抗震工程具体实施时，应当根据当地城乡社会经济发展水平，根据当地群众的经济承受能力，结合执行国家城镇住房制度改革和村镇建设管理的要求，解决好各地农房建设的抗震问题。

6.5.2 喀什市老城保护和抗震加固任务仍较艰巨

温家宝总理等国务院领导对解决新疆喀什市老城区抗震隐患问题十分重视，1999 年 5 月 12 日家宝同志批示请建设部牵头，发改委、地震局、宗教局、文物局参加，会同新疆维吾尔自治区政府，研究提出喀什市老城区改造意见。建设部按照批示组织有关部门会同地方政府，提出了喀什老城区历史文化名城保护与抗震加固改造项目的方案。2000 年 12 月 30 日国家计委以计投资［2000］2501 号文批准了该项目的可研报告，批准投资 66575 元，其中国家补助 20000 万元，自治区财政安排 8100 万元，喀什地、市财政安排 8200 万元，居民集资 2514 万元，建设银行住房开发及按揭贷款 27761 万元。工程的主要内容包括：一是降低老城区人口密度，有计划地外迁5000户居民，建设两个安置小区，总建筑面积36.02万m^2；二是两个安置小区的内外配套基础设施；三是老城区部分基础设施的改造；四是老城区典型民居、重点文物加固及防空洞回填。该项目于2001年9月15日正式启动。

喀什市老城区抗震加固和部分基础设施改造项目以城区路网改造带动城区功能的完善是十分必要的，也取得了一些成果，但总的看工程实施的效果还不明显，有待改进。

一是生土建筑的抗震问题是一个国际性的难题，尤其在高密度的城市居民区抗震加固十分困难，2003年12月16日伊朗巴姆6.3级地震将以生土建筑为主的巴姆古城全部震毁。喀什老城区是国家级历史文化名城保护的主体部分，主要是近数百年建设的以居民住宅为主的生土建筑，因而，喀什老城区的保护不但关系到居民生命安全，也在伊斯兰文化和生土建筑保护等方面反映出特殊的政治意义。

二是民族地区少数民族的生活习惯与历史文化名城保护的矛盾冲突。目前4平方公里的老城区内还居住着12万人，人口密度最大的地区达4.83万人，计划外迁5000户，已经建好的2594户的安置小区至今才迁出358户老城区居民户。

三是部分道路拆建的做法可能会影响到历史文化名城的原有形象，花去了3.45亿元的资金，而老城区典型民居、重点文物加固及防空洞回填等项目还没有展开实施。

四是原批准实施方案的资金到位率仅为43.6%。应到位66575万元资金，已到位资金29060万元，占总投资的43.6%。其中国家专项补助20000万元已经全部到位；自治区财政安排8100万元，到位660万元；喀什地、市财政安排8200万元，到位8400万元；居民集资2514万元和建设银行住房开发及按揭贷款27761万元均没有到位。

喀什历史文化名城保护和抗震加固改造是一项艰巨的工作，必须要将名城的历史街区保护放在重要的位置。建议地方应加强以下几个方面的工作：一是要继续认真贯彻经国务院领导批准的“统一规划，因地制宜，先急后缓，分期实施”的原则，总结喀什市老城区抗震加固和部分基础设施改造项目的实施情况；二是进一步研究实施机制，针对性地制定少数民族居民外迁政策，在充分尊重少数民族习惯的基础上，做好深入细致的工作；三是对在实施历史文化名城保护工作中出现的问题组织专家认真研究，对存在的问题提出对策，把历史文化名城保护工作切实落到实处；四是加紧落实尚未到位的资金。

6.6 经验教训

1. 上级调拨和社会捐助的各类救灾物资要迅速落实到户，保证受灾群众有充足的粮食、食品和干净的饮用水。

中央调拨的救灾帐篷运抵后，应在1～2天内搭建起来，确保倒房户每户1顶救灾帐篷。天气渐暖，要在部队的帮助下，尽快清理废墟，掩埋处理好各类牲畜尸体，切实做好防疫治病工作，确保灾区不发生疫病流行。

2. 要认真组织开展灾民倒房的恢复重建工作。

重点要做好倒塌民房和学校、卫生院及供水、供电设施的恢复重建工作。

一是整个恢复重建要注意做好规划，保证工程质量。在工程设计上要严格执行建筑工程抗震设计标准规范。此次地震灾害造成民房倒损量大而且集中，要做到在入冬前完成重建工作，任务非常繁重，要综合考虑抗震减灾、灾民居住习惯和经济承受能力等因素，组织建设、土地、地震和民政等有关部门，做好恢复重建房屋的设计和规划工作，制定切实可行的恢复重建方案。

二是要通过政府救济、社会互助、邻里帮工帮料、以工代赈、自行借贷、政策优惠等多种途径解决灾民倒房恢复重建所需的资金。中央下拨的倒房恢复重建资金，包括中央救灾款及救灾捐赠款，要重点用于帮助特困户、房屋全倒户建房，不能搞平均主义。对于受灾的特困户，要加大救济力度。救灾款物的发放要公开透明，张榜公布，防止优亲厚友。要加强对救灾款物发放使用的监督检查，发现问题及时纠正，并严肃处理。

三是要制定落实各项优惠政策，加快灾民建房的进度。要积极组织非灾区和有关部门对日支援重灾区，从资金、技术、物资等方面对灾区倒房恢复重建给予支持，同时要简化手续，减免税费，落实优惠政策，加大扶持力度，加快灾民倒房的恢复重建进度。

3. 建立救灾物资储备体系，完善各级救灾应急预案，提高灾害紧急救助能力。

新疆地处祖国边睡，地域辽阔，雪灾、地震等突发性自然灾害时有发生。从这次抗震救灾实践看，即使以最快的速度向灾区调运救灾物资，也需要 3～4 天的时间。因此，建议新疆尽快建立救灾物资储备网络，认真总结此次抗震救灾工作的经验和教训，尽快制定各级政府的救灾预案，以便灾害发生后合理、科学地调配资源，形成救灾整体合力，保证受灾群众及时得到生活救助。

第 7 章　2008 年中国四川汶川地震灾后恢复重建

本章从汶川地震灾害和灾区特点，应急救援，重建选址，过渡性住所，地震受损房屋利用，对口支援，房屋和村镇重建，重建费用和时间，重建主体以及重建指导思想等 10 个方面阐述地震灾后可持续恢复重建问题，以及经验教训和启示等。原书没有，全部是新增。

汶川地震发生后，笔者曾经 9 次到灾区考察（图 7-1），并在中共中央组织部、中共四川省委组织部和四川省建设厅等部门举办的 6 次领导干部培训班上授课，讲授可持续灾后重建应把握的原则，感悟颇深。

图 7-1　2008 年 7 月 4 日在北川县城原址考察

左起：经大忠（北川县原县长）、周干峙（中国科学院、中国工程院院士，建设部原副部长）、叶耀先（中国建筑设计研究院顾问总工程师、中国建筑技术研究院原院长）、汪　科（周干峙秘书）

7.1　汶川地震灾害和灾区特点

7.1.1　基本情况

2008 年 5 月 12 日 14 时 28 分 04 秒，四川省阿坝藏族羌族自治州汶川县境内发生里氏震级 8.0 级（矩震级 7.9 级）地震，地震持续时间约为 2min，震源深度为 14km。震中在四川省汶川县映秀镇（N31.01°，E103.42°）。地震造成69227人死亡，17923人失踪，374643人受伤；直接经济损失8452亿元，为2008年国内生产总值（GDP）30.067万亿元的2.81%（截至2008年9月18日12时的统计数据）[1]。四川省直接经济损失最为严重，占总直接经济损失的91.3%，甘肃省和陕西省分别占总直接经济损失的5.8%和2.9%[2]。地震的极重灾区包括汶川县、北川县、绵竹市、什邡市、青川县、茂县、安县、都江堰市、平武县和彭州市等10个县、市[3]，地级城市本身没有受到重创。极重灾区的死亡和失踪人数高达总死亡和失踪人数的97.2%，极重灾区的灾情如表7-1所示。

2008年汶川地震极重灾县、市的灾情 **表7-1**

县、市	省	总人口(万)	死亡和失踪人数(人)	万人死亡和失踪人(人)	倒塌房屋(间)	万人倒塌房屋(间)
汶川县	四川省	11	23871	2170	608198	55291
北川县	四川省	16	20047	1253	347856	21741
绵竹市	四川省	51	11380	223	1397925	27410
什邡市	四川省	43	6132	143	1006921	23417
青川县	四川省	25	4819	193	714084	28563
茂县	四川省	11	4088	372	300229	27294
安县	四川省	50	3295	66	774896	15498
都江堰市	四川省	61	3388	56	655265	10742
平武县	四川省	19	6565	346	299557	15786
彭州市	四川省	78	1131	15	622066	7975
极重灾县、市	四川省	365	84716	232	6726997	18430

资料来源：国家减灾委员会-科学技术部抗震救灾专家组，汶川地震灾害综合分析与评估，北京：科学出版社，2008，第100页

汶川地震后，全国上下、政府和民间广为流传说，“汶川地震是1949年新中国建立以来破坏性最大的地震”，这个说法，显然不符合事实。实际上，1976年唐山地震的破坏性要比汶川地震大得多。那次地震死亡242769人，是汶川地震死亡人数的3.5倍；直接经济损失为283.16亿元[4]，占当年全国GDP（2961.47亿元，合1，525.75亿美元[5]）的9.6%，是汶川地震直接经济损失占当年全国GDP的3.4倍。恢复重建，唐山地震用了10年[6]，汶川地震不到3年。

---

[1] 5·12汶川地震，http://baike.baidu.com/link?url=oIikEwmm9xMhZkg8Wcjir32huh_i63Ab3sjngt8UQtFPbsu_gzE_iYCrW_oyJ7FlgZKiJFqJX8qF4Ji4_RuKw_

[2] 5·12汶川地震专题介绍，http：//news.xinmin.cn/domestic/special/2008eq/

[3] 国家减灾委员会科学技术部抗震救灾专家组，汶川地震灾害综合分析与评估，科学出版社，北京：2008，第98页，而该书的第77页则为“地震重灾区包括北川县、汶川县、茂县、理县、安县、绵竹县、什邡县、彭州县、都江堰市、崇州市和大邑县11个县（市、区）”，本章采用第98页的说法。

[4] Ye Yaoxian（叶耀先）. Integrated urban Disaster Risk Management Lessons Learned from the Great Natural Disasters of Decades 1950s-1990s in China，First Annual IIASA-DPRI Meeting for Integrated Disaster Risk Management Reducing Socio-Economic Vulnerability，IIASA，A-2361 Laxenburg，Austria，1-4 August 2001，Web：www.iiasa.ac.at http：//www.google.com.hk/search? hl=zh-CN&source=hp&q=Direct+economic+losses+of+1976+Tangshan+China+earthquake&gbv=2&oq=Direct+economic+losses+of+1976+Tangshan+China+earthquake&aq=f&aqi=&aql=&gs _ l=hp.12...7173.34798.0.36736.56.51.0.0.0.0.0.0..0.0...0.0.q-oGSpjwjHc

[5] 中华人民共和国国家统计局，历年GDP数据，http：//wenku.baidu.com/view/9db4f209bb68a98271fefa49.html

[6] 叶耀先、冈田宪夫著，《地震灾害比较学》，北京：中国建筑工业出版社，2008

尽管汶川地震不是1949年新中国成立以来破坏性最大的地震，但如果说，汶川地震是建国以来救灾难度最大的地震，则是有根有据的。实际上，汶川地震主震和余震的震中主要分布在岷江流域的汶川-茂县-北川一带。这一地区地貌复杂多样，包括极高山、高山、中高山、低山和河谷及盆地。自西北向东南逐渐由极高山过渡为滔川盆地。地震烈度及影响分布图如图7-2所示。地震以后地质灾害极为严重，山体滑坡和泥石流冲垮桥梁，破坏公路，导致交通中断，特别是映秀镇到都江堰中间的十几公里高速公路被埋，短期难以修复。

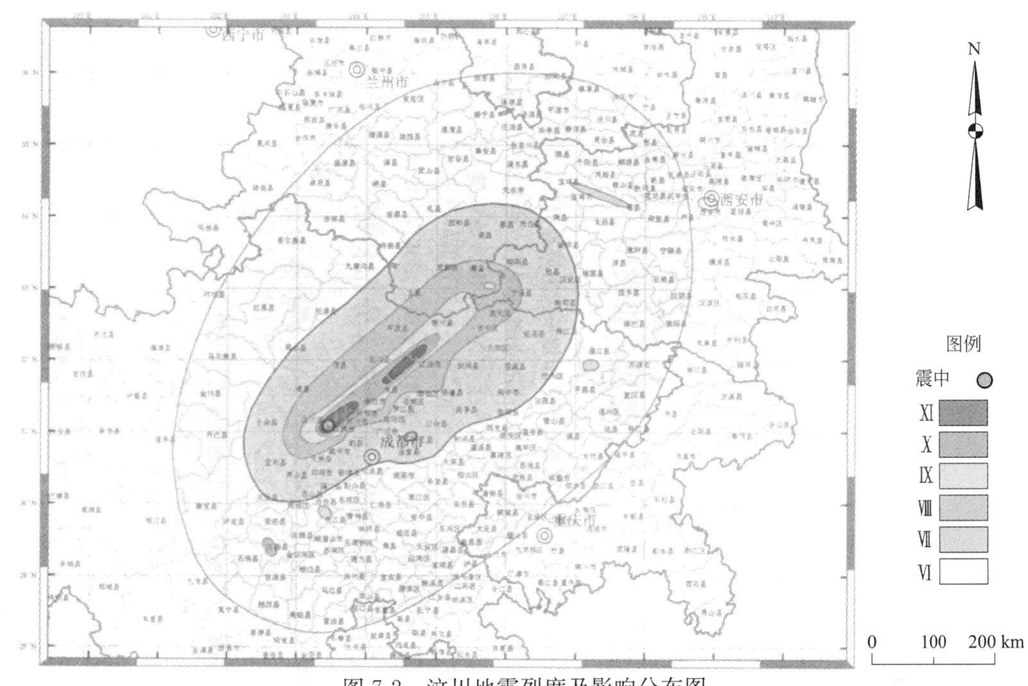

图7-2 汶川地震烈度及影响分布图

资料来源：国家减灾委员会-科学技术部抗震救灾专家组，汶川地震灾害综合分析与评估，北京：科学出版社，2008，第17页

地震灾害主要是由于地震时，地面运动所引起。地面运动造成房屋建筑破坏和倒塌、地面破坏、海啸和火灾，从而造成人员伤亡和财产损失（图7-3）。

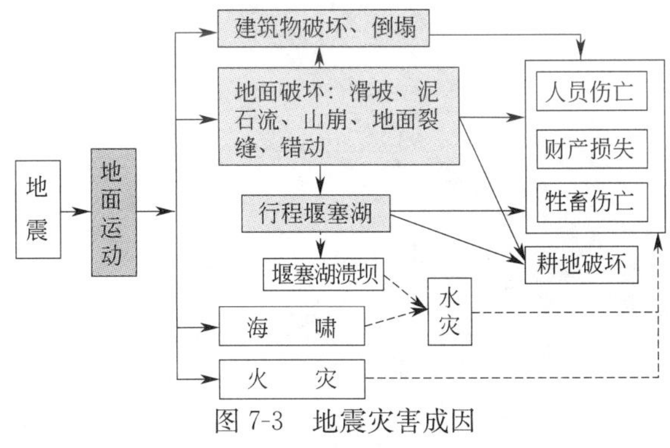

图7-3 地震灾害成因

这次地震灾害和灾区的特点有：

（1）地震发生在四川盆地和青藏高原交界的高山峡谷地区，是龙门山断裂带活动的结

果。该地区在 50km 的跨度内，高差就有 3500m。严重破坏的地区，可以利用的土地十分有限（图 7-4）。

图 7-4　汶川县地形简图

（2）地震严重破坏地区（地震烈度 9～11 度地区）呈狭长的条带形（图 7-5）。包括

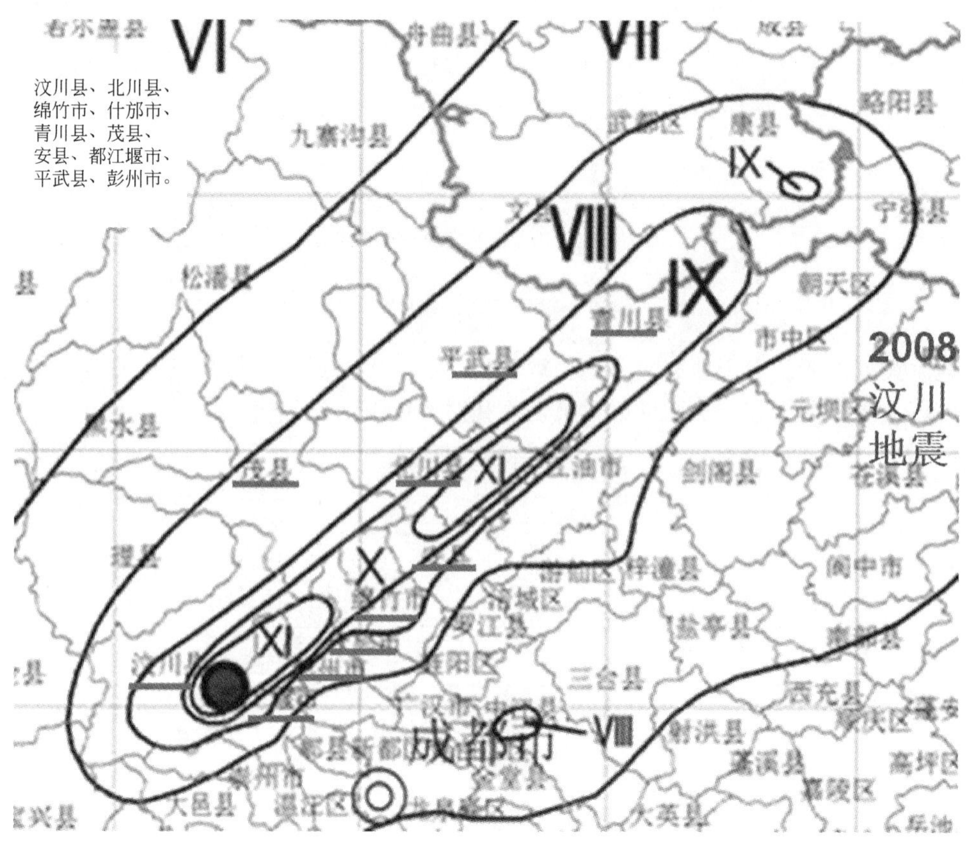

图 7-5　汶川地震地震烈度分布

汶川县映秀镇和北川县城曲山镇在内的两个地震烈度 11 度区的长度分别为 66 和 82km，宽度分别为 20 和 28km；地震烈度 10 度区的长度和宽度分别为 224 和 28km；地震烈度 9 度区的长度和宽度分别为 318 和 45km；地震烈度 8 度区的长度和宽度分别为 413 和 115km；地震烈度 7 度区的长度和宽度分别为 566 和 267km；地震极重灾区涉及 10 个县、市。

两个地震烈度为 11 度的地区，一个在映秀镇（图 7-5 中带实黑圆圈的地方，为此次地震主震的宏观震中，震前和震后对比如图 7-6 所示），另一个在北川县城曲山镇（图 7-5 中带虚黑圆圈的地方，似为另一次地震的震中）。笔者认为，这次地震是双震，不是一个地震，而是相隔几秒钟发生的两个地震。黄润秋[7]认为，这次汶川地震是由 8 个在 100s 内沿龙门山中部断裂发生的 7.1～7.6 级的地震组成，是断裂连续在多点破裂形成的（图 7-7）。

（3）地震引发的地质灾害特别严重，主要是滑坡（表 7-2）、崩塌、地裂、泥石流和地面塌陷（图 7-8），以及山体滑坡等因素形成一些地震堰塞湖，不但破坏道路（图 7-9），摧毁房屋建筑，破坏农田和植被，而且使大量水利工程受损。

震前

震后

图 7-6　映秀镇震前和震后对比

[7] 黄润秋，汶川大地震次生地质灾害发育分布规律及其对灾后重建影响的初步分析，成都理工大学地质灾害防治国家重点实验室

图 7-7　汶川地震是由 8 个在 100 秒发生的 7.1～7.6 级地震组成

2008 年汶川地震地震诱发的死亡大于 30 人的滑坡和崩塌（17 个）　　表 7-2

灾害点名称	地质灾害类型	灾害点位置	灾害体规模（万 m^3）	因灾死亡人数	因灾经济损失(万元)
王家岩滑坡	滑坡	北川县曲山镇	1000	1600	1600
樱桃沟滑坡	滑坡	北川县陈家坝乡茶园梁村	188	906	1500
景家山乱石窖滑塌	滑坡	北川县曲山镇景家村	1000	700	1200
陈家坝场镇 1 号滑坡	滑坡	北川县陈家坝场镇	1200	400	500
东河口滑坡	滑坡	青川县红光乡东河口村	1000	260	5000
陈家坝乡红岩村滑坡	滑坡	北川县陈家坝乡红岩村(213 线)	480	141	120
黎明村滑坡	滑坡	都江堰市紫坪铺镇黎明村(213 线)	20	120	500
谢家店滑坡	滑坡	彭州市九峰村 7 社	400	100	4000
小龙潭崩塌	崩塌	彭州市银厂沟景区	5.4	100	8000
大龙潭沟口崩塌	崩塌	彭州市银厂沟景区	10	100	8000
陈家坝太洪村 2 号滑坡	滑坡	北川县陈家坝乡太洪村	500	100	110
泰安 9 组崩滑体群	崩塌	都江堰市青城山镇泰安村 9 组	120	62	800
郑家山滑坡群	滑坡	平武县南坝镇新平村	1250	60	5000
韩家山滑坡群	滑坡	北川县桂溪乡杜家坝村 1 社	30	50	130
大岩壳崩塌	崩塌	青川县曲河乡建新村	70	41	200
马鞍石滑坡群	滑坡	平武县水观乡马鞍石村	400	34	8000
连盖坪滑坡	滑坡	彭州市团山村	40	30	800

图 7-8　地面塌陷 3.5m

图 7-9　桥梁倒塌，道路不通

从映秀镇到都江堰，中间在映秀-草坡路段十几千米地方，山体下滑，埋住道路，使许多行进中的车辆和人员不见踪影（图 7-10）。

图 7-10 映秀-草坡路滑坡

地震以后形成 104 个堰塞湖，图 7-11 为唐家山堰塞湖等 3 个示例，其中，比较大的有 34 个（图 7-12）。

唐家山堰塞湖

图 7-11 汶川地震形成的唐家山堰塞湖等 3 个堰塞湖示例（一）

图 7-11　汶川地震形成的唐家山堰塞湖等 3 个堰塞湖示例（二）

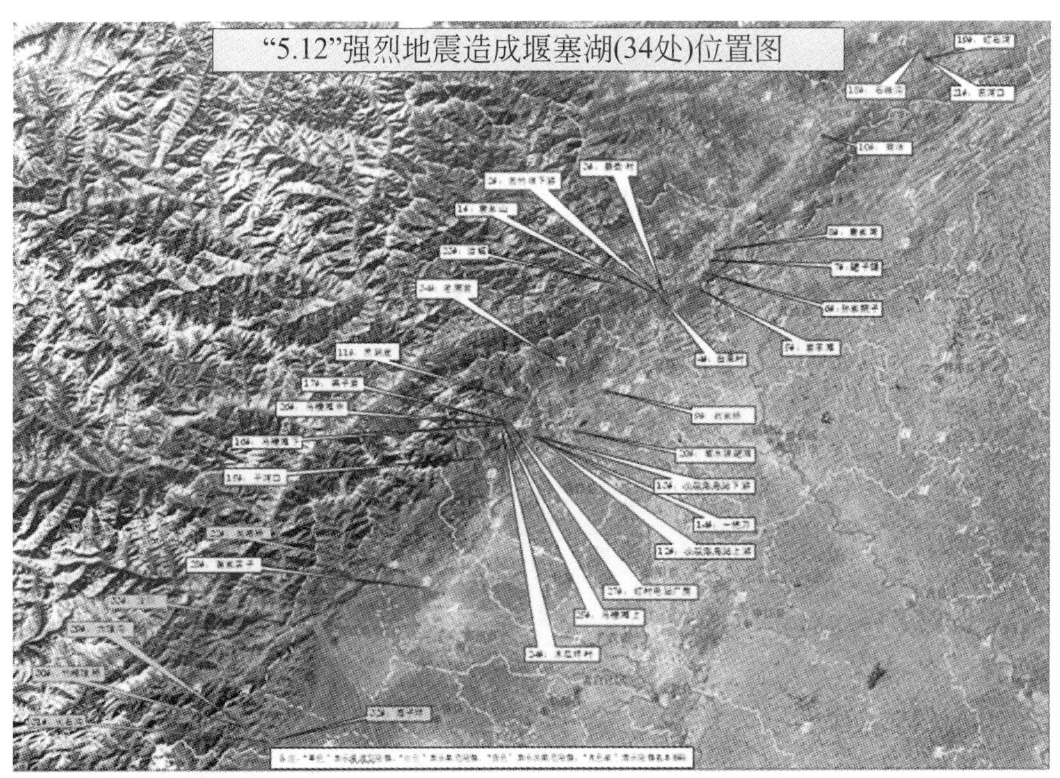

图 7-12　汶川地震形成的较大的 34 处堰塞湖位置

资料来源：刘 宁，巨型滑坡堵江排险减灾的认识-我所经历的两次堰塞湖应急处置，2008，水利部

最大的滑坡在青川县的东河口，3000 万 m^3 的土从山上滑下来，把下面七百多人的村子埋在现在地面以下 100m（图 7-13）。有的房屋随地面升高 4m（图 7-14）。

在汶川县城威州镇，山上的巨石抛进住宅的窗户，砸到钢筋混凝土楼板上，又从楼板弹出窗外，抛到地上（图 7-15）。在汶川县绵虒中学，山上的巨石抛到操场混凝土地面，几经弹跳，停在教室门口（图 7-16），沿途砸死 13 名学生。

图 7-13　青川县红光乡东河口村大滑坡（叶耀先摄）

图 7-14　房屋升高 4m（叶耀先摄）

(4) 遭受破坏的房屋绝大多数在 6～7 层以下，凡是采取抗震措施的房屋，基本上都没有倒塌（图 7-17），即使在高烈度地区也不例外。北川县城曲山镇一栋多层砖房中间层倒塌（图 7-18），这是我国地震首次出现的案例，可能与震中地区竖向地动分量较大有关。

图 7-15　汶川县城威州镇山石抛落（叶耀先摄）

图 7-16　汶川县绵虒中学，山石抛落（叶耀先摄）

图 7-17　北川县城曲山镇按 7 度抗震设防的 7 层房屋

图 7-18　北川县城曲山镇多层砖房中间层倒塌（叶耀先摄）

（5）遭受严重破坏的山区有药材等多种经济资源和生态资源，山清水秀，是发展经济作物和旅游度假的好地方。

（6）灾区是藏族和羌族的聚居地，有许多文物、古迹和大量的藏族和羌族居民住宅，北川县是全国唯一的羌族自治县。

7.2 应急救援

应急救援阶段，时间为从地震发生到震后一个月，活动包括灾害信息的收集和发布、搜寻救援、应急庇护、医疗救助、衣食供应、清尸、消防、防疫和主要道路废墟清除等地震发生后，及时收集和发布震情（指破坏性地震发生后地震的活动情况和发展趋势）、灾情（指破坏性地震造成的人员伤亡和经济损失以及对社会的影响等情况）及其发展趋势等信息，并能传递到需要人员的手中，这些信息是灾后应急管理的核心环节。国家防灾减灾法规定，只有地震灾区的省、自治区、直辖市人民政府有权按照国务院有关规定向社会公告震情、灾情，其他任何国家机关都无权向社会发布震情、灾情公告。

2008年汶川地震后，地面通信遭到毁灭性破坏。16960皮长km光纤损毁，616个有线交换局和16507个移动通信基站受损，很多地区成为“信息孤岛”；汶川、北川、理县、茂县等11个县261个乡镇，2604个行政村通信机房垮塌、基站倒塌、光缆断裂，导致通讯瘫痪；加上震后通话量高达正常值的几十倍，使重灾区和外界通讯完全中断。

2008年5月13日21点，10部卫星电话送达映秀镇，才从那里打出了震后第一个电话。5月14日，汶川县城通讯尚未恢复，为准确掌握灾情，空降兵某部15位官兵冒着生命危险从5000m高空空降灾区，获取了第一手资料。5月15日，在映秀镇安装了卫星宽带视频系统，才能将灾情视频和语音实时传回指挥部门。5月16日，使用中卫1号通信卫星提供的卫星通信传输链路，开通了震后第一个移动基站，灾区群众才可用手机同外界联系。

由此可见，我国幅员辽阔、荒漠戈壁众多，地面有线、无线通信永远无法完整覆盖疆域，故应建立自主的GEO卫星移动通信系统，改变“孤岛”式通信网络和运营商独自建设的局面。卫通的卫星资源40%～50%闲置，但仍未很好利用。救灾初期，主要依赖Inmarsat、铱星、Globalstar、Aces等国外卫星，大量VSAT和卫星应急通信车到后，我国鑫诺和中星1号等卫星才得以用上[8,9]。因此，今后要在IP统一平台上，实现运营商网络无缝融合和地面有线、无线通信和卫星通信融合。

2008年汶川地震发生后，其实遭到破坏性的不仅是汶川县城曲山镇，还有属于汶川县管辖的映秀镇。由于灾情信息掌握不够全和交通受阻等原因，灾后初期有些地方救灾人员扎堆，有些地方救灾人员却去得比较晚。

震后一周是搜寻救人的黄金时期，要争分夺秒，不惜一切代价，从废墟里抢救人员。汶川地震6小时后，国家和中央政府部门领导人频频前往灾区，地方各级领导忙于接待，现场汇报和聆听领导讲话，使营救工作暂停或受到影响。实际上，在搜寻救人的黄金时间，国家和中央政府部门领导人，最好不去灾区搜寻救人现场。

7.3 震后重建选址

重建选址就是明确在哪儿重建？无非有三个方案：一是在原地重建；二是部分在原地

---

[8] 马献章，抗震减灾指挥与通信信息保障问题，2008年7月

[9] 李立忠，突发事件中的公众移动通信，2008年7月

重建，部分在周边重建；三是另选一个地方重建，即异地重建（图 7-19）。

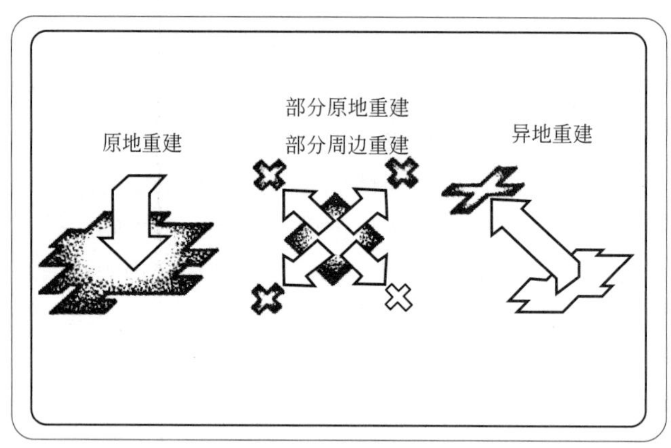

图 7-19　重建选址可能方案

汶川地震后，一些县城和乡镇所在地要求异地重建，等待批复颇耗时日，成为影响重建速度的重要问题。历史的经验值得注意。我们先来看看过去国内外大地震以后的重建，是如何选址的。

我国 1949 年到 2007 年期间，共发生 15 次破坏性地震，其中 12 次都在原地重建，只有 3 次不是完全在原地重建。

1985 年 8 月 23 日新疆乌恰 7.4 级地震后，乌恰县城在离原址 7km 的新址重建。原址地震烈度较高，有时会有山洪，地下水位高，土壤容易液化，但是业经八九年建设，有水，有树，风沙小，有基础设施，许多受到损坏的房屋和倒塌房屋的基础还可以利用。新址地震烈度虽然较低，但位于戈壁滩，土层薄，绿化难，仅市政设施就多花费 1057 万元，占重建总费用 5536 万元的 19％。笔者任国家基本建设委员会抗震办公室副主任，到重建新址现场考察时，只见戈壁一片，当地老百姓抱着笔者的腿哭诉，怀念原来的家园。笔者在乌鲁木齐有关部门查找异地重建决策的过程和相关文件，结果一无所获。

1976 年河北唐山 7.8 级地震后，决定大部分在原地重建（包括原来的东矿区和老市区的路北区）；放弃原来老市区的路南区，在丰润异地重建新区。1988 年底，丰润新区只有 7.9 万人，其中仅 50％人口是从老市区迁来的，迁来的企业只有 9 个，仅为原来规划迁来的企业总数的 12％，而且还是部分搬迁；原来的路北老市区人口从 1976 年地震后的 31 万人增加到 1987 年的 53 万人，远远高于规划的人口数；原来决定放弃的路南老市区因基础设施和工厂的设备还能使用，生产恢复很快，大多数企业又在原址重建。丰南县城、开平镇、固原镇和东矿区的行政和商业中心原先也计划搬迁，后来因为实施困难，只好在原地重建。滦县县城搬迁未果，一个县城被分成了两地。

1970 年云南通海 7.7 级地震地震后，只有建水县俞家河坎村因地面大滑移，异地重建，其他地方均在原地重建。

1988 年 11 月 6 日云南澜沧-耿马 7.6 级地震后，原拟把耿马县城迁到孟定新址重建，后来综合评估，决定仍在原地重建。不但节约 2.5 亿元，还提前 2 年完成重建。

俗称地震国的日本，历史上曾经发生过多次破坏性地震，但都是在原地重建。1995 年 1 月 17 日阪神-淡路地震也全部在原址重建，没有异地重建的情况发生。

地震多发的美国，也是基本上在原地重建。1964 年 3 月 27 日美国阿拉斯加 8.4 级地震，安克雷奇市破坏主要是地震引起的滑坡所造成，但仍在原地重建。1971 年 2 月 9 日美国圣费尔南多 6.4 级地震后，除退伍军人管理局医院他迁，原址改做公公园以外，其他均在原址重建。受到破坏的独户住宅虽横跨断层，但仍在原地修复住人。严重破坏区内的公共设施和住宅也均在原地修复使用，虽然这些地方有洪水和地震威胁，但并未考虑搬迁。少年宫和 Olive View 医院位于抗震不利地段，原拟搬迁，后因精心设计可以解决问题，决定仍在原址重建。美国联邦政府 1970 年救灾法规定，联邦政府不负担重建中因搬迁而增加的费用，这实质上是鼓励在原地重建，不支持异地重建[10]。

1960 年 2 月 29 日摩洛哥 Agadir 地震后开征“国民团结互助税”，颁布特别法律。规定受损房屋如果加固修复费用不大于 75％重置费用时，且房屋地址同新规划结合，则不准拆除，而是修复加固使用。经过地质研究，决定城市南移重建，仅对原规划做了不大的调整。

1963 年 7 月 26 日原南斯拉夫斯科比亚地震后，仍在原地重建。政府规定，在 1963～1968 年期间，工资收入者和工商企业拿出 2％收入作为重建费用，计划 5 年建成，实际用了 15 年。

1968 年 1 月 14 日意大利西西里西部山区 Belice 地震后，当地政府提供护照和单程车票，鼓励灾民外迁，政府从外地运来 10 美元/m^3 造价的预制单元房，许诺要发展工业，建大型市政工程和全额补助永久住房，制定不切实际的经济恢复和发展规划，诱惑国营公司投资。重建资金分散给 136 个社区，而不是集中用在严重破坏的 15 个社区。结果延误恢复重建时间，灾民形成“福利心理”，震后 8 年还有灾民住在预制简易单元房里。

从上述可见，大地震以后，世界各国基本上都是在原地重建。一般说来，原地重建最为经济、速度最快，最易实施。

汶川地震以后的重建选址，原地重建应列为首选（图 7-20），因为：

（1）从自然条件来说，山区城镇是祖先根据自然条件，如有水、有资源、有平坦地块、少受灾害威胁，通常是军事要地等所做的选择，人们已经在那儿生活了几十年，上百年、甚至上千年，我们应当尊重祖先的抉择。

（2）从安全来说，原地重建，安全仍可保障。地震断裂可以通过抗震设防解决。滑坡可以通过监测、治理来解决，北川县城 20 世纪 90 年代打抗滑桩的地方就没有滑。刚发生过地震的地方，多年积蓄的地震能量，已经通过地震释放，再在原地发生地震，需要几十、几百年的能量积累。所以，地震刚发生过的地方，一般比多年没有发生过地震的地方更为安全。[11]

（3）从社会文化和心理来说，异地重建要大规模移民，而由于生活习惯、传统、乡土情结和邻里联系等情况等因素的影响，新中国成立以来政府组织的大规模移民，后果并不理想。

（4）从经济、资源和环境来说，原有城镇的供水、供电、通讯和道路等基础设施大多尚存，遭到中等破坏的房屋和设施可以通过修复加固继续使用，倒塌和严重破坏的房屋和

---

[10] 叶耀先、冈田宪夫著，《地震灾害比较学》，北京：中国建筑工业出版社，2008，225 页

[11] 叶耀先．异地重建要十分谨慎［N］，科学时报，2008-7-2，(1)

设施的基础仍可利用，不仅恢复快，省地，省投资，省材料，而且对环境影响也最小。

（5）原地重建财产权属明确，而异地重建会使灾民遭受二次损失，还会引起纠纷；异地重建是最为昂贵、最难实施的方案，同原地重建相比，不仅投资多，而且还会遇到多种阻力。例如：灾民希望尽快恢复正常生活和生产水平，而达到这个要求，原地重建要现实得多；财产拥有者或使用权拥有者会强烈反对搬迁，因为这会使他们损失更大；尽管在大灾发生初期居民会支持搬迁，但从感情上他们更愿意在原地居留。

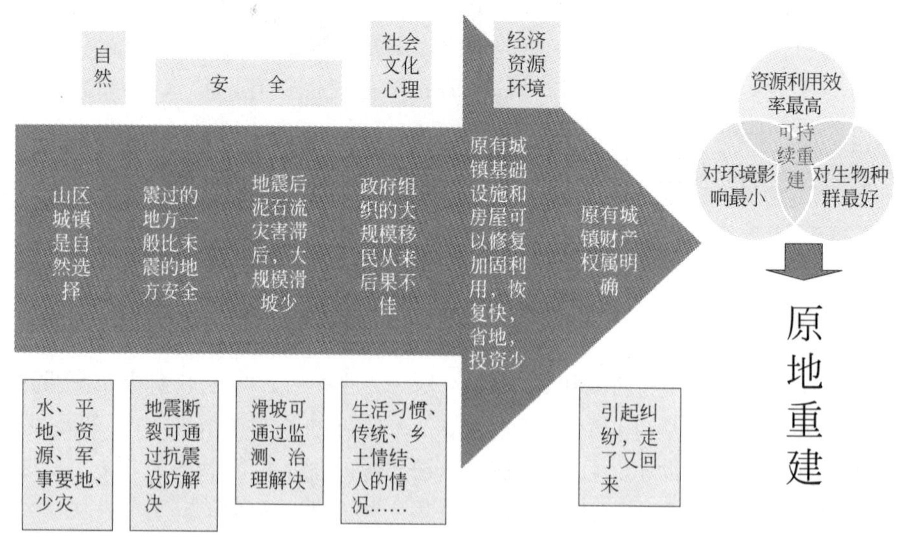

图 7-20　原地重建应列为首选

笔者认为，原则上应在原地重建，让灾民回到自己的住地，恢复生产，重建家园，而不是移居他乡。只有符合下列 3 个条件之一时，才可以考虑异地重建：（1）原地受地震、地质或洪水等灾害严重威胁，采取工程措施难以防治；（2）经可行性分析，原地重建比异地重建要花费更多的资金、物力和人力；（3）95%以上原地居民同意搬迁。

汶川地震以后，北川、青川和汶川三县县政府驻地和陇南市市政府驻地，数十个乡、镇政府驻地和许多村子都要求异地重建。

在这样崇山峻岭的山区，可以利用的土地十分有限，很难再找到可以搬迁的地方。如果要搬迁，只能搬到县域边缘或县域以外，这将会增加管理成本，而且居民很不方便。

北川县城房屋倒塌和滑坡都极为严重，发生两大滑坡，王家岩滑坡夺走了 1600 人的生命，新北川中学滑坡造成 906 人丧生（图 7-21）。震后，温家宝总理视察灾区时，当场决定放弃原地，另找地方异地重建。北川老县城曲山镇成为一片废墟，遍地是瓦砾和洪水冲来的废木材，破损和歪倒的楼房，崩塌的山体。北川新县城建在 23km 外的安昌河畔，兴建了 37m 高的羌族碉楼，3000 多套安居房，以及宽阔的马路，老县城 1 万多居民告别板房喜迁新居。根据上述异地重建的条件，笔者认为：北川老县城曲山镇的滑坡，600 年前曾经滑动过。新生滑坡 1990 年代用抗滑桩加固，凡是加固过的地方，2008 年地震都没有滑下来。在崇山峻岭的山区，难得有的这样一个山清水秀的有河流调头经过的平坦地块。如果缩减人口规模，作为中心镇保留，按羌族建筑风格重建，经过可行性研究和论证，征求居民意见后再做最后裁定，可能也是一种选择。

图 7-21　北川县城曲山镇

至于青川、汶川县政府驻地和陇南市市政府驻地的搬迁问题，根据上述异地重建条件，笔者认为：汶川县城不宜搬迁，因为房屋虽遭破坏，但极少倒塌（图 7-22）。根据笔者实地考察和同四川地震、地质专家讨论，认为汶川县城处于一、二级阶地，是个安全岛。在这些崇山峻岭的山区，可以利用的土地十分有限，很难再找到可以搬迁的地方。如果要搬迁，只能搬到县域边缘或以外，既增加管理成本，居民也不方便。

青川县城也不宜搬迁。理由是：(1) 房屋和设施虽遭破坏，但极少倒塌，滑坡也不多见，说明地震和引发的地质灾害造成的破坏不是非常严重，是可以防御的；(2) 县城在北井坝、小坝等地仍有发展空间；(3) 原县城位于全县中心位置；(4) 根据中国城市规划研究院的调查，被调查人员愿意搬迁的为 54.5%，而普通市民只有 12.5%愿意搬迁；(5) 现在准备迁往的竹园镇，离原来县城 66km，位于县域边缘，不但增加管理成本，居民也很不方便。图 7-23 是笔者震后拍摄的青川县城乔庄镇的照片，没有去过的人，几乎一致认为是地震以前拍摄的。根据照片和笔者的实地考察，说整个青川县城是“站立的废墟”，绝大多数房屋都要拆除，只有几栋房屋可以修复、加固的说法是缺乏根据的。

陇南市级行政中心也不宜迁建。理由是：(1) 虽然 1985 年国务院曾批准“将武都地区行政公署迁往成县”，但未实施；(2) 这次地震，武都区有些房屋裂缝，滑坡和泥石流也不多见，说明地震和引发的地质灾害造成的破坏不是非常严重，是可以防御的；(3) 仍有发展空间；(4) 准备迁去的成县，水资源不如武都区，灾害险情和发展条件虽比武都区稍好，但差别并不大；(5) 地震前，市民对搬迁曾有对抗行动，领导班子思想不统一，如因灾害险情而迁走行政中心，留下市民，可能会引起新的对抗行动。我们调查回来后，就收到当地人大代表的电子邮件，强烈反对搬迁。

图 7-22　汶川县城威州镇震后全景（叶耀先摄）

图 7-23　青川县城乔庄镇震后全景（2008 年 7 月 5 日叶耀先摄）

笔者曾多次上书和发表文章，呼吁原则上就地重建。

2008 年 6 月笔者给《中国建设报》写了“异地重建要慎之又慎”和“汶川必须放弃吗?”两篇文章。《中国建设报》以《内部参考》呈送建设部领导。仇保兴副部长在两篇文章上分别批示：“叶耀先同志的这份报告十分重要，请规划司、村镇办、中规院认真学习。重建工作一定要从历史经验与教训中吸取智慧。”“叶耀先同志的意见值得深思，请规划司阅办。”在中央组织部、四川省委组织部、四川省建设厅和广元市政府举办的培训班上，就灾后重建应把握的原则和可持续重建等问题，我向灾区县、市党政领导做了报告[12]。每次报告都特别强调原则上就地重建[13]。

周干峙院士和笔者联名写的“关于四川省青川县城和甘肃省陇南市武都区重建的意见”，经住房和城乡建设部呈报了国务院领导，国务院总理温家宝和副总理李克强的批示见专栏 1，重建意见见专栏 2。

专栏 1 国务院总理温家宝和副总理李克强的批示

温家宝同志 9 月 11 日在中科院院士周干峙同志和中国建筑设计研究院叶耀先同志呈报的“关于四川省青川县城和甘肃陇南市武都区重建的意见”上批示：请克强、良玉、马凯同志阅示。建议发改委（规划组）在作深入论证，并派人听取周干峙、叶耀先同志意见。此件抄送四川、甘肃省委、政府。

李克强同志 9 月 15 日批示：请发改委认真落实家宝同志批示精神。

专栏 2 关于四川省青川县城和甘肃省陇南市武都区重建的意见

7 月初，我们曾报告过对汶川地震后一些县城应以原地重建为主的意见。最近，受住房和城乡建设部领导派遣，我们又考察了四川省青川县和甘肃省陇南市的武都区、文县和成县县城。所到之处，搬迁的呼声仍很高。

我们认为，对异地重建要严格控制。因为，与原地重建相比，异地重建至少有以下弊端：（1）房屋建设费用要高出一半以上；（2）市政基础设施要多花 2/3 以上；（3）社会环境全变，造成不稳定因素；（4）建设时间拉长；（5）灾民遭受二次损失，新旧两地房屋产权问题不好解决；（6）丢弃垃圾废墟太多；（7）居民难以发挥自建的积极性；（8）土地市场漏洞大；（9）指挥部与民众关系难处理；（10）历史文化一扫而光。所以，原地重建应列为首选。

山区城镇是自然的选择，人们已经在那儿生活了数百甚至上千年，原地重建是尊重祖先的抉择。地震断裂不能作为搬迁理由，因为地震以后，地震基本烈度和抗震设防标准都已提高，完全可以通过抗震设防解决，即使出现地表裂缝，一般也不会引起房屋倒塌，而且发生过地震的地方一般比没有发生过的地方更为安全。地质灾害也不能作为搬迁理由，因为可以采取防治措施。北川县城的新生滑坡 1990 年用抗滑桩加固，这次地震就没有下滑。

---

[12] 叶耀先．《准备好做现代社会人》，北京：中国工业出版社，2014，366 页

[13] 叶耀先．异地重建要十分谨慎 [N]，科学时报，2008-7-2，(1)

专栏 2（续） 关于四川省青川县城和甘肃省陇南市武都区重建的意见

新中国成立以来，我国共发生 15 次破坏性地震，13 次都在原地重建。1976 年唐山地震部分迁建，但主体仍在原地。1985 年新疆乌恰地震乌恰县城整体搬迁，后果不佳。1988 年云南澜沧-耿马地震，原拟迁到孟定重建，经过综合分析，原地重建节约 2.5 亿元，且可提前 2 年建成，最后仍在原地重建。异地重建和大规模移民一样，成功的事例几乎没有。

地震国日本，历史上发生过多次破坏性地震，但都在原地重建。地震多发的美国，也没有出现过城镇搬迁，1970 年救灾法规定，联邦政府不负担因搬迁而增加的费用，实质上是不支持异地重建。

根据国内外的研究，异地重建是最昂贵、最难实施的方案，只有在难以采取措施应对未来灾害，95%以上居民同意搬迁，经济上可行等条件都符合的情况下，才可考虑。

基于上述，我们认为：

青川县城不宜搬迁。理由是：（1）房屋和设施虽遭破坏，但极少倒塌，滑坡也不多见，说明地震和引发的地质灾害造成的破坏不是非常严重，是可以防御的；（2）县城在北井坝、小坝等地仍有发展空间；（3）原县城位于全县中心位置；（4）根据中国城市规划研究院的调查，被调查人员愿意搬迁的为 54.5%，而普通市民只有 12.5%愿意搬迁；（5）现在准备迁往的竹园镇，离原来县城 66 公里，位于县域边缘，不但增加管理成本，居民也很不方便。

陇南市级行政中心也不宜迁建。理由是：（1）虽然 1985 年国务院曾批准“将武都地区行政公署迁往成县”，但未实施；（2）这次地震，武都区有些房屋裂缝，滑坡和泥石流也不多见，说明地震和引发的地质灾害造成的破坏不是非常严重，是可以防御的；（3）仍有发展空间；（4）准备迁去的成县，水资源不如武都区，灾害险情和发展条件虽比武都区稍好，但差别并不大；（5）地震前，市民对搬迁曾有对抗行动，领导班子思想不统一，如因灾害险情而迁走行政中心，留下市民，可能会引起新的对抗行动。我们回来后就收到当地人大代表的电子邮件，强烈反对搬迁。

周干峙（签名）

中国科学院、中国工程院院士，城乡建设部原特邀顾问，曾主持唐山和天津的震后规划。

叶耀先（签名）

中国建筑设计研究院顾问总工程师，国家建委抗震办公室原副主任，建设部城市建设防灾减灾专家委员会委员，日本京都大学防灾研究所客座教授，曾参与唐山、云南通海和山西大同-阳高等多次地震的震后重建，并同美国、日本合作研究震后重建，著有《地震灾害比较学》等书。

2008 年 9 月 8 日

根据温家宝总理和李克强副总理的批示，国家发展改革委员会领导专门到住房和城乡建设部来，听取了周干峙院士和笔者的意见。领导对我们意见的重视，给我们以很大的鼓舞。

后来，汶川县和青川县城，以及陇南市政府驻地最后都在原地重建。震后，随着时间的推移，对异地重建有了新的认识。四川省原先经过专家评审和批准异地重建的乡镇驻地有26个，后来减少到12个。14个乡镇政府自己提出不再异地重建，原因或是原来的依据有变化，或是经过算账不划算，或是找不到新址。对于农户下山也很谨慎，更多地尊重民意。例如，青川县原打算将部分农户迁到成都邛崃的劳改农场，后组织农户去看，结果绝大多数不愿意去，因而作罢。

住房和城乡建设部村镇建设办公室2008年6月曾组织调查组对汶川地震灾区3个乡进行灾后重建调查，83.43%受调查灾民希望原址重建，说明原地重建是多数灾民的愿望。[14]

但是，值得深思的是，国务院《汶川地震灾后恢复重建条例》[15]第三条规定："就地恢复重建与异地新建相结合"，于是，一些区、县、镇所在地，就提出了异地重建的要求，而上级又迟不答复，以致地震以后半年多，等待批准异地重建的县城，还没有开展恢复重建工作。这是应当汲取的教训。[16]如果该条例明确："原则上就地重建，异地重建必须符合几个条件，而且要经过科学论证"，则绝大多数地方就会安下心来就地重建家园，规划和实质性的恢复重建工作就能迅速展开，不但节省投资，而且缩短重建时间。[17]综上所述，笔者认为，震后重建选址，原则上应该在原地重建，如果要异地重建，必须要有科学的可行性论证。

7.4 过渡性住所

地震灾后住房重建通常要经历三个阶段：先是住帐篷或简易的棚屋，然后是住在过渡性的安置房，最后住进永久性住房。（图7-24）

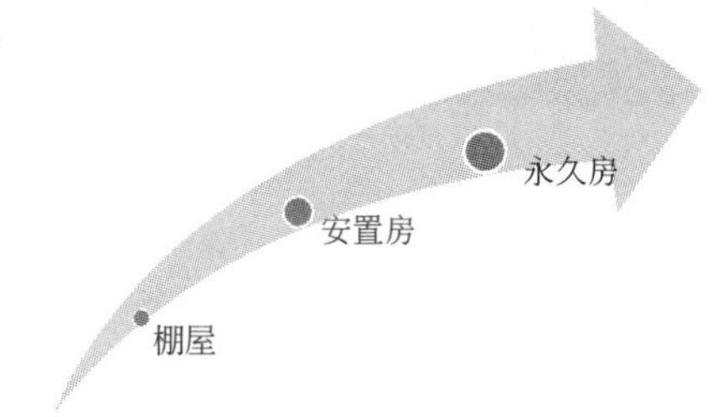

图7-24　地震灾后住房重建通常经历的三个阶段

汶川地震灾后主要以帐篷作为棚屋，以活动板房作为安置房。地震以后，共向灾区发放帐篷150多万顶（图7-25）。

---

[14] 住房和城乡建设部村镇建设办公室主任给仇保兴副部长的报告，2008年7月11日

[15]《汶川地震灾后恢复重建条例》，中华人民共和国国务院令第526号，2008年6月8日

[16] 叶耀先．汶川地震四周年之思［J］，中国减灾，2012.（6月下）：59-63

[17] 叶耀先，汶川地震灾后重建的问题和建议［N］，科学时报，2009-2-12，（A4）

图 7-25　汶川地震以后四川省什邡市红白镇的帐篷区（2008 年 5 月 24 日摄）

图片来源：http：//news. sohu. com/20080529/n257155229. shtml

活动板房原来说需要建 100 万套，实际建成的有 67 万套（图 7-26、图 7-27），有些运到现场，但未用上。

图 7-26　映秀镇过渡性安置活动板房　　图 7-27　都江堰市“幸福家园”板房区

图片来源：http：//www. google. cn/imgres? imgurl

活动板房解决了数百万灾民的临时居住问题，功不可没。但从实践结果来看，活动板房显现的一些问题值得重视，主要的有：

（1）活动板房不能建在坡地上，在山区只能占用大片平坦的农地；

（2）有的活动板房区，安置数千到数万人，如棉竹市，最大的板房区达 5 万多人，占地 2000 亩，成了临时的小城镇，时间长了，会产生社会问题；

（3）灾民住在板房里，远离原来的生产和生活地点，对恢复生产和重建家园都很不利；

（4）板房费用很高，出厂价为 400 元/m^2 左右，由于在山区，运到现场增至 1000 元/m^2 左右；

（5）用毕后，剩余价值只有原先的 30％，且难以运出再利用，形成建筑垃圾。

笔者认为，像唐山地震那样，在灾民生活和生产的地方，自行就近搭建临时住房，比较有利，也是可行的。例如，笔者所见彭州市鼓励自建过渡安置房，搞得就比较好（图7-28）。具体做法是，灾民和政府签订自建合同，政府补助1000元；建成验收后，政府再补助1000元。他们规定：灾民如果利用自己倒塌房屋的材料建安置房，政府补助1000元，建好以后，再补助1000元。在新兴镇，灾民自建的建筑面积为24m^{2}的过渡性安置住房，全部材料费为1800元，签订合同建成后，政府补助2000元。他们认为，在自己盖的房子里面住，比住活动板房要舒服得多。一间活动板房要2万元，这种房子才2000元。遗憾的是，彭州的做法并没有得到大面积推广。笔者在一处活动板房区，曾同十几户灾民讨论，他们认为，如果政府把活动板房的钱给他们一半，他们自己在三个月内，就能把永久房建起来。可见，安置房必须靠近灾民原来生产和生活的地方，而且要让他们自己动手、利用废弃材料，参与建造。

在房屋破坏不很严重的地方，如果抓紧对损坏房屋进行修复加固，许多灾民就可以直接从帐篷过渡到永久住房。比如汶川和青川县城，如果地震后就决定在原地重建，2008年冬，灾民就可以住上永久性住房。由于等待上级对异地重建的批示，震后半年多没有动静，震损的房屋还是原样放在那里。笔者所接触的灾区领导和百姓都认为，如果能把建板房的钱给他们，他们不仅能够自建安置房，而且可以很快过渡到永久性住房。只要把灾民视为重建的主体，贯彻自力更生、艰苦奋斗的方针，再加上适当外援，完全是能够做到的。

图7-28　彭州市鼓励自建过渡安置房

7.5　地震受损房屋利用

汶川地震造成大量房屋倒塌，主要有以下4个原因。

1. 地震基本烈度估计偏低。汶川地震以前，映秀镇和北川县城曲山镇等极震区的地震基本烈度仅为6～7度，而实际地震烈度高达11度。大量房屋破坏和倒塌应在意料之中。这种情况，不仅是汶川地震，1949年新中国成立以来，我国共发生7级以上强烈地震14次，其中11次地震的实际地震烈度都超过原定的地震基本烈度，只有1955四川康定地震和1955、1985年新疆乌恰地震等3次地震没有超过（表7-3）。

2. 新中国成立以后的1950和1960年代，由于国家经济实力所限，当时国家规定，地震区一般民用建筑不考虑抗震设防。图7-29为1950年代建造的中学学生宿舍，由于没有考虑抗震设防，汶川地震时倒塌，造成许多午休的学生罹难。

1949年以来发生的7级以上强烈地震 **表7-3**

序号	发震年份	地点	震级	地震基本烈度	震中地震烈度
1	1955	四川康定	7.5	10	9
2	1955	新疆乌恰	7.0	9	9
3	1966	河北邢台	6.8,7.2	6	10
4	1970	云南通海	7.7	9	10
5	1973	四川炉霍	7.9	9	10
6	1974	云南永善	7.1	8	9
7	1975	辽宁海城	7.3	6	9
8	1976	云南龙陵	7.6	8	9
9	1976	河北唐山	7.8	6	11
10	1976	四川松蟠	7.2	6-9	8
11	1985	新疆乌恰	7.4	9	9
12	1988	云南澜沧	7.6,7.2	8	9
13	1999	台湾集集	7.3	6-7	11
14	2008	四川汶川	8.0	6-7	11

图7-29 1950年代建造的中学学生宿舍，没有考虑抗震设防，地震时倒塌

3. 国家建筑抗震设计规范颁布过晚。直至新中国成立后25年，即1974年，国家才颁发第一本建筑抗震设计规范。1949～1973年建造的建筑，除了少数按照前苏联规范设

计的以外，多数没有考虑抗震设防。这些建筑自然难以经受如此强烈地震袭击。

4. 个别少数建筑在设计和建造时没有完全执行国家建筑抗震设计规范。

地震以后，中国地震局已将汶川、茂县、北川、都江堰的抗震设防烈度由 7 度提高到 8 度，彭州抗震设防烈度虽仍为 7 度，但其地震动峰值加速度分区则从原来的 0.1g 提高到 0.15g。重建时，如果严格按照调整后的抗震设防烈度设计和施工，即使汶川地震重演，房屋也不会倒塌。

《汶川地震灾后恢复重建条例》对受到地震破坏的房屋如何处置，没有明确规定。受"跨越式"发展和建设美好家园口号的影响，灾区大量拆除地震受损房屋。有的县城许多可以加固使用的房屋，已经写上了"拆"字，有的县领导对笔者说，他们县城是"站立的废墟"，只有几栋房屋可以保留，其他都要拆除（图 7-30、图 7-31）。大量拆除可以加固使用的房屋，不仅造成巨大浪费，延长恢复重建时间，产生大量建筑垃圾，影响周围环境，而且会带来能耗和物耗大量上升，建材供应不上，以及引发民事纠纷等诸多问题。

直到 2008 年 8 月 8 日，四川省人民政府才发出"汶川地震灾区城镇受损房屋建筑安全鉴定及修复加固拆除实施意见"（第 226 号令），要求根据应急评估结论，通过安全鉴定（包括可靠性鉴定、危险房屋鉴定和建筑抗震鉴定等）确定受损房屋是否可以加固。这个文件的解析框图如图 7-32 所示。

图 7-30　某县政府院内，倒塌的会议楼旁边的 4 层砖混住宅楼，已经写上"拆"字，准备拆除，实际上仍可加固使用。

按照第 226 号令，一栋地震受损房屋的处置要经过应急评估、鉴定和处置等三个阶段。

应急评估要求快速，没有时间做细致的勘测和计算工作，主要用于灾情估计和确定震后是否可以作为应急住房，继续使用。所以，应急评估的结论只可参考，不能作为是否拆

图 7-31 某县城迎宾馆 4 层住宅因住户在屋顶加建房屋倒塌，砸坏屋面挑出部分和地面停放的两辆轿车，但仍可加固使用

汶川地震灾区城镇受损房屋建筑安全鉴定及修复加固拆除实施意见

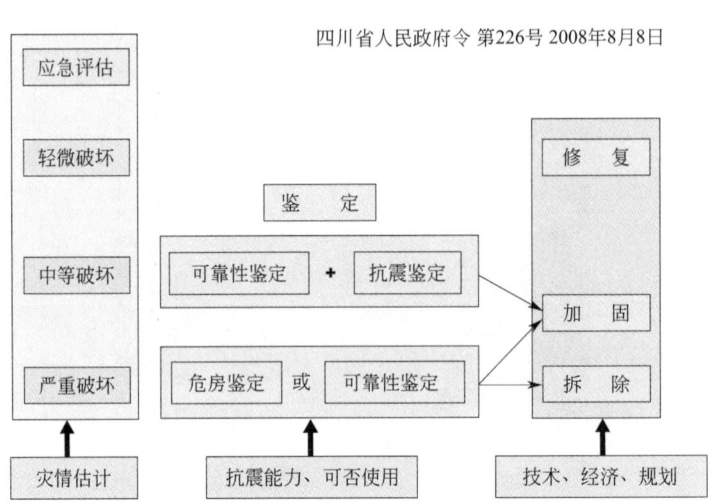

图 7-32 四川省人民政府“汶川地震灾区城镇受损房屋建筑安全鉴定及修复加固拆除实施意见”（第 226 号令）的解析框架

除的依据。笔者在灾区，看到许多轻微和中等破坏的房屋在应急评估中，被定为危房，结论是拆除。细问是哪方专家，胆敢得出这样的结论，笔者被告知，其中多有隐情。

鉴定分为可靠性鉴定、危房鉴定和抗震鉴定三种。这三种鉴定都不是针对地震后受损的房屋，而是针对既有的、没有经受过地震作用的房屋，且各有自己的目的。可靠性鉴定是供技术管理使用，目的是加强建筑物的安全与合理使用。危险房屋鉴定把房屋的危险性分为 A 级（非危房），B 级（危险点房），C 级（局部危房），D 级（整幢危房）等 4 级，是供有效利用房屋，确保使用安全使用。建筑抗震鉴定是判定建筑的抗震能力，看是否需要抗震加固，以应对未来地震。

四川省 226 号令规定：“轻微受损的，按房屋修建时的抗震设防要求和抗震设计规范，通过修复施工，恢复到震前状态；中等以上破坏、具有加固价值的，按照地震后国家新颁布的抗震设防要求和房屋修建时的抗震设计规范进行加固；学校、医院、体育场馆、博物馆、文化馆、图书馆、影剧院、商场、交通枢纽等人员密集的公共建筑及服务设施，地震后可能发生严重次生灾害、使用上有特殊要求的房屋建筑，按照国家新颁布的抗震设防要求和新的抗震设计规范等标准进行加固。”这个规定有几个问题需要考虑。

1. 地震后受损房屋是否可以加固利用，应当根据三个条件来确定（图 7-33），即：

（1）技术上能做，即房屋倾斜不超过 0.5%～1.0%，用现有的成熟技术可以进行修复加固；

（2）经济上可行，即加固费用不超过重置费用的 70%～75%；

（3）规划上允许，即受损房屋位于重建规划的允许建设地段，而不是在规划上定为基础设施建设的地段。如果重建的时候，原来道路很窄，要拓宽，而受损的房屋就在准备拓宽的道路上，那就可以拆除。根据这三个条件处置地震受损房屋，就是可持续重建，就能做到“三最”，即：资源利用效率最高，对环境影响最小，对生物种群最好。

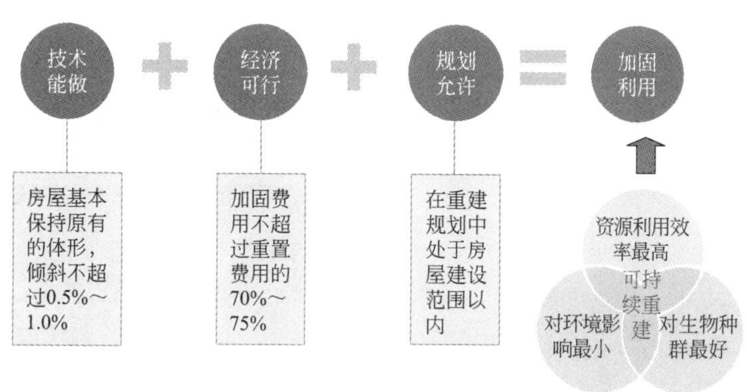

图 7-33　地震后受损房屋是否可以加固利用的三个条件

2. 震后国家新颁布的抗震设防要求高于房屋修建时的抗震设计规范要求，所以，按照地震后国家新颁布的抗震设防要求和房屋修建时的抗震设计规范进行加固是矛盾的。

3. 按照什么标准加固，加固到什么程度，要考虑建筑受损程度和经济水平，通常要达到国家新颁布的抗震设防要求和新的抗震设计规范是很困难的，但恢复到地震以前的状况，并有条件使用，是必须做到的。

4. 加固要区分公产和私产。对公产，政府是房屋所有权人，政府出钱加固，当然可以要求按什么标准加固。但对私产，所有权人出钱加固，如果政府没有补贴，加固到什么程度应当由所有权人自己决定。所以加固一定要把公产和私产分开来考虑。学校、医院等也都有私产，不能一概而论。

由于对加固工作缺乏指导，许多灾民等不及了，开始自己加固。有些只加固自己居住空间的受损部位，对整栋房屋缺乏全面考虑；有些加固根本不起作用；有些加固则过分牢靠；有些本来是违章建筑也在加固；灾区修复加固用的建筑材料短缺，而且价格攀升，灾民反映强烈。例如，笔者在广元市一户正在自行加固的居民家中发现，他们住的是5层砖混结构房屋，只加固自家住房的一、二层山墙，在墙的两边各加12cm厚钢筋混凝土面层（图7-34）。这种局部加固不可取，因为没有考虑整栋楼的抗震性能，而且完全不需要用两边加起来24cm厚的钢筋混凝土墙。

图7-34　广元市一户居民的5层砖混房屋局部加固

由于对建筑材料生产没有全面规划和实施方案，没有制定利用地方建筑材料政策，又要求两年建成，只好利用农田的土烧砖，以及外省运进大量建筑材料，甚至从加拿大和俄罗斯进口木材。

都江堰市把遭到地震破坏的危房作为地震遗址暂行保护（图7-35）值得商榷。一是需要考虑把位于繁华市区的震损房屋保留下来做什么用？二是震损房屋在露天，长期日晒雨淋风吹，能保持多久？三是可否用照片、视频和测绘图记录下来，而不是保留破坏的建筑？四是长期保留有损城市形象和土地有效使用，国外尚未见有先例。

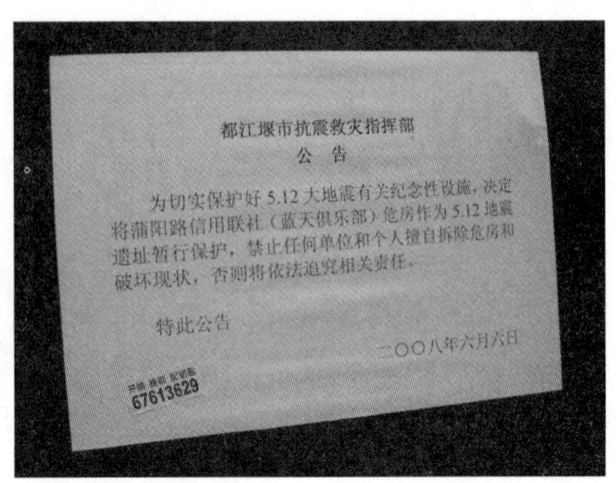

都江堰市抗震救灾指挥部

公　告

为切实保护好5.12大地震有关纪念性设施，决定将蒲阳路信用联社（蓝天俱乐部）危房作为5.12地震遗址暂行保护，禁止任何单位和个人擅自拆除危房和破坏现状，否则将依法追究相关责任。

特此公告

二〇〇八年六月六日

图7-35　都江堰市将危房作为地震遗址暂行保护

安全鉴定需要很多精力和财力，完全可以和加固一起做，即委托加固设计单位，由他们根据上述三条做出是否可以加固的判断，并承担加固设计。即“诊断”和“医治”结合，而不是分开。

修复和加固利用地震受损的房屋是快速重建、节省资源、节约资金和减少建筑垃圾的最佳途径。如加固费用平均为新建费用的50%。如果城镇和农村住房新建费用平均分别按每平方米1200元和600元计，则5836万m^2城镇受损住房和9432万m^2农村受损住房重建就需要 1266 亿元，而加固利用则可节省 633 亿元。拆除重建不但费用高，速度慢，产生建筑废料多，而且还会引发许多民事纠纷。

地震后笔者在四川省都江堰市，看到许多沿街的受损的底层框架房屋，底层在使用（图 7-36），而其他各层则未利用。实际上，底层框架房屋的底层地震时最易倒塌，是最危险部位（图 7-37）。

图 7-36 都江堰市沿街受损房屋，地震易倒塌的底层已在使用。

图 7-37 北川县城曲山镇底层框架房屋底层倒塌

7.6 对口支援

地震灾后重建，采取对口支援，在我国尚属首次。但是，“国家组织内地省市对口支援边境地区和少数民族地区”的政策，早在 1979 年 4 月召开的全国边防工作会议上就已经提出，而且被列入 1984 年实施的《中华人民共和国民族区域自治法》第 64 条。该条规定：“上级国家机关应当组织、支持和鼓励经济发达地区与民族 自治地方开展经济、技术协作和多层次、多方面的对口支援，帮助和促进民族自治地方经济 、教育、科学技术、文化、卫生、体育事业的发展。”[18]

鉴于汶川地震灾后恢复重建任务艰巨，中央决定举全国之力，加快恢复重建，施行对口支援。为此，国务院办公厅印发了《汶川地震灾后恢复重建对口支援方案》[19]。

该方案指出：考虑支援方的经济实力和受援方的灾情程度，兼顾安置受灾群众阶段已形成的对口支援格局，对口支援具体安排如表 7-4 所示。未纳入对口支援的受灾县（市、区）由所在省人民政府组织本省范围内的对口支援。社会各界及境外提出对口支援的，由受灾省人民政府统筹安排。

汶川地震灾后恢复重建对口支援具体安排 **表 7-4**

支援方	受援方	支援方	受援方	支援方	受援方
山东省	四川省北川县	辽宁省	四川省安县	江西省	四川省小金县
广东省	四川省汶川县	河南省	四川省江油市	湖北省	四川省汉源县
浙江省	四川省青川县	福建省	四川省彭州市	重庆市	四川省崇州市
江苏省	四川省绵竹市	山西省	四川省茂县	黑龙江省	四川省剑阁县
北京市	四川省什邡市	湖南省	四川省理县	广东省（主要由深圳市）	甘肃省受灾严重地区
上海市	四川省都江堰市	吉林省	四川省黑水县	天津市	陕西省受灾严重地区
河北省	四川省平武县	安徽省	四川省松潘县		

该方案强调：对口支援坚持“硬件”与“软件”相结合，“输血”与“造血”相结合，当前和长远相结合，调动人力、物力、财力、智力等多种力量，优先解决灾区群众基本生活条件。对口支援的内容和方式有：

（1）提供规划编制、建筑设计、专家咨询、工程建设和监理等服务。

（2）建设和修复城乡居民住房。

（3）建设和修复学校、医院、广播电视、文化体育、社会福利等公共服务设施。

（4）建设和修复城乡道路、供（排）水、供气、污水和垃圾处理等基础设施。

（5）建设和修复农业、农村等基础设施。

（6）提供机械设备、器材工具、建筑材料等支持。选派师资和医务人员，人才培训、异地入学入托、劳务输入输出、农业科技等服务。

（7）按市场化运作方式，鼓励企业投资建厂、兴建商贸流通等市场服务设施，参与经营性基础设施建设。

（8）对口支援双方协商的其他内容。

基层政权建设由中央和地方财政为主安排，各级党政机关办公设施不列入对口支援范围。

各支援省市每年对口支援实物工作量按不低于本省市上年地方财政收入的 1%考虑。

---

[18]《中华人民共和国民族区域自治法》http://baike.baidu.com/link? url=teYO1lPMZut6fHbDCfOWs_c-tSgE_2iXeCcfUogGXvLLoRcOyqvhZyJGAHW0Hc0oW9EzUGHW1MLK0gNdgBbolq#2_7

[19] 国务院办公厅关于印发汶川地震灾后恢复重建对口支援方案的通知，国办发〔2008〕53 号，2008 年 6 月 11 日，http://baike.baidu.com/link? url=QY7Y7WbWYGoNOCYgHuNROa5xrraGCmHX6juKY0r6626G0GlqGoiLbgBDwU5tnT5pr4HoTGh9tmhkoskpZwbtOa

具体内容和方式与受援方充分协商后确定。

该方案提出了下列 4 条工作要求：

(1) 加强领导，精心组织。灾后恢复重建工作复杂，任务艰巨，支援和受援双方要按照中央统一部署，设立机构，协调配合，抓好各项措施落实。为争取时间，支援方要尽早参与规划设计等前期工作。

(2) 依据规划，有序推进。灾后恢复重建要严格按照灾后重建规划布局、选址要求和各类建设标准组织实施。制订科学合理的建设计划，防止盲目建设，防止盲目攀比。

(3) 同时要对中央财政建设资金、对口支援资金、社会捐助资金以及受灾地区自筹资金统筹安排，合理使用，严格管理，精打细算，努力提高资金使用效益。

(4) 善始善终，搞好衔接。在安置受灾群众阶段已经部署的帐篷、活动板房等对口支援工作，要继续按照原工作部署完成。灾后恢复重建阶段对口支援的各项工作统一按此次安排方案执行。

汶川地震灾后重建，不到三年建成，对口援建，功不可没，很受外界关注。主要表现在：

1. 对口支援省市实际投入重建资金都超过中央要求，平均实际投入为中央要求的 1.45 倍。对口支援省市实际投入超过中央要求的有山东省（2.39 倍）、浙江省（1.72 倍）、江苏省（1.64 倍）、北京市（1.62 倍）和福建省（1.59 倍）等 5 个省市。中央要求各支援省市每年对口支援实物工作量按不低于本省市上年地方财政收入的 1%考虑。2007 年支援省市地方财政收入（万元）如表 7-5 所示。

2007 年支援省市地方财政收入（万元） **表 7-5**

省、市	财政收入	省、市	财政收入	省、市	财政收入
山东省	16753980	辽宁省	10826948	江西省	3898510
广东省	27858007	河南省	8620804	湖北省	5903552
浙江省	16494981	福建省	6994577	重庆市	4427000
江苏省	22377276	山西省	5978870	黑龙江省	4404689
北京市	14926380	湖南省	6065508	广东省(主要由深圳市)	6580000
上海市	20744792	吉林省	3206892	天津市	5404390
河北省	7891198	安徽省	5436973	总计	226073334

资料来源：各地区财政收入（2007 年），http：//www.stats.gov.cn/tjsj/ndsj/2008/html/H0707c.htm

从表 7-5 可见，2007 年支援省市地方财政总收入为 20479.7 亿元，对口支援资金按每年 1%考虑，共计 3 年，则中央要求支援省市共投入灾后重建资金不低于 618.3 亿元。据笔者根据已有资料统计，全国 19 个对口支援省市共实施 4468 个对口支援项目，对口支援资金达 898.9 亿元（表 7-6）。为中央要求的 145%。

2. 对口支援不到三年，成果累累[20]。

北京对口支援什邡灾后恢复重建涉及民生、公共服务、基础设施、新农村建设 4 大类援建项目，并在智力支持、产业发展、精神家园建设、援建项目运行维护、长效合作机制等方面安排了资金。北京市还与什邡市签署了《北京-什邡 2010-2013 年合作框架协议》，探索建立长效机制，深化合作，实现共赢发展。

---

[20] 盘点：20 个省市对口援建汶川地震重灾区成果，2011 年 05 月 11 日 http：//news.xinhuanet.com/local/2011-05/11/c_121403984.htm

2008 年汶川地震重建中央要求和支援省市投入资金情况　　表 7-6

支援省、市	2007 年财政收入(亿元)	中央要求投入(亿元)*	支援省市实际投入(亿元)	支援省市完成项目(个)	省市实际投入/中央要求
山东省	1675.4	50.3	120	369	2.39
广东省	2785.8	83.6	112	702	1.34
浙江省	1649.5	49.5	85	538	1.72
江苏省	2237.7	67.1	110	295	1.64
北京市	1492.6	44.8	72.5	108	1.62
上海市	2074.5	62.2	82.5	117	1.33
河北省	789.1	23.7	28	108	1.18
辽宁省	1082.7	32.5	40.3	88	1.24
河南省	862.1	25.9	30	300	1.16
福建省	699.5	21	33.4	146	1.59
山西省	597.9	17.9	19	226	1.06
湖南省	606.6	18.2	20.1	99	1.10
吉林省	320.7	9.6	8.2 (截至 2010 年 4 月)	182	0.85
安徽省	543.7	16.3	21.3	320	1.31
江西省	389.9	11.7	13	48	1.11
湖北省	590.4	17.7	21.2	116	1.20
重庆市	442.7	13.3	17	100	1.28
黑龙江省	440.5	13.2	15	146	1.14
广东省深圳市	658	23.6	30	165	1.27
天津市	540.4	16.2	20.4	295	1.26
总计	20479.7	618.3	898.9	4468	1.45

*2007 为上年财政收入，重建时间原定 3 年，假设上年财政收入 3 年不变，则按各支援省市每年对口支援实物工作量不低于本省市上年地方财政收入的 1%考虑。

资料来源：盘点：20 个省市对口援建汶川地震重灾区成果，2011 年 05 月 11 日 http://news.xinhuanet.com/local/2011-05/11/c_121403984.htm

上海援建都江堰项目形成了覆盖城乡、惠及民生的体系，还签订了《关于构建上海市对口支援都江堰市工作长效机制的框架协议》，建立定期沟通交流和联系工作机制等多层次的合作交流机制，加强教育、医疗等援建项目后续运行管理保障，推进农业、商贸、旅游等领域全方位多层次合作交流。图 7-38 为上海市援建的都江堰市山区。

向峨乡

向峨乡棋盘村

图 7-38　上海市援建的都江堰市山区

同为灾区的重庆市主动承担对口支援崇州市灾区恢复重建，建成医疗、教育、环保等上百个项目。重庆市还从灾区长远发展需要考虑，实施了一批重点基础工程；大力开展就业、医疗、教育等援助，并与崇州市政府签署了长效合作机制的框架协议。

安徽省对口支援松潘县，按照打造松潘国际旅游胜地的目标，提高了川黄公路的建设等级，使黄龙景区的日访问量由 3000 人提高到 1 万人以上，为四川的旅游发展奠定了基础。

福建援建彭州市灾区，注重“造血”，不仅完成重建项目，双方还签订了“长期合作交流”协议，建立长效合作交流机制。

江西省对口支援小金县，除了工程建设，还在支医、支教、人才培训、劳务合作、招商引资、产业恢复重建等方面给予援助，促使小金县软实力得到较大提升。为巩固援建成果，签订了《江西省人民政府、小金县人民政府关于建立对口合作长效机制的框架协议》。

山东省援建北川县（图 7-39）任务完成以后，另一批山东人带着项目和企业落户北川，为北川的可持续发展开道铺路，深化双方在经济贸易、特色产业、城乡建设、文化旅游、科教人才方面等的交流合作。

图 7-39　山东援建的北川新县城

河南省援建江油市灾后重建结束后，江油市为感恩社会，传递爱心，兴建感恩园以示纪念，并决定每年从财政资金中拨出 100 万元，加以江油社会各界的捐款捐赠，成立感恩河南基金，专门用于支援河南相关项目。

广东省对口援建汶川县映秀镇（图 7-40），坚持“规划先行、以人为本、民生优先、城乡一体、统筹兼顾和可持续发展”的原则，创造了广东速度、广东质量、广东理念和广东模式。

浙江省对口援建青川县，按照“一乡一业”、“一村一品”的发展思路，投资 1 亿元，实施 100 个农业产业项目，建设 100 个特色产业基地；投资 1200 万元的三锅乡农业产业园，带动 2500 农户，户均每年增收 5000 多元，解决了 1500 多人就业；给青川产业发展

图 7-40　重建后的汶川映秀镇

注入新的活力。

3. 对口支援是计划经济时代诞生的，虽然用于汶川地震灾后重建也取得了明显的效果，但这是一种特定的情况，从市场经济和自力更生两个方面来看，今后在一般情况下，不宜采用。

7.7　房屋和村镇重建

地震灾后，提高抗震设防标准的呼声很高，有些管教育的人说，学校建筑的抗震设防烈度要提高 1～2 度。最后迫使新的抗震设计规范把学校列为重要建筑，抗震设防烈度提高一度。灾区学校抗震设防标准提高，全国其他地震区学校也要提高。唐山地震发生在夜间，学校也倒了不少，但没有学生，人都死在住宅里，人的一生四分之三时间在住宅里，学校提高了，住宅也要提高；供电、供气、供水、通讯、交通等生命线系统，国际上公认是重要设施，也要提高。如果全国这样提高下去，都要像学校一样，“建成最安全最牢靠的建筑”（《北京青年报》2008 年 7 月 5 日 B1 版），那么，中国所有的财富用于抗震都不够。笔者认为，把学校的抗震设防烈度提高一度是缺乏依据的。

我们所到的灾区，房屋都在 6 层以下，凡是按 7 度采取抗震措施的房屋，都没有倒塌，说明现行抗震设计规范并没有问题，没有必要提高建筑的抗震设防烈度。震后不久，中国地震局就将汶川、茂县、北川、都江堰的抗震设防烈度由 7 度提高到 8 度，彭州抗震设防烈度虽仍为 7 度，但其地震动峰值加速度分区则从原来的 0.1g 提高到 0.15g。重建时，如果严格按照调整后的抗震设防烈度设计和施工，即使汶川地震重演，房屋也不会倒塌。不适当地提高建筑的抗震设防标准不但没有根据，而且也不必要

原则上，各类房屋都可抗震，只要按修订后的地震基本烈度和抗震设计规范和标准执行，就可达到抗震要求。有人说，砖混结构房屋的抗震性能不如钢筋混凝土结构房屋。映秀镇漩口中学地震破坏实例否定了这种说法。该校为 2007 年建成，建筑抗震设防烈度为 7 度，实际地震烈度高达 11 度，建筑破坏或倒塌在常理之中。但是，采用钢筋混凝土框架结构的三层教学主楼一层倒塌（图 7-41a），二层副楼局部倒塌（图 7-41b），而采用砖混结构的 4-5 层办公楼（图 7-41c）和 5 层宿舍楼（图 7-41d）虽然严重破坏，但并未倒

塌。如果按照抗震设计规范，钢筋混凝土框架结构采用抗力矩框架或延性框架，砖混结构用钢筋混凝土构造柱加圈梁约束砖墙，则两种结构房屋，地震时都不会倒塌或严重破坏。

(a) 采用钢筋混凝土框架结构的三层教学主楼一层倒塌

(b) 采用钢筋混凝土框架结构的二层副楼局部倒塌

(c) 采用砖混结构的4-5层办公楼严重破坏，但未倒塌

(d) 采用砖混结构的5层宿舍楼严重破坏，但未倒塌

图 7-41 映秀镇漩口中学房屋地震破坏

值得注意的是，这次地震底层框架房屋破坏和倒塌的很多（图 7-42），主要原因是同上部各层水平刚度相比，底层框架水平刚度小，抗地震侧力的能力差。重建中，对此类结构房屋应将底层框架做成抗力矩框架，或加斜撑或剪力墙，以增加抗侧向荷载能力。

建成什么样的村镇？笔者认为，应该遵循三项原则：第一，资源利用效率最高，包括土地、材料、能源、水资源等等都要最高效率地利用，并不是土地越节约越好，要合理地利用土地；第二，对环境影响最小；第三，对生物种群最好，生物种群包括人和人共同生活的动物和植物，在重建当中，不仅要关心人，还要关心其他生物种群，如果不关心他们，最后我们的重建也是失败的。

汶川县雁门乡萝卜寨村位于岷江南岸高半山台梁上，是汶川县最大最古老的羌寨（图 7-43）。距汶川 15km。海拔 1970m，高出岷江河床 600m。萝卜寨为冰水堆积阶坡，地形平缓，台地纵横各约 700～1000m 不等。全为黄土堆积，并已开垦耕种，无树木。全寨有 214 户，1067 人。民房均为高土房，2 至 3 层。户户相连，层层叠叠，井然有序。有北东南西向主巷和众多支巷。巷宽处约 72.5m，巷窄处仅能容 2 人擦身而过。曲折通幽，环环

图 7-42 底层框架房屋破坏和倒塌

相扣，整个寨子宛如一座有无数街巷的微缩的小城，是黄泥羌寨的大型群体，其山歌、羌舞、刺绣很有特色。羌寨民居及特有的民风民俗已吸引了不少国内外专家和游客。

图 7-43 汶川县雁门乡萝卜寨村

地震前花1000多万元修通了到县城的道路，准备发展旅游，并已初步尝到甜头。地震时，背向公路一侧房屋倒塌较多（图7-44），面向公路一侧房屋倒塌较少（图7-45），村里的房子是土墙木架结构，震后房屋木架大多基本完好，但土墙倒塌甚多（图7-46）。原有巷道过窄，平时搬运东西就很困难，震后倒塌的土墙堵塞巷道，堆积高达2m以上（图7-47）。

图7-44　萝卜寨村背向公路一侧房屋倒塌较多（叶耀先摄）

图7-45　萝卜寨村向公路一侧房屋倒塌较少（叶耀先摄）

图 7-46　萝卜寨村房屋木架大多基本完好，但土墙倒塌甚多（叶耀先摄）

图 7-47　巷道过窄，震后倒塌的土墙堵塞巷道，堆积高达 2m 以上（叶耀先摄）

震后准备在离开原地数百米的地方，占用耕地 103 亩，建设新村，安置原有村民，对口支援单位正在做规划设计。原来村庄暂时保留，日后找开发单位照原样恢复，发展旅游。

笔者在这个村子呆了大半天，跟村长、村支部书记讨论怎么重建。笔者建议：在原来村子重建，保留羌族建筑特色，这是村子的价值所在，如果搬到旁边建，价值就丧失了；拓宽原来的道路；采用当地的片石墙代替土墙，因为片石是当地丰富的地方材料，村子旁边的片石墙房子，地震时没有倒（图7-48）；屋顶上过去放了很多薪柴，以后不再放；原来住户面积小的话，可以适当扩大；土地不够，可以在原来村庄旁边扩展；增加展示和休闲设施，吸引游客。那天村长、村支部书记都说笔者的方案很好。在回来的汽车上，笔者问同行的副乡长，结果会怎么样？他回答说："他们说的可能不是真话。"

图7-48　用当地片石和水泥砂浆砌筑的墙体地震时没有倒塌（叶耀先摄）

后来，在成都的中日灾后重建研讨会上，笔者跟日本朋友说了自己的想法，日本朋友说笔者的想法跟他的想法是一样的，说我笔者成了日本人。笔者说，不是，为什么会得到同样的结论呢？因为我们上的是同一所大学，地震灾害大学，得出同样的结论是很自然的。

汶川地震灾后重建标准高，表现在诸多方面。例如：从恢复性重建，升级到发展性重建和借机跨越；要用现代先进建筑和抗震技术，把映秀镇建设成为抗震建筑的示范区，还搞了国际招标[21]；都江堰市八一聚源中学、茂县中学、汶川县第一中学和新北川中学投资分别为1.33、1.88、2.0和2.7亿元，部分设备超过北京和上海的水平，新北川中学规模为5000人，实际只能招到3000多人；茂县医院拥有一流设施，但没有会用的人员，很多设备只能闲置。此外，由于标准过高，运行费用也难以维继，茂县和汶川县每年新增的运

[21] 重建映秀，打造抗震示范区

行费用就分别达到两、三千万元和 2 亿元。[22]

这种追求高标准的情况在 1976 年唐山地震重建中也发生过。开始要求永久住房建设要反映 1980 年代先进技术水平，采用新材料、新技术、新结构。为此建造了一批工厂，一些已经建成，并开始试生产。结果由于计划脱离实际，建成的工厂大多数改了生产线，没有建成的工厂停建。生产用于外墙的预应力钢筋混凝土板和加气混凝板的工厂有的准备扩建，有的准备新建。最终，这些工厂由于产品销不出去，造成有些停产，有些停建。追求反映 1980 年代先进技术水平的设想，造成了 1000 多万元（当年价格）损失。

7.8 重建费用和时间

汶川地震重建费用为 1.7 万亿元，是直接经济损失 8437.7 亿元的 2.01 倍。从表 7-7 和图 7-49 可以看出，汶川地震是世界上最昂贵的重建，重建费用与直接经济损失之比，不但大大超过中国以往的地震（在 0.55～0.87 之间），而且也超过美国和日本的地震（在 1.11～1.64 之间）。

地震直接经济损失与重建费用 **表 7-7**

发震地点	直接经济损失 *	重建费用 *	重建费用/直接经济损失
1964 美国阿拉斯加地震	3.11	4.14	1.33
1971 美国圣费尔南多地震	5.00	5.56 * *	1.11
1975 辽宁海城地震	8.10	4.46	0.55
1976 河北唐山地震	60.00	52.43 * * *	0.87
1979 江苏溧阳地震	1.95	1.37	0.70
1985 新疆乌恰地震	0.63	0.55	0.87
1995 日本阪神-淡路地震	992.70	1630.00	1.64
2008 四川汶川地震	8437.70	17000.00[2]	2.01

* 美国\日本为当年亿美元，中国为当年亿元人民币。

* * 仅圣费尔南多市

* * * 仅唐山市

资料来源：

1 叶耀先，1993，强地震后的恢复与重建决策，中国建筑技术发展研究中心研究报告

2 Tomio Saito，2008，Our Initiatives for Recovery from the Great Hanshin-Awaji Earthquake，http：//www.un.org.cn/resource/98d34b5cb94ac7580558187b2712fdaa.pdf

3 魏宏，2009，灾区重建资金需求 1.7 万亿元，http：//finance.jrj.com.cn/2009/03/0907103774150.shtml

导致如此高昂重建费用的原因大致有如下几点。

（1）“借机跨越”、追求先进水平和高标准的指导思想，我国历来灾后重建坚持的“自力更生、艰苦奋斗、恢复生产、重建家园”16 字方针和科学发展观难以落到实处。

（2）国务院《汶川地震灾后恢复重建条例》[23]对有些问题规定不够明确，如其中第三

[22] 李微敖、高胜科、董欲晓，川震重建账本，《财经》，2012 年第 12 期，第 116—119 页

[23]《汶川地震灾后恢复重建条例》，中华人民共和国国务院令第 526 号，2008 年 6 月 8 日

条规定：“就地恢复重建与异地新建相结合”，于是，一些区、县、镇所在地，就提出了异地重建的要求，而又迟迟得不到批复，以致地震以后半年多，等待批准异地重建的县城，还没有开展恢复重建工作，汶川县城、青川县城和甘肃陇南行政中心等都是如此。

（3）大量拆除能够修复加固继续利用的地震受损房屋。

（4）可在原地重建的村、镇，异地重建，不仅多花钱材，而且浪费土地。

（5）采用活动板房作为安置房，花钱多，用后难处理，运去 60 万套活动板房，有些没有用上。

（6）提高抗震设防标准（学校）。

（7）不切实际的建设要求和标准。

（8）过短的重建时限（2 年）。

（9）对口支援中代替重建。

（10）过多的施舍，政府的钱物无偿发给灾民。

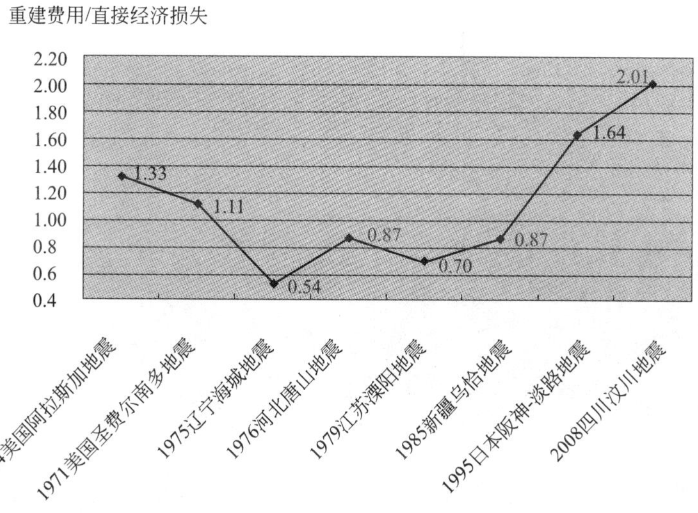

重建费用/直接经济损失
2.20
2.00
1.80
1.60
1.40
1.20
1.00
0.8
0.6
0.4
1.33
1.11
0.54
0.87
0.70
0.87
1.64
2.01
1964美国阿拉斯加地震
1971美国圣费尔南多地震
1975辽宁海城地震
1976河北唐山地震
1979江苏溧阳地震
1985新疆乌恰地震
1995日本阪神-淡路地震
2008四川汶川地震

图 7-49　中国和日本、美国地震重建费用和直接经济损失的比较

灾后重建是紧接着恢复阶段的任务，它包括恢复性重建和发展性重建两个阶段。城镇灾后重建的情况是，计划上要求加速，实际上进展缓慢。重建规划要求在很短的时间内完成，缺乏调查研究和思考的时间。按规定，规划完成以后，公示就要 30 天，而有的地方要求 15 天就完成规划编制。我国 1976 年唐山地震灾后重建用了 10 年时间。日本 1995 年阪神-淡路地震灾后重建用了 8 年时间。在和笔者一起到灾区考察的日本专家说，阪神-淡路地震灾区经济上至今还没有恢复到地震以前的水平。而我们起初规划完成重建时间是 3 年，后来要求从 3 年减少到 2 年，是 1995 日本阪神-淡路地震的 1/4，是 1976 中国唐山地震的 1/5，这种速度在全世界是绝无仅有的。（图 7-50）

“欲速则不达”。由于过快的重建速度，重建规划没有留出足够的时间，工程项目没有勘查和科学论证就仓促上马，不仅造成很大的浪费，而且留下诸多隐患。

彻底关大桥的多灾多难，就是自然界对快速重建的惩罚。国道 213 线是汶川大地震震中汶川县的重建“生命线”，也是整个阿坝州生产生活、灾后恢复重建、九寨沟黄金旅游

线的运输“主动脉”，平均每天有1万辆以上的车辆通行。御底关大桥是国道213线都汶路上由都江堰进入阿坝州的咽喉要地。大桥在2008年5月12日地震时，飞石砸坍部分桥体，213国道中断。

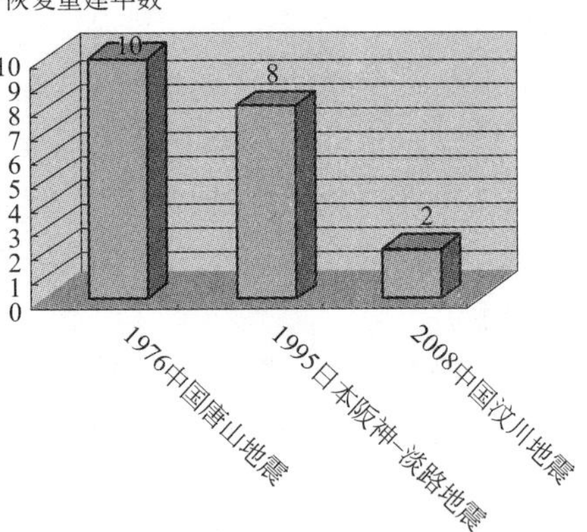

图7-50　地震恢复重建年数

地震后，在大桥下游200m处架设的战备桥，于2008年8月初通车。2009年5月12日，即汶川地震发生一周年之际，御底关大桥建成通车。2009年7月25日4时10分，由于连日大雨，山体滑坡，上万立方米土石坠下，340m长的大桥垮塌，60米桥面倒在距桥面13m高的河岸上，桥上正在行驶的7辆汽车和人员坠落河岸和岷江河中，造成6人死亡，12人受伤，国道213线再次中断（图7-51）。

如果有充裕时间，对桥址的安全进行考察和论证，这场灾祸本可避免。

图7-51　2009年7月25日通车才2个多月的御底关大桥再次被巨石砸塌

映秀镇的重建，教训更为深刻。2010年8月13日夜间至14日凌晨，汶川县境内突降暴雨，全县发生16处泥石流，映秀镇红椿沟特大规模的泥石流灾害把通往汶川的213国道拦腰截断，岷江河段被阻。映秀镇外一处塌方70万m^3，近40万m^3泥石进入岷江形成堰塞体，致使河流改道，河水进入正在重建中的映秀镇，新重建的映秀镇被淹（图

7-52）。洪水泛滥造成 11 人死亡，59 人失踪，8000 多人被迫转移。

映秀镇泥石流抢险现场

映秀镇红椿沟泥石流

被淹的新建映秀镇

图 7-52　2010 年 8 月 14 日拍摄的映秀镇泥石流现场

这样的险情是否在震后重建时，一无所知呢？实际是，国土资源部门在震后做了大量调查，并有书面报告。例如，2008 年 7 月四川省广汉地质工程勘察队的“四川省‘5.12’特大地震后汶川县地质灾害应急排查报告”指出：映秀镇红椿沟是一条老泥石流沟，沟口由于修建草坡变电站，沟道受到挤压，虽然建了简易排导槽，但仍不能满足泥石流过流要求。2008 年 5 月 12 日地震后，沟道内大量松散物质进入沟道，多处堆积堵塞严重，易发生泥石流，建议暴雨季节撤离沟口村民。2009 年 2 月该院在“四川省阿坝州汶川映秀镇灾后恢复重建规划区地质灾害危险性评估报告”和“四川省阿坝州汶川映秀镇灾后恢复重建规划区地质灾害专项防治规划”中，再次严肃指出：映秀镇红椿沟受汶川地震影响，沟道两侧斜坡变形，破坏严重，沟内物源增加，原沟道堵塞严重，加之沟道回水面积大，如遇暴雨，极易产生规模较大的泥石流，危害性及危险性大，建议对其勘察整治。[24]红椿沟位于映秀镇东北侧，沟口堆积扇区为映秀镇场镇灾后恢复重建规划区，都江堰至汶川高速公路和 G213 国道也穿越泥石流堆积区。对这样重要地段，四川省广汉地质工程勘察队的三个调查报告，告知了险情，但没有引起注意，认真处置，导致再次遭到泥石流袭击，不能不说，同追求重建速度，没有留足处置时间有很大关系。

7.9 重建主体

震后重建是把遭到破坏的地区重建成为可持续社区的大好机会，更是为应对下一次地震灾害的恰当时机。要通过重建使灾区经济、社会和能力建设得到发展，为灾区人民创造更多的就业机会，使灾区人民的生产能力、生活水平和抗御灾害的能力有较大的提升。要做到这些，关键在于调动当地人的积极性。

我国地震灾后重建一直是坚持“自力更生、艰苦奋斗、恢复生产、重建家园”16 字方针，就是说，重建家园主要是靠自己的力量，通过艰苦奋斗和恢复生产来实现。《汶川地震灾后恢复重建条例》规定：“受灾地区自力更生、生产自救与国家支持、对口支援相结合”，“政府主导与社会参与相结合”。但实际上，重建主要是政府主导，自上而下，很少有自下而上；主要是靠国家支持、对口支援和外部力量，很少有自力更生、生产自救。对口支援实质上是“一平二调”的再现。这种重建难以调动广大灾民的积极性，还会磨灭可贵的“自力更生、艰苦奋斗”精神。有的灾民，人家帮他家修房子，还要看家钱；救灾物资到了，在一旁袖手旁观；房子要新的，要大的。这些并非因为灾民懒惰，而是没有贯彻“16 字”方针的后果。

重建需要大量的劳动力和建筑材料与产品，本是吸收当地劳力，培养他们的建设技能和发展经济的大好机会。比如，招收民工，通过培训，参加受损房屋的修复和加固工作；根据重建的需要，恢复和建设建筑材料和建筑产品生产工厂，促进就业和地方经济发展。灾区力量和灾民的参与，应是重建的主体。要让地方居民和灾民有机会用自己的双手，以自力更生和艰苦奋斗的精神把自己的家园建设得更美好。援助者是帮助他们重建，而不是替代他们重建。替代重建不是经济合理的重建，而是失败的重建。

重建是非常复杂的长期性的系统工程，不光是物质的重建，经济的重建，而且是生态的、文化的、社会的、心灵的重建（图 7-54）。需要政府、民间和专业机构共同参与和大力协同。灾后重建也是改变灾区旧有面貌和提升防灾能力的大好机会，但也面临诸多制约

---

[24] 唐川等，汶川震区映秀镇“8.14”特大泥石流灾害调查，地球科学-中国地质大学学报，第 36 卷第一期（2011 年 1 月），第 172-180 页

因素，包括：财产权属、资金性质和到位状况、过去的规划及其影响、体制架构、法律体系、土地利用和城市规划政策等等。同时还面临尽快完成重建和建设得越牢靠越好两种压力，以及灾民安置和永久住房建设等诸多问题。

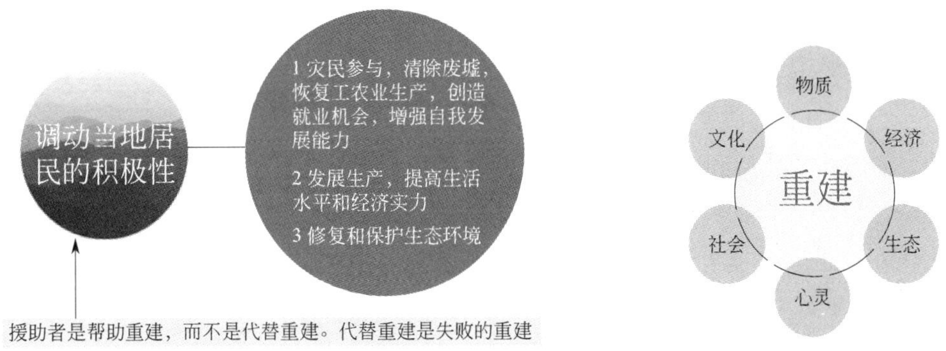

图 7-53　重建要调动当地居民的积极性　　　　图 7-54　重建要素

重建是要把灾区建设成为可持续的、防灾的社区。为了建成可持续的社区，要尊重原来的规划，注重改善原来的不足，而不是推翻重来；要鼓励地方和灾民参与，恢复和建设建筑材料生产工厂，增强自我发展能力；要发展当地生产，提高生活水平；要注意修复和保护生态环境。为了建成防灾社区，要建设抗震建筑，防灾道路，避难场地，避难建筑，防灾村镇，以及有信息、有训练的应急救助社区（图 7-55）。

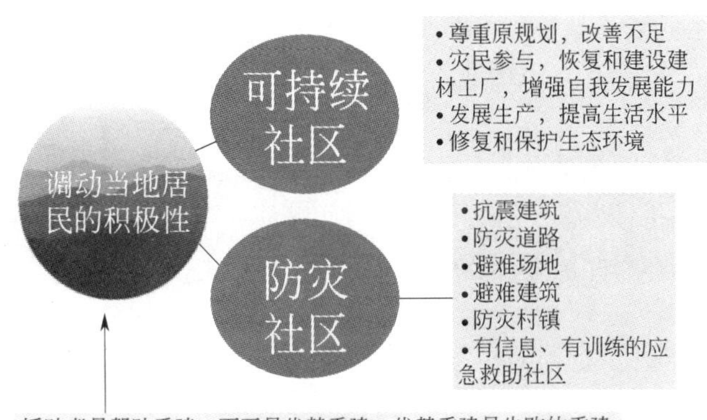

图 7-55　建设可持续的、防灾的应急救助社区

7.10　重建指导思想——可持续重建

地震灾后重建是把灾区建成可持续社区的大好机会，也是应对下一次地震灾害的大号时机。

重建必须以“可持续”作为指导思想。而“可持续”则是指一种可以长久维持的过程或状态。所以，可持续重建就是“可以长久维持的、体现’三最’的重建”。

重建必须能长久维持，即能维持 50～100 年，而不是建成后不久就要拆除再建，或者被可以避免的外力破坏而不能使用。

要做到可持续，必须以把灾区建设成安全的、有活力、有魅力、有本土和民族特色的生态家园为目标（图 7-56）。

生态系统是 1935 年英国生态学家 A. G. Tansley 首先提出来的。生态系统是动态平衡系统，他由生物群落（一定种类相互依存的动物、植物和微生物）和生存物理环境（非生物）构成。要把家园或住区建成生态系统，关键是要使家园或住区输入的物质和能量（非生物）和输出的物质和能量（非生物）能够循环。而这可以通过三个办法解决。一是输入的物质和能量（如建筑材料、能源、水、消费品、太阳照射、风、雨等）减量，二是输出的物质和能量（如用过的建筑材料、废热、中水、污水、可再利用的废弃物、污染空气和地面水等）再利用，三是不能利用的输出的物质和能量能够回归大自然（图 7-57）。

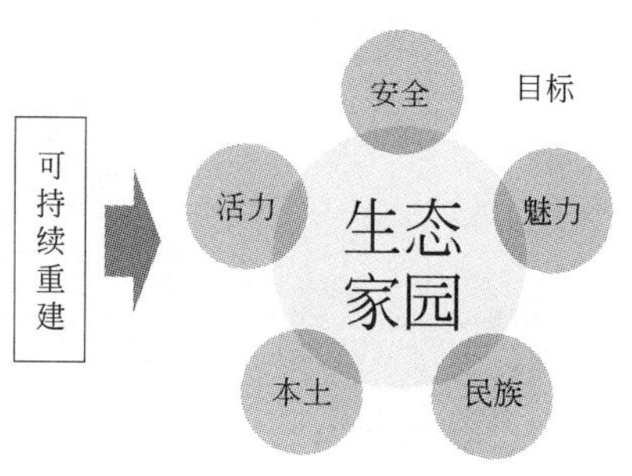

图 7-56 可持续重建目标

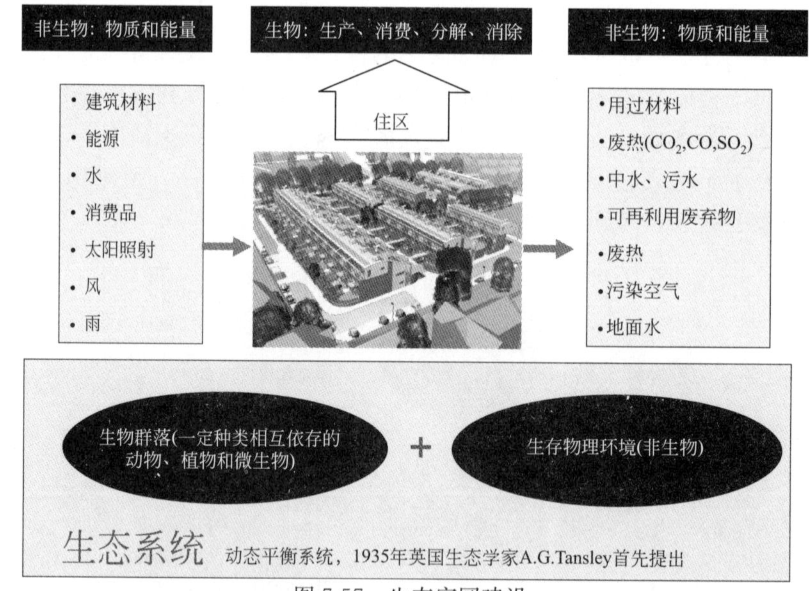

图 7-57 生态家园建设

要做到可持续还必须遵循“三最原则”，即：（1）资源利用效率最高；（2）对环境影响最小；（3）对生物种群（人和人共同生活的动物和植物）最好（图 7-58）。“三最原则”是可持续重建的衡量标准。

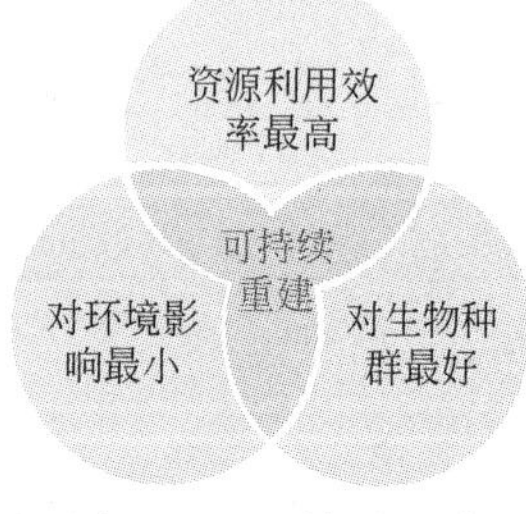

图 7-58 可持续重建的“三最原则”

要做到“资源利用效率最高”，一是要高效利用土地，如：保护耕地，利用好地震废墟，修复和利用地震破坏的土地，恢复临时安置房占地，采用省地建筑，规划力求紧凑，以及原则上就地重建，尽量少用新的土地等；二是要高效利用能源和水资源，如：采用节能建筑，提高生产能效，采用节水器具，防止水体污染，以及利用堰塞湖等；三是要高效利用自然和生态资源，如：旅游资源，林、木、石材资源，以及果、药材资源等；四是要高效利用建筑材料，如：利用地方材料，利用建筑垃圾，利用用后的活动板房，以及可再生材料等（图 7-59）。

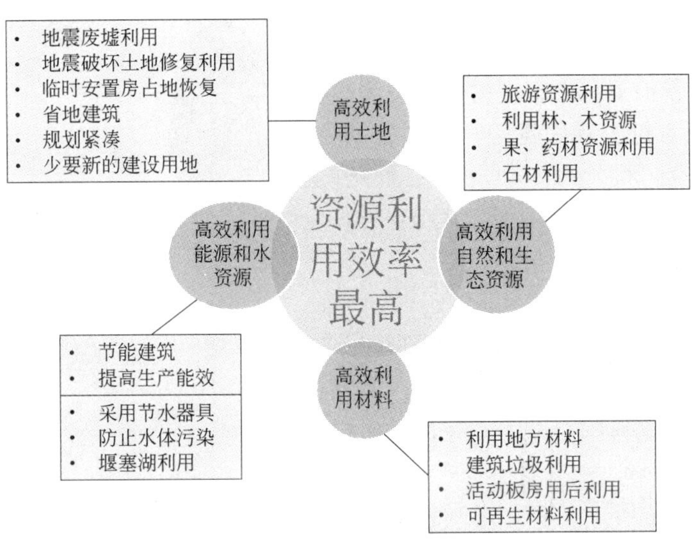

图 7-59　资源利用效率最高的做法

为了做到对环境影响最小，必须尽可能保护原生地形、地貌，尽量利用原有的村镇用地，尽量减少重建对环境和生态的破坏，尽量减少建筑全寿命期间对环境的影响（图 7-60）。

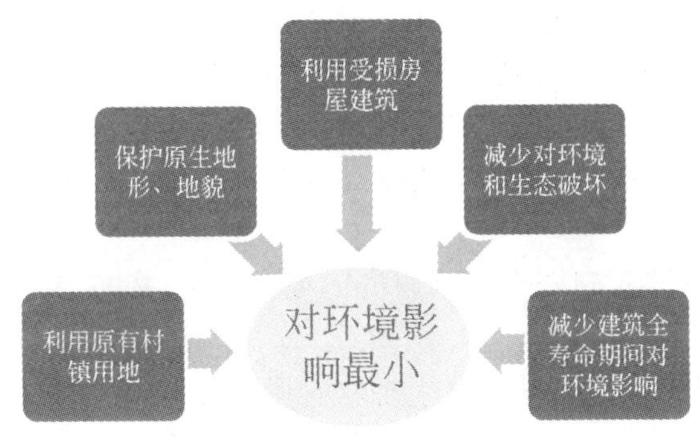

图 7-60　对环境影响最小的做法

为了做到对生物种群最好，必须在关怀人的同时，关注和我们共同生活的动物和植物，保留原有的传统和乡土气息，对重建地点的未来灾害险情做出科学的调查和论证（图 7-61）。

1999 年台湾集集地震后，桃米山村的重建[25]是可持续重建的一个案例。

该村位于南投县埔里镇境内中潭公路旁，在镇中心西南方约 5km 处，行政辖区面积约 $18km^2$，人口 1264 人，是一个自然、文化、生态俱佳的美丽山村。集集震后，369 户

[25] 1999 年台湾集集地震后桃米山村的重建，http：//tw. myblog. yahoo. com/yan9436/article? mid＝612&prev＝640&next＝582

房屋有 168 户全倒，60 户半倒，占总户数的 62%。

建一个崭新的现代化的村子？还是建一个和原来一模一样的村子？居民就此讨论了多次。最后在点子公司的帮助下，决定把村子定位为生态农业休闲村。因为村子有优越的自然生态条件：全台湾 29 种蛙类，桃米有 19 种；143 种蜻蜓，桃米发现 33 种；150 种鸟类，桃米有 58 种；山林间是郁郁葱葱的原生态植被。

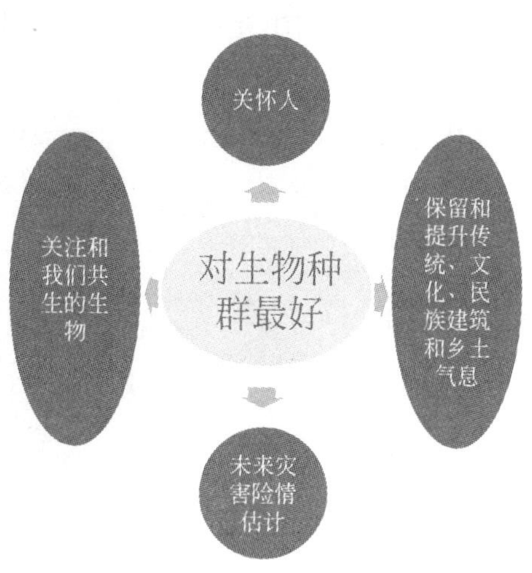

图 7-61 对生物种群最好的做法

具体实施办法是：

1. 推广原生态植物绿化理念。改变 90%以上绿化植物采用外来物种的状况，开展人工栽培繁殖原生植物，用于社区、机关、学校、道路绿化，充分利用自然优势。

2. 文化自觉理念推广教育。开设一系列教育培训课程，包括乡土餐饮、导游及解说、民宿经营与管理、生态调查、生态解说等，使居民重新认识自己和身边的环境，唤醒居民对桃米生态、环保、天然的文化自觉，让桃米的居民以桃米为荣。

3. 推广环保自然的理念。2002 年建设社区象征凉亭、蜻亭及鸟亭；2003 年成立桃米纪念馆，成为一种地方特征；2004 年宣传桃米大饼节，为社区创造新的旅游价值。

4. 居民参与规划建设和旅游营运全过程。居民自发进行生态绿化建设、河流及湿地保护、生态资源调查监测。发动全体村民针对社区环境做创意规划，设计环保天然的社区标志（如蜻亭及鸟亭），由营运中心统一协调营建并支付设计薪水，每个居民都有施展创意空间。建筑材料一般选取天然自产、环保材质，村民的创意使村子呈现出纯朴的面貌。旅游接待采用企业经营模式，从导游到餐饮到食宿，依靠居民自身经营。每户居民月收入达 30 万元新台币。

5. 大型企业赞助提供重建资金，企业员工参与共建，媒体宣传使桃米的知名度很快得到提升。

如今，桃米已成为台湾地区第一个生态农业观光村（图 7-62）。经济稳步发展，原生态保持很好，每年都有新增原生种，随着生态环境的改善，生物链达到平衡，现在蚊虫很少。有许多青蛙、蜻蜓、鸟类及原生种植物，桃米已成为台湾自然教学的基地。

桃米山村

美丽的亲水公园

演讲解说处

图 7-62 1999 年台湾集集地震后桃米山村的重建（一）

生态精致的解说牌

漂亮与环境融合的公厕

921纪念馆里震裂墙壁

草湳湿地的竹子桥

草湳湿地的帆型竹子桥

茅埔坑生态公园蜻蜓造景

草湳湿地的碰碰桥

茅埔坑生态公园的拱形桥

茅埔坑生态公园青蛙造景

碰碰桥

草湳湿地的滑翔蜻蜓

茅埔坑生态公园

社区重建后游客带来了商机

图 7-62　1999 年台湾集集地震后桃米山村的重建（二）

图 7-62　1999 年台湾集集地震后桃米山村的重建（三）

7.11　经验和启示

7.11.1　地震灾害

2008 年汶川地震造成 69227 人死亡，17923 人失踪，374643 人受伤；直接经济损失 8452 亿元，为 2008 年国内生产总值的 2.81％；极重灾区的死亡和失踪人数高达总死亡和失踪人数的 97.2％。这次地震虽然不是 1949 年新中国成立以来破坏性最大的地震，但却是新中国成立以来救灾难度最大的地震。

7.11.2　灾害和灾区特点

这次地震灾害和灾区的特点是：

（1）地震发生在四川盆地和青藏高原交界的高山峡谷地区，是龙门山断裂带活动的结果；

（2）地震烈度 9 度和 9 度以上地区呈狭长的条带形，长度和宽度分别为 318 和 45 公里，极重灾区涉及 10 个县、市；

（3）地震引发的地质灾害特别严重，主要是滑坡、崩塌、地裂、泥石流和地面塌陷，以及山体滑坡等因素形成一些地震堰塞湖；

（4）遭受破坏的房屋绝大多数在 6～7 层以下，凡是采取抗震措施的房屋，基本上都没有倒塌，即使在高烈度地区也不例外；

（5）遭受严重破坏的山区有药材等多种经济资源和生态资源，山清水秀，是发展经济作物和旅游度假的好地方；

（6）灾区是藏族和羌族的聚居地，有许多文物、古迹和大量的藏族和羌族居民住宅，北川县是全国唯一的羌族自治县。

7.11.3　改进网络和通信系统

地震后，地面通信遭到毁灭性破坏，重灾区和外界通讯完全中断，使人员搜救和应急处置遇到极大的困难，警示改进网络和通信系统的重要性。

7.11.4 原则上就地重建

汶川地震后，一些县城和乡镇所在地要求异地重建，特别是汶川、青川县和陇南行政中心，等待批复耗费数月时间，严重影响重建速度。建议今后地震灾后重建一开始就明确“原则上就地重建，异地重建必须符合前提条件，经过科学论证，确实可行”。

7.11.5 鼓励灾民参与，就地建安置房

汶川地震灾后主要以帐篷作为棚屋，以活动板房作为安置房。活动板房解决了数百万灾民的临时居住问题，功不可没。但从实践结果来看，主要问题有：不能建在坡地上，只能占用山区大片平坦农地；大的活动板房区，安置数万人，时间长了，会产生社会问题；灾民住在远离原来生产和生活地点的板房里，对恢复生产和重建家园都很不利；板房费用很高，出厂价 400 元/m^2，运到山区增至 1000 元/m^2；用毕后，剩余价值只有原先的 30%，且难以运出再利用，形成建筑垃圾；原来说需要建 100 万套，实际建成 67 万套，有些运到现场，但未用上。彭州市鼓励自建过渡安置房，灾民和政府签订自建合同，政府补助 1000 元，建成验收后，政府再补助 1000 元，效果很好。灾民说，如果政府把活动板房的钱给他们一半，他们自己在三个月内，就能把永久房建起来。把安置房建在靠近灾民原来生产和生活的地方，鼓励他们自己动手、利用废弃材料，参与建造，是最为可行的办法。

7.11.6 地震受损房屋尽量修复加固后继续使用

地震后应尽快对受损房屋做出评估鉴定，如果修复加固技术上能做（房屋倾斜不超过 0.5%～1.0%），经济上可行（加固费用不超过重置费用的 70%～75%），规划上允许（位于重建规划允许建设地段），则应尽量修复加固后继续使用。大量拆除可以修复加固使用的受损房屋，不仅延长恢复重建时间，而且产生大量建筑垃圾，影响周围环境，带来能耗和物耗大量上升，建材供应不上，以及引发民事纠纷等诸多问题。

7.11.7 对口支援，功不可没，但在一般情况下，尽量少用

汶川地震灾后重建，采取对口支援，不到 3 年完成重建，成果累累，功不可没。全国 19 个对口支援省、市共实施 4468 个支援项目，支援资金达 898.9 亿元，为中央要求的 145%。这是在特定情况下采用的，从市场经济和自力更生两个方面来看，在一般情况下，尽量少用。

7.11.8 房屋和村镇重建抗震设防标准不宜过高

汶川地震建筑震害表明，我国现行建筑抗震设计规范总体是可行的，房屋建筑和村镇只要按照修订后的地震基本烈度和建筑抗震设计规范、标准设防，就能经受未来地震的考验。地震灾后，提高抗震设防标准的呼声很高，最后迫使新的建筑抗震设计规范把学校列为重要建筑，抗震设防烈度提高一度。

7.11.9 重建费用和时间

汶川地震重建费用17000亿元，是直接经济损失8437.7亿元的2.01倍，是世界上最昂贵的重建，重建费用与直接经济损失之比，不但大大超过中国以往的地震（在0.55～0.87之间），而且也超过美国和日本的地震（在1.11～1.64之间）。

汶川地震重建时间原定3年，后来减到2年，是1995日本阪神-淡路地震的1/4，是1976中国唐山地震的1/5，是世界上时间最短的重建。“欲速则不达”。由于过快的重建速度，重建规划没有留出足够的时间，工程项目没有勘查和科学论证就仓促上马，不仅造成很大的浪费，而且留下诸多隐患。彻底关大桥的倒塌、重建、在倒塌和映秀镇的受灾、重建和再受灾，都是极为深刻的教训。

7.11.10 重建主体

震后重建是把遭到破坏的地区重建成为可持续社区的大好机会，更是为应对下一次地震灾害的恰当时机。要通过重建使灾区经济、社会和能力建设得到发展，为灾区人民创造更多的就业机会，使灾区人民的生产能力、生活水平和抗御灾害的能力有较大的提升。要做到这些，关键在于调动当地政府和灾民的积极性，因为他们才是重建的主体。援助者是帮助他们重建，而不是替代他们重建。替代重建不是经济合理的重建，而是失败的重建。

7.11.11 可持续重建

“可持续”是指一种可以长久维持的过程或状态。可持续重建就是“可以长久维持的、体现’三最’的重建”。重建必须能长久维持，即能维持50～100年，而不是建成后不久就要拆除再建，或者被可以避免的外力破坏而不能使用。“三最”就是：资源利用效率最高，对环境影响最小，对生物种群最好。“三最原则”是可持续重建的衡量标准。

要做到可持续，必须以把灾区建设成安全的、有活力、有魅力、有本土和民族特色的生态家园为目标。1999年台湾集集地震后，桃米山村的重建就是可持续重建的一个典型案例。

第 8 章 1994 年美国加州北岭地震灾后恢复重建[1]

本章阐述 1994 年美国北岭地震基本情况、地震震害、应急反应、建筑和工程设施地震破坏和恢复重建、地震保险和住房恢复重建，以及经验教训和启示。原书没有，全部为新增。

8.1 基本情况

1994 年 1 月 17 日凌晨 4 时 31 分，矩震级为 6.7M_w的强烈地震袭击美国南加利福尼亚州洛杉矶地区。这是 1971 年 6.6 级圣·费尔南多地震以来，发生在洛杉矶地区的震级最大的地震。震中在洛杉矶市中心西北 31 公里的圣费尔南多山谷地区的瑞西达（Reseda）社区，美国国家地球物理数据中心（National Geophysical Data Center）给出的震源的地理坐标是 N34°12′47″，W118°32′13″，震源深度是 18.3 公里。虽然地震取名为“北岭地震”（Northridge earthquake），震中却在瑞西达，这是震后花了几天的时间才最后确定下来的。

这次地震震中烈度为 9 度。最大水平地动加速度为 1.7g，是该地城区有史以来仪器记录到的最大加速度。瑞纳蒂（Rinaldi）观测站记录到的地面运动速度峰值为 183cm/s，也是有史以来仪器记录到的最大速度。地震的持续时间约为 20 秒。远离震中 360km 的拉斯维加斯和内华达州均有震感。主震后数周内发生一万多次余震，其中两次余震的矩震级为 6.0M_w，第一次发生在主震后 1min，第二次发生在主震后约 11h。

这次地震是美国自 1933 年长滩地震（Long Beach earthquake）以来，震源直接在城市市区地下的首例；是 1906 年旧金山地震以来，破坏最为严重的地震；是迄今为止地震保险损失最大的地震。

这次地震颠覆了地震科学和地震工程此前所做的许多假定，如：地震发生在以前未能发现的断层上；地震地面运动造成过去认为不会破坏的建筑发生破坏；地震造成的保险损失远远超出保险人士和专家的预期，最终的保险损失远远高于震前根据各种灾难性地震模型做出的预测。所有这些因素，从两个方面使北岭地震成为对巨灾管理最富挑战性的地震：一是灾后如何深入研究，找出我们认知的差距；二是如何把从地震学习到的新的科学知识用来提高我们的减灾能力和预测水平。

---

[1] Robert B. Olshansky, Laurie A. Johnson, and Kenneth C. Topping with Yoshiteru Murosaki, Kazuyoshi Ohnishi, Hisako Koura, and Ikuo Kobayashi, Opportunity in Chaos Rebuilding After the 1994 Northridge and 1995 Kobe Earthquakes

2005 Web-published: March 2011 by Department of Urban and Regional Planning, University of Illinois, Urbana-Champaign, IL Laurie Johnson Consulting | Research, San

Francisco, CA

https: //en. wikipedia. org/wiki/1994 _ Northridge _ earthquake

8.2 地震灾害

北岭地震对于多数地方和州政府的官员来说，并不是非常惊讶，因为他们对在南加州发生大地震已经有所准备。洛杉矶地区的三个县，面积总计 17100km²，地震在其中的 5700km² 范围内造成经济损失、建筑和工程破坏，以及生命线系统运行中断。洛杉矶县西北部和文图拉（Ventura）县东部破坏最为严重，特别是洛杉矶、圣莫尼卡（Santa Monica）、康普顿（Compton）、阿古拉山（Agoura Hills）、圣费尔南多（San Fernando）、圣克拉丽塔（Santa Clarita）和菲尔莫尔（Fillmore）等城市。

破坏主要是强烈的地面运动所引起，大部分是受洛杉矶中部和圣费尔南多流域盆地效应的影响，大量的山体滑坡和边坡失稳发生在圣加布里埃尔（San Gabriel）和圣莫尼卡和圣苏珊娜山（Santa Susana Mountains），而土壤液化则多发生在洛杉矶和文图拉县东南部海岸。

北岭地震的地震烈度分布图如图 8-1 所示。图 8-2 为和修正的麦卡里（Modified Mercali）地震烈度表对应的地震烈度分布图。

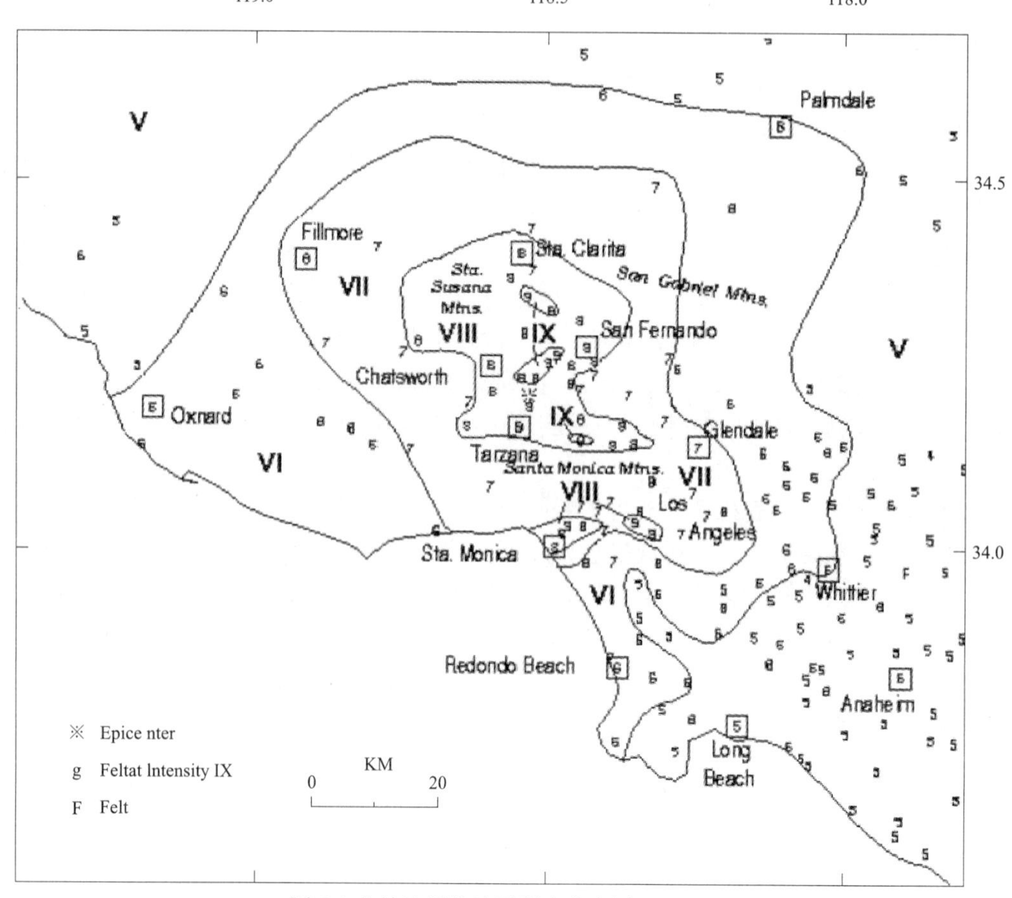

图 8-1 北岭地震的地震烈度分布图（USGS）

资料来源：The Northridge，California Earthquake，RMS 1 0 - year Retrospective，http：//forms2. rms. com/rs/729-DJX-565/images/eq _ northridge _ ca _ eq. pdf

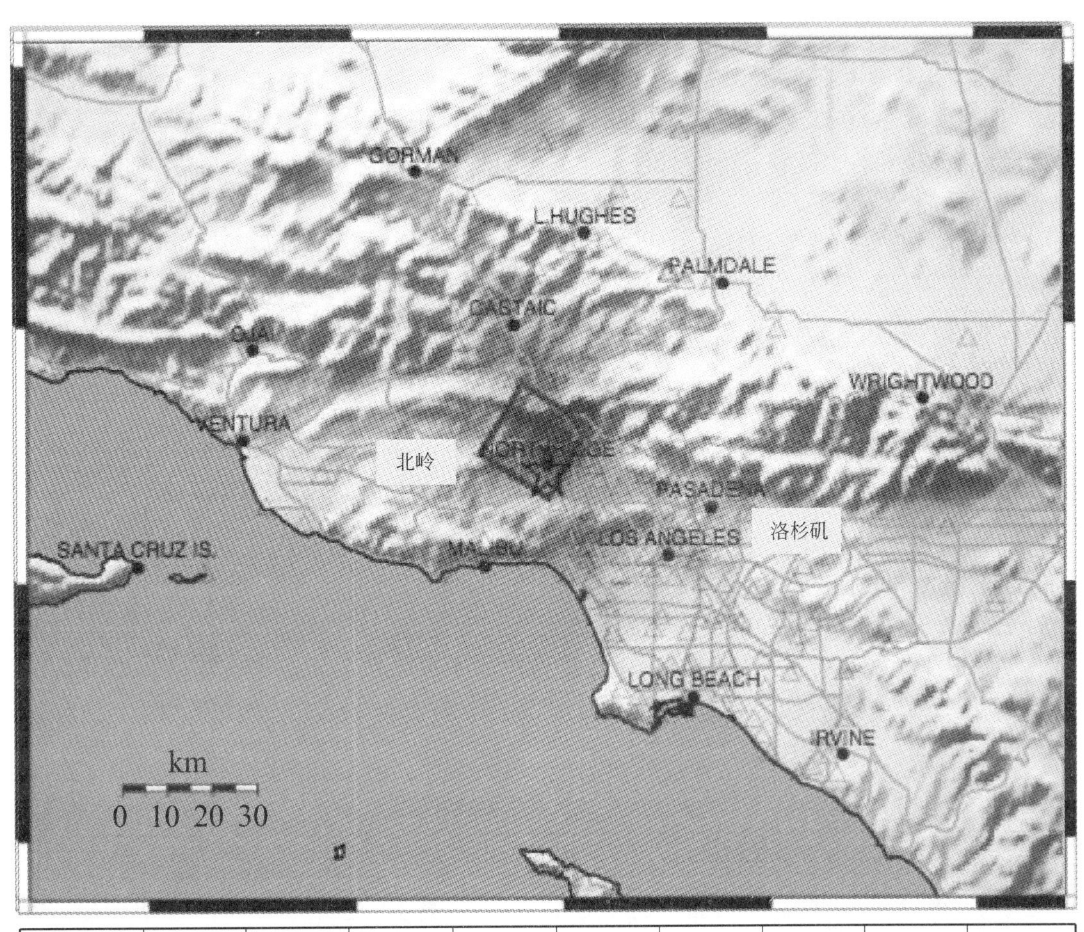

震感	无	弱	轻	中	强	很强	严峻	暴力	极端
可能的破坏	无	无	无	较轻	轻	中	重	较重	很重
加速度峰值(%g)	<0.17	0.17～1.4	1.4～3.9	3.9～9.2	9.2～18	18～34	34～65	65～124	>124
速度峰值(cm/s)	<0.1	0.1～1.1	1.1～3.4	3.4～8.1	8.1～16	16～31	31～60	60～116	>116
观测烈度	Ⅰ	Ⅱ～Ⅲ	Ⅳ	Ⅴ	Ⅵ	Ⅶ	Ⅷ	Ⅸ	Ⅹ+

I	II-III	IV	V	VI	VII	VIII	IX	X+

图 8-2　1994 年北岭地震烈度分布和修正麦卡里（Modified Mercali）地震烈度表

资料来源：California Integrated Seismic Network，2005

洛杉矶地区有 1800 万人口，占加利福尼亚州人口的 50%。地震造成 57 人死亡，11800 多人受伤，22000 多人无家可归。地震使 10 万个住宅单元遭受破坏，一些高层建筑倒塌，高速公路破坏，煤气、自来水管破裂，电信中断，引发火灾。地震造成的经济损失约为 493 亿美元[2]，其中直接经济损失 418 亿美元，间接经济损失 75 亿美元，包括由于拖

[2] The Northridge，California Earthquake，RMS 1 0 - year Retrospective，http：//forms2. rms. com/rs/729-DJX-565/images/eq _ northridge _ ca _ eq. pdf

长运输时间和公用事业设施中断运行而造成的业务中断，失业，空置住房，贷款违约和税收损失等。洛杉矶市估计损失 6600 万美元的收入。洛杉矶县因财产损毁而造成的税收减少，经重新评估约在 55 亿美元以上。从总的财产损失来说，北岭地震是美国最昂贵的灾难，超过安得烈飓风和洛马-普里埃塔（Loma Prieta）地震造成的损失，是美国历史上损失最为严重的自然灾害。

对 10.49 万栋建筑进行了初步的安全检查，估计损失约为 26 亿美元。其中，3 千栋给以红色标签；1.15 万栋给以黄色标签。这两类房屋，由于安全问题，前者禁止进入，后者限制进入。其余 9.04 万栋没有明显的险情，给以绿色标签，允许进入。90%破坏的建筑都在洛杉矶市中心西北的圣费尔南多河谷。该地区的公共设施、道路交通、生命线设施和基本服务在地震时曾遭到被破坏，但大多数都在震后几天或几周内得以修复。

如表 8-1 所示，1994 年北岭地震的直接经济损失大部分来自住宅和工商业部门，这些损失的 40%是私人保险支付。私人财产损失主要集中在洛杉矶市区北部的圣费尔南多河谷地区的郊区。地震时，市内公寓 9%的空置率缓解了住房重建的压力。大多数灾民在震后三至四周内就有了住房。但是，对于许多街区，像好莱坞，前几年的经济衰退使经济下行至 1992 和 1994 年之间的最低点，地震无疑起着雪上加霜的作用。

私人地震保险赔付是住房和工商业恢复重建的主要资金来源之一。保险索赔总额为 139 亿美元。其中：住宅为 99 亿美元，占 71%；工商业为 40 亿美元，占 29%。同保险相关的资金受益主要是中、高收入房主。

1994 年北岭地震的直接经济损失 **表 8-1**

部门	直接经济损失(亿美元)	直接损失占 比%	保险损失(亿美元)	非保险损失(亿美元)
住宅	206	49	99	107
工商业	152	36	40	112
公共事业 基础设施	60	14	—	60
农业	—	—	0.0004	—
直接经济损失总计	418	100	140	279

资料来源：Robert B. Olshansky, Laurie A. Johnson, and Kenneth C. Topping et al, Opportunity in Chaos, Rebuilding After the 1994 Northridge and 1995 Kobe Earthquakes, 2005 (Web-Published: March 2011)

（1）生命线和公共设施的破坏

洛杉矶市和县管辖地区共有 850km 长的高速公路，沿路有 2500 座桥梁，此外还有 2300 座街区桥梁。地震时有 7 座重要的高速公路桥梁受到严重破坏，其中 5 座倒塌。另外有 250 座一般公路桥梁也遭到破坏。

地铁没有严重损坏，震后南加州 6 个县的人在使用。这个地区的大部分交通系统只有轻微破坏。震后恢复把交通放在优先地位，震后 6 个月大多得到修复，其余的 1994 年底全部修复。

地震时，电力设施破坏造成了大面积停电，南加州 250 万人震后几个小时不能用电。93%以上的洛杉矶居民在地震当天就恢复供电，三天内全部恢复供电。

圣费尔南多谷的天然气管道、电力线、配电箱和水箱地，地震时也发生了严重的破坏。地震造成 110 起火点，一个起火点是由于天然气管线破裂引起，只有几户居民受到影响，所幸没有酿成火灾。

总的来说，地震影响地区震后只有 5%～20%的人口受到水、电和天然气中断的影响，大多数在几天或几周内就得以恢复。联邦支付的修复和更换受损基础设施的费用总计近 40 亿美元。洛杉矶市公共设施和基础设施破坏造成的总损失为 7.9 亿美元，相关的应急费用为 3 亿美元。

市政府许多建筑遭到了破坏，包括：市政厅、图书馆、娱乐和公园的结构物、以及文化事务和社区发展局管辖的建筑和卫生设施。11 家医院破坏严重，震后全部或部分关闭，不得不疏散病人。地震后，洛杉矶县学校停课 4 天清理和维修，64 万学生受到影响。震后对非结构破坏严重、结构破坏轻微的学校进行了修复，两座基础出现裂缝的学校建筑则必须拆除。该区总损失约为 1.5～2.0 亿美元。所有 96 所学校中，75 所一周内恢复上课，只有 21 所学校地震 3 周后，仍然停课。

（2）对商业和经济影响

加利福尼亚州的三分之一制造业基地在离开北岭地震震中 64km 范围以内，这里有 1.2 万家制造业企业，从业人员 20 万人，工作人员则住在离震中半径为 32km 的范围内。此外，9.7 万个金融服务企业，85 万多名员工也在离震中 32km 范围以内。

洛杉矶市商业建筑物的破坏估计价值超过 5.52 亿美元，涉及 5259 栋建筑物和 2.5 万家企业。损失价值在 50 万美元以上的建筑物共有 139 座，包括一些倒塌的商业建筑和 8 个部分或完全倒塌的车库。然而，在受影响的 5259 座建筑物中，有三分之二的建筑损失在 2 万美元以下，近 550 座建筑物损失超过 10 万美元。商业建筑损失比例最大的是零售建筑（32%），其次是写字楼（19%）、公用车库（13%）、和仓库（9%）。该地区主要的创收产业—金融服务、国防/航空航天和娱乐/电影业，几乎没有受到影响。地震破坏和公共事业服务中断，对商业运营影响很大，主要是非结构和室内陈设的破坏。

多数商业企业由于需要清理，或电力，电信中断，或员工不能上班等原因，被迫停业两天。多数大型经过正规设计和施工的商业和工业设施仅为轻微到中等破坏，都能在一周内恢复运行。然而，随着时间的推移，在 100 多座钢框架（主要是商业）建筑中，发现有焊接连接破坏，增加长时间检查和维修费用。

小型企业因其业务没有保险，遭受很大的损失。在恢复的第一个月，因停业和销售不畅，多数个人也遭受损失。

只有少数企业有物质损坏保险（21%）或业务中断保险（14%），联邦应急管理局（FEMA，Federal Emergency Management Agency）对严重影响的企业提供的帮助很少。企业只好转向公共援助和向私人借款。

洛杉矶港有几个泊位因土壤液化发生轻微的破坏。地震后港口的一部分停止作业 5 天，进行维修。邻近的长滩港口没有损坏。该地区的三个机场 - Van Nuys，Burbank，和洛杉矶（LAX）都位于强震区，震后都关闭跑道和检查设施，但没有发现任何阻碍运营的损坏。

（3）对住房的影响

地震后，对 9.3 万多栋住宅内的 45 万套住房进行了检查。结果是：7000 栋标记为红色，2.2 万栋标为黄色；10 万套住房遭受破坏，需要修理。

该地区遭受地震破坏的住房 95%在洛杉矶市。根据洛杉矶市建筑和安全局的检查，

1.46 万套住宅不适宜居住，其中，77%是公寓，23%是独户住宅；28719 栋独户住宅遭到破坏，其中 1500 栋，需要修理。另外，还有 2772 栋多户建筑，包含 36500 套遭受损坏；其中将近一半需要维修，估计每套需要 5000 美元。

住房损失占财产损失的一半以上，保险损失超过 65%。在圣·费尔南多谷，60%的房主有地震保险。他们的贷款价值高于目前的房屋价值。所幸的是，由于破坏相对较轻，震后火灾很少，大多数受损的房屋可以修复，不需重建。

承租人包括同邻里没有联系的年轻的专业人士，依靠固定收入生活的老年人，以及居住条件非常拥挤的移民。由于房地产价格低，空置率高，大多数租房者很快就可以搬到该地区的未遭损坏的公寓里去住，没有发生严重问题。

（4）社会影响

许多非政府组织，包括美国红十字会，都积极参与应急响应和早期恢复，支援灾民。教堂，私立学校，慈善组织，非营利组织和商业组织也积极参与。他们提供基本生活物资和服务，管理设在学校的应急护理中心，这些应急护理中心只运行几个星期，到大多数由于地震失去住房的灾民有了临时住房，就关闭了。他们中的许多人还协助灾民临时搬迁。

洛杉矶都市圈是美国种族最多元化的地区。1994，洛杉矶市人口的 40%，即 350 万人，是拉丁裔。洛杉矶县人口的 40%，即 880 万人是少数民族。还有相当大比例的来自墨西哥，中美洲、东南亚和其他环太平洋国家的移民。

8.3 应急反应

美国灾害发布是从下往上的。地方政府是灾害的第一责任人。如果地方资源不足，可以向州政府请求应急救助。如果州资源不足，可以向联邦政府请求应急救助。联邦政府如果确认，总统就会发布灾害公告，授权联邦政府对受灾的州、地方政府和灾民进行协调，解决资源不足问题。联邦政府的各个部门在联邦应急管理局的协调下各司其职，按照 1992 年克林顿政府制定的跨部门联邦响应计划的规定，开展支持州和地方政府的活动。

北岭地震后，大部分政府机构面临满足需求的挑战。地方政府最初专注于提供实际的需求和恢复服务，如公用设施恢复，清除建筑垃圾，建筑安全检查，以及维修和重建获准。联邦和州州政府最初则的反应是优化基础设施恢复，个人救济金支付，短期住房援助和支持灾民。

北岭地震刚过，洛杉矶市就启动了应急营运中心（Emergency Operation Center，EOC），市长和市议会就宣布地方紧急状态。随后，市长 Riordan 向州长 Pete Wilson 递交灾害报告，请求州政府和联邦政府给予援助。州长随即发布州的灾害公告，并向联邦应急管理局和震后几天发布联邦灾害公告的克林顿总统呈送报告请求联邦政府援助，报告涵盖南加州人口最稠密的三个市县-洛杉矶、文图拉和奥韧基（Orange）。

地震发生后，加州政府立即派出了 300 支搜寻营救队前往灾区实施应急救援。营救队员运用高科技的监听仪器及可以深入到废墟缝隙里面进行拍摄的录像设备，救出了许多被困、受伤的居民。

地震当天，克林顿总统签署了一项向灾区提供4亿多美元联邦紧急援助的文件，并派出一个特别小组前往灾区处理善后赈灾事宜。美国红十字会在受灾最严重的北岭地区设立了18个避难所，向灾民发放帐篷、食品、衣物等生活用品。

地震发生后，当局还组织了大批专家，对未受损的建筑物进行鉴定，并将10000多间危房予以封锁，以待拆除。

8.4 建筑和工程设施地震破坏和恢复重建[3]

8.4.1 建筑

北岭地震建筑和工程结构的破坏范围较广，但并非灾难性的。经检查，大约有3000幢建筑认为不安全，这只是强地动地区建筑物的一小部分，而且其中大多数是可以修复的。破坏最多的是4类建筑：

1. 未配筋的老旧砖房

许多无筋砖房地震时砖墙开裂了，甚至部分向外倒塌了，但很少因倒塌而危及生命。1933年长滩地震时，圣费尔南多谷几乎没有建筑物，地震对建筑的破坏，促使加州建筑法规发生了变化。根据洛杉矶市加固无筋砖房计划，到20世纪80年代初，共加固了6000栋无筋砖房，无疑有助于防止北岭地震时的人员伤亡。而附近有的城市，没有加固砖房，加固的效果显而易见。

2. 非延性钢筋混凝土建筑

主要是1971年以前建的多层商业建筑。20世纪70年代中期建造的非延性钢筋混凝土建筑，虽然当时的规范已经吸取了1971年圣·费尔南多地震破坏的经验教训，但还是受到破坏。一栋老旧的多层医疗诊所部分倒塌，二层完全倒塌（图8-3），一座在营业的商场倒塌。此外，一家酒店、一座公寓大楼、一家医院和一栋办公楼遭到严重破坏。现代钢筋混凝土结构，除了6个预制混凝土车库局部倒塌以外，表现都很好。预制混凝土车库局部倒塌可能有两个原因：一是预制构件连接不当，二是设计仅用来承受竖向荷载的构件的抗侧向变形能力差。停车场的倒塌（图8-4）可能来自室内，板内的后张索把周围的部分拉了下来。

3. 2～4层木结构公寓建筑

木框架结构建筑，不论是老旧的还是新建的，地震时表现都有不足之处。在几个住宅区，多层住宅建筑底层车库部分，由于斜撑不足，造成底层倒塌。木框架建筑较重的剪力墙地震时产生很大的倾覆力，致使基础锚固失效。然而，震后对受损木结构建筑的调查表明，许多木结构建筑没有按照批准的设计建造，可见缺乏监理是造成大量破坏的主要原因。

---

[3] Diana Todd, Nicholas Carino, Riley M. Chung, et al, NIST Special Publication 862 (ICSSC TR14), 1994 Northridge Earthquake Performance of Structures, Lifelines, and Fire Protection Systems, May 1994

图 8-3　北圣·费尔南多医疗诊所倒塌

图 8-4　停车场倒塌

4. 经过正规设计和施工的钢框架

钢框架结构焊接接头的脆性破坏，主要发生在为建筑提供抵抗侧力的梁-柱节点。图

8-5 为近看钢结构建筑梁-柱节点处梁的下翼缘和柱之间的焊缝断裂。一般认为，钢材有很好的延性，但是震害表明，所用的焊接方法显然不能达到延性要求。

实验室振动台试验有时曾发现延性不佳，但时没有达到这次地震所看到的程度。虽然问题似乎很严重，但在 100 栋此类建筑中，还没有一栋认定为由于连接破坏而倒塌，或者发生严重倾斜。有些遭到破坏的建筑物尚待鉴定，因为裂缝隐藏在防火和建筑饰面材料下面，需要剥开这些材料才能发现。问题的许多方面，包括适当的修复策略，有待解决。

图 8-5　梁-柱节点焊缝断裂

建筑的非结构（包括家具等室内陈设、顶棚、玻璃、管道和设备等）性破坏造成的损失很大，可能超过建筑结构的总损失。虽然医院的设防等级高于一般建筑，震后有几家医院还是不得不暂停运营，就是因为非结构性破坏。其中就有 Sylmar 县医院，采用钢剪力墙，是 1971 年圣・费尔南多地震后最耐震的结构。地震时，建筑屋顶记录到的水平向加速度峰值为 2.3g，是建筑底部 0.9g 水平向加速度峰值的反应。学校遭到更为严重的非结构破坏，如果学校正在上课中，坠落的灯光会导致学生丧生。管道破裂造成的供水中断需要在许多建筑进行大规模的清查修复。备用电源系统的故障要影响到医院，电话服务和应急反应。

有两座建筑采用基底隔震，一座遭遇中等地面运动，水平地动加速度达 0.5g，震后完好。这栋建筑支承在橡胶垫上，橡胶垫的柔性使地面运动和建筑隔离。设计的关键是要避免橡胶垫位移过大，但是如果地面运动包含很强的长周期分量，就很难实现。这栋隔震建筑场地的强地动记录显示只有有限的长周期运动，所以这栋建筑的完好并不能证明基底隔震的成败，因为如果在有很大长周期运动的场地上，情况如何尚需验证。

8.4.2　桥梁

1989 年洛马-普里埃塔（Loma Prieta）地震以后不久，加州就启动了桥梁抗震加固计划，在计划执行中，发生了北岭地震。总共有 1600 座州和县的桥梁经受 0.25g 以上的地动。加州高速公路桥一般由钢筋混凝土柱和支承在其上的钢筋混凝土箱型梁组成。地震时，这样的桥有 7 座倒塌；有 5 座是 1971 年圣・费尔南多地震前的非延性设计，并已列入加固计划；另外 2 座是 1970 年代中期建造的，设计较好。倒塌的桥梁中，有 1 座是高度达的桥，地震时过大的摇晃把伸缩缝拉开，导致桥板坠落；另一座是因支承桥梁的钢筋混凝土柱压曲二倒塌（图 8-6）。一些老旧的桥梁，其柱用钢外套加固，地震时表现很好，但所经受的地面运动不太强烈。

图 8-6　支承桥板的钢筋混凝土柱破坏

8.4.3　坝

在离震中 80km 范围内的 100 多座大坝中，只有帕可易玛（Pacoima）坝遭到明显的破坏，该坝是 111m 高的拱坝，距离震中 18km，但离断层面只有 10km，在峡谷壁上记录到的地动加速度高达 2g，引发许多岩石塌落。该坝左侧扶垛上由于相邻岩体运动产生的 5cm 宽的裂缝和该坝上部的一些裂缝就是强烈地动的证据。地震时，水位很低，因为帕可易玛坝旨在防洪，所以高水位不常见。1971 年圣・费尔南多地震时，土石坝发生液化。随后，加利福尼亚州大坝管理局监督加固了该地区的 27 座水坝，包括在帕可易玛坝左边扶垛设置岩石锚杆，这项措施对北岭地震时限制帕可易玛坝左边扶垛临近的岩石运动起了作用。

8.4.4　公用设施

电力设施以及水和天然气管道的破坏也很严重。公用设施恢复很快，主要是由于使用了冗余和备用系统。洛杉矶市中心的高层建筑和新洛杉矶的地铁系统由于在强烈地动范围以外，几乎未受影响。

8.4.5　震中周围建筑和工程的破坏

北岭地震震中周围直径 48km 的范围内，地面运动最为强烈。这个范围内的建筑和工程设施破坏最为严重，下面是 14 个典型破坏的案例（图 8-7）。

1. 西米谷（Simi Valley）**高速公路破坏**（图 8-8）

圣・费尔南多山谷北端的高速公路，在西米山谷下支承高速公路的钢筋混凝土柱压屈破坏，这类破坏说明柱子在地震时受到很大的竖向压力，这种压力主要来自很大的竖向地震动加速度。

图 8-7 北岭地震震中周围 14 个典型破坏的案例

图 8-8 西米谷支承高速公路的钢筋混凝土柱压屈破坏

2. I-5& 羚羊谷高速公路破坏（图 8-9）

3. 健康诊所（Health Clinic）**的破坏**（图 8-10）

照片显示外墙板从以前的二层楼板倒下挂在首层楼板的顶部。

图 8-9 I-5 和羚羊谷之间的高速公路立交处倒塌鸟瞰图

图 8-10 健康诊所（Health Clinic）的破坏

4. 巴尔博亚大道的破坏（图 8-11）

西米谷高速公路（Simi Valley Freeway）以北的巴尔博亚大道下面的煤气和供水管道主震时爆裂，造成这种离奇的同时出现水和火的破坏。

图 8-11 巴尔博亚大道的破坏

5. 圣·费尔南多谷公寓倒塌（图 8-12）

图 8-12 圣·费尔南多谷公寓倒塌

三层公寓住宅，首层为车库。在车库层部分倒塌时，房屋的两翼倒向以前的庭院。

6. 圣·费尔南多谷公寓破坏（图 8-13）

从地震后果看出在遭到破坏的建筑中不乏玩世不恭的幽默案例

图 8-13　圣·费尔南多谷公寓破坏

7. 圣·费尔南多山谷公寓破坏（图 8-14）

图中左边的圣费尔南多山谷公寓住宅在以前的车库标高倒塌，而右边的公寓住宅和倒塌的房屋是双胞胎，却未破坏。

图 8-14　圣·费尔南多山谷公寓破坏

8. CSUN 停车楼局部坍塌（图 8-15）

CSUN 停车楼，总计有 2500 个车位，是 1991 年为加州州立大学北岭分校建设的，在北岭地震的强烈地动下发生局部坍塌。在这个停车楼的入口处仔细观察可发现钢筋混凝土柱上有非常密集的弯曲裂缝，造成房屋向一边倾倒。

图 8-15 CSUN 停车楼局部坍塌

9. CSUN 停车楼结构的破坏（图 8-16）

CSUN 停车楼东北角楼梯井倒塌（图 8-16），使校园损失高达 2.5 亿～3.5 亿美元。

图 8-16 CSUN 停车楼结构的破坏

10. Santa Monica 医院的破坏（图 8-17）

Santa Monica 医院窗间墙出现典型的交叉裂缝，说明北岭地震时墙体受到很大的水平地震力。

尽管有损失，过去二十年通过减轻地震危害努力取得的成果是显而易见的。加固砌体建筑有助于减少生命损失，医院遭受的结构损害比 1971 年圣·费尔南多地震更少，应急反应是典范。北岭地震证明，做好预防地震可以大大降低风险。

地震带来了几个重要的教训。当地震直接在城市下面发生时，受到的地面运动峰值加速度接近重力加速度，超过建筑规范预期的振动水平。洛杉矶地区隐蔽断层体系比以前认为的更复杂。由于钢的延性较好，钢框架建筑中焊缝的出现断裂是出人意料的。了解破坏原因并予以防止在易发生地震的地区继续建设至关重要。

图 8-17　Santa Monica 医院的破坏

11. Sherman Oaks 木兰大道，Hazeltine 东北角公寓破坏（图 8-18）

图 8-18　Sherman Oaks 木兰大道，Hazeltine 的东北角公寓破坏，部分倒塌的低层车库里的汽车

12. 好莱坞糕点店转角部分倒塌（图 8-19）

图 8-19　好莱坞糕点店转角部分倒塌

13. 1920 艺术塔倒塌（图 8-20）

图 8-20　好莱坞 29m 高 1920 艺术塔倒塌

14. 洛杉矶市中心以西 10 号州际公路圣・莫尼卡路段倒塌（图 8-21）

洛杉矶市中心以西 10 号州际公路圣・莫尼卡（Santa Monica）路段倒塌。此路段穿越排水湿地，可能是倒塌的原因。震后三个月内修复。

图 8-21　10 号州际公路圣・莫尼卡路段倒塌

8.5　地震保险

在美国，地震保险体制是一个自由竞争的市场，联邦政府或州政府都不承担再保险。基本的住房房主保单不包括地震造成的破坏。只有很少一部分人购买地震保险。甚至在加利福尼亚州，在所有各类住房中，只有 17%的住房房主和 20%到 25%的人购买了地震保险。为减轻地震灾害，从政府得到的资助，大致有以下几种。

（1）数量有限的抗震加固补助金，由加利福尼亚州保险局向中、低收入的住房房主发放；

（2）低息抗震加固贷款，通过参与银行（participating bank）获得，由加利福尼亚州地震当局安排，但由公众来经营；

（3）财政上的抗震加固激励资金，通过地方政府计划向伯克利（Berkeley）市的业主发放；

（4）金融服务，由旧金山的"湾区政府协会"[4] 非营利公司金融机构[5] 提供，以帮助那些符合条件的非营利机构和其他银行借款人能够得到免税的债务资金筹措，目前此项债务资金筹措已达 32 亿美元；

（5）低于市场利率的住房抗震加固贷款，通过应急管理厅的"防止工程破坏贷款计划"（Fannie/FEMA "Project Impact Prevention Loan Program"）向湾区居民提供。[ii]

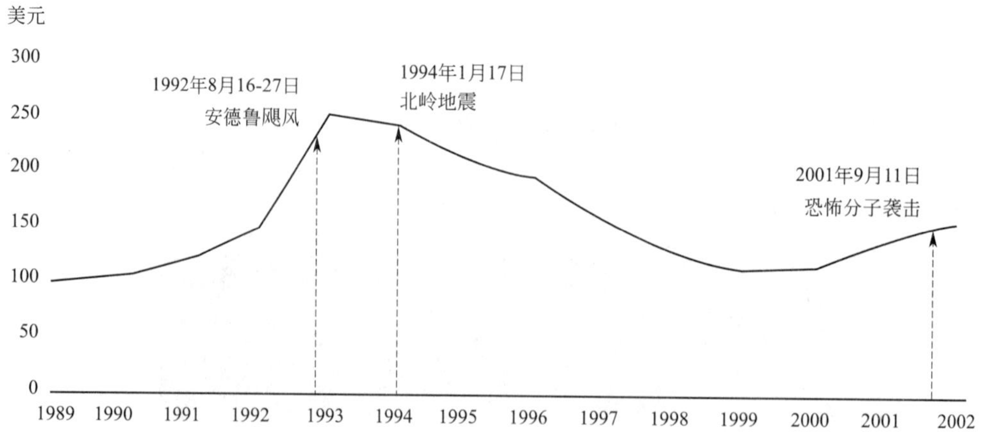

图 8-22　美国再保险价格 1989-2002

图 8-22 为 1989～2002 年美国再保险价格。从图可见，再保险价格在 1992 年增量很大，因为佛罗里达州的安德鲁飓风就是发生在那一年的 8 月 16～27 日。在一次巨灾发生以后，再保险价格可能增加，因为再保险公司要通过体改收入或对保证金加以限制来恢复

---

[4] 湾区政府协会（Association of Bay Area Governments，ABAG）是 1961 年当选的该地区的市长和县长共同决定成立的，是加州的第一个政府协会。从一开始，湾区政府协会就认识到区域存在的共同问题，如住房，交通，经济发展，教育，和环境问题等。湾区政府协会是旧金山湾区的一个官方的综合规划机构，其使命是加强地方政府之间的合作和协调。为此，湾区政府协会着重抓超越边界的社会、经济和环境问题，是为旧金山湾区的 Alameda，Contra Costa，Marin，Napa，旧金山，San Mateo，Santa Clara，Solano 和 Sonoma 9 个县服务的区域性的规划和信息服务机构，提供的信息包括在线地理信息系统，地震风险区划图和湾区统计数据等。所有湾区的这 9 个县和 101 个城市中的 99 个城市都是湾区政府协会的志愿会员，差不多代表了该区的全部人口。（http：//www.abag.ca.gov/overview/history.html）

[5] 湾区政府协会非营利公司金融机构（ABAG Finance Authority For Nonprofit Corporations）是加州的联合权力机构，由湾区政府协会经营，其任务是在湾区向非营利机构和其他银行借款人提供经济的融资渠道，服务领域包括健康和社会服务，可负担住房，以及教育等。（http：//www.abag.ca.gov/services/finance/fan/fan.htm）

他们的财务状况。在20世纪90年代中期，由于再保险价格提高和限制保证金，有些保险公司推出了巨灾债券（catastrophe bond），理由是资本市场可以比再保险公司更低的成本为一些大的自然灾害提供保证金。值得指出的是，在20世纪90年代中到后期，再保险价格下降之后，1999年到2002年，保险价格有所上升。其原因虽然很多，但飓风造成的损失和2001年9月11日恐怖分子袭击也是其中的重要因素。

表8-2是1970年以后，美国加利福尼亚州发生的地震、保险费收入和损失。从表可见，保险费收入总计为40.087亿美元，损失为83.146亿美元，平均损失比＝83.146/40.087＝2.074；如果扣除1994年北岭地震，则保险费收入总计为33.893亿美元，损失为9.005亿美元，平均损失比＝9.005/33.893＝0.266。根据用历史地震的方法估计，1970年到1993年期间平均损失比为0.266，而在把1994年北岭地震考虑在内时，平均损失比就增加到2.074。由此可见，一次近代的地震可以大大地改变根据实际历史资料所做的损失估计。1994年北岭地震还是一次中等强度的地震，如果1906年旧金山地震重演，损失还要大得很多。因此，仅用历史地震和经验方法来估计地震这一类的巨灾损失是不能令人满意的。[6,7]

1970年以后美国加利福尼亚州发生的地震、保险收入和损失（百万美元）　　**表8-2**

年份	地震	保险费	损失
1970		5.9	0.0
1971	圣·费尔南多(San Fernando,6.6级)	4.6	0.8
1972		9.0	2.1
1973		10.9	0.1
1974		13.0	0.4
1975	奥若维尔(Oriville)	13.8	0.0
1976		17.1	0.1
1977		19.8	0.1
1978	圣塔-巴尔巴拉(Santa Barbara)	23.2	0.4
1979	帝国谷(Imperial Valley,6.6级)	29.0	0.6
1980		38.5	3.5
1981		50.2	0.5
1982		58.9	0.0
1983	科林伽(Coalinga,6.7级)	70.4	2.0
1984	莫尔干山(Morgan Hill,6.2级)	79.4	4.0
1985		132.9	1.7
1986	南加州(Southern California)	180.0	16.7

6 叶耀先、冈田宪夫，地震灾害比较学，北京：中国建筑工业出版社，2008，133-134页

7 Weimin Dong, Catastrophe risk modeling and financial management, Earthquake Engineering Frontiers in the New Millennium, Proceedings of the China-US Millennium Symposium on Earthquake Engineering, Beijing, 8-11 November 2000. A. A. Balkema, a member of Swets & Zeitlinger Publishers, p. 113-118

续表

年份	地震	保险费	损失
1987	瓦替尔-奈若斯(Whittier Narrows,5.9级)	208.4	47.6
1988		277.8	31.8
1989	洛马普里埃塔(Loma Prieta,7.1级)	333.6	433.0
1990	南加州(Southern California)	384.6	180.9
1991	北加州(Southern California)	427.4	73.3
1992		479.9	87.7
1993		521.0	13.2
1994	北岭(Northridge,6.9级)	619.4	7414.1
总计		4008.7	8314.6
平均损失比=8314.6/4008.7=2.074			
扣除北岭地震总计		3389.3	900.5
扣除北岭地震平均损失比=900.5/3389.3=0.266			

美国加州历来地震频发。1994年发生的北岭大地震几乎将加州保险业过去十年的地震保费收入消耗殆尽，大部分保险公司为此停止地震险的承保业务或者设立了更严格的投保条件。在此背景下，为缓解地震保险存续与发展的困境，1996年加州对原《地震保险法》进行了修正，并立法成立了加州地震局（California Earthquake Authority，CEA），专司地震保险业务。

加州地震局并不是政府机构，而是私有公办机构。加州地震局的资产来源于地震保险费、成员公司投入的资本金、借款、再保险摊回及资金运用收益。加州政府不负责向地震局提供资金，也不对其债务承担连带责任。加州地震局的董事会（Governing Board）由加州州长、州财长、州保险领导官员、众议院发言人、参议院规则委员会主席组成，其中众议院发言人与参议院规则委员会主席没有投票权。加州地震局机构精简、管理高效，2008年时成员仅有33人，管理费根据法律规定不能超过保费收入的3%。目前加州地震局的资本金约为25亿美元、偿付能力超过80亿美元，是世界上最大的住宅地震保险机构之一。与加州地震局结盟的保险公司（目前共17家）在收取地震保险费用后，除去手续费外，全额划转至加州地震局。在地震发生后，保险公司负责承担具体赔付工作，并向加州地震局全额报账。在加州，居民购买住宅地震保险，既可以选择通过地震局成员公司购买，也可以选择通过非成员公司购买。目前，通过成员公司销售的房屋保单约占市场份额的2/3。住宅地震保险的保险金额等于房屋保单的保险金额，保单列有分项限额，通常还有相当于保险金额15%的免赔额。保险费根据居住区域、建筑年限、建筑类型、楼层数量、投保金额等因素确定，例如，一份包含39.7万美元住宅保额、5000美元个人财产保额和1500美元用于损失保额的地震险保单，其年保费约为337美元。另外，为支付地震保险事业，加州法律规定，加州地震局无须缴纳联邦所得税（Federal Income Tax）等税收。[8]

[8] 曹顺宏，国外的地震保险制度，学习时报，2010年04月13日

8.6 住房恢复重建[9]

美国灾后住房恢复重建通常要经历了 4 个阶段，即：应急住所（emergency shelter）、临时住所（temporary shelter）、过渡住房（temporary housing）和永久住房（permanent housing）。应急住所通常是灾后根据无家可归的灾民需要应急提供的。临时住所一般是亲友的家。过渡住房是灾民原住地附近空置的住房，当空置住房不足时，联邦应急管理局提供的移动住房也属此类。永久住房是灾后重建第四个阶段的住房，可以建在原场地，也可建在其他地方。

影响社区上述住房恢复重建 4 个阶段速度的因素很多，主要包括：社区未遭到地震破坏的住房数量，经济条件，灾害管理体制，当地土地利用状况和建筑建造水平，特别是有没有足够的恢复重建资金。研究指出：住房恢复重建资金，在发展中国家，主要来自国际援助，而在发达国家则来自国内多个渠道，包括：保险，储蓄和商业贷款[10]。住房恢复重建不能单纯依赖市场，因为有些低收入灾民，他们储蓄和保险都不多，只能依靠国家补助和政府贷款。

北岭地震正巧发生在国会选举年，联邦和州的领导人和政治家都很快到灾区给予帮助。克林顿总统在地震发生当天下午就宣告北岭地震是“国家灾害”，联邦政府很快就行动起来。当晚，联邦应急管理局局长、交通部部长和住房与城市发展部部长就到洛杉矶。1 月 19 日交通部部长承诺，在 6 个月内全部用联邦资金修复州际高速公路，免去通常需要的 25％的州配套资金。住房与城市发展部部长立即拨出 1.29 亿美元社区发展补助金，用于低收入灾民住房恢复重建，不必等待初步损失评估。政府很快就做出住房恢复重建资金计划，包括联邦应急管理局的临时住房计划，额外生活费计划，最低住房维修计划和个人和家庭补助计划；住房与城市发展部的租金凭证计划，社区发展拨款，以及可负担住房计划（HOME）拨款；小商业局（SBA）的家庭、个人财产和物质损失救助贷款；国家税务局（IRS）的税收灾害救助计划和洛杉矶市住房部门安置计划等。

此外，住户可以寻求私人资金恢复重建，如个人储蓄，保险和商业贷款等。然而，国民收入和生产报表显示，1994 到 1997 年美国个人储蓄率约为 2％～7％。这样低的储蓄率表明，个人账户不可能提供住房重建所需的大额资金。美国管理与预算办公室，州长应急事务办公室和加州保险局所提供的数据表明，私人保险公司在北岭地震后支付了几乎 65.3％的住房重建资金；小商业局贷款提供了 20.7％；联邦应急管理局和住房与城市发展部的补助金每家贡献了 7％（图 8-23）。

早在北岭地震以前的 1987 年，洛杉矶市管理局恢复和重建处就开始制定《洛杉矶市恢复和重建规划》（The City of Los Angeles Recovery and Reconstruction Plan）。规划包括 4 个主题：规划（planning），减低风险（hazard mitigation），短期恢复（short-term

---

[9] Jie Ying Wu and Michael K. Lindell，Housing reconstruction after two major earthquakes：the 1994 Northridge Earthquake in the United States and the 1999 Chi-Chi Earthquake in Taiwan. Disaster，2004，28（1）：63-81

[10] Comerio，M. C. （1998）Disaster hits home：New policy for Urban Housing Recovery. University of California Press，Berkeley.

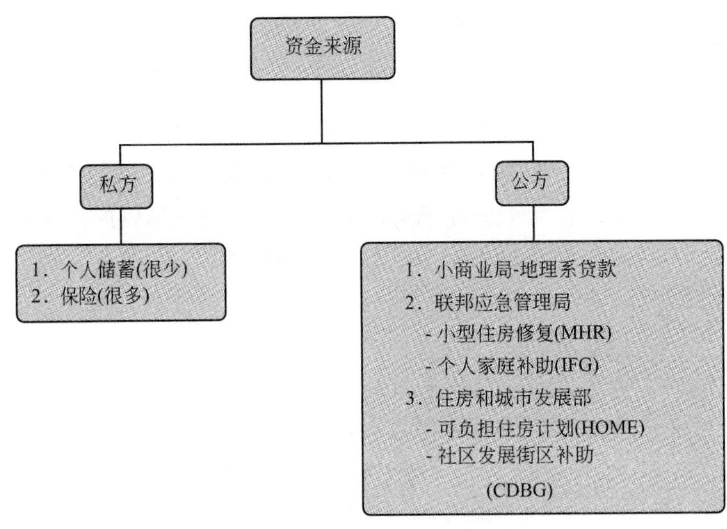

图 8-23 北岭地震后住房恢复重建资金来源

recovery）和长期重建（long term reconstruction）。规划把 300 个执行行动中的每一个行动的领导责任分解到市政府的一个或多个厅局。北岭地震时，恢复和重建规划正在审批中，地震后 5 天审批通过。地震时，洛杉矶市来的新市长和新规划局长对恢复和重建规划并不熟悉。斯潘格尔公司（Spangle Associates）对洛杉矶市恢复和重建规划在震后应用情况的评估报告中指出：他们问及的来自 11 个不同部门和市议会的 39 名工作人员中，地震时知道有这个规划的人不到一半。但是，这并不表示恢复和重建规划对住房恢复重建没有影响，因为参加规划过程部门的任务改变了，虽然他们对规划本身不了解，但知道地震后如何去做。此外，许多厅局制定了加快地震后住房恢复和重建速度的行动预案（表 8-3），从而加速了住房恢复和重建。

洛杉矶市各部门加快地震后住房恢复和重建速度的行动预案 **表 8-3**

部门	加快地震后住房恢复和重建速度的行动
建筑和安全	制定应急拆除合同准则； 制定拆除程序和方法； 制定事前协议； 建立损失评估系统； 加快发放建筑许可证； 建立一站式处理服务； 创建打包数据库
社区再开发	审查和修订城市街区复兴方法的合格标准； 再开发区扩展或增加的简化程序
住房	制定应急管理规章； 确定其他部门了解贷款手续的工作人员； 有正式通过应急管理规章的程序； 制定贷款指南和程序； 从联邦机构获得贷款程序的预先批准； 制定和实施城市贷款计划； 弄清现有住房

续表

部门	加快地震后住房恢复和重建速度的行动
规划	更新加快建筑许可证程序； 确保恢复和重建规划与安全要素的一致性； 制备恢复和重建分部成员的程序、表格和清单； 确定平衡震后工作优先顺序准则
应急管理	请求设立恢复和重建特别委员会，协助公用事业恢复，启动拆除和废墟清运计划
首席立法分析员	疏通和支持国家地震保险计划

资料来源：Recovery and Reconstruction Plan，City of Los Angeles，California，1994，Interview data，Spangle Associates，1995

截至 1996 年 11 月底，洛杉矶市建筑和安全局发放的 19229 个住房重建许可证中，95.69%是独户住宅，1.63%是集合住宅，1.16%是公寓住宅。图 8-24 是从 1994 年 1 月到 1997 年 1 月整个恢复重建期间，每个月发放的建筑许可证的百分率。从图可以清楚地看出，重建速度在 1994 年 2 月开始上升，地震 3 个月以后，即 1997 年 4 月达到高峰，而在以后的 13 个月里快速下降，1996 年 1 月到 1997 年 1 月的 12 个月是建筑许可证发放的最低时段。

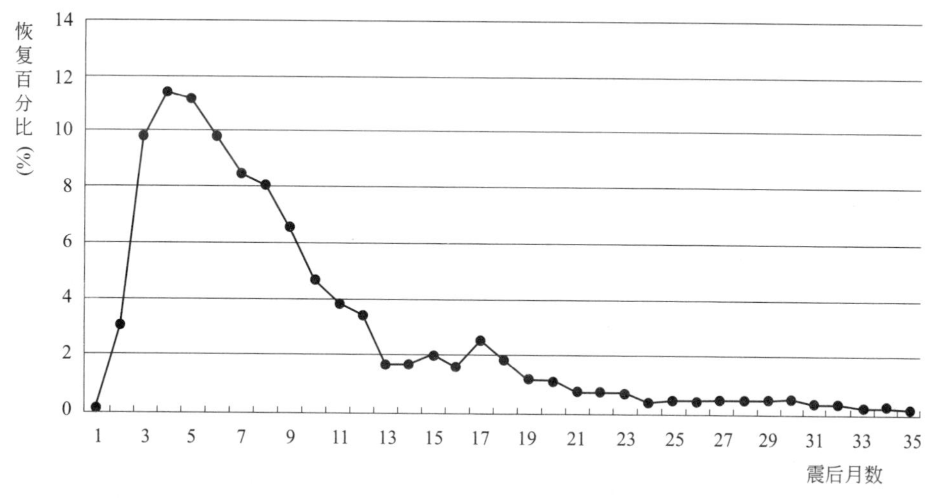

图 8-24　洛杉矶震后住房恢复重建速度

但是，住房和城市发展部政策研究室在北岭地震灾后减灾报告里说，联邦政府减灾资金同地方恢复重建需求不相匹配。遭受地震破坏的住宅几乎 80%是多户集合住宅，低造价租赁住房尤为突出。遗憾的是，恢复和重建计划是为独户住宅的中产阶级业主设计的，大多数资金用于建筑结构安全，如果对非结构安全也给予应有的注意，则使地震危险区的居民更加安全。

8.7　经验教训和启示

1. 北岭地震是美国历史上损失最为严重的自然灾害

北岭地震的矩震级为 6.7M_w，震中烈度为 9 度。最大水平地动加速度为 1.7g，是该地城区有史以来仪器记录到的最大加速度。地震造成 57 人死亡，11800 多人受伤，22000 多人无家可归；10 万个住宅单元破坏，一些高层建筑倒塌；高速公路破坏，煤气、自来水管破裂，电讯中断，引发局部火灾。地震造成的经济损失约为 493 亿美元，是美国历史上损失最为严重的自然灾害。

2. 北岭地震颠覆了地震和地震工程科学的诸多假定，是对巨灾管理最富挑战性的地震

北岭地震是美国 1933 年长滩地震以来，震源直接在城市市区地下的首例；是 1906 年旧金山地震以来，破坏最为严重的地震；是迄今为止地震保险损失最大的地震。地震发生在以前没有发现的断层上，过去认为不会震坏的建筑震坏了，保险损失远远高于震前专家根据各种灾难性地震模型做出的预测。这些结果颠覆了地震科学和地震工程此前所做的诸多假定，是对巨灾管理最富挑战性的地震。我们必须深入研究，找出认知差距，提高减灾能力和预测水平。

3. 震后应急反应迅速

北岭地震正巧发生在国会选举年。震后联邦和州的领导人和政治家很快就到灾区给予帮助。克林顿总统在地震发生当天下午就宣告北岭地震是“国家灾害”，联邦政府和地方很快就行动起来，应急反应迅速而及时。

4. 地震保险严重受挫

地震后的保险赔付几乎将加州保险业过去 10 年的地震保费收入消耗殆尽，大部分保险公司停止地震险的承保业务或者设立了更严格的投保条件。为缓解地震保险存续与发展的困境，1996 年加州对原《地震保险法》进行了修正，并立法成立了加州地震局，专司地震保险业务。加州地震局是私有公办机构。资产来自地震保险费、成员公司投入的资本金、借款、再保险摊回及资金运用收益等。加州政府不向地震局提供资金，也不对其债务承担连带责任。加州地震局机构精简、管理高效，2008 年仅有 33 人，管理费根据法律规定不能超过保费收入的 3%。目前加州地震局的资本金约为 25 亿美元、偿付能力超过 80 亿美元，是世界上最大的住宅地震保险机构之一。加州法律规定，地震局无须缴纳联邦所得税等税收。

5. 地震对生命线系统的破坏严重

地震时 7 座重要的高速公路桥梁受到严重破坏，其中 5 座倒塌；250 座一般公路桥梁遭到破坏。地铁没有严重损坏，震后仍在使用。大部分交通系统破坏轻微。震后恢复把交通放在优先地位，6 个月内大多得到修复，其余的 1994 年底全部修复。

地震时，电力设施破坏造成了大面积停电，南加州 250 万人震后几个小时不能用电。93%以上的洛杉矶居民在地震当天就恢复供电，三天内全部恢复供电。圣・费尔南多谷的天然气管道、电力线、配电箱和水箱，地震时也遭到严重破坏。震后只有 5%～20%的人口受到水、电和天然气中断的影响，大多数在几天或几周内就得以恢复。

地震造成 110 起火点，一个起火点是由于天然气管线破裂引起，只有几户居民受到影响，没有酿成火灾。

6. 地震对建筑的破坏严重

地震破坏最多的是 4 类建筑：(1) 未配筋的老旧砖房；(2) 非延性钢筋混凝土建筑，主要是 1971 年以前建的多层商业建筑；(3) 2～4 层木框架结构公寓建筑，缺乏监理是造成大量破坏的主要原因；和 (4) 焊接钢框架建筑，主要是钢框焊接接头的脆性破坏。

市政府许多建筑遭到了破坏，包括：市政厅、图书馆、娱乐和公园的结构物、以及文化事务和社区发展局管辖的建筑和卫生设施。11 家医院破坏严重，震后全部或部分关闭，不得不疏散病人。地震后，洛杉矶县学校停课 4 天清理和维修，64 万学生受到影响。震后对非结构破坏严重、结构破坏轻微的学校进行了修复，两座基础出现裂缝的学校建筑则必须拆除。所有 96 所学校中，75 所一周内恢复上课，只有 21 所学校地震 3 周后，仍然停课。

7. 重建重点是修复利用受损建筑，而不是拆除重建

重建把重点放在修复而不是拆除重建，符合灾民的需要。结果在受到破坏的 36500 个多户住宅单元中，只拆除了 500 个。同全部拆除重建相比，不但降低了重建费用，而且缩短了恢复时间。把负担得起的租房单元列入，是再开发的改进。洛杉矶市的经验表明，地方政府有能力制定和实施灾后恢复计划。把灾后补助金直接拨给城市和国家机构托管，有助于洛杉矶市工作人员加快城市的恢复融资和实施。

1994 到 1997 年美国个人储蓄率约为 2%～7%。住房恢复重建主要靠保险赔付，以及贷款和政府补助。保险公司震后支付了 65.3%的住房恢复重建资金；小商业局贷款提供了 20.7%；联邦应急管理局和住房与城市发展部的补助金各占 7%。

在住房恢复和重建中，对建筑结构安全很重视，但对非结构安全重视不够；对独户住宅很重视，但对低造价租赁住宅重视不够。

8. 震前有无规划，结果大不一样

地震以前开始制定的《洛杉矶市恢复和重建规划》规划，把 300 个执行行动中的每一个行动的领导责任分解到市政府的一个或多个厅局，虽然震后 5 天才审批通过。许多厅局制定了加快地震后住房恢复和重建速度的行动预案，从而使震后 3 个月住房重建速度达到高峰，从而加速了住房恢复和重建。这说明，震前有《恢复和重建规划》，使重建速度加快。

注：1. MSN Money. 2000. The Basics-Get the facts on earthquake insurance.
http：//www.moneycentral.msn.com/articles/insure/home/5153.asp
2. Association of Bay Area Governments. 1999. Money for Mitigating Earthquake Hazards.
http：//www.abag.ca.gov/bayarea/eqmaps/fixit/money.html

第 9 章　1995 年日本阪神-淡路地震震后恢复重建

9.1　基本情况

1995 年 1 月 17 日清晨 5 时 46 分，日本兵库县南部淡路岛一带发生里氏 7.2 级地震，被称为“阪神大地震”。阪神大地震是震中位于都市内陆断层附近的直下型强震，强烈地震直接袭击震中附近的大城市。由于不平整地形导致的聚集效应以及柔软地表导致的放大效应的协同作用，震中地区形成了长达 20km，宽度 1km 的“地震带”。距离震源 6km 以内的地区毁坏程度相当严重，而距离震源超过 6km 的地区毁坏程度明显减轻，距离震源 10km 以上的地区破坏率只有百分之几。从山阳新干线高架桥的断裂情况以及死亡及受灾人数的分布来看，灾情严重的地区主要集中在旧河道，其中也包括已经回填的旧河道。这次地震从强度、最大加速度、速度来看，都不是最大，但由于这种直接袭击大城市的地震首次发生，以往的抗震设计标准中几乎从没有考虑，导致该地区缺乏足够的防范措施和救灾系统。

9.2　地震破坏

9.2.1　人员伤亡情况

1. 伤亡人数

阪神大地震中死亡人数达到 6434 人，其中包括灾害发生后因疾病而死亡的人（即“地震关联死”）。地震遇难者中高龄者、低收入者及外国人的比例较高。从震灾中死亡人数的年龄分布来看，老年人特别是 80 岁以上老人死亡率最高，其次是二十几岁的年轻人。死亡的人大部分在家中遇难，保留战前木结构的房屋数量较多的地区死亡人数较多，而外国人的死亡率比日本人高。

2. 死亡原因

地震中九成以上的遇难者死于当天 6 点以前，即地震发生时当场死亡。从遇难者死因分析来看，大部分是由于房屋倒塌及家具翻倒压埋导致的死亡，其中 71%以上是死于窒息或挤压。统计数据表明直接死于身体被挤压的不足 12%，大部分的遇难者是由于震后生存空间狭小限制了胸部与腹部的活动造成窒息而死亡的。不同于挤压死，窒息死的遇难者如果能获得 10cm 的生存空间，都会大大提高生还的几率。

部分遇难者的死因源于火灾、精神打击、自闭等。地震中许多地区发生了火灾，有相当数量的伤亡来自火灾的影响。火灾造成遇难者遗体无法找到，给统计工作造成困难，因此，地震中的实际遇难人数可能高于公布的统计数字。地震中还出现医院中处于人工呼吸的患者因停电导致氧气供给中止而死亡的案例；在淡路岛的洲本市，有一家四口人因煤气管道泄漏导致一氧化碳中毒死亡。

3. 受伤原因

阪神大地震造成约 8800 人重伤，35000 人轻伤，受伤人数达到 43800 人。地震发生时由于伤员集中达到医院，还有一些轻伤者并未到医院就诊，实际受伤的人数可能要高于前文提到的统计数字。有关伤员受伤原因的调查数据很少，根据现有的统计数据，受伤原因主要包括家具倾倒、房屋倒塌、被掉落物砸中等。

在震后救援活动中，不少地方出现违反“生存者优先”基本原则的现象，结果由于时间延误导致被救人员的生存率下降。地震发生后，很多人同时被埋，此时应当采用“生还可能性高的人优先”的原则进行救援。在神户市消防队以及自卫队开展的救援活动中，第一天救出的人员生还率约为 75%，到了第三天则降到了 15%左右。随着时间的推移，被救人员的生存率在下降。

4. 二次死亡（“地震关联死”）

因地震中过度劳累、环境恶化导致健康恶化而病死，继发的内科疾病造成的死亡，被认定为是“地震关联死”，可获得灾害抚恤金。阪神大地震中被认定是“地震关联死”的死亡人数达到 900 人，实际的数据可能高于该统计数据。

因为“地震关联死”的认定标准尚不明确，所以在神户、尼崎、西宫等 6 个市设置了认定委员会，根据医生、律师的判定来决定是否属于“地震关联死”。“地震关联死”的大部分人为心脏病患者以及肺炎患者，老年人也较多。

9.2.2 建筑物受损情况

1. 受损概况

阪神大地震中损坏或烧毁的建筑物，住宅大约有 52 万栋，非住宅 5800 栋。行政办公楼和学校等公共设施损失严重，全倒以及半倒的建筑物有 15%是公共设施。而有些建筑未确认其安全状况就被当做避难所来使用。地震发生后，由于医院、银行、广播局等公共设施受到破坏而无法正常运营，给震后救援和修复带来困难。许多文物建筑被毁，优美的街道景观也遭到破坏，其中，包括重要文化遗产“十五号馆”在内的 173 件国家级或县级文物遭到破坏，由于地震中瓦屋顶及花岗石的矮篱笆在地震中易造成危险，灾后重建过程中，这类传统建筑构造大范围消失了。学校设施中建筑物本身受到的破坏较小，但由于设备或顶棚受到损坏而危及使用者的安全。超过 30%的学校大门及运动场受到损坏。一般校园中的开敞空间在地震中均会作为避难场所使用，这次地震由于发生的时间在授课时间之外，一些可能发生的问题被掩盖了。

地震中淡路岛死亡 62 人，受伤 1252 人，住宅全坏 3303 户，半坏 4970 户，高峰时避难人数达 7222 人，其中以北淡町的损失最为严重，其 63%的住宅全坏或半坏，住宅的损坏率达 91%。建筑物特别是住宅的大量损坏，引发了修复、重建时期的很多问题，如临时住宅的长期设置、社区的破坏、废弃物的处置、受灾者的心理问题、孤独死及地区的经济活力低下等，这些都与住宅的破坏有直接的关系。

这次地震的强度并不是最高的，但破坏力非常大，仅仅基于这次地震的强度以及统计的损失数据，推算的损失参数不一定能正确推测其他的地震损失特征。2006 年 5 月，消防厅对受灾地区其余的建筑物重新调查，结果发现部分损坏的住宅栋数大幅增加。

2. 受损原因

未达到现行建筑标准的建筑受损情况严重，其中以年久失修的老建筑最为突出。从年代上看，1981 年以前的建筑物损失严重，1981 年修订的新的抗震设计标准出台后修建的建筑损失较小。长时间缺乏修缮、建筑质量不良的豆腐渣工程以及有缺陷的工程是造成建筑物损坏的主要原因，但目前仍没有充分的统计数据。

市中心狭小的出租房因为属性关系复杂，房主一般年事已高等原因长期缺乏维护，所以地震中损失较大。城中心地区年久失修建筑较多，受灾情况也相对集中，而芦屋市高收入阶层的房屋破坏却很严重，总的来说地震中建筑物受损情况与特定人群的集中居住地域表现出一定关联性。地震中住宅金融公库（日本以提供长期低息住宅建筑基金为目的的政府金融机构）提供贷款建设的住房受到的破坏小，这再次表明了监管建筑工程的重要性。

从各种建筑类型受到的损失情况看，钢筋混凝土建筑物中，不符合现行《建筑基准法》及实施细则的建筑受到的损失较大。倒塌的建筑物多为整个建筑只有柱子支撑，没有围墙壁以及墙体配置不好的建筑。部分符合现行标准的钢筋水泥建筑物，特别是高层建筑出现了中间层倒塌的情况，原因尚不明确。在钢骨架建筑物中，细高的铅笔状大楼柱子底部的破坏严重，而有缺陷的焊接使得这种破坏更为严重。地震中可以看到柱子和房梁的接合部以及主要建筑材料遭到破坏，有研究指出这是由于钢材在高速负荷下发生脆性破坏，这种现象在这次地震中首次被发现。

也可能是因为调查的案例不足，地震中基础直接破坏较少，但木桩基础（特别是成品的支撑桩）破坏较多，主要是基础，基础梁，木破坏，液化现象、地面横向移动、滑坡、特大地震力是地震破坏的主要原因。

距离地震断层 6～7km 范围以内的木结构的建筑物损坏较严重，10km 以外的区域受到的破坏则很小。以旧的建造方法建起来的建筑物易受到破坏，蚁害、木头腐烂等老化现象加重了破坏的程度。地震中公寓与狭长的大杂院等及关西地区特有的“文化住宅”（二战后多建于日本关西地区的木结构二层长栋公寓的俗称）损失严重，这些地区为了保护住宅在台风中不受到破坏，常在屋顶铺土，从地震破坏情况看，这给房屋构造带来了问题。采用木框架建造法、预制装配式的住宅受到的破坏较小。有人认为是因为这些住宅比较新，但是严格的设计标准是不可忽略的重要原因。

地震中土地液化及滑坡等地质灾害频发，大阪市内的破坏大多是由于液化现象造成，西宫市的百合野和仁川内可以看到因为滑坡遭到破坏的住宅区。

3. 其他损失

地震中室内设备因为没有固定，出现倾倒和移动而被损坏，特别是水槽及配管等卫生设备受到破坏的情况也非常普遍。地震中由于设备受损，一些破坏轻微建筑物也不能正常运营。如有些地区的蓄电池和自家用发电机虽然一切正常，却因冷却水不足而无法运行和发挥作用。在近裴地区，约 5600 部电梯内发生了人员受伤事件，被关在电梯中的事件有 156 起。由此看出需要重新确认新的抗震标准中相关对策的有效性，并进行改进。

地震中由于建筑物内部家具和物品的移动、倾倒、飞散及屋顶、顶棚的掉落造成人员受伤及避难困难。建筑物的外装饰材料剥落现象多发，并且多发生在不符合法令和学会基准的建筑物中，这充分证明严格按照现行标准进行设计和施工的重要性。地震中在路上行走的人员伤亡较少，但是大部分是当场死亡，主要原因是地震时路旁房屋的倒塌和掉落物所致。

9.2.3 火灾损失情况

1. 火灾的发生

据统计，地震中共发生火灾 285 起，实际发生的火灾数可能高于这个数字。起火点多分布在震级 6 级以上（特别是震级 7 级）的地区，和房屋破坏情况成正比。50%以上的火灾在地震发生后的一个多小时内发生，其余的火灾在地震发生一个小时以后陆续出现。

到 1 月 19 日为止，235 起火灾中，有 94 起发生了蔓延扩大，蔓延的速度大约是 20～40m/h，和一般城市火灾的蔓延速度相比明显缓慢很多。导致大规模蔓延的火灾，大部分发生在旧式木制住宅集中的区域，烧毁面积在 10000m^2 以上火灾则集中在神户市长田区。

2. 火灾的原因

地震中发生的火灾大部分原因不明，在已明确起火原因的火灾中，因电器引发的火灾最多，其次是使用煤气和煤油的燃烧器具导致的火灾。

分析起火原因与时间的关系，地震后 1h 内以电为火源、煤气为燃烧物的火灾为主，地震后几小时及次日后发生的火灾多与用电有关，被称作“电气火灾”。这些火灾大都是因为主人出外避难时住宅恢复送电，由于未切断电源导致起火，而由于家中无人，火灾发生初期没有采取措施导致火灾扩大所引发的。因此外出避难时切断电源是非常必要的。

在老式木结构房屋的密集的神户市长田区，由于火势蔓延造成大规模火灾，该地区塑料鞋产业集中，相关可燃物大量存放是造成火灾蔓延的重要原因。堆积在道路的房屋废墟以及瓦砾、砂浆助长了火灾的蔓延。建筑物倒塌时飞散的火星可能造成了新的起火点出现。有些耐火建筑，因为贮存的易燃物品较多也加速了火势的蔓延，一些低收入人群的住宅、商业用地单独建造的耐火中层建筑物着火后，吸入周围的空气，像炉灶一样内部出现熊熊火焰（“灶现象”），从上层的窗户喷出的火焰助长了火势的蔓延。

3. 防止火灾的启示

地震中火灾蔓延的速度小于一般城市火灾，当时风速小，建筑物完全倒塌，废墟中混杂有耐火、防火的建筑物等也是原因之一。在道路与轨道（主要是公路）多的地区，在开敞空间及耐火建筑物存在的地方，火灾可以较快得到控制，因此，耐火、防火建筑物配合小规模空地，在狭窄的道路沿线配置耐火、防火建筑并加强灭火活动可以有效阻止火灾的蔓延。

地震中城市绿地有效地阻挡了火势的蔓延，但也有人认为这是和公园空地的存在共同作用的结果。防火窗和金属制防雨门、有网玻璃等，恰当设置开口部可以防止火灾的蔓延。

9.2.4 基础设施受损情况

1. 公路桥受损情况

按照 1980 以前的标准修建的混凝土桥墩，由于水平方向的钢筋太少缺乏韧性而损坏和倒塌严重。按照1980年颁布的《公路设计方法耐震设计篇》的标准建造的混凝土桥墩大体上保持良好。

地震中许多钢制桥墩也发生弯曲，一般钢结构建筑多按照弹性范围进行设计，有必要对地震导致钢制桥墩弯曲后韧性的改变进行研究。由于液化现象和地面位移导致高速等道路、地基桩受到破坏，许多大桥的防塌工事没能发挥作用，出现大桥坍塌现象。

2. 铁路受损情况

铁路方面，不仅是普通的铁路线，新干线和地铁也遭到了巨大的破坏。以新干线为中心的山岳隧道加固工事出现裂缝，混凝土工事出现倒塌。山岳隧道在非断裂带出现严重的破坏，在这次地震中是首次发现，施工材料与施工质量不足是出现该现象的主要原因。新干线及普通铁路线的混凝土桥墩，由于韧性不足出现裂缝和坍塌。总的来说，由于地基条件不同，地震中受到破坏的状况也完全不同。

遭到损坏的高架桥几乎都是20世纪60～70年代间建造的，1983年新的设计标准实施后建设的高架桥只有少量出现轻微破坏。1912～1960年间建造的高架桥虽然遭到了一定的破损和损伤，但没有出现坍塌等严重损坏。

地震震动产生的地基侧移导致很多地铁站内的混凝土柱子产生断裂而倒塌，特别是一些大开间地铁站。一些没有经过耐震设计的地下建筑遭到的破坏和地铁站一样。地铁普通铁路线发生了垫土滑动下沉、防崩壁移动等问题。车站作为旅客集中的场所，今后需要加强车站的防灾。

3. 给水排水设施受损情况

临海、临河的人工造地地区及六甲山脉的倾斜地的给水设施，由于液化现象导致的地基变形及地基滑动受到很大破坏，有耐震接口的可塑管及部分地区的钢管熔接则没有出现被破坏的现象，山岳的导水渠隧道的混凝土加固工事由于地震震动及老化的原因出现破坏和坍塌。

利用淀川水源为神户、尼崎、西宫、芦屋四市进行供水的阪神自来水集团也受到了损坏，在尝试恢复输水时水压无法上升，以致无法供应必要的水量。地面震动以及液化现象导致沉淀池等设施的混凝土防漏材料泄漏，给水处理厂区内坡面受压崩塌，设施也受到损坏。

兵库县和大阪府的32市9町共有1289468户发生断水问题，特别是兵库县内的神户市、阪神·播磨、淡路地区的10市7町内，断水户达1265730户，占全体供水户的90%。

填海造地地区和沿岸地区的下水道由于液化现象导致的地基侧移，很多管道接口由于对变形错位的吸收能力不足，出现了水管接口脱落等问题，但该区域检查井凸出的问题并不严重，这与地震震动持续的时间与填埋地的特性有关。该区域的污水处理厂由于液化现象及侧移，管理楼、各种水池以及沉淀池的地基桩全遭到破坏，一部分的污水处理厂完全丧失了功能。

4. 通信设施受损情况

地震发生后，神户市内的8家NTT（日本电信电话株式会社）交换所的商用电源停止运作，蓄电池倒塌再加上过度放电，总计285000条接入的线路遭破坏。到移动电源车供给应急电源之前，通信瘫痪状态持续了约30h。

直播传送线路除 NTT 的长距离传送在 4 个区间内遭到破坏外，日本电信在 JR 普通铁路线铺设的电缆遭到破坏，日本高速通信在阪神高速公路神户段的电缆被切断。

NTT 的通信设施中，7 处隧道、管道总长的 5.9%（217km）、72 处桥梁添架管道、10%的检查孔（约 2600 处）、0.23%的地下电缆、1.5%的电线杆、1.7%的高架电缆等，都遭到了构造性的破坏。入网用户由于电缆被破坏造成服务中断的线路达到了 20 万处。

通信建筑物中，除大关、西宫的两栋大厦遭到中等程度的破坏，大关大楼以及神户港大厦楼顶的铁塔遭到损伤外，其他都只是轻微的破坏。

5. 电力设施受损情况

地震发生时，由于送变电设备及配电设备的损坏导致 283.6 万 kW 的电力供应出现了故障（停电的变电所 189 处，顶点的配电所 649 路回线）。兵库县东南部、大阪府北部、淡路岛约 260 万家用户停电。

地震中水电站、核电站没有遭到损坏，尼崎・大阪等地的火力发电站遭到破坏。上述电站虽然主要设备都没有致命的损坏，但填海造陆地基的液化现象导致燃料桶、涡轮机房等基础设备受到破坏。

地震中送变电设备中包括支撑送电和配电功能的 18 所变电站在内的 50 所变电站都遭到了损坏。送电设施高架电线中 119 条线路的主要设施（铁塔 11 座、3 环电线、绝缘子 3 处）遭到破坏。

地震中很多电线杆发生倒塌，约八成的电线杆倒塌是因为旁边的建筑物（房屋等）的倒塌或是由于本身的惯性所致。在本次地震中，以前受地震影响很小的地下配电设备也遭到一些损坏。

6. 燃气设施受损情况

城市煤气生产设施及高压干线没有遭到足以影响供给的破坏，106 处向医院等重要公共设施供气的中压导管遭到破坏，低压导管受灾严重，其破坏以螺丝接口部分为主，有 26459 处遭到破坏。但采用了耐震接口的管道或采用聚乙烯管材的导管没有出现损坏。有分析指出，在液化现象出现的地区没有设置大规模的燃气供给设施，有效地防止了燃气设施受到破坏。

神户高速铁路车站内部分地面发生下陷，第二神明公路基土也发生崩塌等，但没有发生瓦斯泄漏。

7. 垃圾处理设施受损情况

废弃物垃圾处理设施的损坏相对比较轻，受破坏的设施包括有垃圾焚烧设施 20 处、大件垃圾处理设施 3 处、垃圾再利用设施 1 处和粪便处理设施 3 处。有些设施本身的没有遭到破坏，但由于断水、停电等因素的影响而不得不停止运转。

9.2.5 港湾、河流及产业设施受损情况

1. 海港护岸受损情况

地震导致以神户为中心的总计 24 个海港设施遭到破坏。由于地面震动以及液化现象使海港护岸出现数米的大规模移动从而导致地基发生了横向移动。从护岸的结构看，钢管板式桩建成护岸大体只受到轻微的损坏，而混凝土沉箱护岸却发生很大的移动。由于沉箱护岸向海面方向移动，集装箱等装卸设施遭到了破坏。

摩耶埠头的耐震强化海岸几乎没有遭到损坏，这说明按照设计烈度 0.2 进行耐震设计完全可以抵抗兵库县南部地震的破坏。尼崎水阀门受到损坏，但幸运的是低海拔地没有被水淹。

2. 河流构筑物受损情况

河流构筑物在冲积层比较厚的地方及旧河道的横断面共有 355 处遭到破坏，由于不是丰水期，没有发生浸水等破坏。除此之外，在淀川河的下游左岸的基础部分由于液化现象发生导致长达 2km 的河堤崩塌，如果发生海啸，大阪市中心有可能被淹。

3. 危险品输送设施受损情况

受液化现象和地面横向移动的影响，临海地区（特别是填海造陆地区）的危险品输送设施出现油桶倾斜、输油管变形与泄漏，但没有发生大型油桶倒塌等重大的破坏。

神户市的液化气输入基地的 LPG 输送管道阀门变形，大量 LPG 泄漏，政府向附近居民发出了避难劝告。

4. 临海公共设施受损情况

临海地区中心公园的设施受到破坏，由于地震发生的时间在凌晨，因此没有造成大的人员伤亡。市区内人工造地及坡地内的公园受到破坏较大，此外由于周围建筑物、阻隔物、高架建筑物的倒塌和倾倒直接或间接地对公园和周围道路造成二次破坏。旧城遗址的围墙也遭到巨大破坏，有些地方发生了倒塌。神社内，石刻鸟居和灯笼受到明显破坏。在公园里，地震后马上可以看到为了避难而搭的帐篷和开进来的车辆。

9.3 应急

9.3.1 震灾初期主要问题

1. 通信中断

地震中虽然 NTT 长途通信系统没有受到影响，但连接各个家庭和电话局的线路（电话线）受到严重破坏，加上外部电力丧失和后备电源倒塌造成的停电使转换器无法运转，兵库县南部地区的 28.5 万条线路受损。之后由于交通堵塞和道路断裂延误了移动电源车的到达，致使通信恢复困难，防灾机构也因停电造成转换器瘫痪和通信中断。

地震刚发生时，由于通话量猛增造成电话线路的拥堵，有的线路出现没有通话的“占线”现象。随着地震在全国范围内被报道，通话量不断增加，出现长时间的拥堵状态。

地震发生时无线信号基地遭到破坏，但在无线信号可达的邻近地区还有基站，手机成为可以利用的有效联络手段。地震发生的最初几日手机比一般电话便于利用，随着救援和重建工作的开展，从灾区外打入大量电话，手机也变得拥堵而无法使用。

灾区公用电话中约有 3500 部不能使用，能够使用的电话前总是排着长长的队。许多建筑设施内的公用电话成为防灾相关机构在震灾初期的重要通信手段。绿色公用电话因停电而无法使用电话卡和 100 日元的硬币，只能使用 10 日元的硬币，常常会发生因硬币堵塞而无法使用的情况。

没有拨打限制的灾害优先电话因为没有与一般电话相区别的标识，震灾中未能得到有效利用。国土局的一部分灾害优先电话因装有自动选择电信公司的 LCR 功能而自动选择了新电电公司，新电电公司的日本长途通信和日本高速通信的线路被切断，因此导致电话无法使用。利用无线电波的 DDI 没有通信障碍。

2. 人员集结困难

灾区的工作人员集结困难，住在远方的工作人员可能无法意识到灾害的程度，而且因道路断裂而无法集结。因此，与市区工作人员相比，通勤范围较大的县工作人员的集结率较低。平时就担任灾害应对工作的警察和消防人员的集结率非常高。

由于神户市政府 2 号楼的建筑物受到严重损害，必须取出必要的资料，到相关部局的办公室办公。办公地点的迁移、清理及停电断水造成的设施动能低下，给救灾活动带来障碍。

县及各市的灾害应对总部因电话线拥堵及接入大量询问电话，导致无法使用电话与其他防灾机构取得联络。兵库县采用的“兵库卫星通信网络”和防灾行政无线电网络也因停电和设施破坏无法使用。地震中警察使用的相关设施也遭受巨大破坏。

3. 信息传递不畅

灾后优先考虑人命救助，因而无法顾及收集受灾情况的信息。震后主要使用直升机掌握受灾情况，由于存在装备和性能的限制，对掌握死伤者的人数出现滞后。从救灾过程看，掌握受灾情况不一定非要通过直接精确的统计渠道，一些概括性信息报告已经足以支撑最初的救灾行动。

灾区最初都没有配备防灾行政和通报无线设备，地震发生后，向居民进行信息传达的手段以宣传车为主。在地震发生当天，神户市在灾害对策本部临时设置了新闻工作室，充分利用大众传媒的手段向受灾者传达信息。从地震发生后第三天开始的新闻播送节目，持续了长达两个月以上，脱离紧急时期之后这种手段的有效性还有待商榷。

4. 应急机构不明确

地震发生后灾区当地议会与市政府联合建立了地震应急对策体制，但由于区域防灾体系不完善及对灾情过于乐观，地震中灾害对策本部机构迟迟不能明确，现场的信息联络受到影响，造成现场一定程度的混乱。灾害对策本部与其他部门分工协作收集并汇总信息的机能薄弱，缺乏统一指挥，各部门擅自决议的情况时有发生；另一方面，通过现场进行判断和决策的方式优先，有必要对现场工作机构进行授权。救灾过程中与现场工作人员之间的信息沟通困难，面向市民的宣传报纸成为工作人员获取信息的有效途径。

5. 迅速救援受阻

由于对受灾情况把握迟缓，通信中断造成联络困难，阻碍了迅速进行救援。兵库县接到神户市发出的救援请求后，直到上午 10 点才向地方消防厅提出了区域消防救援的申请，消防总部部分部队未收到求救信息就开始出动救援。自卫队方面，虽然当日上午 10 点就接到兵库县的派遣请求，并于当晚对海上和空中自卫队提出派遣要求，但由于平时没有协同防灾的训练，导致防灾信息交换不充分及人际关系不协调等问题，救灾集结受到延误。特别是由于自卫队出动必须经由正式申请，造成其救援行动迟缓。

6. 教委和学校备灾不足

学校的主要任务是确保教职员工的安全，并协助避难所的管理工作。因为教委和学校对震灾准备不足，震灾初期给大家带来不少困扰。地震当天，教师出勤率约 44.5%，老师们骑车逐户确认儿童与学生的安全，或利用留言板了解学生的情况。调查工作持续了10天，教委根据调查信息决定学校停课等对应措施。

7. 信息系统恢复困难

由于地震发生在非工作时间，信息系统的硬件和数据受损较小，但由于建筑物的损害和电力、空调及电梯停止的影响，灾后信息管理系统无法使用。灾区迅速修复了灾区自治体的信息系统，在办理受灾证明、税收减免处理等以援救灾民为中心的业务时发挥了重要作用。

9.3.2 相关机构的应对措施

1. 信息发布

地震发生后不久，大阪管区的气象台自动发出了“强烈地震发生通知”的报告。随后5点50分发出“无海啸发生”的通报，5点55分发表了地震信息第1号通报。

神户海洋气象台由于传送系统的故障没有自动发送信息，但是气象台职员通过无线信号取得了联络。

NHK神户广播局虽然在地震发生后迅速得到了相关信息，但因等待气象厅确认，直到6点15分才正式播出“神户发生震度6级的地震”的报道。

在距震源最近的洲本气象站，由于NTT电话线路瘫痪及震度计故障而没能获得震级信息。

2. 自卫队救援

震灾初期局势紧急而混乱，派遣点相关信息严重不足，但自卫队很快克服困难开始自卫队的救援行动。就近派遣的自卫队，在救援命令到达之前就开始了救援活动。自卫队在震后就立刻派出直升机调查情况，但由于自卫队直升机的影像质量不够且没有影像传送装置，因此没能向中央政府发送影像信息。自卫队同时向县厅派遣了联络员。

3. 政府组织工作

消防厅的值班人员确认震度5级以上覆盖的区域后开始收集信息，同时开始区域消防支援的准备工作；警察厅6点多发出全国机动队准备出动的指示，8点30分“灾害警备总部”便出动了机动队；海上保安厅从5点50分开始通过在大阪湾的巡视艇调查受灾情况；第五管区海上保安部7点设立“兵库县南部地震灾害对策总部”，着手调查受灾情况；国土厅接到设在民间警备公司的联络员通知后6点45分起职员开始进入岗位，着手从警察厅及消防厅收集受灾信息，对包括首相官邸在内的政府和国家机关、地方行政机关及一般防灾机构。电视及广播是最大的信息来源。

由于国土厅不具备独立收集信息的手段，而且各地方省厅的信息汇总工作也未充分进行，首相官邸未能获得全面的灾情，灾情也未得到灾区内外社会全体的理解。

4. 指挥体系的建立

地震当天上午10点，内阁会议决定设置“平成7年兵库县南部地震重大灾害对策总部”“关于地震对策的阁僚会议”。当晚19日20点，首相召开“关于地震对策的阁僚会议”，会议决定设立“兵库县南部地震紧急对策总部”，首相亲自担任总部部长，会上同时决定1月21日设立“现场对策总部”。

1月22日起设立了“现场对策总部”，该部由国土厅政务次官担任总部长，国土厅官房审议官担任副部长，有来自 13 个省厅的约 30 人常驻，包括事务局的辅助员在内共 60 人。

有意见认为有必要设置“紧急灾害对策总部”，但由于“紧急对策总部”没有法律意义上的依据，所以该内容暂缓实施。1 月 20 日任命了各省厅担任应急协调的国务大臣（兵库县南部地震对策担当大臣）兼重大灾害对策总部总部长，23 日起在国土厅设立了小里大臣特命室。

9.3.3 媒体的应对措施

1. 播报恢复状况

地方电视台及广播局由于建筑受损、停电、器材损伤等原因，造成节目播报中断，但均在很短时间内重新恢复了播报。

地方报纸“神户新闻”因前一年与京都报社缔结了互相支援的协定，在京都报社的帮助下制作了报纸版面胶片的印刷模板，当天的晚报便开始在非常体制下继续报纸的发行工作。

全国的电视和报纸的报道取材大都来自行政厅和警察厅，由于地震中这些机关也未能充分把握信息，所以出现了灾情报道不够及时的问题。

本地广播通过各种渠道收集并报道信息，例如通过播送上班途中公司职员的热线电话及听众提供的信息，拓宽信息搜集的渠道，NHK 综合电视台还专门开设了震灾相关的外语播报。

2. 信息收集手段

NHK 神户分局根据卫星摄影画面，率先向全国报道了受灾状况。但最初的灾情报告主要来自空中拍摄到的画面，虽然可以了解到设施出现大规模倒塌的情况，但对住宅实际破坏情况无法反映。加上有些地方由于道路堵塞及地形障碍使微波难以到达，导致受灾区域拍摄画面报道迟缓，取材也只能限定在特定场所。地震中大规模报道多集中于灾害强烈、冲击性的画面，对总体状况及应急对策的必要信息未能充分传达。虽然各电视台都派出大量物资、器材及人员到现场进行采访报道，但实际报道多局限于灾害信息发布。同一新闻社或放送局的记者在同一取材地点不断重复取材现象严重。

3. 信息发布渠道

地震发生初期，灾区内由于停电等原因造成电视无法收看，收音机成了最有效的信息来源。收音机广播中的解说员们的激励或行动指导，以及来自灾区的平安报道，都能缓解受灾者的不安，给予他们行动的指南。

几天之后，电视可以接收图像，报纸可以发放到避难场所，这些信息都开始被有效地利用起来。

为了那些听力障碍人群，地震发生后特别播送了带有字幕的特别节目和手语节目，同时增加了面向外国人的报道，比如 NHK 复音节目、当地 FM 广播局的多语种播报等。

4. 平安信息发布

NHK 电视台及关西广播设置了平安信息发布专栏，但是因为信息数量过多，不能完全播送，而听众为了个别信息不得不持续不断的收听广播。利用报纸刊登的死者名单则更具包容性、便览性和检索性，因此成为很多受灾者的选择。

5. 先进技术应用

震灾发生后不久，神户市外国语大学的主页上便刊登出了受灾照片，将灾情的严重性发送到海外；电脑服务商均开设了“地震信息角”，用于传达志愿者信息、安全信息、行政信息等；但由于来自个人的信息常被指责缺乏信息的真实可靠性，实际利用最多的仍是转载自大众传媒和行政部门的信息。

6. 存在的问题

地震中大众媒体常常只报道神户市的受灾情况，其他地区的受灾情况却无法知晓。信息传达的局限性使受灾者担心那些灾区以外的地区会产生“受灾仅集中在神户”的错误想法。

9.3.4 灾民的避难行动

1. 居民避难行动

地震中住宅全部或者部分遭到损坏，考虑到余震带来次生灾害的危险，约有一半的居民离开了自己的住所进行避难。避难者大都选择附近的学校，或选择消防部门和警察部门指定的避难场所。避难场所主要包括学校等公共设施、民间机构公共设施、近邻公园等小规模设施等。避难所面积一般和小学校区范围接近。避难行动从地震发生当日的傍晚开始一直持续到晚上，避难人数持续增加。

随后，因为住房倒塌或烧毁，对余震的不安及生活必需品断绝等原因，从震灾后第二天开始，避难者数量持续增长。因为有的避难场所靠近火灾地点或邻近建筑物有倒塌的危险，灾民不得不寻找二次避难的场所。有些设置临时避难所和紧急医疗点的公园和中小学校防备火灾能力不足，出现灾民再次遭受火灾的情况。

有些灾民徒步前往避难所，开车前往的情况也很多。汽车会占据学校等地的空地，当学校教室空间不够时，一些受灾者在汽车里投宿，解决了空间不足的问题。尼崎市专门设立了接受神户和芦屋方向的远距离避难者的避难所。

2. 避难所的开放

七成的避难所在震灾当天就完全开放，但在受灾严重的地区，由于市、区职员或教务人员无法及时赶到，影响了避难所的开放。有些学校门卫或钥匙保管员根据自己的判断打开了校门或体育馆的大门，有的避难者将锁破坏后进入避难所。

随着避难人数的增加，管理机关适时追加指定避难所。兵库县的避难者在 1 月 23 日达到高峰，总人数为 316700 人，避难场所达到 1152 所。一般来说，地震当天去避难所的灾民较多，此后，许多灾民选择去亲戚家避难。

3. 避难所的维护与管理

地震发生初期，避难空间不足，甚至不能躺下。学校体育馆、教室、走廊和楼梯都人满为患。由于学校医疗室还兼作救护所，教室常被当作遗体安置室，教员办公室常被当作指挥部或工作人员休息室，避难者的进入，有时也妨碍了救灾活动。

有的学校建筑物发生火灾并延烧，有些规划的避难所在地震中破坏严重无法继续使用，有的避难所聚集的避难人数超过 1000 人。避难所设置前必须事先认真检查其安全性，如果安全条件不足是不允许使用的，必须实施“禁止入内”的措施。

地震避难开始后，对于需要护理的避难者，如老年人、残疾人、婴儿实行特殊照顾是很必要的，灾后避难对他们是十分困难的生活状况。避难者中负伤的人很多，教务人员和避难者中的医疗工作者义务担当起照顾伤员的工作。接受保健所委托的医师也到达避难所开始治疗工作。

9.3.5 搜救与医疗

1. 搜救行动

（1）幸存者救援

震灾中全损和半损的建筑物达25万栋，导致数万人被压埋在了瓦砾之下。一些受灾严重地区，电话无法使用，灾民“涌进”消防厅和警察厅请求救助。消防厅和警察厅前往救助途中也不断遇到求助的居民。

搜救过程中警察厅、消防厅配置的救援器材，特别是RC建筑物需要用到的重型器材不足，最终通过建筑业协会调配和志愿者提供才得以解决。现场救援的自卫队没有随队携带抢救器材，通过县政府调配得以解决。

自卫队、警察、消防支援部队都展开了救援活动，自卫队救出1403人（其中生还者165人）、神户市消防局1892人（其中生还者733人）。县警察救出生还者数量达到3496人。但由于救援活动主体自卫队、警察、消防队之间的沟通联系不充分，常出现同一地方重复搜索的情况。

救援活动非常耗时耗力，而且充满危险。据试算，要从木制房屋中救出一个人，平均每分钟需要劳动力84人，RC建筑物的情况下则每分钟需要188人。如果火灾发生，救援活动不得不中断（先行避难）；余震中建筑物倒塌常导致救援人员被压埋。救援现场的警察和消防队员搜救被压埋者位置的同时，他们的家人和邻居也不断进行位置确认。位置确认以呼叫的回答声为线索，但新闻取材用的直升机噪声影响了环境的寂静，妨碍了救援队员发现需要救助者，有必要设置“Silent Time”（安静时间段）。按照法定程序，发现遗体后需要有警察在场，警察不能及时到位致使自卫队无法转移到下一个搜救现场。

（2）失踪者的搜索

1月23日起，对受灾特别严重地区进行了分区，以居民户口名册为基础资料，消防队、警察、自卫队对全体居民徒步进行了人口确认（地毯式调查）。

1月28日，警察、自卫队、消防队共同实施失踪者搜索活动，进入救援活动的另一个阶段。而北淡街当天就完成了居民安全确认，随后立即进入灾后修复工作。

2. 医疗救助

（1）医疗机构

地震中阪神地区医疗机构的建筑大量遭到破坏。兵库县内4所医院、101家诊所建筑全毁，之后又发生火灾。加上生活必需品供应线被切断、医疗器材受到损坏，医疗机构的功能大大降低。

兵库县首屈一指的3级急救医疗机构——神户市中央市民医院，由于连接市区和海岛之间的神户大桥无法通行，地震后无法马上接受需急救的患者；由于断水，很多医疗机构无法保证大量透析用水而陷入困境，医院锅炉、压缩机、发电机的冷却水也严重缺乏；由于断电，一些医疗仪器包括呼吸机只能手动使用完成，诊断和治疗都很不方便；煤气中断影响到住院患者的饮食；X射线的摄影装置、MRI（核磁共振成像）等高精度医疗器械的损失重大。

震灾后医务人员出勤状况良好，医院医师出勤率接近 60%，诊所医师出勤率超过 65%，大部分医院在震灾当天就可以开诊。但由于医院人手不足，无法让住院患者全部出去避难。

（2）伤员救助

伤员大都由居民送往医院，灾情严重的地区大量伤员集中涌入，而医院外的救援现场等地无法对伤员进行的分级分类（伤员鉴定），死亡者、轻伤者、重伤者不加区分大量送往医疗机构，使医院陷入混乱。事实上伤员可以简单区分已死亡和可治疗两类，需要集中治疗的伤员相对较少，最好在救援现场对伤员进行简单分类。医生们对伤员进行分级分类（伤员鉴定）时，即使知道伤员分级分类的重要性，在伤员及家属前实施也比较困难。当伤员患有的挤压综合征（Crush Syndrome）即手、足受严重挤压而引起心、肾功能不全的全身性障碍，因除急救医护人员以外几乎无人知道这种病症，而初期阶段伤员全身状况并不严重，容易延误治疗造成无法挽救的结果。厚生省研究表明，地震中发现挤压综合征患者 372 例，其中有 50 例死亡。

地震后由于无法了解相关医疗机关的信息，出现了伤员集中的问题，部分医院人满为患，稍远一点的医院伤员较少。

震后口腔科的问题比较严重，虽然地震中口腔科的重症患者很少，但由于口腔科需要大量用水，在供水恢复前，口腔医疗迟迟不能恢复。据预测分析，灾区口腔医疗的需求量大约是 2%，因此采用巡回医疗和临时医疗站的方式提供服务。震后假牙的需求量增加，专门组织志愿者帮助制作假牙。

震后初期急救现场医药品不足，医药品存放场所的管理、搬运也由于缺乏有医药品管理、整理、分配等专业知识的人才而使药品分配出现问题。由于信息沟通不畅，最初医药品不足的问题很快就转变成药品过剩；由于震灾使用的药品的特殊性，灾后处理精神类药品成为一个难题。

（3）医疗体制与志愿者

震灾之后，几乎都没有马上配备救护所等公共灾害医疗体制。震后初期，以日本红十字会和 AMDA（Association of Medical Doctors of Asia，亚洲医生联合协议会，总部设在日本的国际医疗志愿组织）为首的医疗志愿者活动非常活跃。1 月 23 日，厚生省在当地设置了总指挥部，开始统一管理安排全国自治体、国立医院、大学附属医院派来的医疗支援队伍，并增设了常设救护所。

震后医疗救助行动中行政部门和志愿者之间沟通合作非常重要，行政部门须向医疗志愿者及时提供信息与活动据点等。随着灾区医疗所的恢复，从外地赶来支援的医疗志愿者的撤退时间成为问题。

3. 伤员转运

（1）既有患者的转运

由于震后伤员突增，加上医院设施遭到破坏，有必要对灾前住院的病人实施转院。据统计，本次地震后 15 天内转送伤员 1774 名，而前三天转运的伤员达到 36%。因转院需要由医师开具转院介绍信，说明疾病与治疗情况，但地震中计算机信息系统遭到严重破坏，给转院造成很大困难。由于初期电话线路的混乱无法与消防本部和其他城市的医疗机构取得联系，接受转院的地方无法确保，大部分转院通过医生和护士的个人关系才得到确认。有些医生赶到灾区，亲自转运患者。

在地震发生后 6h 内被转送到大阪市内的医院的伤员只有 3 名，向大阪市内转运伤员的高峰发生在震后 30h 到震后 42h 的时间段。

（2）伤员转运机制

地震发生后的一段时间，伤员大都通过私家车运送，随着支援的陆续到来，配备逐渐增加患者搬运车、应急救护、直升机及救护艇。一般认为对伤员发挥作用最大的是直升机，但地震初期却没有得到充分利用。第一天直升机仅运送一名伤员，直到第四天以后才开始正常使用。由于日本规定民间直升机不能用于救灾临时直升机，1 月 20 日运输大臣批准民间直升机用于救灾，但仅限于本次地震救援阶段。机场无法确保和医疗机构相关经验不足，是直升机使用不多的原因。

伤员转送过程中灾区周边的医疗机构，除了治疗就地就诊的伤员外，还发挥了接受患者和往周边医院转移病人的"中枢机能"。如大阪市内的三次急救中心，接受来自灾区的患者并进行治疗。大阪市内的基层医院则实现了接收来自灾区的患者并向周边医院运送这一中枢机能。

（3）伤员的跨区转运

跨行政区域的伤员转送，存在诸如必须提交申请，无线频率不匹配等问题导致配合障碍。

接受灾区患者的医院向当地消防总部申请救护车支援，但常常由于没有收到对方医疗机关提出的申请或因各个自治体之间没有协议，消防总部不能擅自行动而无法执行。

跨区域救护车因为无线电频率不同而无法通信，而且不熟悉地形和医院位置，为此神户市为每辆救护车配备一名职员做向导开展救援活动。

4. 国际救援

地震一发生就收到了许多国家提出协助救援活动的申请，地震次日的内阁会议上，决定积极接受海外的援助，但因接纳工作还未准备就绪，直到数日后才开始接受海外组织协助救援活动。截至 2 月 9 日，共有 70 个国家和地区，3 个国际组织提出派出救援队的意愿，最终接受了 44 个国家和地区的救援（9 月 1 日以前）。

从接受救援的情况看，海外组织的参与某种程度上也增加了当地的负担。作为海外救援队，瑞士灾害救援队（1 月 19～22 日）、法国灾害救援特别队（1 月 21～24 日）、英国国际援助队（NGO，1 月 23～26 日）参加了救援活动。海外救援队虽然发现了一些遗体，但是均没有救出生还者。海外救援队增加了灾区接待外宾的负担，所以不考虑当地状况而接受支援是不妥当的。地震中发表的伤亡人数以已经确认的人数为准，随着失踪者逐渐确认，常造成死伤人数在不断增加的误解，接受海外援助有助于海外各国政府观念的改变。

地震发生后许多国家派遣海外医疗队，并提供药品。到 1 月 22 日，在灾区从事医疗救助活动的共有 8 个团体，总计 80 人。对于没有日本医生资格证的外国医生，1 月 23 日厚生省下达了《允许紧急避难中的医疗行为》的通知，允许海外医疗队的医疗救助活动，但医药品由于国内标准的关系而没有接受。

由于国际医疗救援需要会说会用日语沟通，还要准备日语和外语两种语言的病历卡，这成为一个问题，而且灾区的医疗需求主要是针对感冒、消化不良、劳累过度、慢性疾病等的治疗，国外救援提供的主要是骨折等的急救医疗，这样产生了一些不协调的问题。

9.3.6 火灾应对

1. 现场状况的把握及决策

地震发生后不久，各个消防总部、消防局指挥室收到的大量 119 报警电话，其中很多是询问电话或无音电话，震后初期基本没有关于火灾的通报。市消防局指挥室通过各署无线通信发送的求援信息激增判断，当时出现同时多发灾害，导致防灾系统无法正常运转。神户市消防局没有地震应对指南手册，指挥室果断采用防汛部队体制，指挥各署车辆的使用。随后基于了解的受灾情况，神户市消防局确定长田管区为火灾重点防御地区，将北、西、垂水、水上消防署的临时部队全部投入长田管区。

神户消防局在市内设有 5 个火灾监视器，地震后由于电力供应停止造成监视器影像中断，为了解市内火灾的发生状况，神户消防局改从市政府 24 楼瞭望进行确认。向市政府 2 楼共派出 2 名职员，以应对火灾同时多发的状况。

神户消防局主要通过直升机传回的影像对火灾灾情进行判断。由于发生土地液化，消防机动队行动延误，加上直升机场受到损坏，直升机无法起飞，对灾情的把握受到影响。9 点 24 分起飞的直升机传回第一份图像信息才了解到市内火灾及建筑物的破坏情况。

2. 消防队员的确保与出动

根据警防规程中自主参集的规定，各消防总部和消防局震后立即组织紧急集合。各受灾市、田丁的消防总部和消防局，地震发生后 3～5h 内集合了 80％～90％以上的职员，其中大部分是自主集合。地震后神户市消防署的紧急通报装置无法使用，电话由于流量阻塞出现联络困难。丰中市消防总部规定的集合基准为震度 5 级，所以由于大阪管区气象台报道的震度是 4 级，且职员的市内居住率只有 34％，因此集合率相对较低。

神户市消防办公楼的受灾情况严重，特别是中央区 3 处办公室受到较大的破坏。地震的剧烈震动使车库内物品保管箱一片狼藉，车辆偏移，车库大门无法打开，妨碍了消防车的出动。

在神户市等地，建筑物倒塌造成道路阻塞、交通堵塞等，妨碍了消防车辆的通行。虽然消防队出动的最主要目的是灭火，但出动途中必须应对救援的请求。进行灭火活动的消防队，有时会在途中或到达火灾现场后被居民围住而无法从事救助活动。虽然有必要将灭火行动与救助行动并行实施，但消防队尽量以“灭火优先”为原则。

3. 消防设施、资材及供水的确保

受灾地区自来水管道受损造成断水，消火栓无法使用。有些消防水槽因结构受损或因构筑物倒塌不能使用，能使用的水量也很快就耗尽了，因此使用了河水、游泳池水等多种替代水源。西宫市防火水槽数量较多，加上秋天实施了《异常缺水时期特别消防体制》，除井、游泳池、大厦蓄水槽外，还通过沙袋和瓦砾拦截河流成功取水。

神户市由于设计震度为 5 级，按照这个震度消火栓仍可以利用，以此为前提设计导致消防配置不足。例如消防水槽的配置很少，水泵车和消防职员的配备状况也比消防厅的基准低等。神户市长田区利用消防艇取用海水灭火。消防艇一直处于工作状态，但消防艇的延长输水胶管被通行的车辆辗轧，导致好几次破裂。

地震发生后神户市内的大部分加油站停止营业，只能从姬路市调运汽油。由于无法从大型油罐直接供油，必须把油分装到金属圆桶。正在长田区进行灭火的消防车辆，由长田消防署管区内的石油公司协助供应燃料。

由于在瓦砾散乱的现场长时间活动以及土地液化的影响，很多消防车辆受到损坏，但神户市内很难找到零部件，因此救灾器材方面除了紧急调配了输水胶管、照明器、发电机、急救物资器材等现场用品外，还紧急供应了引擎切削具、链锯等器材，并在前往城市的车辆整备队的协助下对受损的消防车辆进行修理。

4. 区域援助

地震发生后，神户市消防局迅速向兵库县知事提出区域性消防支援的请求，但由于交通堵塞等影响，救援部队的到达大幅延误。全国消防本部派出的支援部队，主要在神户市、西宫市和芦屋市活动。

神户市将救援队伍主要分为灭火、供水保证，救援，急救3类投入重点地区。但由于交通堵塞的影响等，救援部队的到达需要花费大量时间，接受方也无法预测到会是哪个部队到达，对救灾行动计划造成了影响。

对于不熟悉地理情况的救援部队来说，引导和指引是十分必要的。救援部队主要在各消防署的指挥下行动。救援部队一般首先在市政府集合，然后投入救援，但地震中出现集结后重新回到已经经过的地点的情况。有些救援部队通过无线通信联络，明确救援的场所，直接赶赴当地消防署，节省了时间。

救援部队是混编部队，而能够共用的全国消防电波只有一个，由于无线线路的限制，给现场指挥和联络带来困难，也给现场输水等协作活动及急救队的通信带来困扰。而救援器材如消防栓工具、输水管接口、救护车心电图接收装置，由于规格差异无法兼容等。

救灾过程中救援部队缺少休息场所，除了室内福利设施、县消防学校、市消防学校以外，客船也被用作都市救援队的休息场所。由于空间不足，有些部队只能在消防署会议室、办公室、车库、消防车及帐篷里睡觉休息。

5. 市民相关组织的协作

地震发生时正值凌晨，神户市内约有20%居民使用油炉取暖，其中约有一半的人没能及时灭掉火源。多数火灾是通过黑烟或呼救声确认火灾的发生状况。由于火灾多发，大范围、大规模的市民参与对阻止火势扩大起了重要作用。

当地企业的自卫消防队与当地居民共同协作扑灭火灾，阻止火势向民间房屋蔓延，或利用医院的室内消防栓对邻近的民宅进行灭火。灾区以外的企业自卫消防队帮助进行危险物品泄漏的处理，民间企业自卫消防队在地震中发挥了重要的作用。

9.3.7 紧急运输

1. 公路运输

（1）道路交通状况

地震后公路公共交通设施受到严重损坏，给市民生活和日本经济都造成了很大的影响。

地震发生后，公路的高架桥断裂，路面破坏，沿途建筑物倒塌，港湾等交通节点功能下降，主要干线的交通容量大幅下降，交通量显著减少。灾区街道因道路损坏和建筑物倒塌等造成了交通堵塞，特别是一些比较狭窄的道路长期不能通行。由于连接日本东西交通的主干线通过灾区并在震灾中受到严重破坏，日本的东西交通受到严重影响，日本海海岸的绕行线路也发生了交通堵塞。地震后通过对交通管制所的调查了解道路交通状况，但地震当天 87 个交通管制所中只有 48 个报告了情况，全部情况统计完成花费了一周时间。道路无法通行除道路遭到破坏的原因外，还有通行区域十分危险或地下构筑物破坏造成地面交通受阻等各种情形发生。

震后道路破坏给市民运送伤员和避难等带来一定困难。为确保警察的紧急车辆的燃料供应，灾区实施了汽油等石油制品的供给、流通限制对策。淡路岛的重要交通线路公交也部分停运，但很快恢复运营。

地震中交通信息系统终端和通信线路破坏严重，加上器材损坏，无法播送路况信息。为把握交通拥堵状况，只能通过交通机动部队、高速公路交警部队、现场警察部队巡回执勤，利用没损坏的交通监视摄像机和车辆感知器，或利用直升机进行调查等。神户的道路交通信息中心由于广播器材的损坏和关西广播局等广播机构的受损，很难广播交通信息，17 日一天之内只广播了 3 次。

(2) 交通管制措施

依据《道路交通法》，地震发生后现场警察立即实行了交通管制（禁止车辆进入道路损坏区等)。由于大量警察参与救援被埋者，交通管制的警察人手不足。

18 日早上 6 点，县交警根据《道路交通法》设立东西两条紧急运输通道。由于道路可能会因余震再次破坏，根据《灾害对策基本法》还无法完全确定路线，只是先实施交通管制，仅允许紧急车辆通过。但运送伤员和病人很多使用普通车辆，仅限紧急车辆通过的交通管制实施起来比较困难。实施交通管制的话，就需要确定其余车辆的绕行路线，这一点较难保证。

为了保证道路畅通，道路管理人员和自卫队对路上倒塌房屋的瓦砾废墟实施清除，疏通了道路。倒塌房屋的清理需要房屋所有者的同意，地震中发送宣传册、劝告传单，向市民进行宣传，或动员所有者签署同意和承诺书。

地震灾区弃置在路上的车辆造成交通拥堵，兵库县警察从 2 月 13 日起在弃置车上张贴“请配合车辆移动”的通知，对已经移动的车辆张贴“短距离移动告知”、“保管通知”等标志。对留在高速公路上的弃置车辆，阪神高速公路公团进行了移除，车辆移除需注意对运输有毒物品的油槽汽车采取必要的特别的处理措施。

2. 直升机运输

地震发生后很快就有相当数量的私人直升机或自卫队直升机集中在受灾地上空，并一直持续到 1 月末。2 月份直升机的利用大幅减少。关西国际机场和大阪国际机场在地震中没有遭到破坏，在地震应急中发挥了积极作用。地震后民间飞机的飞行目的多是新闻报道取材和情况调查。自卫队飞机主要用于航空侦察、人员运输、伤员运送和物资运输等。

自卫队最初号召其他部门及民间飞机共用 122.6MHz 的频率。1 月 18 日起，自卫队在王子田径竞技场设置了飞行指挥中心，以“自主提供航空信息”的名义实施航空管制。由于自卫队的管制没有法律强制约束力，一些不肯合作的飞机发生异常接近的危险状况。

震后有些直升机场被用作避难场所，为保证直升机的顺利起降进行了调整，在王子竞技场、“幸福村”、Green Pia 三木等地开设了临时直升机场。灾区公园和运动场一般都作为受灾者的避难所，无法被用做临时直升机场。

3. 海上运输

（1）港口业务

地震发生后，神户港由于码头破坏、集装箱和车辆落水，易对船舶航行造成危险，因此在 8 个海域设置了航泊禁止区。神户港地震后连续数天无法装卸货物，多数货船放弃在神户港卸货而开往下一个港口。对于必须到神户的船只，则设立了临时港，例如神户靠岸的客船和水上交通船改在大阪南港和泉大津港出发和到达。有的航线则干脆取消了这一站，许多海外船运公司都停止办理神户港的集装箱业务。

（2）码头修复

摩耶埠头的耐震强化海岸没有受到地震破坏，但通往该码头的道路遭破坏，地震初期无法使用。1 月 18 日起，神户港 7 个码头、兵库 4 港的 7 个码头恢复使用。

（3）航行安全

地震当天开始，日本船主协会、日本海难防止协会就开始提供水路、码头等相关信息，同时对落入海水的集装箱和车辆进行打捞，并积极利用无线和手机通信提供所需情报。国际 VHF 通信设施在地震中遭到破坏，震后利用救灾无线和手机通信设备提供信息。

（4）海上紧急运输通道

为确保紧急状态的各个运输任务顺利完成，地震发生后政府和民间团体建立了一体式协作体制，以确保海上经济运输通道的通畅。国土厅通过运输部向日本船主协会、日本内航海运组合总联合会、日本客船协会等请求协助。兵库县根据港湾的损坏状况指定紧急物资的装卸码头，并在神户市设立了紧急海上运输通道。

（5）救援物资运输

自卫队舰艇、海上保安厅舰艇和一般船舶义务承担了紧急救援物资的运输任务。除紧急救援物资外，客船和货船还运输一些生活用品和重建物资。

9.3.8 粮食及物资的调配

1. 需求量的把握与调配

（1）救灾物资调配

地震发生初期，无法把握灾区的受灾情况，只能依据受灾人数的估算进行紧急物资的调配。兵库县灾害对本部最初推测受灾人数仅 17 万人，并据此配发食物、饮用水、毛毯等物资。当天傍晚预测受灾人数修正为 200 万人，并修正了救灾物资供应计划。各市一般通过统计避难的人数推算受灾人数，随着时间的推移，避难人数不断增加，估算的受灾人数也在增加。

（2）供应方联络

灾区很多地方自治体积极与救灾物资的供应方联络，但震后电话不通，联络很不顺畅。神户市根据区域防灾规划与一些食品厂签订了救灾物资供应的协议，但不少厂家本身也处于灾区，为了寻找市外的救灾物资生产厂家，神户市只得向周边城市自治体电话求助。

伊丹市由于电话完全不通，工作人员只能利用小汽车进行物资的配发。因本市超市受灾严重，只能放弃市内调配物资的努力，而改由外市厂家供应救灾物资。

(3) 食品供应

兵库县以农林水产部为中心，利用学校饮食服务中心和一些民间食堂准备饭团等食物。因为学校停课，有些地方将供应学校的食品发放给避难者。如明石市，除贮藏的干面包外，还向避难者们发放了当地学校准备的盒饭和面包等食物。

妇女联合会和生活改善组织等以女性为中心的团体，协助当地自治体为支援灾区作出了很大贡献。

由于规划中在临近大城市都配置了农业用地，平时城市与农村的交流频繁使城市在受灾后迅速地得到粮食救援，这一点具有十分重大的意义。

(4) 超市和消协的作用

地震发生初期，地方的大型超市和消协发挥了重要作用。地震发生后，“co-op 神户”和“大荣”超市的联络员立即赶到神户市灾害对策本部，指挥各店铺的物资调配工作。另外还有很多地方自治体也得到了当地超市的全面协助。“co-op 神户”无偿提供库存的粮食和物资，这为确保地震刚发生时的物资供应做出了巨大的贡献。

(5) 政府与地方支援

农林水产局、国土局等各政府机构接到兵库县及其他灾区自治体的求救后，协助组织食物和救灾物资的调配。全国各地积极提供物资支援，但灾区地方政府直接提出援助请求的情况不多，大多是接受其他各地的援助提议。

(6) 受灾信息的把握

兵库县及各地方市各自收集受灾信息，这对救灾必需物资的统计带来困难。兵库县调查的数据传达到各市和町，却与市、町自身掌握的受灾信息有冲突，造成一些混乱。一些需要援助和救护的人没能得到维持生命所急需的食粮和物资，食物准备没有考虑老年人的需要，食物生冷坚硬，婴儿所需的奶粉也很难得到保证。

2. 运输网络与手段

灾区出现严重的交通拥堵，粮食和物资运输相当困难。灾区外的车辆灾区地理状况不够熟悉，加上征用了原本用作别的用途的车辆来输送物资，输送效率十分低下，加剧了交通混乱。由于交通拥堵，救援物资迟迟不能前行，如途中遇到区政府或避难所，有的就直接将物资卸下。

当救援物资运输出现困难时，县警察局就出动巡逻直接引导，帮助紧急物资运输车辆向前行进。一些急需的救灾物资如食品、饮用水则通过消防局和自卫队的直升机直接运送，为此，兵库县还特设了临时直升机场。

3. 物资的接受与分发

从地震第一天的白天开始，救援物资和粮食源源不断到达灾区市区政府。由于保管场所不够，送到的物资全部被卸载到市政府和区政府的停车场上，物资堆积成山。由于交通拥堵，无法预知物资到达的时间，工作人员和志愿者们只能是 24h 进行物资装卸工作。

地震发生后最初的一段时间，物资分发比较混乱。拿到的物资是什么，哪里需要都不清楚。有些小区以自治会为单位从避难所来到市区政府领取物资，因为对所需物资类型和数量都很清楚，所以物资分发非常有效。但是，面向个人的物资分发却没有按照原则来执行。之后为了节省物资卸载的时间，采用工作人员搭乘物资运输车辆指路，将车辆直接开往避难所发放物资的方法。由于救灾物资大都采用大型卡车运输，采用这种方法后，物资发放出现过于偏向主干道沿线避难所的情况。

4. 避难所物资的调配与分发

地震刚发生不久，与避难所的避难人员数量相比，运到的粮食和物资明显不足，导致一些避难所分发物资时引发了混乱。避难所尽量做到公平分发物资，食物均分成小块再进行分发，许多避难所明确了弱者优先的原则。志愿者和教职人员自发地从临近的店铺向避难所调集物资。有些地区集中做饭，并用餐盒分发给受灾人员。

灾区许多超市和便利店坚持开店营业，有些店铺为了避开交通拥堵，采用摩托车送货，用心良苦。店铺重开不久，受灾人员就排起了长长的队伍。为了确保物资能分发到更多的人手中，店铺实行了限额购买措施。

9.3.9 公共卫生安全

1. 遗体处理

（1）遗体安置

这次地震死伤众多，有些规划的遗体处理场所受到破坏，有些遗体安置设施被避难者占用而无法使用，导致遗体存放和安置场所严重不足。遗体被搬运到附近中小学和公共设施内。许多设施成为遗体安置场所，如避难者所在避难所、充满伤员的医院等。保存遗体的棺材、干冰，供奉死者的白菊也供应不足。许多殡仪馆受到破坏，需要从外地的殡仪馆进行调配。有的志愿者团体还参与协助实施防腐措施。遗体安置场所除了死者家属、相关工作人员外，禁止进入。为避免拍照等伤害死者家属感情的事情导致不必要的麻烦，对新闻报道和工作人员巡视进行了控制。

（2）遗体检验

各警察局除要求验尸官参加检验，也对一般临床医师提出了要求。有些已经死亡的遇难者被送到医疗机构由一般临床医师验尸，这点因为妨碍本来就医疗资源不足的医疗机构对生命的抢救而受到指责。

19 日以后，通过整合日本法医学会的援助力量，在各遗体安置所发放遗体检验书，消除了混乱。地震中发现有警察在没有验尸的情况下就火化遗体，或掩埋尸体的情况。

法医学专家和一般临床医师的检验报告对死亡时间、死因有不同看法，遗体检验书的准确程度可能存在偏差。验尸官制度只限于神户市的部分地区得以实施，因和其他地区的验尸体制有明显差别，阪神地震中死亡构成的讨论十分不充分。

（3）遗体处理程序

震后初期鉴定医师不足，而遇难者家属要求尽早取回遗体，遗体检验书没有及时交付给遇难者家属，造成一些混乱局面。由于行政机关不能发行土葬或火葬许可书的，为此专门设置了没有许可书就允许火葬的特别措施。

（4）遗体搬运

因为遗体数远远超过灾区殡仪馆处理能力，一时出现在空地上“送葬”的情况。神户市卫生局 18 日早上开始为确保火葬场事宜奔走，向周边城市、京都、大阪等政令指定城市提出援助请求。遗体一天内的处理能力在受灾市町为 288 具，县内其他町为 188 具，大阪府、京都府、冈山县等邻近府县市为 241 具，一天总计 647 具。海上保安厅、自卫队直升机、自卫队车辆帮助搬运工作的完成。截至 26 日包括其他府县在内被火葬的遗体数共约 4800 具。

2. 厕所粪尿处理

（1）断水后厕所的使用

由于停水的影响，冲水马桶不能使用，避难所内污物堆积如山。不仅是厕所，连庭院及侧沟渠都堆满了粪便。一些设在学校的避难所，取用游泳池的水冲洗厕所，或把粪便装入塑料袋进行清理，下了很大功夫。断水后为继续使用自家的厕所，必须确保大量的厕所用水，在这一点上志愿者起到很大作用。

（2）临时厕所的设置

地震发生后临时厕所的安装十分紧急，但地震中临时厕所的设置却花费了时间。神户市 1 月 22 日设置了“临时厕所对策总部”，但由于不能及时把握受灾情况，最初只设置 300 处临时厕所，无法满足灾区的需要。受损较小的地区，在当日就设置临时厕所，但神户市直到两周后才实现全部避难所都安装临时厕所。

其他城市和生产厂家向神户市提供临时厕所约 3000 座，但接手后发现很难确保足够的安置场所。地震中提供了一些便携式厕所，一般在有高龄者和病人的家庭使用。神户市临时厕所的设置逐渐完备，最初为每 150 人一处厕所，达到每 100 人一处厕所时抱怨声就减少了，当达到每 75 人一处厕所时，几乎没有抱怨声了。

（3）临时厕所的使用

神户市的真空粪车数量不足。提供真空粪车的神户市水质保护协会中，几乎所有的企业都严重受灾，粪尿清理工作十分困难。全国环境整顿事业联合会和其他两个城市提供了相应援助，但仅是把握全部临时厕所的位置就十分困难，因此导致很多怨言。

对于只知道水冲式厕所的市民，专门制作和发放了临时厕所的使用方法的宣传单。

（4）粪尿处理

神户市实施了有效的清理工作，没有经过预处理的粪尿直接进入污水处理厂处理。部分粪尿直接送到垂水市污水处理厂和兵库人工岛的污水处理厂进行处理，受灾停止运转的东滩污水处理厂接受的粪尿，通过配置的粪尿中转车（15t 的大型槽车两台），转送到兵库人工岛的污水处理厂进行处理。

9.3.10 生命线工程的紧急对策

1. 电信

（1）情报联络室的建立

NTT 公司上午 8 点在关西分社灾害对策室（常设大阪）设立了情报联络室，开始信息收集。首先通过电话会议要求上报各分店的受灾情况，但受灾各分店的情况和分店外部设备的状况几乎都未能上报。9 点开始设立“关西分设灾害对策总部”。由于灾情严重，对策本部不能充分应对，从 19 日起，执行部队分出的一个战略分队，成为一个独立的组织承担对策总部的功能。

室外设备的受灾情况从固定线路、终端下游开始调查，采用人海战术通过局内电缆芯线核查等上游调查，明确了设备的故障情况。

（2）设备紧急修复

由于停电和备用电源损坏，神户市内 8 个 NTT 交换所的 28.5 万条线路停止运行。

从金泽、广岛、高松、大阪等地紧急调运的移动电源车，由于道路阻断，未能到达受灾地区。17 日深夜，修复班组到达葺合、东滩、长田等地开始作业，到 18 日上午，交换机得到全面修复。

21 日中午以后，NTT 交换所的商用电源全面恢复，此前使用移动电源车，所用燃料的调配非常困难。地震后蜂拥而至的通话引起的线路阻塞，因此实施了最大 95%的通话限制，同时在兵库地区紧急增设了 5000 条电话线路。

(3) 应急队伍的组织

地震当天成立了由 150 名人员组成的应急处理班，对通信电缆、电线杆等进行了调查。处理班确定以恢复服务为首要原则，明确了 1 月末完成任务的工作方针。

(4) 特别公用电话的设置

根据地震发生当晚进行的灾民数量调查结果，按需求在各避难场所设置了特别公用电话，还专门为听觉残疾人士设置了灾害时免费传真机。

设立特别公用电话时使用了卫星无线车，也使用了刚开发不久可移动卫星地球转换站。KDD 国际通话完全免费，还设置了专用的免费国际公用电话。

2. 电力

(1) 电力设施的修复

地震后大量断电，电力供应急剧能力降低，造成电网频率上升，依据需要紧急开动水力发电站以保证电力供需的平衡。此外，将已经停用的火电站重新开动，用于电网切换。

输变电设备及配电设备的损坏导致 260 万户发生停电现象。通过进行输电系统的切换，上午 7 点 30 分后神户市、西宫市等地停电数量减少到 100 万户。18 日上午 8 点，发电厂全部恢复电力供应。随后电力部门灾后修复工作的开展，地震发生 72h 后停电数量减少至 11 万户。

关西电力所有的电力保安通信设备和各分所之间的通信设备均工作正常，保障了各地之间信息联络的通畅。但有些协作公司，由于停电、土地液化引起浸水，通信中断，情况十分混乱。

重新增设了可携带移动无线机，并设置了临时基地局，以确保灾区现场与无线营业厅之间的通信畅通。

(2) 对策总部的成立

电力公司总部在地震当天 7 点半，神户分社在地震当天 7 点成立了救灾应急对策总部，设立了工作目标，当天下午，两个对策总部设立了电视电话。

神户分社到当天 9 点的出勤率为 37%，当天全天的出勤率达 69%。仍能按照通常路线上班的只有 10%，大部分人乘坐私家车、摩托车、自行车或徒步上班。职员到住家附近指定事务所上班，对确认安全状态十分有效，但可能会影响灾后修复的安排和顺利进行。神户分店的建筑物受到极大破坏，地震发生当天下午将灾害对策本部转移到了地下食堂。分店营业厅在附近停车场设立了临时事务所继续办公。

对策总部确定了“5 日之内实现受灾地区全部的重要设施及生活用电的应急供电”的工作目标。将灾区分成若干片区，在每个片区设置独立的现场指挥命令系统，实行应急修复各片区分别负责制。

(3) 应急供电的实施

震灾发生后，政府公用设施、医院、避难场所等活动据点采用发电机车直接供电。由于灾区轻油和特殊油料供应不足，发电机车的燃料调配也成为灾后初期几天面临的主要问题。由于工业用水供应中断，常常导致发电机停止工作。

为更快实现应急供电，对已经损坏的供电设施直接连接到下一个未受到损坏的地区。地震中折断的电线杆，用木杆临时支撑。有些受损房屋倚靠在电线杆上，为避免其移动导致房屋垮塌，只是在各地实施统一修复时单独将电线进行转移。

（4）各地的支援与协作

关西电力公司设立了全公司支援体制，地震发生当日便开始向神户分社管辖的事务所派送了修复技术人员。其他电力公司以及合作公司也得到了外界的大力支援，电力修复技术人员 1 天最多有达 6000 人以上。

电力公司得到来自全国的人员和机械器材方面的支援，由于各地电力车使用频率不同，部分支援的发电机车无法使用。

（5）恢复供电的安全问题

道路情况恶化、房屋倒塌、无人居住房屋的确认等，给电线的修复带来了很大困难，应急供电在地震发生第六天，即 1 月 23 日 13 时才完全完成。

为避免供电恢复时发生火灾，电力公司在灾区逐户访问，对一些破坏严重的房屋和安全状况不能确认的房屋，对其供电的恢复进行控制。即便如此，供电恢复过程中仍引发了“电气型火灾”。

3. 燃气

（1）应急对策总部设置

地震发生后，大阪燃气公司立即在本部及分部成立了紧急对策本部，并设置连接本公司和各地区对策本部的电视电话会议系统，协助对受灾情况进行调查，收集相关信息，为把握受灾情况和研究对策发挥了重要作用。

地震发生当天 10 点半大阪燃气公司社长出任公司灾害对策总部部长，中央指挥室的负责人则由公司董事、常务董事或副社长担任。

设在端口岛的兵库供应部门，构筑物本身机能没有受到影响，但由于交通不便将地区对策总部转移到西宫市；同时将大阪供给部的十三保安基地作为前线基地，有效避免了交通拥堵的影响。

地震发生后，大阪燃气公司预测设施修复需要修复人员 7500 人，耗时一个半月。地震发生次日的 1 月 18 日，大阪燃气公司向日本燃气协会发出希望得到支援的请求。

（2）燃气泄漏对策

根据地震中的受灾情况，对需要停止供气的区域需要进行勘定。震后以中等片区为单位，逐块确定是否需要停止供气。

地震当天 11 点，煤气泄漏报警数有增加的趋势，因此做出对神户两个片区进行隔离的决定。随后，对 5 个片区 833000 户停止供气。18 日后，神户 5 片区为防止次生灾害对 3 个团地停止供气，另有 14 个地点由于燃气管道进水实施了局部停止供气，最后共有 857400 户停止供气。

灾区 10 市 5 郡共有液化气用户 235800 户，其中约 162700 户需要进行紧急的安全检查，地震发生后问讯电话大量涌入，燃气公司依据住户可能对应的程度发出关闭阀门的指示。对一些由于房屋倒塌可能造成液化气泄漏的住户，则出动工作人员进行帮助。

兵库县液化气协会所在的建筑受到严重破坏无法进入，地震次日中午，兵库县液化气协会设立了“兵库县南部地震液化气对策本部”，在周边各府县燃气企业的协助下开展连续作战。

4. 给水

（1）应急对策总部设置

地震发生后由于配水管网和给水管网漏水事故多发，造成配水管网水压短时间内迅速下降甚至消失，很多消火栓无法使用。即使消火栓还能使用，有些消火栓的水量仅能持续 20min。

神户市供水公司意识到漏水严重，选择将剩余可用的水量送入火灾严重的区域，确保饮用水的矛盾变得十分紧迫。

神户市奥平野给水管理事务所迅速决定提供消防用水，暂时停止供水，在配水池储存用水，向火灾严重的地区进行供水。

按照区域防灾规划由保健环境部负责给水系统的修复，由于灾后遗体和废墟的处理任务非常繁重，紧急供水的实施、给水管道的修复、情报收集及资讯报道主要由县企业厅负责。

（2）应急供水设施

神户市的应急供水是按照震度 5 级的标准考虑的，虽然设置了紧急止回阀和紧急贮水槽，也配备了紧急供水设备，但在震灾中仍不能完全应对地震发生后的各种情况。

地震发生当天，县企业厅就按照 1L/（人·天）以上的水量给各市町配备供水车。兵库县政府也根据灾区市町提出的请求，利用自卫队、其他城市及志愿者提供的供水车进行应急供水。

利用给水车进行应急供水时，由于供水地调整混乱和交通拥堵的影响，加上对给水车实施应急供水的地点宣传不够，针对市民的应急供水执行过程中遇到很多困难。对市民来说，一方面找不到盛水的容器，另一方面感觉搬运也很困难。因此，明石市利用地震应急对策中准备的饮用水袋进行供水。

地震发生初期，供水车优先给医院和避难所供水，并以公立医院为主要对象。1 月 21 日之后，由县企业厅积极与各医疗机构联络，一旦了解到供水需求立刻实行应急供水。随着管道修复的进行，医院逐渐设置了专用的给水阀。

随着固定给水阀门的设置，支援的给水车数量的增加，给水管道修复后消火栓恢复使用，每人可获得的供水量逐渐增加。

有些市民使用弃置已久的井水或破损水管的流出水，为此厚生省专门委托新闻机关发出提醒，注意细菌污染的问题。

海上自卫队、海上保安厅以及民用船舶，在临海地区设置了 11 个应急供水点。因为不会受到交通拥堵的影响，这些供水点效果很好，并且作为给水补给的据点发挥了很大的作用。

（3）应急供水卫生保障

地震后立即开展了水质检查和强化消毒。最初的检查项目包括余氯、色度、浊度及外观。许多市民询问应急给水所使用塑料容器是否能有效地保持水质，为此神户市对各种不同颜色的储水容器中余氯含量进行了测定。对受灾严重的阪神供水公司集团，因其神户市和西宫市的处理点可能混入了污水，为此专门采取强化消毒措施，并且在配水池和给水阀门增加了水质检测点。

9.3.11 企业的紧急对策

1. 受灾情况调查及应急措施

（1）企业受灾情况

依据神户市工商工会对 11637 家会员企业的灾情调查，地震中发生经理死亡 19 例、职工死亡 233 例、店铺事务所损坏 3846 例、无法营业 1669 例、1295 公司失去联络等。灾区内有些企业因为设备破坏严重以及灾后重建相关法律的限制，不得不放弃工厂的重建和扩建。

企业计算机系统因设备破坏严重、网线不同或由于停电的影响而无法运营，也有部分企业的数据或软件受到严重破坏。

由于灾区工厂遭到破坏，或因物流网络中断引起零件不足，常会导致灾区以外的企业停产，其影响不可小觑。由于日本多采用只在需要的时候，按照需要的量，生产所需产品的 JIT 模式或看板模式进行生产，这在地震中成为致命弱点。

地震后铁道货运、神户港口、中国自动车道交通大动脉无法通行，给物流带来极大的影响。地震中没有发生由于受灾工厂溢出的有害物质的飞散、流出导致的二次污染的问题。

（2）受灾职工援助

地震发生后由于通信中断，给灾情的把握、职工安全的确认带来极大困难。当发生电话线路阻塞时，利用卫星通信可以进行有效的信息联络。各企业均实施了针对受灾职工的慰问金发放、住宅确保等各种救援措施。

（3）企业间支援

地震发生后，考虑到企业的继续生产可能对救援物资的运输产生的影响，有的企业暂时停止了生产。灾后恢复不仅限于尽量挽回本公司的损失，还积极支援合作公司。企业间相互订货、互通有无、共同运送。地区间有组织地进行企业联合的例子不太多，企业间多通过平时的合作相互支援。拥有多处据点的企业，通过转移生产、销售地来最大限度地减小震灾的影响。

不同行业的交流团体和行业协会了解区域事务所的状况，并和行政机构联合帮助制定复兴对策。外地的生命线设施生产厂家大量投入灾后重建的支援工作，但由于其外地的材料设备有所不同，外地的支援人员对本地的情况也不熟悉，外地支援人员的到来势必加重当地的接待负担，并且影响其自身的工作，这种做法在地震中受到一些争议。而且由于参与人员众多，来源复杂，容易造成一些失真的消息的传播。

（4）零售业的迅速重开

大型零售企业即使面临物流渠道受到破坏和店铺受损的困难，仍尽全力保证恢复营业，为受灾区输送必要物资，支撑灾区生活。受灾店铺还实行了露天营业，延长了营业时间。与此相配合，对《食品卫生法》、《大规模零售店铺法》的相应标准的执行放宽了标准。

2. 企业贡献

（1）企业参与情况

企业提供公司产品、重型机械等充分利用各企业的特点支援救灾工作，有企业还提供职工宿舍和疗养设施。企业派遣职工到灾区，并允许职工参加志愿者活动并按出勤、考勤，对救灾工作进行支持。有企业为此迅速制定对应政策，如“志愿者休假”制度。商业区其特殊组织力发挥了救灾指挥中心的功能，对地区住民进行支援。

一些作为地区交流据点的宗教设施，在地区的信教者和宗教团体组织的支持下也支援应急救灾工作，有些企业从长期考虑，对灾区企业复兴采用长期援助形式。

（2）就业机会的提供

大企业对关联公司的重建进行支援，间接促进了灾区的就业，有些企业迅速表示可以采用被地震受损企业取消内定采用的应届毕业生，这对灾区就业的维持起到积极作用。

9.3.12 次生灾害的预防与应急对策

1. 避难动员

因为地震可能引起滑坡、泥石流、建筑物倒塌等危险，兵库县内 1 个月中对 52 处、77000 人发布了避难动员。一些媒体报道为抢先新闻擅自发布避难动员信息，结果出现发布过早或误报等问题，在现场引起了极大的混乱。

神户市东滩区由于发生天然气泄漏，也发布了避难动员，但由于联络不畅对居民的提示不足，给神户市避难所带来混乱。避难动员发布后，该地区正在进行的部分抢救活动和应急救援活动不得不中止。因天然气泄漏发布的避难动员在 1 月 18 日傍晚部分解除，到 1 月 22 日 14 时 30 分完全解除。避难动员期间，受灾者必须重新寻找新的避难场所，导致有的避难所避难人数倍增，使食物等物资供应一度陷入困难。

2. 危险建筑物鉴定

（1）集中住宅的危险度鉴定

震后共进行了两次建筑物危险度鉴定。第一次因为缺乏必要的器材，同时考虑到确保人员安全，只对 4 层以上的共同住宅采用目测的方法进行鉴定。这次判定活动，得到了灾区自治体职员、建设省、住宅与城市整备公团、周边县以及民间的 1398 名相关技术人员的支援，至 22 日结束。经过第一次鉴定，以神户市为主共有 2825 栋建筑物设置了“禁止使用”的标志，留待进一步确认。

第二次鉴定从 1 月 22 日持续到 2 月 9 日，5068 名技术人员对 46610 栋楼进行了调查。这次鉴定以预防次生灾害、帮助避难者早日重回家园为目的，仍然以共同住宅为主要对象，实施了“危险”、“请注意”、“调查结束” 3 个阶段的鉴定。为配合这次鉴定，以建设省为主专门在大阪府厅内设置了“建筑危险度判定支援本部”。

（2）单户住宅的危险度鉴定

单户住宅的危险度鉴定，最初由兵库县委托县内建筑业民间团体实施。建设省发出动员后，民间团体志愿者召开“建筑受灾程度判定体制支援会议”，1 月 27 日到 2 月末共接受了 5564 人、30935 件咨询，神户市等地还专门设置了建筑咨询志愿者服务中心，负责协调和安排志愿者的活动。

由民间志愿者做出的判定，没有按三阶段详细标示，一般只通过口头传达。2 月初开始，兵库县建筑师事务所协会开设了“住宅修复咨询中心”，继续支持神户市和西宫市的建筑志愿者开展应急鉴定、详细鉴定和修复工程咨询等业务。

（3）鉴定实施过程的困难

由于对建筑物危险度鉴定宣传不够，许多人将其与针对受灾证明发行的受灾调查混为一谈。鉴定后以行政命令方式发布张贴“禁止入内”的标志招致住户的抱怨，使户主和租借人之间发生纠纷。

由于交通没有恢复，建筑鉴定技术人员只能徒步或利用自行车走遍灾区，灾区余震不断，他们的安全确保和劳灾补偿成为严峻课题。

3. 地质灾害对策

（1）山地灾害调查和应对

兵库县治山科在县外志愿者的协助下组织了“兵库县南部地震森林防灾紧急巡逻队”和“兵库县南部地震技术调查团”，对山地灾害实施调查。建设省也组织了“兵库县南部地震滑坡等紧急支援小组”，从1月22日到1月27日期间完成约1100处灾情调查，其中有71处需要立即处理。从2月6日开始实施“兵库县南部地震导致泥石流的危险溪流紧急调查”，调查采用航拍和实地调查相结合的方式。

兵库县各警察局基于危险地点的判定，与相关市镇沟通后划定了禁止入内的区域。与河流、道路设施等的受灾情况相比，防沙设施和治山设施的受灾程度较为轻微。

（2）贮水设施决堤的应对措施

对贮水池可能发生决堤的地方，对出现的龟裂进行覆盖，并启动紧急抽水对策，附近居民在抽水完成前主动进行避难。由于水池修复需要花费高额费用和很长时间，有的地方因为没有足够的蓄水而给农业带来了影响。但地震后并没发现影响水库自身安全的情况。

淀川堤坝和兵库县的中、小河流堤坝等受灾严重，淀川的堤坝出现了3m垮塌，次日开始实施紧急修复。中、小河流遇到大雨出现险情，低于海平面地区的海湾防潮堤也发生了下沉、龟裂等灾情，为此实施了板桩和沙袋等应急工程。

（3）民用住宅用地调查和修复

1月22～28日350名相关人员对民用住宅用地实施第一次调查，调查覆盖了142个地区3700hm^2土地，同时在县内设置了5个住宅用地防灾咨询所。

针对灾区民用地的修复，兵库县向国家请求支援，对道路事业及滑坡地区给予特别支持。灾区民用地的修复，需要结合区域改善进行考虑。

（4）长期防治对策

兵库县为了防止地质次生灾害，联合国家、县、市、町等各方，在1995年4月成立“兵库县综合沙土灾害对策推进协议会”。

针对山谷地区正在产生和扩大的龟裂和塌方，专门制作了地质次生灾害危险预测图，并分发给各家各户。地震发生一年后仍存在次生灾害的隐患，1996年3月成立了“六甲山次生灾害警戒本部”，山区塌方地震后仍持续增加。

地震发生后为受灾房屋分发了塑料布用于防雨。

4. 治安与金融特别对策

（1）治安工作对策

为加强灾区治安，警察和居民共同实施巡逻。地震发生后，很多防盗灯和街道路灯都损坏了，为此采取专门行动对损坏的路灯进行更换。严重犯罪事件仍有发生，如由于纠纷或过失导致的杀人事件，但总的来说刑事案件数比前一年有所减少。灾区没有发生过抢劫等骚扰事件。

震灾时物价基本上没有上涨。但地震后发现部分房屋修理的从业人员职业道德缺失，为此专门为市民设置了咨询窗口，一经发现立即取缔。

（2）银行灾后措施

银行方面最多的时候有450家店铺停业（占兵库县607家店铺的75%），各种网络功能均无法使用，直到2月1日店铺才开始重新营业。此外，邮政银行、农协银行等金融机构的受灾也很严重。地震发生后大藏省和日本银行实施了“金融特别措施”，没有存折和印鉴也能取款，日本银行神户分店还设置了各金融机关的临时窗口。地震发生后证券和期货交易受到严重影响，大阪证券交易所由于交通影响职员无法上班，现场交易中止，预约交易下午也停止了。损害保险、生命保险等保险公司1月18日开始实施紧急应对措施，迅速支付保险费用。支票兑换业务也暂时停止了，由于延期造成的损失都给予减免。

9.3.13 避难所的运行和管理

1. 避难所的运行

（1）避难所管理者的确定

神户市学校避难所在避难生活进入正轨之前，八成以上是委派教职员工作为避难所的领导者，校长和教导主任担任避难所领导角色的情况就很多。避难所自治会由教职员担任领导的比例高达60%，截至1月中旬，已经组织了自治会的学校超过了半数，没有组织自治会的学校也超过了三成。

行政机关能够出勤的职员很少，还有大量的救灾任务，如何确保向避难所派遣职员成为一个难题。派遣到避难所的行政职员，在没有救灾指南和通信手段以及物资的情况下，只能尽力和设施管理者以及居民协力进行应对。根据震灾的情况有意见指出，在行政责任人到任之前的时间内，应该将大部分的权限转交给校长。

（2）避难所的管理

地震发生后一段时间，没有可用的通信手段，在这种混乱的状态中，充分利用大众媒体的协助是非常有效的。

几乎所有的避难所都整理了避难者名册，而且大部分是在地震发生后的3天内完成的。

避难所的主要工作是设施管理，一些志愿者从地震发生当天起就开始组织避难所的运行管理。最初，有的地方以当地自治会和消防团体为主体进行运行管理，有的地区则由避难者自主管理。前者多见于平时地区交流联系密切的社区、比较成熟的地区以及定期向社会公开参观的学校。随着时间的推移，避难者自主运行组织逐渐形成，避难所的管理也从由志愿者协助过渡到自主运行。行政派遣职员和教职员工的参加对自主运行组织有很大影响。派驻行政职员或有教职员工参与管理的避难所就不再组织自治会，或者成立自治会的时间要晚很多。没有教职员工和职员参与管理的避难所在粮食和物品分配上时常出现问题。

避难所也需要对媒体采访的应对有所安排，并且有必要加强安全防范对策。在兵库县是通过实施巡回巡逻的政策保障避难所的安全。

（3）志愿者的活动

约有两成的避难所，在地震发生后 72 小时内就有志愿者到达。1 月份，半数的避难所有志愿者协助救援，志愿者顶峰时期达到每个避难所有 22.3 人，救灾期间平均每个避难所达 10.1 人。志愿者主要从事食物烹饪、供给伙食、物资搬运以及分配等工作。对于到达时间未知的粮食和物资的搬入和分配，志愿者是不可缺少的，另外志愿者还负责电话的接听、照顾老人和小孩以及取水等多种多样的工作。

（4）避难所的调整与适应

随着时间的推移，各避难逐渐制定了生活规则。由于避难所的人起初相互都不认识，许多避难所设立了入所登记制度。

在学校等地方，保健室最初被作为救护所，特殊教室被作为遗体安放室，教职工室等被作为指挥总部以及指挥总部职员的休息住宿所。之后为配合重新开课，对避难所空间进行了移动和集中，最终将所需空间压缩到基本满足居住的，包括就寝、煮饭、排泄和洗涤等功能的空间。

2. 避难所的生活环境

（1）避难所的取暖对策

阪神地震发生在冬天，大部分避难者都是穿着地震发生当时的单衣来到避难所，持续的严寒让人难以忍受。避难者们为了御寒，进行了各种各样的尝试，包括利用学校柔道场的坐垫或地毯，有些避难者从家里带来了毛毯、衣物以及暖气设备。但由于电力容量的问题以及考虑到火灾的危险性，对一些电器的使用给予了限制，为此，神户市对电力容量进行了扩容，并增设架线。

（2）避难所的健康对策

避难初期，很多老年人因为到避难所比较晚，或为了夜里上厕所方便，很多都在室外走廊和楼梯平台上生活，结果许多老人因寒冷发生肺炎（避难所肺炎），或因饮食不规律引起衰弱和脱水。

对于使用轮椅的受灾者来说，由于空间狭窄并且需要上下台阶，他们在避难所的生活变得非常困难。对于视听残障的受灾者来说，救援物资的分配和信息的交流都很难传达到位。

避难所为避免流感流行，免费接种了流感疫苗。考虑到长期的避难生活，避难所为慢性病患者及长期卧床不起患者准备了康复训练的设施。避难所定期开展咨询、指导和饮食讲座，希望能改善避难所的饮食生活，同时开展了面向避难所和受灾家庭的巡回健康咨询。

（3）避难所个人空间对策

体育馆中的集体生活有利于增进受灾者之间了解、建立相互帮助和关心的关系，但另一方面也带来无法确保个人隐私等问题。为确保避难所内的个人隐私，避难所进行了空间分隔。

避难所的照明光线导致避难者“难以入睡”。针对避难所的寝具存在脏污和潮湿等问题，为此配置了高温干燥车进行毛毯和被褥的干燥。

（4）避难所的卫生对策

神户市为确保临时卫生间等的卫生，在发配甲酚肥皂液等的同时，1 月 24 日组建了 759 个作业班，对临时厕所等进行消毒并分发消毒药液。

在自卫队、煤气公司、制造商及志愿者的协助下，在避难所设置了临时淋浴和澡堂，并增设了洗衣机。

随着季节推移，天气逐渐变热，食物中毒的危险性不断增加，避难所在配置保鲜设备的同时，发放了卫生管理手册等进行卫生管理指导。在夏季人员集中的地方实施了细菌检查等措施。

3. 避难所的公平问题

（1）避难所间的差异

由于媒体报道的关注程度和交通到达难易不同，不同的避难所在志愿者的支援和救援物资的到达上存在很大差异，交通是否通畅是导致各个避难所之间志愿者数量不均衡的主要原因。神户市之外的市町，由于媒体的报道很少，志愿者和物资没有及时到达。

（2）自主避难所的救助

多数的受灾者都是躲避到离身边最近的最熟悉的设施中避难。他们在公园等地方拉帐篷，或把汽车开到公园里开始自主避难生活。但由于自主避难所没有明确的基准，避难所的认定需要花费很长的时间，而自主避难所在被认定为避难所之前不能分配救援物资和食品，避难者必须为饮用水和食物的确保而奔走。而行政机关也很难掌握避难所的情况，只能通过行政者和志愿者合作收集避难所的相关信息。兵库县从 1 月 22 日开始在县内共计 7 个地区为进行帐篷避难的受灾居民设置了“救助对策现场总部”。

（3）物资分配的矛盾

避难所外的受灾者的物资供给也是以避难所为据点。一些避难所内会有部分受灾者质疑“为什么必须分配给外人?”并感到不满。神户市在 3 月 26 日之后，将食物供给仅限于在避难所内就寝的受灾人员。事实上从 2 月 26 日起，一些避难所就开始确切规定只有在避难所内的就寝的人数才能算作受灾人数，并从那时候停止向外部发放救助物资等。

9.3.14 灾后生活支援和正常化

1. 粮食和物资供应体制的重建

（1）初期物资配给

神户市在 2 月 1 日以后，将避难所的粮食配给直接委托给面包公司等 8 个公司，各个城市也开始了盒饭的直接送餐，实现了稳定的粮食供给。有些自治体也借鉴神户的做法设置配送据点并委托给专门运送人员，也有一些自治体如西宫市主要借助志愿者进行支援和配送。

（2）国内救援物资的配发

救灾的邮寄包裹一律免费，地震发生后从全国各地个人手中寄来了各种各样的救援物资。对送达神户市灾害对策总部的救援包裹，邮局事先将其打开进行分类后再送往配送据点。对蜂拥而至的救援物资的分类整理需要大量的人手，而在送达的救援物资当中，也发现有弄脏的和不能使用的东西。

（3）国外救援物资的配发

海外有 76 个国家表示愿意提供人员和物资方面的支援，最终接受了 44 个国家和地区的支援。接受海外救援物资时，采取了简化通关手续和免关税等特殊的措施。海外寄来的物资中，由于生活习惯的差异，没有利用价值或不合时宜不能利用的东西也不少。有人指出在接受海外的救援物资方面，国家应完善相应体制。

（4）避难者需求的把握

避难者的需求，从地震发生之初的水和食物，渐渐发展为运行避难所所需要的物品和一般的日常生活用品。避难者的生活需求和实际情况是时刻变化的，只有时时了解才可能实时应对。但对受灾者的信息的及时把握是很困难的，有时通过报道进行呼吁存在时间上的滞后现象，物资送达时已经错过了急需的时间。震灾中对特应性炎症和过敏性炎症的受灾者专门提供特殊信息，并以民间组织为基础进行应对。专门开设了过敏 110 急救电话，并专门设立了过敏者特殊食物的分发站。有人指出，受灾者的需求是非常多样的，应考虑实物给付以外的其他的方法，如现金支付。

（5）避难所的饮食保障

避难所最初使用的盒饭，存在营养失衡等问题。为此，地方政府机关特别制作了统一的菜单下发，保障避难所饮食的健康。考虑到经济状况，有些地方发放了灾伙食用的食材和调味料或分发购买食材用的购物券等。进入 3 月份，采用根据《灾害救助法》制定的伙食供应新标准，伙食供应标准从每人每天 850 日元提高到每人每天 1200 日元。为此专门对伙食菜单进行了精心调整，增加了蔬菜的供给。避难所普遍希望能提供热的食品，为此志愿者和自卫队协助进行了食物的准备。

随着灾区内的餐饮店和小卖店的恢复，通过志愿者等提供的食品和物资的免费发放一定程度上影响了这些商店的营业。

2. 灾后对弱势群体的保障

（1）留守人员状况调查

地震发生之初，各自治体的社会福利部门都忙于应付遗体等的震灾应急业务，对留守在家的需要帮助的人的安全情况的确认和情况的把握都比较困难。只有部分需要帮助的人从早期就不断得到志愿者的协助而对其生活状况有所了解。

2 月中期，兵库县呼吁受灾市町实施“需要帮助者生活状况调查战略”，到 3 月末共对 287 位需要帮助者进行了调查。

（2）老人看护

1 月 20 日，厚生省向各都道府县以及指定的城市发出了养老所临时入所特殊处理办法的通知，允许收纳超过正常定员的老人并进行业务手续的简化。

2 月 5 日，神户市长田区，以“老年人护理中心”为主组织了“长田支援网络”，并在长田在宅福利中心设立了老年人专用的避难所，共有 26 名老年人得到护理。对于需要援助的老年人，将其送入老人之家接受紧急短期护理或紧急送入利用国民宿舍等公共设施成立的二次避难所。但这些老年人中出现了一些不愿意离开住惯了的自家住宅，或者拒绝进入安排的设施的情况。3 月份，紧急临时入所的老年人中约有 1/3 希望继续入所，因此又增设定员的 10%，并采取超过定员的特殊措施安排入所。

地震发生几天后，受灾人员特别是老年人中间，胃溃疡类疾病、心血管疾病、高血压和肺炎等呼吸道感染等增加，称为“震灾后关联疾病”。“震灾后关联病”导致的死亡有数百至数千名，其中多数被自治体确认为是“震灾关联死”。

(3) 对外国人的支援

地震初期出现对外国人的信息提供不充分等问题，因此发行了外语的信息杂志以及开展外语咨询等。如果地震前的居住就得到了认可，对外国人也发行受灾证明，但是通过观光签证等非法就业的人以及停留期限已超过期限的外国人不作为发行对象。

为照顾非法就业者并提供特别支援，实施了震后县警总部设立的外国人咨询窗口免去出示身份证的环节，非法逗留者如希望归国，通过领事馆等可以实现合法回国等对策。外国人死伤者中，出现由于没有加入健康保险必须自己负担高额的医疗费的情况，针对出现伤员无法支付医疗费用的情况，由“阪神·淡路大震灾重建基金”提供补助。

按照防灾计划震灾前就负责救援外国人的人员，加上从关东等地区赶来的外国救援人员，大大强化了对外国人受灾者的支援。对于外国人团体和外国人学校，不区分国籍和民族实施了受灾救援。但在一部分避难所中发生歧视外国人和暴力事件，对于外国人的安全状况的确认一般由志愿者进行。

(4) 对视觉残障者的支援

视觉残障者，由于街道的变化或到达陌生的避难所、临时住宅等进行新的生活，他们需要重新构建认知地图，给他们的行动增加了困难。避难所的详细情报主要是通过看板宣传，因此有的残障者因为没有办法获得地区的详细信息而改变避难地或者返回自家住宅。震灾中发行了面向视觉障碍者的生活信息的点字报纸并免费发送。

(5) 对听觉残障者的支援

避难所初期的信息传达方式主要是声音信息，听觉残障者获得物资配给信息很困难，因此听觉残障者中多数人都放弃避难所而是前往亲戚朋友家避难。为支援听觉残障者，实行了手语新闻播放、在咨询窗口配置手语翻译员以及传真等信息提供方式。

(6) 对身体残障者的支援

坐轮椅的人逃生本身就很困难，而且作为避难所的学校等，楼梯和坡道很多，并且临时厕所狭小，坐轮椅的人很难加以利用。身体残障者在避难中遇到的问题主要有电梯停用导致取水困难、自家屋顶修理困难、临时住宅的申请手续麻烦等。

(7) 对精神和智力残障者的支援

精神残障者中特别是住院患者，由于所住医疗机构受损，导致难以确保医药的供给，另外也有患者由于地震和避难所生活影响而产生过激反应。对于智能障碍者和智能障碍儿来说，由于地震导致的环境变化给他们带来很大的刺激。

地震之后精神病院的入院患者增加，特别从避难所转移来的入院者增加。精神科救护所原本是对精神障碍者提供医疗服务，结果处理了很多一般性神经症状患者（失眠、不安、恐慌或者 PTSD 等）。

因精神科相关机构平时就联系密切，因此地震发生后依靠已有的关系网可以很快就开展工作。1 月 22 日开始，灾区保健所开设 10 所精神科救护所，另外还设置了夜班窗口和夜班出诊队。精神科救护所一直设立到 3 月底为止，有的地区还延长了一段时间。从精神科救护活动来看，联络人的角色非常重要，联络人除了处理精神科以外的问题，对避难所管理者的指导等也发挥很大的作用。

(8) 残障者的避难措施

1 月 22 日，兵库县福利中心开设了由残障者设施团体组成的“残障者支援中心”，通过康复设施受灾情况的访问调查、避难所访问、地域联合行动以及电话咨询等方式把握了残障者的需求。地震中为援助残障者，为残障者提供了福利设施紧急入所特别措施并开设二次避难所。

（9）社会福利设施

老年人和身心残障者护理设施的入所手续，直接在避难所进行处理。普通的保育所地震后立即采取了停所措施，但考虑到实际需要，在避难所内实施了紧急临时入所、设置临时保育室等措施。

社会福利设施的建筑物，地震中一般受灾情况均较轻微，作为灾害时期需要帮助人员的保护，或福利活动的据点，具有明显的优势。

（10）对儿童的支援

首先救援组对需要保护和救援的儿童进行了查找，花费了大量的时间。虽然对受灾儿童进行了临时保育措施，但也有很多儿童不能顺利适应避难生活。

（11）对慢性疾病患者的支援

透析患者需要花费很大的工夫寻找能够继续进行透析的医疗机构，震灾中医院的医疗内容发生了很大变化，给有些不清楚情况的患者带来了困扰。震灾中有很多医疗机构和室内疗器材商积极提供援助，对慢性患者的特殊要求给予特别照顾。

3. 受灾者生活信息的提供

（1）受灾初期的生活信息

地震发生后受灾者需要的主要是地震规模、发生地点和受灾情况等灾害信息，以及家人、亲友的平安状况的信息。

之后受灾者开始关心生命线和交通等的恢复情况，水和食物的供给场所及可以洗澡的地方等生活信息。

地震发生一星期以后，受灾者则关心与长期生活有关的如住宅受灾证明及各种申请的相关信息。有意见指出，大部分生活信息的提供，委托大众媒体进行宣传的效率要高于由行政自身进行收集和提供。

（2）信息提供的渠道

各个城市均发行了震灾相关信息的宣传报纸，这对于自治体职员的信息共享也很有帮助。震灾中尝试通过网络和传真提供信息，并利用新的媒体进行宣传，另外还通过向避难所配备电脑并定期发布电子杂志以提供信息。

作为播放地区详细信息的媒体，微型 FM · CATV 发挥了很大作用。地震发生后近畿地区微型 FM 在大阪府守口市开设播放点，地震发生后约一小时就开始播放震灾的相关信息。

兵库县接受了政府现场对策总部的提议设置了临时灾害 FM 播放局，提供与生活关系紧密的信息。兵库县为应对县民的咨询，设置了将信息提供窗口一体化的“信息中心”，致力于收集每天的最新消息，实现信息更新，以应对咨询。震灾中还尝试通过志愿者收集和提供各种生活信息。

震灾中也出现因为误传和流言的散布造成混乱的情况。县总厅的信息发布功能在混乱中受到影响之后，通过在现场设立独立的综合咨询窗口进行弥补。

每日新闻特别设置了面向受灾者的《希望报》，各家报纸都设置生活信息的专栏，

NTT 专门发行了灾后生活特别电话簿。

独立 UHF 局的 SUN 电视，以“尽量避免特意播放悲惨的状况”为方针，主要选取职员为避难所和个人解答疑难，对行政、学校和交通机构的采访作为画面，将生活信息作为字母滚动播出。虽然文字多，内容也很平实，但是反响很强烈。

4. 动物保护措施

（1）动物避难带来的问题

虽然动物园里的动物没有受到大的灾害，但受灾宠物达 9300 只（狗 4300 只、猫 5000 只）。因为动物也存在避难问题，一些避难所也出现避难者饲养动物的情况，由于有些人对宠物过敏，因此也带来一些纠纷，出现这种情况的避难所占总数的 5%。结果判定责任是在饲养者，在避难 45 天之后，被要求强行退出。灾后对死亡的宠物也进行快速处理。有报告指出六甲山近郊的野猪在地震之后出现了异常行为。

（2）地震动物救援总部的设立

在兵库县南部设立地震动物救援总部。主要从事地震避难动物的给食、流浪动物的收容、负伤动物的治疗和保管、地震中宠物的暂时寄养等，并设置了动物救护中心，可进行临时寄养和领养活动。

9.3.15 受灾认定及受灾证明的发行

1. 受灾调查

（1）建筑物受灾调查

进入 1 月下旬，各城市实施了建筑物受灾调查。调查以市职员为中心，根据政府颁布的《受灾统一认定标准》通告进行判定，芦屋市等则制定了各自单独的判定基准。

震灾初期没有进行集中调查，只针对提出申请的部分进行调查，结果出现一些混乱并导致问题长期化的现象。例如尼崎市为了应付突增的调查请求，就采用小型灾害的认定方法，主要采用在支所进行发行，或通过自己申报，或委托社会福利协会会长和民生儿童委员会进行调查。由于没有对半损坏的情况进行判定，给日后的处理带来了问题。

（2）调查结果整理

受害调查的结果最后归纳汇总到住宅地图中，也有一些地方专门开发了相应的管理软件对调查结果进行归纳分析，并通过电脑制作受灾者资料。

（3）初期受灾调查

初期的受灾调查主要是通过外观进行肉眼调查，没有明确的判断标准，受调查人员主观影响的东西也比较多。不认可受灾证明书的判定的申请书接连不断，因此花费了很长时间进行再调查，也有一些自治体为了实行固定资产税和城市规划税的减免政策，实施了房屋和家庭财产的全体住户受灾调查。震灾中还须对工商企业的受灾情况进行调查。

震灾后政府的中小企业金融机构开展了灾害特殊贷款业务，提供市町村长发行的受害证明书或者是特殊受害证明书就可以办理。

（4）受害认定的困难

超过 24 万栋建筑物遭受灾害，在这种前所未有的情况下，时间和人手均不足，专业知识也不足，在这种极其严峻的条件下，自身也是受灾者的行政职员和建筑法律专家志愿者努力推进各市町的受灾认定作业。有意见指出，由于调查方法等不同，各个受灾市町之间的建筑物的受害认定可能存在差异。

2. 受灾证明书的发行

（1）发行中的问题

出于市民的要求非常强烈，各个城市都发行了证明地震造成的损失的证书。由于事先没有对受灾证明从法律上进行定位，有些自治体在匆忙讨论后就开始发行。由于受灾证明书发行业务量较大，在证明的发行窗口，市民们排起了长队伍，各个城市发行的证明也是各式各样，也有的自治体发行了不同种类的证明书，难免带来一些混乱。

（2）受灾证明的使用

受灾证明不仅可以作为各种政府的救助措施的基准，也可以作为民间的受灾者救济的基准，但根据统计结果发现，自治体认定完全损坏的户数比建设省建筑研究所的调查结果要多。

9.3.16 志愿者的组织

1. 志愿者构成及活动内容

（1）志愿者的参加情况

地震发生后，来自全国各地的 180 万人（到 1997 年 12 月末的估计）志愿者奔赴受灾地，给市民带来了勇气和希望。

志愿者最初的任务是医疗、食品和物资的分配，确认老年人的安全，避难所的运营管理等，随着时间的推移，任务主要转向物资的分配、搬迁和修理，老年人和残疾人的护理。4 月以后，由于以学生为主的外部志愿者的撤离，志愿者人数剧减。统计结果表明，来自县内的志愿者占六成以上，大都是个人志愿者。

（2）志愿者的技能及影响

大部分志愿者是没有特殊技能和资格证书的普通志愿者，很多人还是初次当志愿者，对于这些随意加入的志愿者，由于住宿和食物紧张，反而带来了负担。

而另一部分可以提供专业技能的志愿者（专业志愿者），如医生、护士、临床检查医师等医疗工作者和律师、建筑师等人，从震灾开始到震后重建，都起了非常积极的作用。除进行老年人援助、心理援助、外国人援助外，志愿者还创立了“信息志愿者”的电子杂志，负责收集避难所的信息并发布到电脑网络上，使全国都可以了解到灾区的情况。

震灾发生后在大阪大学鸣海教授等城市规划学会学者的提议下，以关西地区的城市规划及建筑相关专业的学生志愿者为主体，立即开展了对整个受灾地区建筑物损失的调查，调查结果在 1∶25000 地图中进行了标注。调查资料在震后分发到各相关部门，为灾后重建对策的确立提供了重要依据。

（3）团体志愿者活动

YWCA 等地区内原有志愿者团体也积极参加志愿者活动，平时就联系紧密的地方自治团体在救援和灭火行动中发挥了极大作用。

2. 志愿者的进入和组织

（1）志愿者协调组织的设立

虽然神户市开设了接待志愿者的窗口，但因为报名的人太多，不得不中止，即使是推动志愿者活动的社会福利协会，最初也没能有效协调大量志愿者的需求以及志愿者的派遣。在淡路岛，因为居民存在“被别人帮助是可耻的”这种意识，志愿者等外部援助无法充分发挥作用。在宝塚市，1 月 20 日开设的志愿者总部根据业务类别设置了 15 个部门，可以根据避难所等地的需要派遣志愿者。

为了便于各个志愿者之间的联络、协调和向各个志愿者分配工作任务，每个地区逐渐建立牵头的志愿者团体或总协调的组织，形成联系紧密的志愿者网络。

(2) 政府的配合与协助

有的地方政府与志愿者紧密合作共同进行救援活动，如西宫市就是采用这种方式。“西宫志愿者网络”和西宫市这样的合作方式后来被称为“西宫方式”。但在某些地方也出现了政府与志愿者组织间对立的情况，例如芦屋市，虽然最初政府与志愿者委员会共同合作，但最后却走向对立和决裂。

3. 志愿者活动中的问题

(1) 志愿者保险制度

震灾中出现志愿者遭遇事故以及因为过度劳动而累坏身体的情况。兵库县扩充了以前就制定的“兵库县志愿者灾害互助”制度，将在余震中受伤的人也作为补偿对象。通过与(社)日本损害保险协会的合作，在神户市等 6 个市镇设立了针对志愿者的保险。

(2) 志愿者的吸收与转化

随着受灾地内部医疗机能的恢复，志愿者的医疗活动常常会妨碍诊疗所的恢复，需要及时考虑在合适的时间撤出医疗志愿者。随着志愿者活动的长期化，志愿者的支援活动与受灾者的自立能否取得平衡成为很大的问题，支援活动的主体应从志愿者逐渐向灾区内部团体转化。

(3) 志愿者活动补助金制度

伴随着志愿者活动的长期化，产生了资金不足的问题。兵库县制定了针对志愿者活动的补助金制度，除此之外，全国社会福利协会等设立了各种市民活动援助基金。

9.4 恢复

9.4.1 供水设施的修复

1. 全国支援协议

根据 12 个大城市自来水公司灾害互相援助备忘录的有关内容，1 月 17 日 13 时，神户市自来水公司对各大都市发出应急修复工程的支援请求。在厚生省、兵库县企业厅、大阪市、大阪府、日本自来水协会等的协助下，制定了修复工程的初步计划和修复作业实施的调配计划。

自 1 月 22 日起，来自全国各地的援助队开始进行修复施工。援助活动持续到 3 月 31 日结束，全国共有 43 个县市、241 个自来水相关单位、47433 人对恢复自来水供应活动提供了援助。

2. 给水恢复的主要困难

给水恢复初期面临的困难是寻找漏水点。震灾初期只能在不施加水压的情况下依靠漏水声来寻找漏水点，由于地震后水压很低，这样的操作十分困难。在建筑物倒塌现场，还需要移除瓦砾，因此带来了很大的难度。

给水修复以恢复供水为优先目标。一般采用取材容易，实施简单且普及面广的施工方法。神户等城市，因为事先没有预料到2月中旬阪神自来水公司会增加蓄水量，因此没有进行相应的供水调试，修复工作陷入停滞，而神户市远程控制调配系统在进行修复施工时对水量配给及分布起到了很大的作用。

在恢复自来水供应之前的很长一段时间，大多数人必须依靠原供水量1/10的水量生活。生活用水及工业用水供应的中断，将对医疗设施、焚烧废弃物设施等产生巨大的影响。长期停水还可能导致市民的不满，引起混乱。由于修复工程的先后顺序、访问日程、费用负担等问题的不明确也导致一些混乱的发生。神户市在受灾严重地区的主要避难所恢复供水后，依序对各大避难所进行了水质检查，这对消除市民对自来水安全性的疑惑起到了非常大的作用。到2月底，除房屋倒塌严重地区及道路损毁严重地区之外，自来水供应的恢复率已经达到93.6％。 3月底除一小部分地区之外，已实现全部恢复供水。神户市恢复供水最晚，到4月17日才完全恢复供水。受灾地区自来水企业的财政状况，由于地震灾害而受到严重的影响。

9.4.2 下水道设施的修复

1. 设施损坏情况

东滩水处理厂将运河截断作为临时沉淀池，由于冬季气温和水温低，沉淀的污泥不容易腐败，因此不会污染周边的环境。水泵及处理厂都在地震中受到了较大的损坏，但由于给水设施的修复工作进展缓慢，所幸并没造成太大的影响。

2. 灾后调查

为改善灾后下水道的防震能力，1月24日，建设省设置了“下水道抗震办法研究工作小组”，其他县市也纷纷派遣有关职员参加。首次调查的目标主要是迅速掌握下水道的损坏状况、地面设施的受损情况，主要采用观察道路交叉点的检查井的方法进行判定。由于存在道路损毁及房屋倒塌等问题，同时还需要使用摄像机、潜水员等进行调查，神户市的二次调查总共花费了9个月的时间。管道及沟渠的修复工作虽然已经完成，但仍可能存在未被发现的隐患。

3. 排水设施的修理

地震发生后，由于供水系统的停水而导致下水道的流入量较少。但是，神户人工岛由于高层建筑的储水槽可以提供灾后数日内的用水需要，因此震后5日内的下水道流水量并没有大幅度减少。随着供水设施、煤气供应的恢复，受灾群众纷纷返回家中，这将导致下水道流水量的增加。当前普遍认为住宅的修复施工，应首先考虑恢复供水，随后再进行下水道的修复工作。这种修复方式将会导致虽然恢复了供水，但厕所仍然无法使用的局面。同时，随着供水系统的恢复，要求对下水道进行修复的居民的申请大量出现。

9.4.3 电力设施的恢复

1. 电力修复及施工

1月24日完成应急修复之后，随即展开了临时修复和完全修复施工。修复工作以满足夏季用电高峰标准的电力供应设施为基准，考虑梅雨及台风的影响，进行设施强化为目标。电力修复存在应急临时修复和全修复两个过程，在应急临时修复完成后，容易产生“电力供应已经恢复”的印象，在之后的修复过程中施行交通管制时取得居民的理解仍然非常困难。

2. 生活保障设施的设置

在与兵库县警察携手开展“点灯计划”的同时，以避难所周边为主开展的路灯安放活动也逐渐展开。同时，作为兵库县“百万人洗浴计划”的一部分，避难所淋浴器的电热水器也安放到位。电力企业允许通信企业、铁路企业的通信回路使用电线杆，为其他生活保障设施的修复做出了贡献。

9.4.4 煤气设施的修复

1. 施工援助体系的建立

1月19日第1次援助队1704名队员开始援助工作。在日本煤气协会的组织下，全国的煤气企业建立了地震援助体系。3月开始，对烈度7度的重大受灾地区进行施工作业的3712名援助队员，加上大阪煤气公司的修复工作人员，共有一万人参与了煤气恢复施工作业。

2. 修复过程中的困难

因为修复作业常受到交通不畅的干扰，因此在确保受灾地区车辆基地及前方基地外，还尽量在清晨就开始向施工地出发，以保证修复作业的顺利进行。在设置前方基地方面，卫星通信的小型可搬运信号发射台是一种十分有效的通信手段。由于全国的煤气公司使用的是统一的煤气工业用无线电，因此无线电麦克风也发挥了巨大的作用。通过拍摄航空照片及实地考察，建立资料库，之后通过模拟计算确定需要投入的施工人数、修复完成时间等。修复过程中出现城市规划部门提供的情报与实际情况不符等问题。

3. 煤气设施修复计划

由于估计到煤气供应的修复将是一个长期的过程，因此组建“特需队”，对受煤气停供影响较大的公共设施、医院等地进行调查，安排修复计划，并确保替代燃料的供应。

为了应对煤气供应修复缓慢所带来的影响，对医院等200多处重要设施的代替能源的供给、避难所等地电炉的发放、洗浴设施的燃料进行了支援。直通大医院及垃圾焚烧设施的中压导管在2月上旬已全面修复。

在修复低压导管时，由于管内流入了水及泥沙对修复作业造成干扰，除使用吸引式抽水机之外，还使用了清洗下水管道的高压洗净机、吸粪车等进行清理。清理过程中，下水道工程人员就工作流程进行了认真研究。由于倒塌的建筑对修复活动会造成干扰，因此把修复队伍分成现行队与后续队伍，以实施有效率的修复作业。到2月底有65.2%，到3月底有96.8%的地方实施了修复施工作业。到4月11日，除一部分地区之外修复作业全部完成，截至4月20日，除联系不到的住户之外，所有的煤气供应全面恢复。由于取出进入管内的水及泥沙花费了大量的时间，工程的完成时间比最初的预定时间大幅度延迟，达一个半月之久。

1月20日之后，在临近县市的援助下展开了主体修复工作，并于1月28日完成全部修复任务，城市煤气供应的转换及对避难所、临时住宅的燃料供应开始实施，但由于东滩区的储备燃料罐遭到损坏，无法确保供给稳定。

9.4.5 电话网络的修复

1. 电信网络修复

至1月末，全国共有4000人投入电话通信网络的紧急修复工程，其中关西地区3000人。修复材料的调配是工程中的重要一环，地震发生后一周内，共使用船舶及直升机，向受灾地区输送了光缆100km、引线600km、信息发射塔600座以上。

2. 家庭电话线路的临时修复

为尽早恢复电信网络的服务，采用了简化的施工手段及检查步骤，1月31日前修复了除完全倒塌及烧毁的住宅之外约10万户家庭电话线路，无法使用的专用电话线路（约4000）也基本在同期完成修复。从2月到3月末的期间，以完整的电信设施修复为目标，来自全国各地的约2万人开始了工程的有关作业。

3. 灾时服务

地震发生后，各地纷纷给灾区提供支援，免费赠送电话，为兵库县厅及6个地方政府提供电视会议系统等。电信部门开设了死亡名单确认电话，发放“生活保障电话簿”、“住宅建筑重建电话簿”，对志愿者团体提供免费通信，为灾区人民提供细致周到的服务。

9.4.6 道路交通管理及道路恢复

1. 道路交通管理措施

（1）指定紧急物资输送线路

1月19日开始，根据灾害对策基本法的有关规定，指定了东西两条紧急物资输送线路，开始施行为期1个月的交通管制。1月22日～2月1日期间，根据交通情况的变化，交通管制地区也发生相应的变化和追加。

（2）制作紧急物资输送车标

不受管制的车辆所用标签，除了法律规定的紧急输送车辆用标签（紧）之外，还发行了保障社会活动车辆的标签（许），保障居民基本生活车辆的标签（认），搬运瓦砾等杂物的搬运车的标签（废），总计4种。地震发生后短时间内，由于标签不足，各警察署纷纷发行了手绘及复印的标签。

由县警察局等机构发行的标签件数截至2月24日总计已超过35万件。除了一辆车拥有多个标签的情况之外，伪造标签、私制标签的情况也多有发生，很难对此采取严格的取缔行动。另外绕行路线的车辆从小道返回主干道上的情况等也时有发生，交通拥堵的情况基本上没有得到改善。

（3）物资输送通道管制

由于交通运输的需要从紧急物资的运输转为重建物资的输送，从2月21日开始，根据道路交通法更改了交通管制的内容。新的交通管制确定了确保重建物资顺利输送的“重建物资输送道路（重建道路）”，确保生活相关物资顺利输送的“生活、重建相关物资输送道路（生活道路）”。其中，“生活道路”是为了确保食品等生活必需品价格安定，应根据当地政府的要求而设置。

（4）车辆的分类管制

灾后发行了“重建”、“除外”两类标签，严格审查标签的发行工作。其中“重建”标签主要用于从事灾后重建工作的各个地区委派的各种企事业单位的车辆；而“除外”标签则针对新闻采访车辆及在主干道两旁持有住宅、车库的人员，以及其他认可的车辆进行发行。重建道路允许持有“复兴”、“除外”标签的车辆及巴士通行，生活道路则在此基础上，增加了允许货车、出租车、二轮车通行。“重建”、“除外”标签的发行审查手续严格，就算是政府的公用车，如果作为普通乘用车也不在发行范围之内。震后出现伪造标签的现象，打击伪造标签及对标签不正当使用的活动也积极展开，对恶意违法者将采取法律行动。

（5）交通管制的解除

4月之后，重建道路调整了部分路段，并且缩短管制时间，周日及节假日取消管制，放宽管制对象等措施。4月29日对交通管制进行了修改，重新发行了无法复制的标签。1996年8月10日，国道43号线和名神高速公路全面解除交通管制，至此受灾地区内的交通管制被全部解除。

（6）高速公路的分段开通

高速公路实行紧急检查、应急修复之后，采用分段开通的方式。1月19日0时，以14号松元线为开始，全面禁止通行的阪神高速公路的各路线、区间开始分段开放。中国区自动车道为了确保国内东西物流的运输，在应急修复后暂时开通。受到严重损坏的宝塚高架桥则施行“间歇开放”政策。阪神高速公路除了导入连接大阪地区的通行线路之外，还实行了7号北神户线免费开放、紧急物资输送车辆免费通行等政策。

（7）交通管理中的问题

由于铁道线路中断、交通堵塞等的影响，人们的通勤时间大幅增加；由于道路交通情况恶化，受灾地区的交通事故也有所增加；由于交通管制，汽车开进了生活区道路，引起了很多人的不满；由于交通管制及交通堵塞，人们的交通礼仪也有所恶化。政府开始谋求设置代替铁道线路的巴士、重新规划信号灯等手段，以应对铁道不通及严重的交通堵塞。

2. 道路修复措施

（1）道路修复工程

针对路面断裂、龟裂、陷没等问题，应急修复起到了确保交通的作用，但交通拥堵对必要的资材的运输还是产生了影响。针对受损的桥梁及高架桥，采用支架、包覆钢板等方法进行强化修复。阪神高速公路4号湾岸线上发现了4处伴有支架破损的桥面脱落，为了尽快修复，将脱落的桥面用千斤顶顶起，使其恢复到可供车辆行走的状态。受损道路在修复前，有些道路因实际情况不得已解除了通行禁令。

1月20日，建设省设立了“兵库县南部地震道路桥震灾对策委员会”，根据其审议结果，建设省发布了“兵库县南部地震受灾道路桥修复样式规格”。阪神高速公路协会设立了“阪神高速道路震灾修复对策技术委员会”，组织专家们进行研讨。阪神高速公路协会于2月22日设立了“阪神高速公路协会修复本部”，并组织了3号神户线、5号湾岸线的修复工作。

针对受到严重损害的3号神户线，阪神高速公路协会内部设立“神户线修复建设部”，为了缩短工期等进行了大量的努力，于1996年9月30日实现全线开通，早于预期时间。修复阪神高速公路3号神户线之时，曾提出过放弃原有高架桥，改为地下通道的设计，但因优先考虑尽早修复，因此还是以高架桥的方式进行了修复。修复的道路桥梁必须按照能抵抗与地震相同震度的规格进行重建及强化。

（2）道路修复的促进

一般道路设施的实际修复，应该与生活保障线的修复相协调。这也成为妨碍道路修复的一个主要因素。为了加快道路修复的速度，针对道路损毁严重的区域，简化了受灾审查手续，由国家负担公共土木设施受灾修复工程费用的审查工作导入了直接根据受灾程度和受灾率进行定价的方式以加快审批的进程。

为了使市民早日恢复正常生活，针对私人道路的修复，对私有道路整备资助制度进行了扩充。在震灾中发现，为保障日常生活，需要对人行道也进行修复。

专家指出必须实现生活保障设施情报的统一管理，并且建立受灾地点及修复状况信息交换系统。

（3）震灾纪念地点

神户市为了将地震的教训传给后人，或是将能够代表受灾情况的受灾地点原封不动进行保存，或是在某些地方放置能够表现受灾状况的纪念物。

9.4.7 铁路的修复

1. 铁路修复期间的应急措施

（1）巴士运输替代方案

由于联结大阪和神户的 JR 神户线、阪急电铁神户线、阪神电铁本线三条线路停运，一天有 45 万人，高峰时期最高一小时就有 12 万人无法移动。JR 西日本东海道——福知山——山阳线、阪急宝塚——今津——伊丹线、神户电铁有马线的停运区间，在地震发生后短时间内就开始了替代巴士的运输作业。从国道 2 号线开通的 1 月 23 日开始，利用同一国道和山手干线，开始实施大阪至神户区间内的代替巴士运输。1 月 28 日开始，在国道 2 号、43 号线设置了替代巴士优先车道，确保了快速畅通的巴士运行。替代巴士的使用者，最初一天大约 3 万～5 万人，巴士优先车道设立之后出现上升趋势。到 3 月底，一天约有 20 万人使用替代巴士。最初，替代巴士因交通堵塞，通行需要大量时间，巴士优先车道设置之后，所需要的时间缩短了约一半，之后仍持续减少。

（2）绕行路线的确定

JR 西日本从 1 月 23 日开始，在福知山——山阴——播但线、福知山——加古川线两条线路上设立绕行路线。前者行驶直通快速列车，后者则行驶直达列车，在和田山车站可以和特急列车等进行换乘。经由神户电铁有马线、三田线，神户电铁到三田车站的线路，以及乘坐北神急行，通过谷上到达新神户的线路都可以使用。2 月 20 日，JR 东海道线滩——神户、阪神岩屋——三宫两条线路开通。通过这些线路，能够连接阪急御影——王子公园，并可利用大阪到神户的铁道。持有三家公司任何一家的月票、回数券的乘客就能够乘坐三家公司的任何一班线路。

2. 铁道修复

（1）修复重建方案的制订

运输省在 1 月 18 日设立了由研究学者及铁路工作者组成的“铁道设施耐震构造研究委员会”。该委员会在针对受灾原因进行调查分析的同时，也对受损铁路设施的修复、现存设施的应对、今后设施的耐震构造等方面进行了广泛的探讨。根据研究委员会的研究成果，铁路部门制定了铁路修复计划，运输省针对修复工作的特别设计实行单独审查。4 月 27 日，该研究委员会出台了“阪神・淡路大地震铁道修复构造物设计样式”。

（2）JR 线修复及再利用

新干线、山阳线的高架桥的引桥、支柱的修复，采取了对可以修复的部分使用钢板包覆等手段进行强化。铁道设施耐震构造研究委员会允许对脱落的、未受损坏的高架桥桥板部分进行再利用，这样做在缩短了工期的同时也节约了费用。

一些私铁由于需要对高架桥的高度同高架桥下的用户进行交涉，而且还需要对沿途倒塌房屋进行修复，非常耗时，高架率很高的阪急电铁由于这个原因而延缓了修复工程的进度。阪急电铁、阪神电铁也认为与高架桥下空间的使用者进行交涉，希望他们离去是铁道修复耗费时间的原因之一。铁路沿线密布的房屋导致无法确保施工空间，同时房屋倒塌而产生了大量瓦砾，移除这些瓦砾则需要经过居住者或所有者的同意，也造成时间的延迟。在山阳电铁盐屋车站附近，首先在钢管上放置混凝土块，并铺设轨道。在列车开通之后，再在其下方进行基础轨道及桥脚本体的建造工事。

（3）分段修复

在修复过程中，对一些受损严重的路段，先搁置之后再进行修复。由于受灾严重，最初认为“梅田——三宫区间列车的开通，最快也要花费一年半到两年”。神户市营地铁采用跳过新长田、上泽、三宫 3 个车站，并在一部分车站缓行的做法，于 2 月 16 日开通了板宿——新神户之间的铁路。神户高速也采取跳过大开车站的方式于 8 月 13 日重新开通。最初认为需要 4～5 个月时间才能修复的 JR 线，在来线于 4 月 1 日、新干线于 4 月 8 日就重新开通了始发列车。8 月 23 日，随着神户新交通的六甲线在“鱼崎——住吉”区间内的运输的恢复，受灾地区内的铁路全部修复。

（4）国库补助

灾后修复与重建 JR 使日本共花费 1020 亿日元、阪急电铁 440 亿日元、阪神电铁 457 亿日元，总额超过 2380 亿日元。为此铁道轨道整备法做出了相应的调整，根据修改后的法律，由国库补助 198 亿日元作为阪神大地震修复资金。各地方县市在修复铁路时，简化各种必要的手续，实施迅速快捷办理，为尽快修复铁路作出了很大贡献。兵库县、神户市为了支援受灾的巴士经营者，出台了辅助制度。

9.4.8 港口修复和船舶的利用

1. 港口修复作业

从 19 日深夜到清晨召开了紧急会议，在会议上决定了国家、神户市、神户港口公社三者之间关于神户港震后修复工作的分工。到 2 月 1 日为止，货运用泊位 57 个，输送旅客用泊位 14 个，共计 71 个泊位（超过 186 个公共泊位的 1/3）已经可以投入使用。

2. 受灾者的避难

由于渡轮具备完善住宿设施，因此被充分利用作为修复生活设施的大量支援者们的住宿场所，或作为避难场所提供给受灾群众，但这个情报却没有得到广泛宣传，加上交通不便等问题，渡轮几乎没被作为避难场所利用。

3. 开设水运临时航线

作为路上交通手段的替代，水运开设了临时航线，自 1 月 19 日开始各类航运纷纷开航，并受到广泛利用。由于渡轮码头受到损伤无法利用，而其他泊位装配不符而导致某些渡轮无法出航，渡轮的航运也受到出发地周边道路交通的强烈影响。

9.4.9 地震中垃圾的处理

1. 垃圾的收集

神户市由于工作人员大都居住在受灾地区，再加上交通拥堵的影响，工作人员数量严重不足，连洗衣房的员工也被动员起来去从事垃圾收集的工作。西宫市由于地震当日及次日工作人员主要从事遗体收容等工作，垃圾收集工作直到 1 月 19 日才再度开始。垃圾收集工作受到交通拥堵的困扰，到 1 月底只收集到通常一半的垃圾。

2. 临时垃圾堆放场的设置

神户市为了应对交通拥堵，使用大型垃圾车进行高效率的垃圾收集。2 月 3 日～3 月 25 日期间实行了夜间收集。针对垃圾量巨大、道路交通拥堵，加上垃圾焚烧设施的遭到破坏，神户市在市内 6 个地方设置了临时垃圾堆放场。在普通废弃物处置公司及大阪废弃物处理行业联合会志愿者们的帮助下，在夜间将垃圾从临时堆放场运到最终处置场。作为垃圾临时堆放的场地，有时由于和临时工厂及瓦砾堆放场发生冲突，而被转做他用。

3. 垃圾收集

受灾严重的神户市、西宫市等地，自 1 月 24 日开始，在全国各地 136 个团体支援的 4155 台收集设施的帮助下开展垃圾收集活动。在自卫队的帮助下，市镇道路上造成交通障碍物的大件垃圾得到了清理。在普通企业志愿者的帮助下垃圾收集得以顺利实施。由于许多处理设施因受到损毁无法再进行工作，在其他城镇、15 个组织共 44 个团体的帮助下，对 11620t 垃圾进行了焚烧。

避难所产生了大量的垃圾，这些垃圾除了堆放在垃圾站之外，还堆放在运动场等地。避难所垃圾的特征是快餐盒及方便面容器多，比平日每人产生的垃圾量大。神户市在临时的民间企业协助下实施了避难所垃圾回收的作业。

4. 垃圾处理的问题

由于震灾中大量灾害废弃物的排出，神户市垃圾产生量与前年相比约增长了 5 倍，直到夏天仍维持在前一年的 2 倍左右。平均一户人家的耐用消费品废弃物的排出量，被推算为 0.89t，约 12m^3。

从垃圾的内容来看，厨房垃圾的数量有所减少，但快餐盒等发泡制品、易拉瓶、罐头盒等垃圾的增加数量非常惊人。随着受灾群众从避难所转移至临时住宅，铺盖、褥子、家具等使用过的随身用品被大量丢弃成为垃圾。

垃圾分类不彻底，随意丢弃现象较多。可燃垃圾与不可燃垃圾分类的不彻底，将会导致处理设施焚烧后残渣率升高。路面的违法丢弃垃圾、垃圾散乱等现象多发，这些违法丢弃物也被混入当成垃圾处理。针对垃圾散落的现象，开展了城市美化活动。

9.4.10 历史遗迹及文化设施的恢复

1. 历史文化遗迹修复

被指定为重要传统文化建筑物的神户市中央区北野传统建筑群中有 34 件不同程度地受到了损坏。

作为街道景观的重要因素的酒藏群也受到了极大的损坏，滩地区约 300 座，其中 90%遭到毁灭性破坏。由于神户、阪神地区近代优秀住宅及建筑物受灾严重，一些无可替代的传统住宅景观消失了。由于对明石城、尼崎市寺庙地区、神户旧居留地十五番馆、旧山邑邸、泽之鹤大石藏等多数历史文物的耐震性感到不放心，对这些文物实施了修补。伴随着受灾地区的再开发，实施文化财产调查成为一个重要课题，如果能再考虑发掘成果还原本地风貌，效果将会更好。

为了挽救及修复文化财产，文化厅设立了“文化财产等文物救援委员会”。针对那些没有被定为文化财产的历史文物，设立了相应的修复基金支援制度，同时还有来自民间资金以及竞赛收益金的支援及文化财产保护振兴集团所提供的支援。由于房屋损毁而被一并作废品处理的文化财产也不在少数。

2. 文化活动的恢复

大小美术馆、博物馆等的艺术文化设施，大多由于建筑物损毁导致展品破坏，不得不长期闭馆。水族馆、动物园、植物园等也遭到了比较严重的影响，特别是须磨海滨水族园，由于停电导致的所有饲育设备无法工作。剧场、舞台等地由于建筑物或舞台结构遭到破坏，或是成为临时避难场所，或是由于交通手段的不便，无法进行正常的表演。艺术文化设施的一部分成为避难设施，工作人员无法从市县本部得到支援，以致设施修复工作停滞不前甚至向后倒退。

关于地震对艺术文化活动带来的间接伤害，除了客人的减少之外，还有由于公共设施活动停止所导致的技术人员的失业。兵库县实施了对震后艺术文化活动的辅助计划。

9.4.11 测量工作的恢复

1. 实施基准点的恢复

测量基准点由于地震的作用发生了变化，为保证灾后重建测量工作的顺利进行，对其实施了修复和新设。1995 年 1 月 28 日开始，作为一、二等三角基准点的改测工作开始实施。在 GPS 连续观测系统的帮助下，有关人员分析了 1 月 18 日的地壳变动情况，并于 1 月 18 日及 27 日，召开了临时地震预测会议，有关人士就余震相关问题进行了研讨。

2. 修复、重建测量资料的恢复

国土地理院为了掌握受灾地区的灾害状况，从地震发生当日开始，对受灾地区进行空中彩色照片的摄影，并将其作为研究的基础资料，同时将受灾现状图数值化，并在瓦砾处理及重建对规划中充分利用 GIS 系统。

9.4.12 学校教育活动的恢复

1. 教育活动的恢复

震灾中尽量恢复集中授课及集中供餐，以减少地震对孩子们所造成的影响。根据受灾程度及作为避难所的条件的不同，受灾地区的学校分期分阶段恢复了教学活动。由于生命线工程还未完全恢复，即使是受灾较轻地区也存在交通拥堵的问题，恢复集中供餐的难度较大，因此实行简易供餐。盲人学校、特殊教育学校因情况特殊推迟了教学的恢复。震灾中由于体校等导致课时数不足，有人担心可能导致学生体质下降，针对这个情况各校都努力在最短的时间内弥补这段差距。由于避难所及临时校舍等的设置，运动场的使用受到了限制，保证学生的运动场所也成为了一个难题。

神户市为了解决教育所面临的各种问题，设立了“神户教育恢复紧急提案组织”。在和避难所共存的局面下，学校方努力办好毕业仪式等各种典礼。学校重新开学后，先开展了由孩子们相互交流地震体验的准备阶段教育，之后引导孩子们回到正规的教学大纲中。为了安抚孩子们的心灵，首先要重新让他们体会到安全感、安心感，然后要重视让他们能够自然地表达出各种各样的情感。

2. 政府的支援措施

依据《灾害救助法》，由政府向受灾学生免费提供学习用品。由于全国各地纷纷要求向受灾学生提供学习用品，神户市为此专门设立了学习用品接收中心，负责学习用品的接受及发放工作。地震发生后，对临近考试时间的高中、大学入学考试进行了延期，针对受灾学生的具体情况也制定了特别的选拔考试规则。

对受灾学生就业指导成为一项重要课题。国家增加了对私立学校设施修复的支援措施，支援私立学校开展修复活动。地震后，许多学生被暂时转到其他学校接受教育，无论是转出还是转入，都充分考虑学生心情，对受灾学生设立了减免课时费和入学费用的政策。在就学援助方面，根据国家有关法令，实行灵活的政策，支援受灾学生就学，确保受灾学生能够安心学习。针对因受灾而为生活、居住等问题烦恼的外国留学生也实行了各项支援政策。

3. 教育环境的恢复

受灾校园首先要对校舍等进行安全检查并实施应急措施，为学校重新开放而努力。学校的恢复受生活基础设施的修复情况影响很大。由于校舍损毁及被当做避难场所使用，许多地方出现了校舍不足的情况，因此需要及时进行临时教室的建设。由于多数学生将暂时被转出受灾地的学校，同时确保教职员工人数比较困难，即使这样也保持了与地震前相同的教师人数。外国人学校的再建受到国家辅助金的限制，重建工作将带来沉重的财政负担。

9.5 恢复性重建

9.5.1 避难所的撤销与临时住宅的供给

1. 长期避难的问题

（1）志愿者的角色转换

震灾发生两周后人们开始上班，避难所的运营和管理逐渐出现人手不足的问题。进入4月后，大批志愿者开始撤回，给避难所的运营管理体制带来很大影响。随着生活必需设施（上水道、煤气）的修复，避难者也逐渐减少。

长期避难过程中，志愿者发挥了很大的作用，但也出现一些避难者长期依赖志愿者而迟迟不愿自立的情况，因此有必要建立志愿者与被帮助者之间长期固定的关系。

（2）教育活动的恢复

重新开始教育活动费了很大的周折，且给教职员工施加的负担很大。很多学校设置了临时课程和精简课程，也有的学校在教室不够的情况下借用校外设施或自办临时教室。神户市在震后第三个月便在避难所恢复了教育活动，学校的上课基本趋于正常化。但在此期间，教职员工还要担任避难所的运营活动，负担很重。而学校重新复课的时间取决于给水排水管道的修复情况。学校避难所在 1996 年度的新学期开始前逐次取消，不过有的学校操场仍设有临时住宅。

（3）生活环境的保障

随着避难生活的长期化，政府对长期避难场所的环境进行了改善，以促进受灾者放松身心。如开展针对受灾者的文艺公演或引入其他艺术活动，恢复当地的文化活动。此时季节也转入春夏季，在生活环境上，注意将防寒的对策转变为抗暑、防梅雨的对策。另外，还要确保受灾者在避难所的隐私，对避难场所的空间进行了分割。

2. 避难所的撤销

撤销与合并避难所存在许多障碍，避难场所一般离原来的住宅很近，很多受灾者不愿意离开避难场所。有些受灾者提出需要看管家庭财产，有人不愿意离开熟悉的工作环境和学校，不愿上班路途过远或不愿意转学等，还有人对应急临时住宅的布局和面积大小不满意，或由于身体不适正在进行门诊治疗，或担心看护的问题而无法转移等。媒体过分渲染“临时住宅不方便”，这给撤销避难所带来了阻碍。对于避难生活的长期化和地区外避难等课题，在探讨住宅重建的同时，必须作为一个重要的问题进行探讨。与避难者数的减少相比，避难所数的减少尤其缓慢。西宫市到 9 月末还在持续为灾民提供饮食。

4 月下旬，兵库县受灾的 5 个城市设置了“避难所对策协议会”，旨在尽快结束避难所的生活。宝塚市在 5 月 21 日，尼崎市在 6 月 15 日，芦屋市在 6 月 18 日分别关闭了避难所。震灾发生半年至 7 月 17 日，神户市的避难者共达到 16748 人，西宫市则为 821 人。由于补建的临时住宅已建造完成，西宫市在 7 月 31 日、神户市在 8 月 20 日关闭了避难所。神户市设立了 12 处避难所作为“候转站”要求避难者前往作为转移的中转站，但大多数避难者仍愿意留在旧的避难所里。直到 1997 年 3 月神户的候转站已经完全撤销时，仍有受灾者留在公园的避难所继续避难。避难所撤销之后，需要花费很长时间对被用作避难、临时住宅及瓦砾放置处的公园进行恢复。

3. 临时住宅的供给

（1）住宅来源

政府从震灾当日起便开始通过公营住宅解决临时住房，并宣布可以利用公营住宅、住宅公团以及租用促进事业团的空房提供免费临时住房。截至 2 月 10 日，可提供的空房已达到 29339 套。另外从政府租用部分私人住宅中专门设置了针对高龄者和残疾人的应急临时住宅，有 139 户搬入。虽规定只提供六个月，但对于那些仍没有住宅保障的家庭可以酌情延长。

根据兵库县工商会议所联络会对企业宿舍和疗养所的调查结果，可提供数为 433 户，仅 217 户入住。很多志愿家庭申请提供民宿，但实际上很少有人入住。

（2）入住情况

1 月 26 日“受灾者公营住宅等中介及服务中心”成立，主要工作是向避难所分发空房信息或制作海报。决定入住临时住宅的共 13000 户，但截至 4 月末只有 10000 户，到 8 月末也只有 15000 户。选择临时住房的住户，80％来自近畿圈地区（如兵库县）偏远地区申请临时住房的受灾者很少。受灾者不愿意离开本地熟人和朋友，担心需要重新建立朋友圈，带小孩的家庭不愿意离开自己的居住地，同时他们也担心因住得太远得不到相应的信息。

总的来说，在这次重大灾害中公营住宅的广泛支持起了非常重要的作用。有一些受灾者入住临时住宅后，希望能直接转为正式入住。公营住宅的临时入住在 2000 年 3 月末接受后，专门针对临时入住受灾者申请成为正式入住者的情况制定了相应对策。

（3）主要问题

入住时间原则上为 6 个月，这与临时安置房的 2 年相比是非常短的，许多受灾者更倾向于选择使用时间更长的临时安置房。有些临时住房质量较差，住宅中有很多问题甚至需要自己动手修理，有的没有浴池，许多受灾者因此拒绝入住。此外临时住宅对老年人和残疾人的照顾也不够。

4. 临时安置房的供给体制

（1）临时安置房建设的管理

兵库县负责临时安置房的建设和供给的部门从市町级上升为县级。兵库县救灾工作委托给市町长进行，但涉及区域性事务的实施则由兵库县来完成。

围绕临时安置房的建设，从建设费用开始，需要针对各项工作确定国家、兵库县和各市町的责任与义务，如兵库县各市町入住户数的调整、建设与预算的实施、各市町临时安置房的入住与退出的管理等。对设置在市町外的临时安置房，需要自治体间的通力合作。

临时安置房的建设和供给缺乏法律支持，只能根据厚生省的通知，由各事务局根据具体情况进行协商。由于临时安置房的建设和供给的方针和制度模棱两可，给实施造成一定困难。临时安置房的管理费用可由重建基金的补贴负担，对费用负担主体不明确的拆除费用则由国家承担。应急临时住宅的用地费不成为灾害救助法的对象，对此存在一些争议。

（2）临时安置房建设的实施

依据兵库县巡逻队的调查，避难所的受灾者数约有 6 万户，其中有 3 万户可以安置在公团和公营住宅的空房中，另外 3 万户则需要建设临时安置房。根据对倒塌房屋和避难人数的调查，神户市于 1 月 29 日提出了在兵库县建设 35000 户临时安置房的要求。建设过程需要综合考虑“临时住宅”的建设与城市重建规划。

为了防止兵库县受灾地区的社会动荡和混乱，兵库县于 1 月 31 日施行了“应急临时住宅原则上全覆盖”的方针。后来由于入住公营住宅的人数比预计的要少，临时安置房的户数有所增加。这些户数被纳入避难所撤销的环节，展开了补建工作，共补建 8300 户。

5. 临时安置房的建设和入住

（1）临时安置房的建设用地

由于城市区用地紧张，所以只能利用郊区或县、市以外的用地。临时住宅场所的建设有时也会遭到周边居民的反对。神户约有 79％的临时安置房的建设用地是城市公共用地，其余21%则由民间事业者、住宅和都市整备公团、国铁清算事业团无偿提供。

临时安置房首次使用了水洗式厕所。为加快建设，必须对给水排水管道的基础进行处理，其施工也有一定的规模要求，所以基本上只在城市街区等公共用地进行建设。

（2）装配建筑协会的合作

兵库县对现场装配建筑协会（公司）发出协作请求，在住宅制造商和住宅及城市整备公团的支持下，制定了建设复兴规划，并组织了实施。因担心临时安置房数量不足，复兴规划采用部分从海外进口的临时安置房。但由于进口的限制，给临时安置房的建设带来了阻碍。

神户市考虑到建设临时住宅需花费很多时间，在1月末设置并建设了集装箱式“简易避难所”。但由于不符合厚生省的标准只用了3个月就被撤除了。临时安置房至4月1日仍有10308户未完成入住。在这种情况下，受灾者不得不在避难所长期停留，导致避难所的封闭延迟。

（3）临时安置房的主要问题

临时安置房用地规模400户以上的共有16处，1000户以上的有2处。由于建设非常稠密，对周边的景观造成了影响，有市民抱怨造成了压抑感。有些临时安置房由于未设立路灯和标志，造成购物的老人迷路甚至死亡。临时住宅居住了很多市民，但只有住宅，商店和集会场所不足，影响了市民的生活。

一些在私有土地上修建的临时安置房，虽然开始设立了优先转移的优惠政策，但由于涉及公平性的争论而没有实现。由于对自力更生进行住宅重建的人，并没有给予相应的优惠政策，因此被指责不公平。依靠自力重建住宅，需要充分考虑与区域复兴规划的协调，并且需要考虑与永久性建筑的延续。

由于临时安置房用地不足以及受灾者的各种各样的需要，临时安置房形式多种多样。建设初期，由于没有充分考虑老人的需要，出现老人生活不便的问题。后来通过平整出入口的台阶，增加通道的简易铺装，安装紧急呼叫器，配备生活支援人员，家庭服务等福利进行了解决。并采用了瑞典的群居房的方式，专门设立了看护人员，入住的人感到非常满意。

对于设置在郊外的临时安置房，由于离大阪府很远，生活和环境都不尽人意，因此郊外住宅应征的人很少。而设在大阪府八尾市的临时住宅，比其他临时住宅交通便利，商业设施完备，入住者评价很高。淡路岛的北淡町，住区规模较小，而且离原居住地较近，出现问题比较少。尼崎市区内企业提供的空地充足，入住的人较多，可以建立良好的邻里关系，因而也得到好评。

临时安置房的入住是采用弱者优先的方式，因此出现老人和残障者比例过高，有人提出，应当在综合考虑平等、区域、社区的维持的基础上，再考虑弱者优先的抽签方式。

9.5.2 住宅和生活的重建

1. 住宅的维修

灾后重建是涵盖受灾住宅维修与拆除等过程的系统工程，但由于缺乏判断住宅是否需要维修的标准，导致灾后对于“该房屋是否需要拆除、哪里需要维修、如何维修”等等的问题，无法尽早给出适当的建议。高层建筑受损情况的调查比较复杂，需要详细调查，但重建派认为调查花费属于浪费。确定私家住宅拆除由公费负担后，居民有关拆除的询问和投诉明显增加。

根据灾害救助法，受灾住宅维修费补贴的宣传滞后于公费拆除相关的宣传，因此有人认为，虽然很多被公费拆除的建筑物通过一定维修还可以继续使用，但由于得到的信息是对修理没有补贴支持，造成很多人选择拆毁或重建房屋。当修复补助的信息发布后，选择正规修复的人又需要再次施工，信息的不一致受到公众的指责。

最初维修支持制度很不完善，后来逐渐制定了大规模维修的融资制度和利息补给制度。在该背景下，发现仍存在着很多问题，如日本根深蒂固的拆毁重建体制仍然存在，仍没形成改造木制住宅使其更耐用的制度等。相反，已经被判定全部毁坏（烧毁）的房屋仍有人在稍加修理后继续居住，这给安全带来很多隐患。

灾区很多小规模的土木工程承包公司也受灾严重，在重建过程中出现材料和技术的缺口，所以很难应付修补上的困难。因此需要尝试建立利用邻近县市的技术工人和专家共同进行支援的制度。

2. 住宅的重建

（1）重建建筑的判定

在受灾建筑的重建过程中，不符合城市规划的原有不合格建筑物大量显现出来，所以在多大程度上允许原有的不合格的建筑，成为需要解决的问题。因此对综合设计制度进行了适当修改，采用了放宽容积率、建筑间距、义务接路的补救措施。另外，住宅重建过程中还需要考虑与邻近建筑的关系问题，需要从视线、声音、环境等各方面进行协调，这给住宅重建造成了障碍。

受灾地约有 5000 栋高层住宅，其中需要重建的住宅约 130 栋，涉及 1 万户。如何区分建筑物的维修与重建，遇到的问题主要是一些住宅固有的问题，如“很难判断应该修补还是重建”、“建筑物调查的方法和费用问题”、“确保容积率的各种规则”、“多栋房屋的费用分配”等。

（2）震灾中相关法律的有效性

震灾中依据《受灾城市租地租房特别措施法》进行处理，但由于时代和震灾的具体情况的限制，该法的有效性受到争议。对租用土地的住宅重建，其土地租用权作为担保，在灾后重建中发挥了一定的作用。由于针对租住人很多的集中式住宅，相应的政策不明确，租房者虽有权利，但震后房租涨价无法入住、而租地的成本占地价的一半以上，使重建很困难等，使原本可以顺利进行的住宅重建出现了一定的阻碍。

（3）重建规模的把握

事实上，震灾中失去住房的市民数很难统计，最终是通过电器和煤气测量器的作废数和公费拆除的户数来进行推测。从拆除处理申请件数来看，受灾地区共有 136730 户，其中估计神户市约有 9 万户失去住宅。其后根据神户市的调查，全市共有 79283 户损失了住宅（损失率为 15.1%）。

神户市于 1995 年 7 月 7 日制订了“神户市贩灾复兴住宅整备紧急 3 年复兴规划”，兵库县也于 1995 年 8 月策划了“兵库住宅复兴 3 年复兴规划”，指导住宅重建。虽然复兴委员提出为当前的受灾人员建造能够持续使用 20 年的过渡住宅，并在此基础上提出了第二阶段的复兴规划，但最终没有得到采用。

3. 住宅重建的支援政策

（1）金融及优惠政策

对于民间住宅的重建，以复兴基金为中心提供了各种财政支援。对于个人所有房租的重建和大规模的修缮采用提供低利息贷款和利息补贴的形式进行支援。兵库县和神户市都设立了住宅重建的融资制度，针对独立住宅重建，根据不同的家庭条件通过利息补贴和税收减免等措施实施了数百万日元规模的支援，但最初一年利用率很低。另外，受灾居民为进行重建自发组织团购建筑材料，成立了“神户地震灾害住宅复兴生活协同组合”。

（2）特殊金融政策

震后兵库县和融资机构提供了很多特殊金融政策。震后许多居民由于房子被完全破坏而贷款还未还完，住宅重建时很多人面临二重贷款的问题，这样的个案约有15000件。兵库县为3万户设立了双重贷款的利息补助制度，但在1998年的时候利用了这一政策的只有1万户左右。住宅金融公库对需要还款的受灾居民设置了优惠政策，作为对接受融资比较困难的高龄者的援助，还设立了“亲孝贷款”、“面向高龄者的不动产处理特别融资制度”。

官方机构积极从不能进行重建的土地所有者手中购买土地，设置定期租赁地权，支持住宅自主重建活动。神户市设立了“神户市定借银行”，为定期租赁地权的土地所有者和希望租赁土地者之间开展中介活动，发掘潜在的需求，并在融资方面给予优待措施。尽管设立了“定期租赁地权支援受灾公寓的改建制度”，但是到1997年1月底只有2个团地使用这种政策，大部分人不愿意放弃土地的所有权。

4. 捐赠金的使用

1月25日成立了由26个相关团体组成的“兵库县南部地震灾害捐赠金募集委员会”，捐赠金是从地震发生当日通过受灾地方政府、日本红十字会和NHK募集的，受当年发生的地铁沙林事件的影响，1995年4月开始捐赠金急剧减少。初期各个市町接收的捐赠金当中，存在定向捐赠金没有到位的情况，因此其公平性受到质疑。而“兵库县南部地震捐赠金募集委员会”的构成成员中，媒体等诸团体占了过半数，其合理性也受到质疑。因此，加强捐赠金的管理运营、强化监督体制并实现信息的彻底公开透明化非常重要。

事实上，捐赠金的募集和分配体制是在缺乏经验、混乱的灾区建立的，需要加强管理，而且应该制定保证尊重捐助者意愿的特别制度。由于捐赠金的募集和分配需要大量的人力资源和事务经费，在某些地方出现捐赠金的第一次分配需处理的个案超出当初预想的件数几倍的现象。

1月29日决定捐赠金按照以下方式分配：死亡和失踪的每个人10万日元，全部一半毁坏和全部一半烧坏的家庭也为每人10万日元。但是由于受灾证明认定的混乱以及再调查的继续进行，最初预计的大约8万件，而2月27日却达到了29万件。在4月21日后，开始对重伤者、需救助家庭和受灾儿童等以及住宅资助等的第二次分配。1996年7月19日，开始对全部一半毁坏的家庭支付10万日元。1999年7月，对于分配余额，决定建立“受灾市町的重建事业资金”，将分配后的余额等作为相关基金的事业经费。

受灾者申请捐赠金的过程对灾情的把握起了积极作用。捐赠金中，有80％用于遇难者的慰问金以及住宅重建的援助经费，但有意见指出应该把重点放在帮助在其他的支援项目中很难得到帮助的需救助家庭上，在使用中也应更加尊重捐赠者的意愿（捐赠者的选择）。

捐赠金支付的迅速及时性很重要，根据情况可将及时性优先于公平性灵活进行处理。震灾中虽然第一次支付实现了迅速性，但是第三次分配却拖到了一年以后。

5. 政府补助与贷款制度

（1）政府补助

神户市灾害抚慰金和兵库县灾害援助金主要针对全部住宅一半毁坏和一半烧坏的居民以及需要接受一个月以上治疗的受伤者。地震灾害遇难者葬礼的悼慰金，直接发放给遇难者的兄弟姐妹或其他亲戚。但有的地方由于没有相关规定而无法支付悼慰金，震灾中悼慰金的领取顺序和灾害残障抚慰金的额度也受到争议，而对房屋受灾者和还没有形成重度残障的受灾者无法发放抚慰金，使政府补助发放的公平性受到质疑，因此急需地方政府建立新的制度。

悼慰金和灾害残障抚慰金的发放，由于必须认证死因与地震灾害的关系，即认定是否是“地震灾害关联死”，实施过程遇到一些困难。震后震灾遗族提出认定“震灾关联死”的申诉很多，因此在受灾城市都设立了相应的委员会专门进行调查和判定。

政府补助的发放存在较多问题，其中受到质疑较多的两个问题是：在补助发放中未考虑灾害抚慰金的本来目的和对抗灾工作长期性问题认识不足。

（2）贷款的利用

灾害悼慰金的发放需依法进行灾害救援资金贷款，但由于该贷款时间短，很难对到县外进行避难的人进行通告，受灾者也来不及制定重建复兴规划，而且因为没有办法设定共同保证人，收入稍高和在灾害中失业的人都无法使用该制度，使之出现一些缺憾。灾害救助资金贷款的还款期限到了之后，由于生活的重建滞后等原因，拖延还款的受灾者也不少。因此有意见指出应该除去灾害救助资金贷款中的收入限制，进行制度方面的改善。

在地震发生 10 天后，兵库县向国家提出发放临时生活费的措施请求，实施生活福利资金（10 万～20 万日元）和特殊贷款（小额资金贷款）等措施。结果在两周左右的时间内收到 54646 件请求，约 80 亿日元的申请蜂拥而至。之后还实施了生活福利资金、灾害救助资金贷款等各种特例措施，但很多使用者指出所需的附加文件资料过于烦琐，基本上没有使用。

从 1996 年 8 月开始，针对搬入永久住宅费用筹措比较困难的家庭，实施了“生活福利资金特例贷款（搬家费）”等措施。到 2004 年 9 月，生活福利资金贷款未返还的金额仍达到全体的一半。

另外，还采取了健康保险的承担费减免、延长雇用保险支付、发放雇佣奖金等各种生活支援政策。虽然实行了各种租税减免措施，但该措施对于纳税额很高的房产所有阶层和高收入阶层有利，而对于租赁房屋的阶层和收入低的阶层用处不大。

6. 重建基金

重建基金主要向受灾者重建实施援助。重建基金主要通过兵库县发行地方债券、发行彩票等方式筹集。地方债券设立了 6000 亿日元的基金，10 年间利用 2700 亿日元展开各种实业活动，并首次尝试发行了全国规模的地震灾害重建彩票，其中收益金的一部分交付给基金。1996 年 3 月，作为生活重建救援金等的财政来源，运用财产增加到 3000 亿日元，承担并发挥了更大的作用。

重建基金完善了针对受灾者的行政政策优惠措施，推进了实施机动、弹性的对策。虽然重建基金在2004年底结束了相关活动，但为了保证发挥长期抗灾的作用，基金继续保留。

通过重建基金的实施，实现了各种周到细致的支援政策。如降低重建的公营住宅的房租，向受灾的高龄居民家庭发放“生活重建救援金”等。由于基金的使用和受助对象有一定限制，在市民中产生了一些不满。但该制度在以前实物发放以及贷款支援政策的基础上，通过重建基金实行了高额的利息补助以及以生活重建为目的的现金支付。大阪府由于没有设立重建基金，其救援政策与兵库县之间有一定差异。

9.5.3 受灾建筑物的拆除和废墟处理

1. 建筑解体与拆除

（1）受灾建筑的拆除

众多市民向自治体提出拆除危险建筑物的请求。受灾自治体接受请求，决定利用公费对解体拆除工程进行支援。取得建筑物持有者的同意后，市町将倒塌的房屋等作为废弃物进行解体处理，并通过国家的补助使市町的实际负担费用不超过2.5％。根据法律，灾害废弃物是作为一般废弃物还是作为产业废弃物，都需要进行考虑。有意见指出，公费解体会给土地的利用形态和景观的变化等地区的空间环境造成很大的影响。

（2）解体对象范围

在急切需要避难所等灾害对策的情况下，最初未能充分地完善受理体制、确立公费解体对象范围和基准以及构筑解体工程的实施框架。

由于地震规模和受灾情况都超出预计，解体实施企业也是初次面临这样的情况，事业实施方法的决定滞后，导致初期陷入混乱的状态。公费解体建筑物主要为个人住宅、中小企业的建筑物及一部分受灾严重的大企业等。最初没有解体费用的估算基准，是由各个受灾市町单独进行决定的，因此各个相邻城市之间存在差异。倒塌至道路上的房屋的拆除和倒塌至住民私有土地上的房屋的拆除，由于各自依据的法律和所属省厅不同，出现了混乱。

（3）建筑物解体的困难

以公寓为代表，决定是否解体的过程中出现了为取得全体成员同意而花费很长时间的情况，部分建筑不得不延长期限。另外，存在引起二次灾害隐患但未提交解体申请的倒塌建筑物，其处理也很困难。

（4）解体拆除工作的确保

政府采购处理时间很长，神户市采取了补充三方协议的方式。神户市共采用了政府直接下订单、自卫队协助、三方协议以及清算等4种方法受理并进行解体拆除工作。解体实施过程中，单独靠政府采购的方式不能实现完全应对，导入三方协议方式在一定程度上促进了工作的进行，但是许多地方还存在业者和所有者之间的纠纷。在一部分地区还致力于地理信息系统的利用、房屋解体管理系统的构筑和利用等。建筑解体拆除时，地皮界线的保存成为课题。另外，瓦砾的清理作业中，遇难者的遗物以及作为在该地生活过的纪念物品的挖掘等对于生活的重建以及城市的重建仍是必须考虑的问题。

2. 废墟的处理

（1）废墟处理的困难

废墟处理过程中，难以把握必需解体的件数，另外关于面积和瓦砾处理量等的预测也很困难。因此，在处理过程中制定了先单独确定估算方法，再估计瓦砾的发生量及处理计划。

在完成废墟的处理计划前，最初未能把握需要解体的件数。神户市在地震之后估算的需要解体拆除的房屋栋数为：全坏房屋大约55000栋中的100%，半坏房屋约32000栋中的约60%。估计的发生量为1333万m^3。神户市根据解体以及处理的实际情况，在11月对最初的复兴规划重新作了调整。兵库县在1995年6月做出估计："公共建筑废弃物约有550万t，居民住宅废弃物约有1450万t"，最终实际情况也是如此。

（2）废墟处理的目标

废墟处理的目标是在1995年度完成解体拆除倒塌的房屋，并且已于1996年完成废墟处理。在处理过程中处理厂提供了很大的帮助，但也存在确保临时放置场的困难和交通堵塞等问题。

震后制定了市区内处理、解体现场的分类、循环再利用的推进等基本方针。由于补助制度的期限和迫切希望解体的受灾者蜂拥而至，各个自治体都忙于推进解体施工，也因此有意见指出不应该只顾速度而不顾质量。

在神户市，可以将广大的水域作为处理厂并且在内陆地区也有大面积的环境中心（填埋处理厂），这对处理工作的进行起了很大的作用。除建设临时废弃物处理设施之外，还采取了改善废弃物收集和运输，设置临时保管场，强化废弃物分类，加强对受灾建筑物的解体、复兴规划的指导、注意对象废弃物的收集顺序的确定，加强大众宣传等各种各样的措施。其中问题最大的是确保临时放置场的问题。由于需要考虑恢复建材的放置场所、临时住宅用地等许多情况，确保用地的确很不容易。道路交通堵塞的应对和搬运过程中的事故的应对也是课题。受灾严重地区的废墟处理工作最终在1997年年末完成。

（3）循环再利用问题

循环再利用是一个非常重要的问题，在解体现场对废弃物进行分类，并通过铁道运输进行大范围内的处理协作非常重要。

有意见指出，在受灾房屋的解体现场推进废弃物的分类，可以使资源回收达到最大的效果。水泥系废弃物的处理成分，可通过海面填埋进行处理。木质系列废弃物的处理，由于需要可长期使用的回收资源的保管场，存在很大的困难。因此通过货物的铁路运输，实现了较大范围内的协作，即在神奈川县的川崎市、横滨市以及埼玉县等进行烧毁处理。为进行废弃物的分类、粉碎等作业，引入了相应机器设备，最终达到了回收利用率50%的目标。

9.5.4 环境对策的实施

1. 灾害后的环境问题

随着灾害的产生，环境问题受到社会各界的关注。特别是倒塌房屋解体现场产生的粉尘以及石棉等造成的污染是个很大的问题。

因为此次的阪神大地震是第一次在城市发生的高强度地震，灾害产生的环境问题受到社会各界很大的关注，发生地震时如何保护环境，事先没有具体的应对措施，只能根据需要临时对应。神户市于 1 月 30 日向环境厅报告了地震灾害对于大气污染造成的影响，指出要注意解决石棉的污染以及灾害废弃物的烧毁处理。与地震造成的污染规模相比，工厂等造成的环境污染出人意料地小。为避免粉尘的影响，向居民分发了口罩并在避难所配置空气净化器，同时还注意对废弃电冰箱中的氟利昂进行回收和处理。

2. 临时放置场的空间保证

最初的几个月内，几乎所有的受灾市町都担心临时放置场的空间很快被填满而在郊外直接进行焚烧，有些非法投弃现场也进行了焚烧。兵库县的南部沿岸地区，在海底土壤中检测出被认为是焚烧产生的二噁英物质。

3. 石棉污染问题

使用石棉的建筑物的解体过程中，对其环境污染等没有法律上的限制，在行政上也只能在没有技术储备的情况下进行应对。解体施工中石棉的应对费用极其昂贵，由于缺乏法律支持，无法就费用负担问题给房屋所有者和企业提供指导。

另外，不论解体企业规模的大小，对于石棉的认识都非常不充分。兵库县在 1 月 31 日以后，向市町和建设团体通知了粉尘和石棉的飞散防止对策。神户市在 3 月 22 日向解体业者发送了环境对策指导的通知，但该对策产生效果是在 4 月份公费解体正式步入轨道以后。全国大量的解体业者集中于一个地方，对策的彻底普及是不可能的。

因此，为确认建筑物石棉使用情况，向所有者和承包业者发出了警告，对石棉的使用建筑物进行了调查。截至公费解体结束后的 1996 年 3 月末，神户市确认进行了 89 栋石棉使用大楼的解体施工，而关于其他的建筑物，由于解体施工在不断进行当中，很难对其实际状况进行把握。

9.5.5 灾后重建生活（震后 6 个月后）

1. 临时安置房存在的问题

（1）人员构成问题

住进临时搭建的安置房的群众当中，有三成以上是 65 岁以上的老年人，出现了“超高龄化社会”的问题，另外还有很多主要收入为养老金和抚恤金的家庭，也有很多失业家庭。

（2）健康恶化、孤独死问题

1995 年 5 月以后，住进临时安置房的很多独居者相继死亡，“孤独死”逐渐成为一个社会问题，而 50 多岁和 60 多岁的男性，是“孤独死”的高危人群。死亡者中，大多数人没有固定的工作或者是不稳定的临时工，他们把自己封闭在自己的家中，断绝与他人的交流。过度的酒精摄入、营养不良和慢性疾病等，都是导致他们“孤独死”的原因。在神户市，1996 年末对市内所有居住在临时住房中的居民实施了健康状况调查问卷，结论是其中的 685 人需要紧急采取措施。通过对受灾家庭的健康调查，确定了地震对于他们的身体状况和精神面貌会产生影响。

政府机关和志愿者们开展了各种各样的护理和建立社区的支援活动。在建立社区等多种支援活动当中，“心心沟通交流中心”的作用大受赞扬。明石市的护理网络系统与各种相关机构相互合作，援助住在临时安置房里的老年人和残疾人，这种措施受到人们的广泛关注。以社区为基础的地域团体同福利、医疗等专门性机构的志愿者开展合作，很多志愿者采取个别访问的方式在受灾群众中开展活动。在活动过程中，也发现了一些问题。由于住在临时安置房中的住户很多都有自闭症，所以和其他家庭相比，他们对于医疗、保健等行政服务的要求和希望没有被传达出来。因此，帮助受灾老年人寻找生存和生活意义的支援活动变得十分重要。

（3）居住环境问题

刚开始的时候居住环境存在很多问题，随后逐步得到改善。老年人和残疾人生活上存在诸多不便，由于有志愿者的帮助，这些情况在不断改善。临时安置房隔声效果差，夏天太热，冬天太冷，居住面积狭小，工作人员也试着对这些问题进行了改善。居住在郊外临时住房的居民们对周边环境发出了很多怨言，针对这些问题也采取了很多措施，如安装路灯、防止道路泥泞打滑、修建排水沟、设置自动售货机、吸引商店到大规模住宅区等。

（4）长期居住的问题

在居住时间长期化的过程中，针对人数较多的家庭和闲置房屋利用等问题，采取了各种各样的措施。

对于人数较多的家庭，采取大家分小家的措施，对于要经常跑医院的住户，设立了一个自治体，负责把他们搬迁到离门诊或医院比较近的住宅。

对于暂时闲置的房屋可以这样处理：人数较多的家庭采取大家分小家之后可以搬入；可以把住处较远的临时房屋住户搬迁过来；有些人的受灾房屋需要修理，修理过程中闲置房屋可以作为暂时周转房供需要的住户使用。

由于颁布了《供应时间延长特别法》，应急临时安置房的供应时间延长了，与此同时，由谁来改善和维修这些住房以及安置房的撤销与合并也成为一个难题，需要对提供临时住房用地的企业提出期限延长的申请，同时也必须探讨补助搬移费用的问题。由于退出者的不断增加，自治会也出现了人手不足的问题。

在地震发生大约 5 年后，也就是 2000 年 2 月，临时住房内的住户已经全部搬走。有些人把临时住房拿来做仓库，在要求这些恶性利用的人交出临时住房的时候，不得不寻求法律诉讼措施的帮助。对于继续居住在临时安置房内的住户，为了磋商一些个别的、细小的问题，政府成立了生活支援委员会，导入了生活援助系统等。撤去后的临时安置房，通过提供给国外的受灾地区等方式实现再利用。

2. 民间住宅的重建

（1）民用住宅的重建

1995 年 6 月开始，以个人住房为中心进行大规模的住宅施工，继而公共住宅和民间公寓也开始大量建设。也有观点认为，1996 年 6 月到 9 月的四个月间，建筑量大幅度增加，是由于预见到消费税可能上扬。政府也采取了很多支持民间住宅重建的政策，比如举行神户住宅复兴展销会或利用综合住宅咨询所提供的信息，在人力和融资上通过复兴基金给予利息补助和房租补助等。但是也有人指出，支援民间住房重建的补助行动，没有被有效、灵活地使用。

在大阪附近的阪神地区和神户市东部的街道，住宅建设量不断增长，但是在神户市西部，民间贷款住房的重建却止步不前。由于其他地区大量廉价公寓的供应和地震导致的印象衰减，神户市的民间出售和租赁住房竞争力不断下降。2002 年以后，受灾地区逐渐出现供给过剩的现象。

（2）民用住宅的出租

民间出租住宅中出现一些闲置房屋，而重建的民间住宅的租金比原来的要高，这对于受灾者和房屋重建者双方而言都是非常严峻的。

地震灾害过后两年半，民间出租住房出现过剩，重建房屋的主人所处的形势比较严峻。新建和重建的民间出租住宅的租金，与地震中遭到严重损坏的文化住宅和大杂院相比，要高出很多。因此，对单身住户、老年住户等无力负担租金的住户实行了减少租金等政策。

民间出租公寓也出现供给过剩、入住率和房租都持续低下的问题，要实现住房市场的正常化起码需要10年的时间。

（3）民用住宅重建的拖延问题

由于各种原因，部分住房的重建一再拖延，这些住房的重建变得十分困难。受灾程度较为严重的区域，恢复工作被延迟。地震灾害之后两年，重建工作都减缓了步伐，许多重建困难的住房都遗留了下来。住宅重建之所以会被拖延，有以下几个方面的原因：区划整理、所有权区分、建筑规制、权力关系的纷争、资金关系方面的原因等。

通过对神户市民的意识调查，我们了解到，住宅重建困难的最大原因是经济问题。除此之外，住宅即使在重建和被确保之后，租金和贷款问题也会给他们的生活水平带来很大的影响。在个人住宅的重建阶段，产生了重建资金、法律制度等各种问题。除此之外，重建之后的贷款返还，还有过于整齐划一的建筑排列等问题都会对将来产生影响，成为遗留问题。

（4）公寓重建

最初人们预想，公寓的重建会遇到各种各样的困难。然而实际上在地震之后2年，已经重建好和即将重建好的公寓已经达到了九成以上。兵库县住宅公社作为公寓重建的企业主体，积极支持公寓重建，通过收购取得大量搬出者的住宅或保留住宅。

在公寓重建中存在公寓重建所特有的问题，虽然采取了各种支援制度和后援体制，但是这些问题仍然会成为重建之后的遗留课题。民间公寓在所有权区分法律上比较模糊，所有权的区分比较复杂，因此在是重建还是修缮的选择过程中，所有者往往决策困难。也出现过重建无效的诉讼。

（5）共同化对策

针对在法律上一块块单独的地皮内重建困难的情况，考虑采用地皮的共同化，并与街区内其他建筑物协调，通过设置咨询窗口和地震灾害特殊补助制度等方式来实现共同重建。由于实现共同化十分困难，神户市在不变更土地权利关系的前提下，为促进协调重建采取了一些援助措施。截至1998年，神户市在99个地区共计4318户住宅实施了共同化和协调化，取得了很大的成果。在共同重建企业化之前，制度的建立浪费了很多时间和资金。总之，住宅的共同化在城镇复兴的过程中发挥了重大的作用。

（6）民用住宅重建的其他问题

重建的建筑物当中，存在着违章建筑和建筑质量低劣等问题。除此之外，地震灾害特别措施期限过后如何重建，以及将来如何重建等都成为今后的课题。

由于重建工作比较急，或者是由于经济条件的制约，出现了一些质量低劣的住宅。大量违章建筑由于政府人手不足，难以应对，因此呼吁全国性的支援体制。通过临时措施得以保存下来的建筑物，将来的重建问题成为一个残留的课题。受灾之后，住宅供给都大幅度地超过了原复兴规划，因此，这给支援公寓重建的住宅公社带来了经营压力。

3. 公营住宅的重建

（1）公营住宅的供给

神户市通过借出型公用住宅等方式，把公营住宅的四分之三都提供给了受灾的六个区域。虽然公营住宅的供给进展顺利，但是在对临时安置房入住者进行实际状况调查之后，有必要重新审视复兴规划。

各受灾自治体都制定了住宅复兴规划，如：兵库县的“兵库住宅 3 年复兴规划”（1995 年 8 月）、神户市的“震灾住宅整备紧急 3 年复兴规划”（1995 年 7 月）。征用被称为“灾害复兴准公营住宅”的民间出租房，导入了各种住房供应方式。并设置了民间管理法人协议会来对这些住房进行管理和宣传，并征集入住者。

在县市的住宅复兴规划制定一年之后，对临时安置房入住者进行了实际状态调查，在这个调查的基础上重新调整复兴规划，增加了公营住宅的户数，采取了租金减免措施，这些措施随后被推广。

由于需要在短时间内提供大量的建设场地，因此在郊外的开发预留地也开始大量的住宅建设。但受灾者主要住进市区的公营住宅，很少住进郊外的公营住宅。为避免永久性住宅的提供与受灾者希望不符，通过地理信息系统对城市行政所需要的数据进行统一管理，让受灾者尽量住在离工作场所比较近的地方。

（2）公营住宅的建设

政府在短时间内实现了大量的公营住宅建设，并且尝试了各种各样的措施，得到了一些人的赞扬。

在准公营住宅中，在如何最大限度地利用现有制度等方面，下了很大的工夫。针对缩短工期、减少成本等，采取了各种措施。都市整备公团所发挥的作用也很大，分担了近三成公营住宅的建设。但是也有人指出，在灾害公营住宅的街道建设方面，神户和其他发达国家的地区一样，毫无创新。从灾害公营住宅早期大量确保的观点考虑，不得不推进住宅供给，由此也产生了一些问题，大量社会弱势群体集中在灾害公营住宅，他们很难保持和原来生活地域之间的联系。灾害复兴公营住宅的提供，打破了出租住宅供给的平衡，同时也对受灾地区城市空间的变化产生了重大的影响。

（3）公营住宅供给的问题点

建设了大量的供单身者使用的小住宅和公营住宅，导致供单身者使用的小型住宅出现大量过剩，居住水平低下也成为不可忽视的问题，另外一方面，应该在老年人使用的小面积住宅供给方面尽量完善。在灾害复兴公营住宅当中，公营住宅的住房闲置率达到 16%，此外，由于很多住房没有设置浴室，所以很多紧急临时安置房的居民们觉得很不满足。

公营住宅采取了一些面向老年人和残疾人的老年人房屋、残疾人房屋等新措施。在老年人和残疾人的住所设置了生活援助员，同时也设置了“紧急报告系统”。从临时住房搬迁进入一般公营住宅，这对于老年人来说又是一次社区构筑，一般公营住宅首次实施了“集团居住”、“残疾人生活便利房屋”、“可以饲养宠物的公营住宅”等。除了老年人住宅之外，在一般灾害复兴公营住宅，设置生活援助员（LSA）十分有效

4. 迁入永久住宅的措施

（1）迁入永久住宅的综合复兴规划

由于从临时安置房的迁出十分缓慢，兵库县制定了“迁入永久住宅综合复兴规划”以促进灾民从临时安置房迁往永久住宅。

在兵库县，原复兴规划于1998年9月全面撤销县内的临时安置房，但是由于神户市民间住宅的介入无法按原定复兴规划顺利进行，所以临时安置房的全面撤销直到2000年才得以实现。1996年7月23日，兵库县确立了“迁入永久住宅综合复兴规划”，同年8月把该复兴规划改为“兵库县住宅3年复兴规划”。1997年2月21日，兵库县迎来了3年复兴规划的最后一年，确定了“住宅复兴详细复兴规划”，采取了一系列的措施，如支援民间租房入住者、扩大对住宅的重建支援以及“白地地域”对策等。截至1999年10月末，灾害复兴公营住宅等的户数已经超过复兴规划数，共有42000户整备完毕。公共住宅全体的预计供给数也即将超过复兴规划，总量上将达到目标。1995年2月～1998年3月，神户住宅复兴规划户数72000户最终实现120107户。

为了让居住在临时安置房的居民能够早日迁入长期住宅，兵库县在1999年2月制定了“生活复兴支援复兴规划3”。神户市建立了入住促进中心，用于促进居民入住方面发挥统筹协调功能。该中心为了制定迁入长期住房的迁移政策，针对临时安置房区居住者的情况开展了问卷调查。

（2）入住征集活动

为了促进临时安置房区用户向灾害复兴公营住宅迁入，由县、市町、公团和公社构成的灾害复兴出租住宅管理协会实施了征集入住者的活动。紧急临时安置房区的入住者格局被打破，从临时安置房向长期住宅的转移成为当前的主要着眼点。从远方避难而来的受灾者（县外受灾者）也可以成为迁入灾害复兴公营住宅区的对象。临时安置房区居民和非临时安置房区入住者之间的贫富差距问题也开始引起人们的重视。地震灾害发生3年后，对单身者入住条件的优惠措施被取消，第四次入住征集，实施了介绍登记等多种救济措施。

迁入灾害复兴公寓的居民大多数是老年人，这也是无奈之举。但是从街道的长期繁荣来考虑，有必要重新审视迁入灾害复兴公营住宅区的受灾者限制条件。为了确保给长期住宅生活提供细致入微的综合性咨询和援助，配备了专门生活援助咨询师。为了支持管理体制尽快运转，与自治会相互合作，配备了专门应对问题的“入住促进人员”。

布局条件和住宅区规模等复兴公营住宅区的环境，几乎没有对后来的社区形成和生活复兴产生影响。

（3）入住征集中的偏向性

灾害复兴公营住宅的入住征集情况，出现偏离公营住宅和已有街道的倾向，居民就近入住的意向比较明显。

在兵库县的灾害复兴公营住宅的第二次入住征集（1996年7～8月）中，有半数临时安置房区居民提出了申请，这些居民基本上都希望迁入公营住宅，而希望迁入租金较高的准公营住宅的居民非常少。在第二次入住征集当中，神户市的中央区、兵库区和长田区等地的申请倍率都达到20倍，而北区、垂水区和西区仅仅停留在2～4倍。住户们普遍都希望离原先的居住地越近越好，这是出于上班和跑医院方便考虑的。但是，在郊外的临时安置房居民当中，有不少人喜欢郊外良好的环境，希望就近建立公营住宅。

为了应对入住征集中出现的各种偏向性，政府重新对供给复兴规划和信息提供方式进行了考虑。有人指出，人们“想返回”的地方，不只是单纯的物理上的空间，还指社会意义上的空间。

（4）资金援助

阪神、淡路大地震中，政府在资金方面也给予了各种援助。

公营住宅第二次入住征集中，许多县营和市营的住宅担保金都下调了 50%以上，或者采取了类似的措施。1997 年 8 月，对从临时安置房区迁入长期住宅的老年人 1 个月发放 2 万日元左右的生活补助。在兵库县，对从临时安置房迁入长期住宅时需要的搬家费用提供无利息贷款，对于受灾者还提供无利息生活复兴资金贷款。为了重建住宅，几乎是平均每户人家投入了近 2000 万日元。

虽然政府 1998 年 5 月 22 日才公布“受灾者生活重建援助法”，实际上阪神、淡路大地震已经采取了同样的措施。没有收到受灾者自立援助金的受灾者，可以要求支付复兴基金，并通过诉诸法庭保证自己的利益。

部分中产阶级，他们经济状况拮据，但是几乎没有得到任何的社会和政府援助。为了明确援助对象和决定内容，有人认为应该设定更多更丰富的评价项目体系。对于分阶段逐步补充的援助政策，受到一些争议。

同时也出现了在贷款到期之后许多居民置之不理、拒不偿还的情况，很多贷款的返还都变得不可能实现。

（5）相关补助政策

为了鼓励居民迁入长期住宅，政府采取了对公营住宅和民间租赁住宅居住者实行减少租金以及提供补助的政策。

由于地震灾害特别减额制度，在市区 40m^2 的公营住宅的入住者每个月只需要负担 6600 日元。对民间租赁住宅的入住者也采取了减轻租金负担的措施。租金减免和提供补助的期限为 5 年，有人指出，需要考虑 5 年期满之后应该采取什么样的应对政策。对于需要一定的时间来迁入公营住宅或者重建自家住宅的家庭，为了促进他们尽快从临时安置房中搬出去，在他们周转期间，给他们提供暂时入住民间住宅的租金补偿。

5. 就业的确保

（1）失业者人数

在地震灾害失业者当中，有大约 18000 人向公共职业安定所提出了求职单，当时无法具体统计出由于地震灾害而造成的失业者人数，只能推测这个人数应该在 4 万～10 万之间。需求单位基本不需要老年人，工作种类中很少有事务性的工作，这些实际情况和失业者的需求不相符合。受灾企业是否维持对员工的雇佣等遭遇一些民事诉讼。

受灾后政府就立刻开始实行雇用调整援助金等特别措施，并加以推广。不当解雇临时女工的问题逐渐变少。当时的停止雇佣，相对于整体来说并没有构成重大问题，这一点得到社会的赞扬。由于有失业补助等特别补助金，基本没有出现拖欠房租的问题。

（2）就业的促进

为了促进县内人口的恢复，促进临时住房受灾者早日回归社会，政府实施了对离职者的特别政策。

“公共事业劳动促进特别措施法”公布实施后，承担社会公共事业的公司，如果有新的人员需求，那么在新雇人员当中至少要雇佣40%的受灾失业者，这是法律规定的义务，然而截至1996年5月，这些公司雇佣的人数仅仅为41人。当初是采取了让离职者在全国范围内流动的措施，但是考虑到要促进受灾地区人口的恢复，开始奖励在受灾地区内部雇佣离职者。为了促进丧失了劳动欲望的受灾者早日回归到社会中来，实施了面向临时安置房区失业者的一系列雇佣政策。为了开发失业者的职业能力，采取了各种措施，同时通过企业委托等方式进行职业训练。为了在受灾地区创造更多的就业机会采取了多种对策，如设置各种推进员、公务员复兴规划等。

企业间的早日恢复援助也间接地维持了雇佣。作为劳动者协同组合，"建设劳动者协同组合"和合成皮靴相关的失业者共同结成了"受灾地劳动者组合"。通过当时的终身雇佣惯例，各种政策的制定和弹性运用都取得了良好的效果，发挥了其功能，受到了良好的评价。

(3) 经济不景气带来的问题

地震灾害之后的第三年，和恢复工作相关的公共事业高峰已过，很多企业逐渐倒闭，雇佣环境变得越来越严峻。和去年同期相比，全国范围内的雇佣者人数都呈现增加的形势，然而在兵库县，由于和恢复工作相关的公共事业高峰已过，经济的衰败不可阻挡，从1996年2月开始一直持续雇佣减少的状态。由于经济不景气的影响，倒闭破产的企业数量记录是历史上最多的，兵库县商业工业团体联合会的会员失业率特别严重，受灾地区的失业率很高。雇用的问题，并不是在灾害发生之后就立刻显现出来的，而是在恢复工作到一定阶段之后，才会明显浮出水面。

1998年以后，全国范围内出现了经济不景气，与此同时，复兴需求也过了高峰时期，受灾地区的雇佣形势急转直下。在复兴需求开始缩小之后，受灾地区的产业结构问题，通过就业迅速缩小的形式显现出来。调查结果显示，有15%的人因为地震灾害而失业或者主动放弃从事工作。

6. 针对到区域外避难的受灾者的对策

(1) 状况的把握

据推算，当时大约有12万人到区外避难，具体情况还是很难把握，因此很少有对于县外和市外的受灾者实际情况的调查。1996年末，兵库县以住户基本户口登记为基础进行的调查结果显示，超过55000人都离开了该县。

(2) 受灾者的宣传

对于市外和县外的受灾者，自治体发放了大量的宣传报道，但这仅限于登记者。只要受害者提出申请，兵库县和各自治体就会向其发放宣传单。兵库县向县外避难者发放信息单的举措，一直持续到2005年3月。

(3) 受灾者对制度不满

市外和县外的受灾者们对制度利用方面不满，自治体的居民对应是采取属地主义的原则，因此对应起来非常困难。当时，各种援助制度不能被利用，以及援助政策的信息不足，紧急避难而跑到县外的人会有一种被人抛弃的孤独感，对这些人来说，精神上的支持和援助是必要的。

(4) 重返灾区的援助措施

在县外的避难者中间，有些人希望能够返回受灾地区。政府从第二年开始对这些人进行援助。在兵库县，还设置了“县外受灾者免费咨询电话”（1996年12月2日设置），于1996年12月19日公布了“兵库故乡恢复复兴规划”。受灾者援助制度已经跨越县境，不断扩大。在神户市，1997年1月17日，为市外避难者开设了“电话服务咨询”窗口。对县外受灾者，组织了志愿者援助活动。在兵库县，1998年出台了“兵库故乡恢复复兴规划2”，同时开始对希望回到县内来的人实行登记制度。2005年，兵库县的县营住宅对县外受害者采取优先照顾的政策。

对县外受灾者的问卷调查结果显示，由于没有适当的住宅而无法返回的人比较多，“希望返回县内却无法返回县内”的原因中，与贷款住宅相关的原因占了五成以上。另外一方面，还有的是因为子女的教育问题，也有人由于居住地是否为原来的地方持无所谓的态度，因此选择不返回原居住地。关于神户市市外避难者的调查问卷结果显示，有11%的人认为“居住地是不是神户都没有关系”，在芦屋市也有39%的人复兴规划在市外建立住宅。

7. 心理援助

（1）心理援助的必要性

地震带来的急剧的生活变化会让人们感到心理压力，“心理援助”成为重要课题。

在受灾地区很多人因为地震的强烈晃动而感到惊恐，还有因为失去家人和财产，迁入避难所和临时安置房等生活上的急剧变动而感到巨大的精神压力，由此导致了精神上和身体上的疾病。我们应当先认识到任何一个人都有可能产生精神和心理障碍这个事实。有专家认为，“心理援助”应当被重视。

在心理治疗和护理方面，抑郁症的防止和抑郁症的治疗政策这两方面都需要考虑，需要各行各业的专家们提供综合性的援助。有人指出，研究者们做了很多关于心理问题的调查，却基本上没有做关于心理治疗的调查，这是现存的一个问题。地震初期所有的活动能够顺利进行的话，对心理治疗有很大的预防意义。早期的心理治疗对策基本上都能顺利地进行。

（2）救援者和志愿者的心理援助

在救援者当中，有人是在自己受灾的同时，参与到灾害救援中的。此外，从受灾地区以外来的没有受灾的救援者们曾处在地震后的严峻环境中，对这些救援者们的心理治疗也是有必要的。心理治疗的对象虽然应当以避难者为主，但对于防灾机关的救援者和志愿者的心理治疗也是很重要的。救援者的抑郁症问题常常和受灾者是同等的，甚至比受灾者更为严重。对救援者的心理治疗，是一个长期的过程。

（3）心理问题的治疗

对心理问题的治疗亦需要一个长期的过程。兵库县设立了“心理治疗中心”。从咨询内容和症状来看，心理不安、人际关系、失眠和抑郁等情况比较多。此外，失去房屋和亲人的人是抑郁症的高发人群。

兵库教育委员会在地震后的2月20日到3月24日，请精神科大夫进行了专门的对应治疗。此后，开始了“受灾儿童心理援助事业”，对教师实施了“心理修养事业”。不光是地震发生的时候，地震之后很长的时间内，由于各种环境的变化而产生精神不安定的情况也很多。对于那些生活无法重建的受灾者来说，地震的伤痕在周围逐渐消失，但他们心里的不安和焦虑却逐渐强烈，甚至连说出自己的不安和恐惧都变得十分困难，心里的创伤越来越明显。要想实现“心理健康”，需要长期的援助活动。

8. 市民生活

（1）生活重建的要素

有提案认为，“生活重建”包括“连接”、“身心”、“与行政的关联”、“住宅”、“城镇”、“防备”和“家计”等7个要素。

“连接”指的是每个人都首先要能够自律，相互帮助也是在一定限度的基础之上的，与每个人的自律相补，大家的合作也是有必要的。“身心”指是否遭受地震灾害都应当及时采取不同的对应措施。“与行政的关联”是指因为发生地震，人们对于行政服务产生的高期待以及行政关系的深化。从避难所、保障住房开始到自家周边的环境到室内装修的恢复，都属于“住宅”重建的范围。“城镇”包括公共财产、住宅的重建和都市的面貌三个层次。“防备”是指首先每个人都要保存好自己的体力，然后要采取减少家庭和地区损害情况的措施，并且及时了解相关的信息。“家计”是指自家和单位遭受的损害以债务的形式变得明显化，失去了财政上的富余状况。

地震灾害之后的第五年是重建住房的关键时期，第十年重新构筑人和人之间的关系，这是第一重要的课题。

（2）生活重建的问题

关于市民对于生活重建和复兴的看法，在地震之后五年，市民们还是依然感觉重建和复兴的形势严峻。

在1999年对神户市民举行的民意调查中，我们了解到，地震灾害所带来的损害依然十分严重，中老年人对地震导致的住宅费用增加、失业、家计窘迫和健康等问题抱有不满情绪。1999年对神户工商会议所的工作人员进行了民意调查，他们中有人认为，与前一年相比复兴的程度变低了，复兴的过程将会延长，会变得更为严峻。在地震灾害已经过去5年之后，对芦屋市和西宫市的市民进行了民意调查，市民们也认为，地震灾害给市民生活带来的影响依然十分巨大，在重建生活和复兴方面，市民间存在着贫富差距悬殊等问题。在经历了地震灾情之后，虽然个人消费缩减了，但是资产的贫富差距却拉大了，同时，“家计”的经济复兴的贫富差距也在不断扩大。2003年度对市民实施的调查问卷结果显示，和地震之前相比，家里的经济情况发生了倒退，不过这也和全国范围内的经济不景气以及自己的个人问题有很大的关系，并不是完全因为地震。在地震发生之后经过了大概10年的时间，与开始进行的住宅、城市街道整备、基础设施建设复兴等相比，人们认识到产业复兴领域已经落后了。即使在地震发生了将近10年以后，恢复状况仍然根据受灾程度的不同存在差异。

年龄越大，特别是60岁以上的老年人，复兴就越难。在家庭中所发挥的作用，家庭成员之间的关系等一直以来就存在的问题，因为这场地震灾害变得更加明显化了。家庭成员关系决定着复兴成就感的大小。对于生活复兴的感觉，没有看到纯粹因地域不同而意见不同的情况。因为职业不同而对复兴感觉也会存在差异，这对受灾地区经济系统的依赖程度也会产生影响。

地震灾害改变了儿童和学生的生活环境，给他们带来了很大的影响。在受灾较为严重的地区，儿童肥胖的倾向在加剧。受灾之后生活环境的变化，对儿童和学生们的行为也产生了影响。

针对地震后的孤儿，通过育英会，发放奖学金，运营彩虹之家等，对他们给予援助和关爱。对这些孤儿的心理护理设施的设置和援助工作也在各方面展开。我们同时也看到孩子们的活力与坚强，鼓舞着周围的成年人。青少年相关的团体，也对青少年实施了各种各样的援助活动。

地震灾害发生后，受灾地区医院的患者数量大为减少，给医疗业经营带来了巨大的压力和挑战。因此实施了以看护师为中心的健康咨询师援助，之后又扩大为“街道保健室”。有人指出，身心健康的恢复还不能说是十分充分，应该继续扩大对身心健康恢复的援助。

（3）生活重建对策

兵库县于2000年2月17日，制定了“生活恢复协助复兴规划2000”。2001年2月16日，将其修订为“生活恢复协助复兴规划2001”。2002年2月15日，将其修订为“生活恢复协助复兴规划2002”。在新市区建设的大规模灾害复兴公营住宅区、社区的形成、日后街道建设、受灾者的生活重建等，在迁入长期住宅之后成为遗留的重大课题。

在从临时安置房迁入长期住宅之后，为了缓和新产生的不安和孤独感，让人们能够融入新的社区，护理和心理安慰的援助还在继续。

在南芦屋滨地区，通过入住前的工场和艺术制作形成新的社区，为了改善环境，实行了“社区和艺术复兴规划”对策。

在防范方面，强化了复兴住宅对策值班人员在复兴住宅的巡逻，在受灾地区的供应住宅基本上都形成了社区。

复兴公营住宅区居住者的复兴感，对他们参加自治会活动以及与他人的交往都会产生重大的影响。

定期访问受灾的老年人，确定他们是否安全，和他们聊天等，这些活动是通过老年人生活援助员（SCS）制度，作为基金事业来实施的。

为了让自治会的活动能够重新步入轨道，还需要持续性的援助。老年人俱乐部也和市町社会福利协会等相互合作参加了地区的关爱行动。

在复兴公营住宅，地震灾害快10年的时候已经逐步建立了社区，建立起和其他住宅区基本无异的邻里关系。

（4）生活重建机构

在重建生活的基础建设阶段，以“受灾者恢复援助会议”为基础，1999年4月建立了从中长期考虑解决灾区问题的“受灾者恢复支援会议Ⅱ”。

为了迎接生活恢复期，为了给受灾者提供个性化的、多样化的生活恢复援助，为了把市场、购物街构建成为活跃、安全、安心的有魅力的街区，2001年4月成立了“受灾者恢复支援会议Ⅲ”。

在神户市，同兵库县的“受灾者恢复援助会议”一样，为了给政府适当的提议，由知识分子、居民代表和志愿者代表共同构成了“市民住房恢复恳谈会”这个机构，于1996年6月开始活动。

援助会议随着行政体制的正常化而发生变化。兵库县解散了受灾者复兴援助会议。为了推进地震灾害10年后的复兴政策，设置了复兴委员会。

地震灾害后受灾地区展开了多种市民活动，十分活跃。为了帮助受灾者实现自立，设立了各个团体的网络援助组织——“生活复兴县民网”，市民运动也得到了民间的大力支持，相继设立了民间援助基金。

（5）生活重建的诉讼

由于建筑物损坏取证十分困难，所以详细探讨损害责任方的事例不多。但还是出现了由于偷工减料和缺陷工程导致的建筑物毁坏的赔偿诉讼请求。另外，由于地震灾害的影响，有些建筑物摇摇欲坠但未倒塌，地震之后，这样的建筑物倒塌产生的伤亡情况，损害赔偿责任该如何界定，是值得关注的。

在发生火灾而失去住房的受灾者，因火灾赔付金的问题把保险公司告上法庭。也出现因高速公路和煤气等社会公共设施的受灾而导致的死亡损害赔偿诉讼。公寓重建诉讼变得长期化，同时又产生了新的问题。

9.5.6 产业的振兴

1. 产业损失

（1）直接损失

兵库县推算全县工商业直接损失为25400亿日元，也有人估计兵库县直接损失近6兆日元，2成以上的企业遭受了巨大损失，有5%的神户市内企业在2月从神户市迁出或面临停业。地震发生后不久，捐赠经济取代了平时的市场经济，成为神户市的主要经济形式，维持着受灾群众的生活。在振兴过程中应该使产业向市场经济平稳过渡。

（2）间接损失估算

地震造成的间接损失巨大。

兵库县推算全县间接损失为26000亿日元，也有人估计兵库县间接损失为7兆2000亿日元。商业、体闲、观光、服务业等第三产业受到了最大的损失。作为振兴措施，如："Welcome to Kobe & Buy Kobe's"，"Buy Hyogo" 等被广为宣传。兵库县制定了"产业振兴3年复兴规划"，为了与民间力量合作，尽早实现各企业的发展，兵库县还设立了阪神、淡路产业复兴推进机构。兵库县在掌握了全县产业恢复、振兴情况之后，公布了"复兴指数"。根据"复兴指数"中的数据显示，1995年1月为76.1，2月为72.8，4月为80.3，7月为87.0。

与震灾相关的财政资金未能保证完全用于灾区内部，不同程度地流入了大阪与东京。受灾地区的经济缺乏针对产业复兴的努力。在外资企业中，也有一些企业将事务所转移出灾区，在受灾地区外临时建立事务所。

（3）紧急融资

为了帮助中小企业较多的房地产行业进行重建，政府建立了紧急融资制度。

从2月15日报名开始，各种申请蜂拥而至。申请紧急灾害复原资金的有33555件，共计4701亿日元；申请紧急特别资金（震灾贷款）的有4904件，达到了653亿日元。在半年中，县市各级的制度融资和政府下属金融机关的各项弹性措施发挥了极大作用，从而未引起大的混乱局面。也有观点指出：由于信用保证的办理手续过于耗时，无担保融资得不到承诺，建筑物未损坏而设备破损又不能成为融资对象等问题，紧急融资制度也有不完全符合大灾害后地区实际情况的地方。除了紧急融资制度，采取临时建立可租赁工厂等措施，支持产业的重新发展，已有产业的重建措施由国家、县、市、其他相关机构负责实施。由国家、县、乡镇、工商业联合会及其他相关组织设立了中小企业综合咨询所，主要进行金融相关的各类咨询。国家和兵库县对信用保证协会进行支持，促进信用保证的使用。

2. 制造业和当地支柱企业

（1）制造业的整体恢复

部分大企业将总部转移出神户，一些地震前就需求低迷的企业将损失较大的工厂关闭，并从神户撤出。但是，以大企业为中心的生产设备的修复很早就开始进行。兵库县的矿业生产指数在1995年1～3月陷入低迷，之后从4～6月超过了前一年的同期水平。地处市区的企业工厂驻地等大规模用地，被作为公用住宅建设用地受到重视。

（2）当地支柱企业受损情况

神户当地企业供应全国近八成合成皮革鞋，这些企业有3/4被全部或部分烧毁，损失极大。尽管大多数企业在8月末就恢复了生产，但生产效率仅仅停留在原生产能力的50%～60%。

在清酒产量占全国近三成的滩五乡，大约一半的制酒企业全部或部分破坏。大型制酒企业的生产恢复得很快，在2月末就对设备进行了修复，夏季时，产量已经完全回到原来的水平。

（3）一体化产业空间规划的形成

在灾后重建中，建设了很多到现在还无先例的“临时工厂”，长田区的临时工厂应募率很高，而西神工业区由于比较偏僻则应募率很低。在劳动密集型合成皮革鞋生产产业，适当配置工厂，生产与销售结合，住宅与厂区邻近等都需要进行考虑。

在制酒产业中，对景观形成、观光资源促进作用极大的酒窖、资料馆、纪念馆等也受到了损失。公费赞助的街道规划与再建也成为需要解决的问题。

产业振兴过程中，将城市规划成鞋的形状，或以酒为主题进行城市规划等，将特色产品与城市规划协调考虑的产业空间规划，成为新的考虑重点。

3. 商业、零售业和观光业等

（1）商业街的受灾情况

约1/3商业街店铺、1/2的零售市场全部损坏或烧毁。地震以前，此类产业便有逐渐衰退的倾向，复兴的步伐很慢，在以神户市内6个区和西宫、芦屋、宝塚3个市、淡路岛北淡町路为对象的调查中，地震后半年内重新开业的中小零售店还不到70%。由于地震灾害外出避难的灾民并未回到原来的居住地，对于地域密集型的流通行业来说，意味着市场的崩溃。

兵库县希望得到国家援助，共同建设临时店铺。虽然并未得到认可，但获得了很多建设费用的贷款。截至8月末，有28家共同临时店铺重新开张（重新营业店铺的9.1%）。

也有人担心大型商店在灾后备受关注与商业街和零售市场过小的评价有关。在商业集聚地，出现自己建设的共同临时店铺。在零售市场，也有设置临时店铺的地方。由于地震灾害的影响，消费者开始迁移到受灾较轻的周边地区和建有临时住宅的地区。地震灾害使老年店主决定停止营业。对于个别的商业街，也有受到灾区以外地区支援的例子。

（2）零售店铺的受灾情况

超市重新开张比较快，但百货商店受灾较严重，重新开张以及营业额恢复得比较缓慢。

超市、合作社等在灾后数日内重新营业的比较多，营业额也恢复得较快。通产省从保护灾区消费者利益的观点出发采取了大规模零售店铺法的赈灾特别措施，放宽了对大型店铺临时店面设置、营业时间等的限制，为缓解物资不足做出了贡献。百货商店在建筑方面损失较大，大多只能进行部分营业活动，营业额恢复得较慢。在重新营业之际，下了很大工夫备齐各种商品。

（3）观光、博览会的损失

在观光地，由于受到地震灾害的影响，取消住宿预约的情况相继发生，雇用员工不安定的情况也时有发生。虽然已进行观光设备的修复，但游客并未被吸引回来、观光产业相关的营业额恢复得很慢。博览会的功能也大大减弱。宾馆、会场等的需求剧减，宾馆的使用率在地震半年后仅停留在 50%。地震灾害发生时，当地对受灾游客的支援不够。

（4）农林水产相关设施损失

农林水产相关设施的损失金额约为 910 亿日元。农作物种植有时会出现青黄不接，幸运的是损失还比较小。林业与水产业的损失波及了很大的领域。关于农林水产业的损失，与直接损失相比，由流通渠道混乱引起的间接损失更大。

快速恢复批发市场等各种农林水产设施对灾后修复支援非常重要，应重视批发市场灾后修复制度的建立。

4. 港湾和贸易

（1）港口设施及贸易的损失

港湾设施的预计损失额为 1 兆日元，间接损失也估计为一年 3600 亿日元。神户市全部就业人口的 17%在港湾相关产业就职，这些相关产业的生产额约占据了市内纯生产总额的 30%，所得收入也约占市内生产所得收入的 40%，港湾的早期修复成为非常重要的问题。神户市以震前的未来发展复兴规划为基础，重新汇总了复兴规划，2 月 10 日出台《兵库县南部地震中受灾的神户港复兴的基本构想（第一次）》，4 月出台了《神户港复兴规划委员会报告书》。

（2）港口设施的恢复

为了避免日本的港口运输瘫痪，阪神、淡路复兴委员会将港口运输的恢复设为最优先的项目，并提议设置临时码头，实施全天候码头装卸，按事前协议的紧急运营进行处理。船和货物转移到其他港口后，在空洞化的神户港，要防止劳动力的游手好闲。

为了快速恢复港口运输，进行了为期 2 周的紧急修复，修复采用“打手调换”的策略。对于损伤小的部分，采用应急修复直接使用；残留部分连接的进行正式修复，修复后直接移动到正式修复投锚处，暂定要使用的地方进行正式修复。

（3）港口贸易的恢复

通过高强度的港湾机能恢复和服务水平提高，在半年内贸易相关指标恢复到之前六成的水平。将货物转运到其他港口导致神户港的高价格。地震灾后半年，神户港投锚处的货船约 50%已经实现可到岸。另外，从 4 月 30 日开始在港湾劳资合同下，集装箱投锚实现全天候码头装卸。在港口相关产业中，7 月的输出贸易额增加 67.8%、输入贸易额增加 70.6%、外国船只入港数增加 75%、集装箱货物处理量增加 63.3%（以上数据均为与前一年同期比较）。

9.6 发展性重建

9.6.1 国家和政府针对复兴的工作

1.《阪神、淡路大震灾复兴基本方针及组织相关法律》的公布

政府为了迅速支援复兴，2 月 24 日颁布了《阪神、淡路大震灾复兴基本方针及组织相关法律》。该法律的基本理念是：国家和地方公共团体适当分工、协同工作，在尊重当地居民意向的基础上，快速推进生活重建、经济复兴和安全的地区建设，再造充满活力的关西圈。

同时，设置以首相为总部长的“阪神、淡路复兴对策总部”和“阪神、淡路复兴委员会”，主要对相关行政机构实施对策进行综合调整。4 月 28 日制定《阪神、淡路地区灾后重建实施对策》；7 月 28 日制定《阪神、淡路地区复兴的工作方针》。

复兴规划前 5 年以“复兴特别事业”为目标，全力贯彻落实。2000 年 2 月“阪神、淡路复兴对策总部”解散，之后由省厅联络会议继续协调工作。在全力贯彻落实前 5 年的“复兴特别事业”的过程中，国家的支援必须在全国基本框架内进行平衡。

2.“阪神、淡路复兴委员会”的设立

作为首相咨询委员会，“阪神、淡路复兴委员会”于 1995 年 2 月 17 日在首相官邸进行了第一次会面；1995 年 2 月 28 日“阪神、淡路复兴委员会”在神户市发表了关于复兴规划、住宅对策及废墟处理的紧急提议；1995 年 5 月 22 日“阪神、淡路复兴委员会”又提出“复兴 10 年复兴规划的基本思路”，即“以县市町作为主体，实现目标为原则”；1995 年 10 月 30 日“阪神、淡路复兴委员会”提交了最终报告，在最终提案中选定了 4 项复兴特定事业。

为了在政府和地方间建立紧密的联络体制，继“阪神、淡路复兴委员会”后又设置了“政府与兵库县、神户市间协议会”、“阪神、淡路复兴对策总部事务局”、“神户工商会议所联络会议”等。复兴委员会的运营，由委员自己设定主题，以各委员提出的对策为基础进行讨论，委员长执行汇总，也就是实行“委员主导型”方式。

3. 复兴预算总投资

政府在 1994 年第二次修正预算，追加预算 1 兆 223 亿日元，用于道路、铁路、港湾功能的恢复，及对临时住宅和瓦砾处理等紧急支援。最初受灾自治体希望财政支援在法律上能有明确规定，或设立复兴特别立法，结果未能实现。1994～1996 年中，最初预算和修正预算总投资达 3 兆 9600 亿日元。1994～1999 年的预算设置中，阪神、淡路大震灾相关费用达 5 兆 200 亿日元。

4. 复兴事业资金来源

制定《复兴基本法》作为灾后复兴的基本框架十分必要，国会议员特成立“阪神、淡路大震灾对策总部”灾害复兴项目小组，提出各种提案，并实施支援活动，如为保证国家复兴的财政来源进行了各种讨论，最终决定发行“赤字国债”。受灾自治体的税收减少给复兴财政来源的保证带来一定困难，因此提出“增加交付税的额度”、“设置地方债券”等提案。对于受灾的个人资产，个人的力量是有限的，因此需要积极的救济政策。另一方面，个人资产制度的一贯性和公平性非常重要，不能破坏自力更生的处理原则。关于住宅重建的支援政策，也提出了类似"创设新住宅地震灾害共济保险制度（兵库县）"的提案。

9.6.2 自治体的复兴规划

1. 自治体复兴规划的制定

根据阪神、淡路复兴委员会的建议，委任当地县市制定复兴规划。规划要求在1995年7月前完成，时间非常紧张。神户市在2月7日设立了"神户市复兴规划讨论委员会"，3月27日整理完成《神户市复兴指导概要》。

《指导概要》的制定和实行在各领域进行了充分探讨。首先，兵库县2月11日召开"城市重建战略制定恳谈会"，接受《阪神、淡路震灾复兴战略目标》的报告。之后，该报告进行了民间和行政方面的讨论，向居民征集对复兴规划制定过程的意见和提案，并进行公开讨论。兵库县淡路岛的街道也设置了复兴总部，制定复兴规划，整合复兴体制。各种经济团体、研究机关、学会、政党、企业提出很多震灾复兴意见，将这些提案用于复兴规划制定的过程。

2. 兵库县《阪神、淡路震灾复兴规划》

1995年6月29日"神户市复兴规划审议会"向市长提出"神户市复兴规划"报告。兵库县于1995年8月4日发表了10年的涵盖660个领域、预算17兆日元的《阪神、淡路震灾复兴规划》。关于复兴规划，采用财团法人的形式进行重建。市民提出过于重视大规模工程，而对产业、福利和居民生活考虑滞后的批评，指出应平衡经济复兴和生活重建。

针对住宅、产业复兴、城市基础设施整顿等需要短期复兴规划的事业，政府分别制定了《3年复兴规划》。1995年7月17日有关人士召开"受灾者复兴支援会议"，促进受灾者生活复兴，在行政机关和受灾者间建立了联系。

1995年8月，兵库县汇总城市复兴基本方针制定了《阪神、淡路城市复兴基本复兴规划》。神户市为推进复兴规划，在各个领域设置了神户市复兴推进恳谈会，征求各界意见。但是由于复兴规划没有设定明确的数值目标，在推进复兴规划的过程中，很多市村不能够切实跟上后续内容。

3. 《紧急城市基础设施建设3年复兴规划》

兵库县为推进构建新城市框架制定了《紧急城市基础设施建设3年复兴规划》，确定以城市基础建设为优先和重点。

作为兵库县《阪神、淡路震灾复兴规划》中的重要专题，1996年3月完成了《紧急城市基础设施建设3年复兴规划》，在调整机构设置和进行事业费用精算后，于1996年11月16日公布。兵库县制定的《紧急城市基础设施建设3年复兴规划》的目标，总量上已基本达成。生命线和交通设施等城市建设基础设施，以世界罕见的速度修复，为受灾地区的社会经济安定作了巨大贡献。在交通基础设施的恢复重建中，因交通规划要求急，而一旦建设又很难改变，因此事前做好复兴规划非常有必要。

4. 《复兴推进规划》

兵库县为了更有效地实施1995年7月制定的《阪神、淡路震灾复兴规划》，制定了

《复兴推进规划》。

兵库县 2000 年 11 月，在复兴规划期间的前半期结束后，根据验证结果制定了《后 5 年复兴推进规划》。兵库县 2002 年 12 月为完成剩余的 3 年重点实施项目制定了《最终 3 年复兴推进规划》。神户市 2000 年 10 月根据总结验证，制定了《复兴推进规划》。

9.6.3 城市复兴规划的确定

1. 神户的城市复兴规划

1 月 20 日，建设省规划整顿课长走访了混乱中的神户市机关，至此神户的城市复兴规划事实上已经开始了。根据城市复兴规划决定的日程，建筑限制的日期规定为 3 月 17 日，以期能够赶上国家修正预算的编制。2 月 1 日在神户市、西宫市，2 月 9 日在芦屋市、宝塚市及北淡町依据《建筑基准法》第 84 条对建筑的再建进行了限制。根据对灾情的调查，发布《城市街道复兴的基本方向》，从搜集以往大灾害后复兴资料开始，讨论城市复兴规划。

2. 各城市的震后复兴条例

神户市 1 月 26 日公布《震灾复兴规划基本思路》。2 月 16 日制定《震灾复兴紧急整顿条例》，制定“复兴促进区域”，公布基本框架之后，阪神间各城市也制定类似条例。神户市 2 月 16 日制定整顿条例，指定六甲山南侧城市街道（面积达 5887hm^2）为“震灾复兴促进区域”。另外，2 月 17 日制定特别重点推进住宅供应、城市街道整顿“重点复兴区域”。为引导这些地区的街道建设、事业活动的信息提供、建筑物的防灾建议趋于共同化，要求建设活动必须申报。

3. 兵库县城市复兴规划

神户市 2 月 23 日公布了土地区域划分整顿、再开发等复兴规划方案。2 月 28 日，5 个市町开始整体分析复兴区域的划分、整理、再开发等复兴城市复兴规划方案。因为提案过急，未能及时告知所有人，且整体研究也不够，因此收到大量的反对意见。3 月 16 日兵库县召开城市复兴规划地方审议会，通过复兴规划方案。但因为和居民沟通不足，形成了“两阶段方式”，也就是先制定复兴规划大致框架，再追加细节复兴规划。

4. 城市街道复兴特别措施法

2 月 26 日公布的《受灾城市街道复兴特别措施法》，最长的建筑限制时间可达 2 年。3 月 17 日的城市复兴规划中，指定了受灾城市街道复兴推进地区，同时确定了土地区划整理和第二类城市街道再开发事业的实行区域。

各市町的复兴方案是在特别措施法通过前发布的，该法规公布以后，又进行了改进。灾后复兴的过程表明，土地区划整理、第二类城市街道再开发等方法，作为震灾复兴手段不一定是有效的。

5. 快速城市复兴规划

受灾自治体不仅是选择是否开展复兴规划的主体，还必须保证实体化并确保补助金的来源。对于城市复兴规划的快速决定，不同的专家间有不同意见。有人认为早期有必要制订规划草案，也有人认为需要花时间制定详细的城市复兴规划案。行政部门在早期阶段公布的复兴基础方案或在与居民达成一致前继续制定建筑限制规定，以上两个方法哪个是复兴的捷径，因有地区差异，所以不能草率决定。震灾发生后，应在早期决定总体复兴规划

（或作为要点的复兴方针）。作为复兴规划立案前提的城市街道受灾情况调查，要确保有一定的人力来实施，需要相关自治体、公团、专家的合作。有人指出关于两阶段城市复兴规划决定方式，城市复兴规划对防灾重视不够。

9.6.4 城市建设的推进

1. 神户的城市复兴规划

受灾的很多地方成为复兴促进地区，其中一部分作为重点复兴地区。土地区划整理、城市街道再开发等由行政主导推进的地区被称作“黑色地区”。重点复兴地区中除上述之外的地区被称为“灰色地区”，多数以震前就成立的协议会为主体进行活动。区以外的复兴促进地区，因行政支援薄弱被称为“白色地区”，占神户市复兴地促进地区的 8 成。神户市制订了两阶段复兴规划方案，以“城市建设协会”的组织化建设、“当地咨询所”的设置、“城市建设专家”的派遣为基础推进事业的具体化进程。

2. 灾后混乱期的主要工作

受灾后的混乱期也是复兴城市复兴规划事业的开始时期，为了加深相关人员的协调，需进行各种工作。

震灾前就有城市建设组织的地区，在地震后直接进入有秩序的工作，但紧急成立的协会，从开始阶段就很不顺利。由于“城市建设协会”在震灾后的混乱中建立，存在不能正确反映社区构成的问题，而且初期不能顺利运行，许多地区成立了针对性的“住民会”。灾后重建与修复重建，各种专家积极参与制定城市建设支援体制，但这种体制在震灾后建设期没有及时建立。

在受灾后的混乱时期，根据各种地区的特性，为达成共同的意见做出了很多努力。最初主要针对事业用临时住房和临时店区的设置，制定城市建设协议，推进事业的进步。城市复兴规划事业中灵活利用先行收购制度，向受灾者公示其可以异地重建的权利。行政方面在理解地方提案的基础上，通过把地方提案最大限度地利用于事业复兴规划，来改变居民的态度。

9.6.5 产业与城市再生

1. 人口的恢复

（1）人口的统计

人口迁移的实际状态尚不清楚，对此进行了居民基本记录册的人口估计、国势调查估计、水道契约者数估计等各种统计方法。

兵库县的人口在 2 月、3 月、4 月以每月 1 万～3 万人的速度减少。平成 7 年 1 月 1 日统计的县内人口为 5526689 人，到了 4 月 1 日，县内估计人口为 5466316 人，比地震前约减少了 6 万人。日银神户分店以煤气、电话等的契约家庭数为基础进行了调查，估计神户、阪神的人口流出约达到 20 万。在神户市促进贩灾重建的区域，估计到 1995 年 7 月末为止的半年间约流出了 52000 人。

从以国势调查为基准的人口估计来看，与震灾前相比，截至 1997 年 7 月，受灾的 10 个市和 10 个町中减少了 135000 人，神户市减少了 94000 人。但从水道契约者数来看，也有人试算以上数据分别为 62000 人和 46000 人。以 1998 年 10 月的“住宅、土地统计调查”为基础，实行了“受灾地人口实际状态调查”，神户市人口在当时估计有 1475342 人，比预计的推测多了 44240 人。

（2）人口数量增减趋势统计

震灾发生两年后，西宫市、芦屋市等人口转为增加倾向，但神户市、尼崎市和淡路岛则仍长期保持着人口减少的状态。特别是神户市的长田区等地，在 5 年以后人口仍为减少状态。

神户市在地震前有 152 万人口，震后则减少了约 10 万人，1996 年以后总人口保持在 142 万左右。特别是长田区，到了 1998 年人口还在持续减少。神户市的人口到了 1996 年 4 月开始出现增加倾向，并一直保持回升。但长田区、须磨区截至 2000 年 2 月仍与以前一样持续减少，人口数量停滞在震灾前的 80％。2001 年 11 月，全体受灾地区人口首次出现超过震前的情况。

（3）人口减少的原因和对重建恢复工作的影响

人口减少的原因主要是由于年轻家庭的流出。人口恢复迟缓的原因主要是工作地点的转移、租房者不回住等。在重建过程中由于人口迁移产生了地区差别，因此需要相对应的处理方法。

2. 第 2 阶段城市规划

（1）土地区划整理

1995 年，土地区划整理进入第 2 阶段，对 11 个地区中的 2 个地区进行第二阶段城市规划及事业规划。1995 年 11 月 30 日在鹰取东第一地区（减地率最大 9％），1995 年 12 月 27 日在尼崎市筑地地区决定实施事业复兴规划。鹰取东第一地区在 1998 年 3 月复兴规划临时换地指标为 93％，是土地区划整理事业区域中最早展开的地区。但是有望返回该地区的受灾者并不多。与区划整理一并实施的还有住宅地区改良事业。虽然原本不属于城市开发事业的一些援助起到了一定的效果，但也有很多人由于承担不了负担而被迫转移到区外。

在土地区划管理方面实行了地区分割制，即把 11 个地区划分为 20 个地区，1996 年在其中的 9 个地区中实施了事业规划，包括神户市的六甲道站北、六甲道站西、松本、御营东、新长田站北、芦屋市的芦屋中央、西宫市的森具、西宫北口站北东以及北淡町富岛，最终共计在 11 个地区实施了事业复兴规划。

剩下的 9 个地区中，截至 1997 年 10 月，森南第一地区和御营西、鹰取东第二地区实施了事业复兴规划。进入 1998 年，森南第二地区、芦屋西部第一地区和第二地区也依次实现了事业复兴规划，只剩下森南第三地区没有实施。神户市滩区森南地区的减地率是 2.5％，停用了当初复兴规划的 17m 道路（1997 年 9 月事业复兴规划决定）。以此为开始，有 7 个地区切实实施了城市复兴规划的变更。

确定进行事业复兴规划的地区虽然正在进行临时换地，但由于淡路岛和富岛地区众多的反对声音，该工作实际上没有太大进展。有人指出，随着临时换地指定的进展，逐渐出现了没有再建能力的人开始离开地区的情况。从 2000 年到 2001 年，鹰取东第一地区的事业复兴规划完成了，由此很多地区的事业也都在接近尾声。

另一方面，最后的森南第三地区也于 1999 年 10 月决定实施事业复兴规划。从 2001 年到 2003 年，完成事业复兴规划的地区越来越多，但地区内的人口却出现了停滞。从

2004 年到 2005 年，大多数地区完成了事业复兴规划，而因地区不同导致的人口恢复和再建状况的差距扩大了。

（2）城市街区再开发事业实施

确定在 6 个地区实施城市街区再开发事业复兴规划，并接受城建协议会的建议，实施事业复兴规划的决定和施工。

城市街区再开发事业从规模上分为：巨大规模［新长田站南地区（20.1hm^2）］、中等规模［六甲道站南地区（5.9hm^2）］以及西宫北口站北东地区（3.3hm^2）、小规模［宝塚市的 3 个地区（0.9hm^2、1.6hm^2　1.6hm^2）］。小规模和中等规模的事业地区在地震后的 2.5～3 年开始施工。但巨大规模的新长田站南地区中有的地区还没有实施事业复兴规划，由于会受到相邻地区施工的影响，所以与其他地区同期施工会很困难。在新长田站南地区的“新长田城市建设公司”于 1998 年 10 月创立。该公司主要对多数再开发楼房进行单元化管理，并计划繁荣城市相关的建设事项。城市街区再开发事业中还存在着很多难题。如由于价格和房租问题，原来的权利者不愿留下来，保留地该如何处理，大量供给商业地的影响、因保留地的处理毫无进展而对自治体财政施压等。

从 2000 年到 2001 年，卖布神社站前地区和六甲道站南第一地区等 4 个地区完成了城市复兴规划。从 2001 年到 2003 年，大部分地区完成了复兴规划，但新长田站南地区施工期间延长了。

有关震灾重建事业的特例，还包括补助的缓和以及补助对象的过大。神户市的六甲道铁路南站地区还有保留地卖不出去，大部分转换为了租赁用地。2004～2005 年间，除了新长田站南地区之外，有 5 个地区完成了施工。

（3）城市复兴规划的措施

在震灾重建城市复兴规划工作推进之时会产生很多课题，各个地区则为此实施了各种应对措施，推进了施工的进行。

对公费拆除建筑物的补偿处理成为问题，行政方面的事业推进体制的强化也成了课题，这样一来，从其他自治体派遣过来的职员便起到了重要作用。土地区划管理事业和其他事业措施相结合、城市街区再开发事业和其他事业措施结合，这对城市重建起到了有效的推进作用。在实施震灾重建城市复兴规划时，城市基础整备公团起到了重要的作用。也有的地区由于其专家不了解当地状况而在初期犯下了应对错误，以及实行了没有考虑到地区特性的事业复兴规划而招致了混乱，或增加了行政的不可信度，最后浪费了很多时间。各权利者应把具体的有关生活再建的思路理清。有关震灾重建中大规模的区划整理和城市街区再开发是否合适的问题需要进行验证和讨论。

3. 城市建设

（1）行政措施

行政方面的对应处理集中在仅占促进重建地区百分之几的“黑色地区”，而对“灰色地区”和“白色地区”的职员则很有限。

以神户市为例，面积为黑色地区的 20 多倍的灰色地区和白地地区，其职员数却只占黑色地区的十分之一。在确定实施城市复兴规划事业的地区已经积极推行了城建协议会活动和专家支援活动，但在“灰色和白色地区”的活动却很少。住宅环境整备事业等活动地区差异性很大，但优良建筑物等的整备事业和专家的援助则不论在哪个地区分布得都比较平均。复兴城市街区整备事业的事业费规模为，城市街区再开发事业地区为 15.3 亿日元，密集事业地区是 0.8 亿元。事业区域的设定和住宅重建的关联性需要再度进行分析，但二者的政策却不太有整合性。

（2）灰色与黑色地区的重建

有人认为，灰色地区由于没有权利的限制，因此有自由设想城市建设的想象空间，而其重建的程度也比黑色地区要更胜一筹。有的地区积极投入到了城市建设协议的缔结和共同重建中去。淡路岛渔村的城市整备由密集市街区整备促进事业推进。尼崎市和芦屋市对住宅改良工作进行了积极的投入。在铁路车站周边的宝塚市川面、卖布、山本地区，旧村落地区的伊丹市西野、鸿池、荒牧、池况地区，根据密集住宅市街区整备促进事业和地区复兴规划所开展的复兴城市建设在迅速地展开。细街道的扩张整备根据街区环境整备事业和地区复兴规划而推行。以三宫地区为首的中心地区依照地区复兴规划条例进行城市建设，旨在达到中心地区再生的目标。联合实行的震灾重建土地区划整理事业在神户市内的 2 个地区实施。顺应地区的经纬度和特性，在环境改善方面进行各种各样的努力，同时推进复兴城市建设工作。

（3）白色地区的规划分区

城建协议会某种程度上在白色地区形成了，但付诸事业化的实践还很难，规划分区虽初见端倪，但进展很小，由于白色地区的意见达成、复兴规划建设、事业结构等需要专家的支援，于是建立了专家派遣等制度。震灾后经过 3 年，白色地区的复兴进入了胶着状态，为此有人指出需要展开面向正规复兴的新措施。城建指导站在行政方和居民方之间的中立的立场上对复兴城市建设进行支援。有人指出，白色地区中能再建的住宅和不能再建的住宅被明确地区别开，这决定了往后该地区的住宅环境。

（4）城市建设主体

城市建设协议会逐渐增加，联络会也开展了信息交换和技术交换等活动，并尝试设立了城建公司。

截至 1996 年 3 月，城市建设协议会的数目达到了约 100 个团体，由此也产生了城市建设协议会的运营方法等诸多课题。城市建设协议会开设了联络会，推进了信息交换和技术交换等环节。开始设立城建公司，并实行了各种官、民和地区的体制建设。

有人指出，行政方面支持的“城市建设协议会”和与行政对抗的“思考会”等活动的良好合作使事业得以顺利展开。居民的意见能够迅速达成一致的地区大部分是因平时城市建设协议会等所做的努力。“城市建设协议会”作为复兴城建的体制受到了大家的好评，但即使这样，在人才、资金、据点等的安全确保，以及与自治会的关系上仍存在着许多问题。黑色地区的城市建设协议会中出现新的倾向，如迎接事业完成期、完成任务解散协会或向自治会转移等。

有人认为，复兴城建的过程中涉及了很多条件，但结果还是归于支持这项事业的人们的努力。有些关于复兴城建的媒体报道会影响到事业的顺利进展。有针对个别地区而成立的民间基金，开展资金支援等活动。

（5）问题与对策

在建工程停滞的住宅地街区残留着大面积的空地，这使街区失去了活力，并产生安全上和景观上的问题。

有的地区的居民和志愿者携起手来，把空地当做广场，并种上花草，给街区带来了生机。神户市则创设了“城市污点美化事项”，积极投入到受灾空地的美化中去。也有一种积极的观点认为，震灾后产生的空地是今后重建工作的可利用资源。与空地一起通过住宅重建而形成的街区景观虽然失去了地区特性而显得单调一致，从另一个角度来看，同时也形成了外部结构和外部空间的协调化、共同利用化、共同化等崭新的街区景观。建筑物的再建正在推进，超高层建筑物增加也呈现了新的街区景观。不能再建的空地一旦增加，便产生了要求把空地作为社区活动空间来活用的想法，为了顺应这种想法，出台了一些促进制度。

地震中，除了具有历史性的街区和传统的集居地，普通街区中备受居民喜爱的景观也被损坏了。复兴逐渐被理解成在地区中新街区的建设。兵库县在积极实施针对受灾地历史性、文化性重要建筑，以及标志性建筑的修复的同时，为了形成受灾地的街区景观，开展了景观复兴、街区安保等工作。

震灾给致力于城建的市民带来了强烈的动力，也给城市复兴规划中未涉及的内容带来了新的政策方向。城建顾问的社会性地位和作用应该向各个家庭宣传。受灾地的复兴城建的成果中展示了积极开设街道中的共同空间等案例。有人指出，此次的复兴城市街区整备中，易燃的城市特质仍得不到改善。

在居民为主导的城建过程中，以研究会的形式讨论了各种公园建设的方法。对遭到破坏的六甲山登山路进行了修复。震灾中的绿地在防灾、景观形成和居民参与方面都有重要的意义。为了营造抗灾性强、能够安心居住的城市，六甲山系种植了防沙绿化带。

4. 产业、经济的再生

（1）产业恢复状况

兵库县的“产业复兴指数”中显示，1995 年 1 月为 76.1，1997 年 1 月为 95.0。到产业复兴的紧急 3 年复兴规划结束为止，已有 99.4％的产业得到了恢复，但由于业种的不同和地区企业规模的不同差别很大。

兵库县发表了有关产业恢复和复兴状况的“复兴指数”，根据该指数可知，与 1995 年 1 月的 76.1 相比，半年后的指数为 87.0，一年后达到 92.6。神户报纸的复兴指标在震灾后第二年是 56.5％，第三年是 70.1％，在此期间仅上升了 13.6 个百分点。兵库县的“产业复兴 3 年复兴规划”显示的 116 项事业中，1997 年 2 月复兴规划的工程实施并完成了 80％。截至三年复兴规划完成时复兴度达到 99.4。1998 年 5 月的调查显示，对于灾害修复融资一项目回答“可以无条件偿还”的企业占 41.5％，受灾企业借入的差额是非受灾企业的 2 倍多，在兵库县偿还搁置期间延长了。

地区经济从宏观上看，已恢复到 1997 年度震灾前时的状况，但其后便处于全国经济低迷阶段，经济增长停滞不前，甚至有下滑的倾向。特别是从微观上看，经济还尚未恢复。据 1999 年神户市的查证，震灾后神户的经济状况在 1997 年以后开始停滞不前，恢复程度仅停留在原来 8 成的水平上。这主要是由于全国经济不景气的影响，加上产业结构等问题造成的。

复兴特需产生了一定的副作用。受灾地区内不同方面的经济相差悬殊，并呈扩大趋势。受灾地的产业结构调整滞后也受到了指责。从地震发生起，即使经过了 9 年，对经济景气和结构变化的影响仍然很大。老店铺逐次被淘汰，受灾企业的经营情况很是严峻。紧急灾害修复资金在反复延长搁置期间的同时，也得到了偿还。

经过10年，经济形势虽比以前要严峻，但经济景气的恢复仍然有望。1997年以后的兵库县总产值呈减少趋势。其原因是兵库县的经济结构总会被短期的投资活动动向所牵制。

经历了震灾发生后的3年，制造业中矿产工业生产指数和使用电力量达到了100%，但化学工业的生产额却停滞在60%左右。神户经济中港湾、商业、服务业等非制造业的比重高达60%～70%，说明震灾集中危害到了非制造产业。矿产工业的生产指数以1995年的标准衡量的话，1999年达到110～113，比震灾前一年要高，但由于产业不同，观察到的数据会有一定的偏差。受损失最严重的是长田的塑料鞋产业，目前该工业正专注于振兴支援工厂、神户品牌市场和鞋市场等新的发展。其他的产业中，像“北野·工房街”和滩产清酒、酒藏等具有地方特色的工业也正以崭新的姿态呈现了出来。事业所的规模、业种、地区间的复兴状况中存在的差距正在扩大，特别是对扎根在地区的中小制造业、商业、服务行业来说，面临着营业不顺等严峻的状况。神户市创设了民众出租工厂的房租补助制度，支持民众通过出租工厂来支援中小企业。

（2）商业圈的恢复

百货商店以阪神之间为中心，以挽回震灾中失去的商业圈。当地的商业街和小批发市场的复兴受到了人口减少的影响，一直承受着严峻的经营状况。

超市顺利恢复正常营业，但百货商店间的竞争变得更加激烈了，因此恢复地震中失去的商业圈成了一大难题。为照顾老年人而开设的分散小商店很多都被停业了。神户市内的商业街和小批发市场的再营业率在1996年1月为76%，1997年1月为81%。商业圈人口显著减少的地区其再营业率也较低。

有关商业街和小批发市场的再建方面，有很多制度都对其进行了支援。虽共同设置了临时店铺和共同实施了正规的再建，由于人口的减少，营业额始终处于低迷状态。周边陆续出现了很多的超市，这给商业街和小批发市场的再建带来了严峻的竞争。据1999年兵库县的查证，小批发市场一般不论在商店数、职员数还是在营业额等方面，在全县、全国相比都属于处境严峻的，在受灾地区更是如此。据1999年神户市的查证，商业团体有8成停业，特别是批发零售业、分散小卖店等更受到了严重威胁。

城市复兴规划事业的推进速度和商业街、市场的店主们要求的重建速度之间有一定的差距。为了商业街、小批发市场的修复和重建，人力支援和与相关人士的交流成了重要因素。在商业街复兴之时，不仅在经济方面，同时也要加入社会功能的色彩，强化综合考虑问题的方向性。不少中小商者因倒塌的店铺和新建店铺、店铺和居住、独立商店和商业街、小批发市场集团设施而不得不进行双重支付。门廊的修复是商业街再生的一种象征。

（3）观光旅游营业额恢复

由震灾导致神户的整体形象被破坏了，为此神户开展了“恢复元气运动”、“夏天，去神户吧”，以及全国各地的团队旅行等各种项目。对于饭店和旅馆的修复大约在半年之后超过了8成，但城市旅馆的就业率在一年后仅为原来的5成。观光游客数比震灾以前大幅减少，到1996年1月减少到了原来的3成，此后也一直低迷。因此有人说，观光产业的重要性没有被重视。截至1999年，神户旅游业因明石海峡大桥等观光景点而急速攀升，但神户市内的观光设施利用率仍只有8成，旅馆客室服务率仍停留在6成水平。

为了学习震灾知识，把修学旅行地点设为受灾地的学校越来越多，这不仅在观光上，也给活化地区做出了贡献。2000 年开始的“参观阪神、淡路活动”扩展到了 19 个项目，集中了 5004000 位游客。有人指责说，振兴观光缺少当初的战略性管理、入住客数的客观评价和对市场评价的轻视也成了课题。

（4）行政中心的重建

关于城市中心办公大楼的重建，大公司资本较早地开展起来了，但当地资本的重建却始终延迟，而且入住率也慢慢呈下滑趋势。

由于神户市中心的业务大楼遭受破坏，出现了以大阪为中心向神户市外发展的办公大楼，也有一大部分转移到三宫或其周边地区。分布在神户市外的企业，截至 1996 年 12 月有 9 成回到了市内，但回到市中心的企业却增长缓慢。对小规模办公室的需要很多，但由于神户市内中小产业主重建迟缓，需要国家的补助制度。震灾后，虽然一时之间入住率上升了，但此后呈缓慢下滑趋势。1997 年 3 月～6 月间楼房依次竣工，入住率比震灾前要低。

据 1999 年兵库县的查证，受灾地的企业用地在泡沫经济高峰时期约为受灾地面积的五分之一。神户市震灾前后约减少了 9000 个事业所，职员人数少于 4 人的分散事业所数和职员数更是减少显著。

神户市对需要修复的受灾市内企业进行修建，修建完成的比例在 1995 年超过了半数，1997 年以后则停滞在 7 成。神户市对办公大楼再建和重建供给过剩，1999 年 3 月的空房率上升到了 17.3%。神户市中心被损坏的办公大楼大多数都被重建了，也有很多改变了用途，变成了住宅用楼。

（5）港口与公路运输的恢复

港湾设施虽被修复了，但相关产业和道路的修复进展迟缓，转移到其他港口的货物不会再回流，集装箱货物量的回升也很迟缓。

与港湾设施的修复相比，交通运输的恢复更加迟缓。随着临港交通设施等的阶段修复，办理货物量也有所上升。集装箱货物量的回升迟缓，其原因是地震后客户改变了利用港湾，导致当地港口与国内其他港的竞争，还有货物运输背后与其关联的产业得不到恢复等。

与海事相关的产业的修复状况为，在震灾后 1 年到 1 年半之内大概恢复了 8～9 成。港湾在 1997 年 5 月修复工作完成，诞生了“振兴宣言”的口号。由此港湾慢慢地恢复到了震前的状况，但国内其他港口的进出口量也大规模增长，可见震灾对港湾的影响是很大的。国内贸易货物处理事务在震灾后约 2 年时，恢复到了震灾前的水准，但由于明石海峡大桥的开通，货轮运货量大幅度减少。2004 年神户港的轮渡货物急减到只占货物总量的 2.3%。

虽然实行了入港手续简约化等提高国际竞争力的对策，但面向真正结构改革的港湾关系组织的调整还是有很大的困难。

1996 年 5 月由 26 个相关团体发起了“神户港复兴推进议会”。并把 24 小时持续装卸、简约入港手续、缓和领航制度等作为改善课题。为了谋求入港手续的简约化，1996 年 11 月以后，开始实行了资料简约化，并开通了传真受理。神户港重新选择港湾设施的使用材料，积极利用内航支线服务，缓和规章制度，简约事务手续，并促进业务的招揽。

神户港在10年之内推进了土地利用的改变，并制定了超级中枢港湾，其发展前途很有希望。

神户市的兵库人工岛的2期地区以上海、长江交易促进项目为首推行了各种项目工程。很多人要求设定自由贸易区等多种缓和规则的措施。兵库县的神户市独自推出了“神户创业区”，实行减免地方税的措施，旨在培养新兴产业。以民间企业为主体而设立的NIRO（新产业创造研究机构）大规模集结了地区的新技术和新材料，最终扩展到了海外的研究机构和与大学的合作网络。

为了促进国外和外资企业对受灾地区的投资，由阪神、淡路产业复兴推进机构（财），于1999年5月设立了“兵库投资支援中心（HIS）”。据1999年兵库县的查证，对于产业划分，应提示开发复兴规划、项目优先顺序，并有必要把优美的自然环境和生活质量放在重点来探讨。

在推进被重建特定事业选定的医疗产业城市设想的据点，准备和相关企业聚集的同时，还对当地企业进行了以上理念的渗透。在重建特定的项目中，也有灾害过后10年都没有实现的。“企业区构想”作为实行提案，对因巨大灾害而处于“特殊而且深刻”状况的地区怎样引导其重建工作，这一问题起到了象征性的作用。

（6）新的文化区的建设

以震灾为契机，新的地区文化和市民的积极投入生根发芽了。开展了居民依照自己的满意程度来进行城市建设的活动。

从神户市生活协同组合合作社和神户市立鹰取中学的活动事例来看，在平时各种组织与地区构筑一定的关系是很重要的。艺术文化复兴而引起的艺术扫盲活动，因其着手快、灵活性强、与市民产生共鸣等优点得到了很高的评价，因而开展了一系列记录活动，如把震灾的侵袭以各种文艺作品的形式表现出来，乃至推广向市民，同时开展了各种研讨会，产生了支援组织。

拥有天然纪念物野岛断层保存馆的北淡町为自己带来了全新的地区经济和地区文化。由CS神户（社区支持中心—神户）发起的各种草根性社区商业在受灾地区因重建而初露头角。为了把震灾的教训传递给后世，受灾地各地区建立了各种慰灵纪念碑，并定期举行典礼。残留震灾记录、查证、传播活动，以及面向重建实施的各种活动在有条不紊地进行着。关于受灾地防灾的调查研究、交流机关聚集在一起，形成了国际防灾合作的一大据点。

震灾发生7～8年后，从震灾时开始的各种重建支援活动也接近尾声。在震灾复兴的过程中，有人指出，企业和地区的新型关系在慢慢萌芽。由受灾企业群发明的新的金融手法——“神户社区信贷业务”成为全国首创。被列为复兴特定项目的健康护理公园设想，在人与未来防灾中心已经完成。被列为复兴特定项目的纪念事业的各项工程已经慢慢开始趋于实现。紧接着地震发生第5年，兵库县、神户市等提前10年投入到了对复兴查证的工作中。由于震灾，市民们主动承担“公家”的一部分，这不但促进了国家NPO法律的制定，也推进了省城符合成熟社会的、崭新的“市民部门”，并为其发展提供了新的机遇。有的志愿者匆忙赶到受灾地并留守在那里，响应震后的重建阶段而改变活动的重心，更深刻、更广泛地接触重建问题。以震灾为契机，得到了NPO资金上的大力支持。受灾经验是受灾地区的特性，传达这些信息，并把它活用于产业的培养上，这是受灾地的责任和义务。在震灾后 10 年的 2005 年 1 月 17 日，各地举行了最大规模的追悼仪式。

（7）长期产业复兴支援政策

在即将接近“产业复兴 3 年复兴规划”的复兴规划圆满期时，仍存在着严峻的复兴差距。其中，以阪神、淡路复兴对策本部事务局设计的“产业复兴事务者会议”中的探讨为基础，兵库县、神户市于 1997 年汇总了“产业复兴支援充实政策”。1998 年 3 月末，兵库县在震灾后 3 年验证了其所取得的成果，并出台了作为今后方针的“阪神、淡路震灾复兴规划推进方案”。商业基础整备的支援政策，作为民间企业活力法的特例而实施。

此外，日本开发银行（当时）创设了新的低利息的灾害修复融资制度。阪神、淡路产业复兴推进机构的作用得到了很高的评价，另一方面也有人认为，应该更早地采取有效的行动，并希望能继续 10 年以后停止支援。

5. 自治体财政政策

（1）基本灾害对策

兵库县约损失了 10 万亿日元的库存，损失了约 26000 亿日元的流通量。通过对初期的修复和复兴费用的估计，国家制定了此后的基本灾害对策。兵库县为震灾相关的事业费需要在 5 年内支付震灾前普通预计的 1.5 倍财力，由此造成了相当的财政负担。兵库县内复兴经济活动的规模约为 14.4 兆日元。经推算，复兴需要的资金其中有七成都是由民间负担。对于 10 兆日元的损失额，需要多少复兴资金来弥补，还仍是个问题。

（2）财政支援措施

通过实施“应对阪神、淡路大震灾的特别财政援助以及相关援助法律”，提高了重大灾害的补助率，扩大了包括公营企业和民间铁路等在内的扶助对象范围。受灾自治体不仅要支出灾害修复费，还要面临税收减免、公营企业等的事业收支恶化，人口减少引发的税收减少、国民健康保险等收入的减少等各种各样严峻的财政问题。从事业费中扣除国库补助的金额不是小数目，其中大部分都用发行债券来应付，这给将来的县财政带来了极大的压力。北淡町的财政状况为，随着复兴事业的发展财政规模扩大，并从 1998 年开始进入困难时期。有人认为，复兴财政只是为当前的地方财政制度设置特殊措施，并不是制度改革。

（3）行政财政改善

兵库县需要通过行政改革来实施高效的财政运营，也需要国家的积极支持。考虑到财政负担会留给下一代人，兵库县采取了财源不足的对应措施。神户市因为修复、复兴财源的公债费率上升，而陷入了债券发放限制的危机中。从中长期的财政预期来看，预计神户市在 2007 年将达到累计赤字 4000 亿日元。1995 年 12 月神户市行政财政改善紧急 3 年复兴规划发表了。由此开始投入对行政财政的改善。受灾之后在不透明的情况下，对中长期财政的预计和运营方针的探讨陷入了苦思。发生了与复兴事业相关的受贿事件。受灾自治体在震灾前积累下来的基金已经耗尽，勉强才能凑出财源。兵库县受灾地区的 2003 年度决算预计中，修复、复兴相关费用趋于减少，但公债费增加到过去最高水平。

第 10 章 1999 年土耳其伊兹密特（IZMIT）地震震后恢复重建

10.1 基本情况

1999 年 8 月 17 日凌晨 3 点 01 分（当地时间），土耳其西部发生强烈地震。据我国地震台网测定，该地震的震中位置为 N40.2°，E29.5°，震级 7.8（土耳其台网定的震中位置为 40.7°N，29.8°E，震级起初定为 6.8，后改为 7.4）。该地震的宏观震中在土耳其西部科贾埃利省省会伊兹米特市西南 11km 处，离土耳其最大城市伊斯坦布尔仅 75km。地震灾区属土耳其人口稠密、经济发达地区，其年产值占全国国民生产总值的 37%，税收收入占 57%[1]。

10.2 地震破坏

地震造成了 2.6 万人伤亡，倒塌房屋 10 万余间，近 300 万人无家可归。更重要的是，由于这次大地震发生的地区伊兹米特和伊斯坦布尔都是土耳其国家人口比较稠密，且经济发达地区，因此造成的经济损失是巨大的。据统计，地震导致灾区的国民生产总值下降了 30%，而土耳其国家的直接经济损失也超过了 200 亿美元（约为 1999 年土耳其国家预算收入的一半），国民生产总产值将下降到 2%。除此之外，地震还造成了伊斯坦布尔等城市长时间的停水、停电，以及交通和通讯的中断，严重影响了地震灾害的重建和恢复。

10.3 应急

地震在发生 1 小时后，土耳其政府总理埃杰维特迅速成立了负责指挥和协调救援工作的应急处理中心和下属应急处理中心。总统德米雷尔在震后 6 小时离开安卡拉前往灾区，指挥救灾，安抚灾民。总理埃杰维特也到现场进行实际的灾情调查。为了防止地震所引起的火灾的发生，在土耳其的许多震灾城市都采取了强制断电的措施。与此同时，为了全世界各地及时了解地震的最新动态以及尽可能争取国外的援助，土耳其各大媒体对震后灾情不间断的进行 24 小时滚动式报道。

---

[1] 董颂声 . 1999 年土耳其伊兹米特地震 [J] . 地震学刊 . 2001 (01)

10.4 恢复

10.4.1 灾前预备性规划和灾后紧急评估

每一次灾害的情况都是特殊的，因此需要有一套特殊的具体方案。

临时安置房是指受灾户在灾后到重新获得永久性住房之间的过渡房，弥补了救灾阶段和稍后的重建阶段之间的空隙。这是灾后恢复的重要阶段，往往被政府、非政府组织和其他援助机构忽略。

临时安置房的最佳解决方案必须考虑两大因素：

（1）特定社区的人力和财力资源的潜能；

（2）临时安置房战略在灾后中长期重建中的帮助有多大。

在确定临时安置房的最佳方案时，应该有灾前预备性规划和灾后紧急评估。预备性规划的目的是保证必要的资源和信息在灾前到位或者能在需要时马上得到。这些规划考虑在灾前准备阶段就要进行，确定临时安置房战略。如果灾难降临，应马上重新评估这一战略，看看它是否符合具体情况。

10.4.2 研究资料和方法

1999 年 8 月土耳其地震后，研究者在 2000 年 6～7 月期间开展了临时安置房的案例研究并结合了美国和希腊地震后的临时安置房研究资料。

1. 灾后住房重建的四个阶段

Quarantelli（1995）把灾后住房重建分为四个阶段。他建议灾害研究中将经常通用的“住房”（housing）和“避难所”（sheltering）这两个词区分开来，后者是指暂停日常活动的居住条件，前者是指受灾户重新恢复活动的居住条件，如做饭、洗衣、社交、工作、上学和娱乐等。

灾后住房重建的四个阶段是：

（1）紧急避难所——在灾害高峰阶段受灾户居住的地点，可以是公共设施或朋友及受灾户家庭成员的住房。由于居住时间很短，因此没有食品或其他服务的提供。

（2）临时避难所——灾后可预期的短时间内受灾户居住的地点，可以是帐篷、自建的临时棚屋、公共设施、受灾户亲朋的住房或受灾户的第二处住房。由于居住的时间较长，需要提供食品、医疗和其他服务。

（3）临时住房——受灾户临时居住的地点，并恢复了日常活动。这可以是预制临时房屋、棉帐篷、自建棚屋、可移动房屋、公寓或受灾户家庭成员和朋友的住房。

（4）永久性住房——受灾户能够永久居住的地点。这是指受灾户回到了他们重建的房屋或搬到新建的永久性居住区内。

2. 临时安置房的类型

除了上述四个由 Quarantelli 定义的安置房类型，研究者提出了“临时安置房”（temporary accommodation）一词。这个词通常是指灾后各种类型的临时寄居处，而临时住房（temporary housing）通常仅指特定形式的临时寄居处，如利用工业元素和标准设计来建造的聚居区的成排房屋，两者之间存在区别。临时寄居的形式包括帐篷、自建的棚屋、可移动房屋、受灾户成员或朋友的房屋或公寓等。

在土耳其，灾后人们采用了 5 种临时安置房形式：预制临时房屋、木制临时房屋、纸制临时房屋、棉帐篷和自建的棚屋。其他各种灾害的案例研究表明，人们还利用移动房屋、公共设施改造后的住房、受灾户家庭成员或朋友的房屋以及出租公寓等。每种居住形式的特点不同，对灾后恢复的影响不同，在灾后住房发展阶段中的功能也不同。重要的是在规划临时安置房时了解这些不同之处。

3. 土耳其震后灾民安置战略

土耳其政府采取三个步骤来推行震后灾民安置战略。首先是提供临时避难所，然后是提供临时住房，最后是修建永久性住房。帐篷是震后紧急安置灾民的临时避难所。由于灾后的冬天非常寒冷，赈灾组织捐献了尽可能多的棉帐篷。很多人还在被毁的家园附近自建了帐篷营或搭建棚屋居住。

1999 年 10 月，土耳其住房部宣布提供 4.7 万套预制临时房屋，安置了 15.1 万灾民。2000 年 8 月地震发生一周年之际，政府和非政府组织提供了 4.2 万套预制房屋，安置了 15 万人。到那时，大部分受灾人口住到了临时房屋中，但仍有 3 万人住在帐篷里，7 万人住在自建的临时棚屋内。

10.4.3 关于临时安置房的规划考虑

如果灾前没有预备性的规划，那么灾后工作会异常困难。理想的临时安置房战略应该在灾前就制定出来。决策者应该考虑到临时安置房和重建的各种选择和可能的问题，并设置合理的时间来完成战略。这样一来，灾后只需要对损失进行评估和实施战略即可。

灾前预备性规划要考虑到各种可行的临时安置房类型以及其他可能的因素。这些因素包括如下几个方面：

（1）灾前薄弱环节

1）地方经济、社会和文化薄弱环节是什么？

2）建成环境的弱点是什么？哪些建筑可能在灾害中受损？

从土耳其的案例看，受灾地区是土耳其的工业重地，过去 20 年人口急速上升。由于住房短缺，很多人选择租房，该地区用于出租的高层楼房的修建量迅猛增长，但是建筑质量缺乏监管，造成地震中 1.7 万人死于倒塌的房屋。震后对于安全和可支付住房的需求十分迫切，单层的预制房屋成为首选。

（2）地区和地方问题

1）多少受灾户需要临时安置房？

2）其文化特点是什么？

3）人口中租房者占多少比例？土地所有人占多少比例？他们需要土地搭建临时安置房还是已经拥有土地？

4）人们是否选择搬离受灾地区寻找新工作和房屋？

土地所有权是临时安置房战略是否恰当的决定性因素。如果有足够的土地，人们可在受损房屋旁搭建临时安置房，如果没有足够土地则需要在新的地点搭建临时安置房。政府还要了解人们是否有能力来搭建这样的临时安置房，或者是否需要划拨土地给他们来搭建临时安置房。

从土耳其的案例看，很多灾民搬来不久，他们倾向于离开受灾地区寻找更好的住房和职业。

(3) 气候

1) 何种临时安置房能作为特定气候条件下的避难所?

2) 受灾户能在临时安置房内做饭、吃饭和睡觉吗?

如果气候适宜，不需要因解决有关问题投入太多资金搭建临时安置房。人们可居住在帐篷或保温效果不好的房屋内。但是马尔马拉地区夏季十分炎热，冬季温度常常在零摄氏度以下；博卢山区冬季经常下雪，因此普通帐篷不足以安置灾民。援助机构在灾后第一个冬天提供了棉帐篷。临时住房可抵挡冬冷夏热的气候。

(4) 临时安置房的长期影响

1) 提前规划临时安置房降低了灾后迅速做出决定的需要；

2) 临时安置房的决策具有长期效应；

3) 临时住房会改变城市的实际结构，必须在项目开始就进行规划。

如果资金集中在临时安置房上，那么永久性重建就会推迟；而且临时安置房的使用时间就会比预期的要长，因此会影响到城市和地区的空间结构。事实上，很多地方根本没有"临时住房"，临时安置房变成了永久性住房。基于上述原因，在规划中对短期临时安置房必须做出长期决策。

土耳其地震后，一些农田被改造成了安置点，扩大了城市的范围。即便将来临时安置房拆除，这些土地也不可能恢复原先的用途。随着时间推移，城市围绕临时住房进行开发，安置点将成为永久性的城区。

目前，马尔马拉地区的临时住房聚居区类似于郊区住区。它们位于城市边缘，每座住房都配备水电，每个地块都有花园。公共交通、垃圾收集站、商店和社区中心等也都在聚居区设立。人们已经把临时住房改造成符合需要的住宅，很多商业设施也拔地而起。假如拆除临时住房而不提供更高质量的住房，就会招致居民的反对。

(5) 项目协调、规划和施工时间

1) 临时安置房项目协调、规划和施工的实际时间；

2) 预先规划临时安置房的地点将加快灾后安置速度。

案例调查显示，临时安置房的项目协调、规划和施工的实际时间比预期的要长。如果预先作了规划，那么确定合理安置点的过程将缩短，安置时间将大大缩减。在土耳其，1999 年 10 月公布了第一个临时住房计划，当时预计 2000 年 1 月底可提供 4.7 万套临时房屋。但 1 月底只提供了 1.7 万套。4.7 万套的目标花了一年时间而不是原来的 4 个月才完成。这一延误很大程度上是因为寻找方便的安置点耗费时间。

(6) 永久性重建战略和时间表

1) 临时安置房的需求会有多久? 从灾后到提供永久性住房之间会有多长时间?

2) 临时安置房战略会推迟永久性重建吗? 推迟时间有多久? 是否值得?

3) 什么样的临时安置房对于永久性重建的时间来说是最佳选择?

假如永久性房屋能在灾后一到两年提供给灾民，那么临时安置房只需要满足这一时段即可，包括帐篷、自建棚屋、廉价纸制房屋和活动房等。但是，如果重建过程的时间更长，那就需要更耐久的临时安置房，如预制或木制临时住房。在土耳其，政府在灾后一年左右开始建设永久性房屋。因此，灾民还要再等待至少一年半时间才能住上永久性房屋。从中也可看出，由于当地资源用于临时住房的搭建，永久性重建项目被推迟了。

（7）地点

1）临时安置地点应该方便于受灾户或公共交通服务；

2）如果需要的话，受灾户是否愿意临时迁到别处居住？

临时安置的地点对于灾后恢复十分重要。通常临时房屋设在受损城市之外，远离工作、学校和商业设施。如果选择不当，受灾户拒绝居住，那么临时安置点实际上得不到使用，会造成资源上的浪费，不能有效解决灾民的安置问题。

为此，临时安置的地点应该靠近工作地点或公共交通服务的地点。而且，受灾户希望安置点靠近原来受损的家园，保持亲属之间的关系和原先的熟悉度。

在土耳其，城区和城外都有临时安置点。周边地区也开通了公共交通并设立商店，没有特别偏远的安置点。很多租住者选择离开受灾地区，但土地所有人则希望能靠近其地产所在地。

土耳其的临时住房政策有成功也有失败，很多问题出现在农村。对于人口众多、携带牲畜家产的农村受灾户来说，临时住房太小；有些安置点的位置不好，受灾户宁可住在靠近受损房屋附近的地点，而不住在远离其日常生活的聚居点。

土耳其地震后，关于临时住房政策的执行引发了争议。很多人认为，临时住房的搭建投入太大，还不如用在加快永久性重建上。事实上，临时住房的建造确实比预期的要长，而且很贵，每套房屋包括基础设施和电器在内造价 8000 美元。不过，灾民在这种高质量的临时房屋中生活得很好，能够舒适地度过若干年，为永久性重建留出了时间。

10.5 经验教训

1. 防灾准备不足，救援工作不力。

尽管土耳其政府早有统一的防震减灾应急预案，但形同虚设，在这次地震中仍表现出对防灾准备不足，震后采取救援措施不力，震后头两天人们只有采取自救和互救的方式抗御灾害，震后第二天，重灾区的一些村庄仍然没有得到任何援助。由于地震对政府建筑和人员造成的极大的破坏，故政府官员迟迟未能出面组织救灾工作，相反国外救援队伍源源不断进入灾区。

2. 建筑质量低劣，人员伤亡惨重。

自 80 年代开始，土耳其经济发展较快，不少建筑承包商为了赚取更多的差价而购买质量较差的建筑材料，并盲目追求建房速度，土耳其大批居民楼便是这样建成的，因而在这次地震中酿成大量房倒人亡的惨剧。违章建筑多，建筑物材料中掺有海沙（混有贝壳）也是造成人员伤亡的原因之一。

3. 缺乏现代化救灾设备和技术。

由于缺乏救灾手段、技术落后、设备不齐全，只能凭双手和铁锹挖掘压在废墟下的人员；或由于设备不符合救灾现场的需要而无法使用而延误了救灾工作。

第 11 章　2001 年印度古吉拉特邦（GUJARAT）地震震后恢复重建

11.1　基本情况

当地时间 2001 年 1 月 26 日早晨 8 点 46 分，印度西部，古吉拉特邦（Gujarat）和巴基斯坦的交界处（N23.40°，E70.28°）发生地震，震级为里氏 6.9 级（美国国家地震信息中心公布的数字为 7.9 级，印度地震台网测定震级为 7.8 级），地震矩 7.7。余震：超过 500 次。

11.2　地震破坏

此次地震造成 13805 人死亡，16.7 万人受伤。超过 120 万栋住宅受到破坏，超过 300 家医院被摧毁，超过 450 个村庄被夷为平地。超过 1000 万人、7633 个村庄受到影响，超过 1 万家中小型工业企业停产，超过 5 万人失去生计，超过 500 万人需要马上救济。直接损失 20.97 亿美元，间接损失 6.35 亿美元，第三位损失 31.89 亿美元。

11.3　恢复

11.3.1　重建目的

促进灾区城镇的可持续恢复，并奠定未来灾害处理的基础。

11.3.2　重建的目标

（1）通过应用抗震技术，建设、改造、维修和加固居民住房和受地震影响的公共建筑。

（2）通过对农业、工业、小商业、手工业和居民生活提供援助，振兴地方经济。

（3）重建和升级社区与社会基础设施，改善教育和卫生系统，并加强弱势群体的社会保护措施。

（4）对地震伤员提供长期的健康支持，并为受到心理创伤的人提供心理辅导。

（5）恢复交通运输网络等生命线基础设施，以及供应电力和水等公用基础设施，并设法降低其面对自然灾害时的易损度。

（6）维护妇女在各个阶段的权益。

（7）为受地震影响的儿童提供支持，并通过综合性的营养和教育策略，缓解他们潜在的社会权益被剥夺的风险。

（8）实施全面的灾害管理计划，提高政府对灾害的准备措施和应急反应能力，以处理不同类型的灾害。

（9）通过分水岭管理和减轻干旱的长期缓和计划，加强当地的抗风险能力，并且通过多样化的收入来源和资产结构改善居民应对灾害的能力及提高食物安全。

11.3.3 指导原则

重建和复兴计划的任务不仅包括当务之急的地震重建工作，还包括家庭和社区层面更广泛的社会和经济发展，以及使居民获得更多权利的方式。

该计划在实施中遵循以下原则：

（1）决策过程应涉及公众和公众代表，以他们为优先并反映他们的愿望。

（2）通过在实施过程中建立伙伴关系和协作关系，强化民间社会机构，例如非政府组织、社区组织和妇女团体等。

（3）应用公平和赋权的原则，并通过适当的机制确保弱势群体和贫困人群的话语权。

（4）通过宣传和教授抗震技术、建筑材料和建设实践方面的知识，帮助各方利益相关者做出关于他们居住环境的正确选择。

（5）鼓励私营部门、非政府组织和专门机构参与重建规划，并扩大重建规划的所有权和知识库。

（6）结合文化、气候和社区生活方式等方面，引进结构性的和非结构性的、切实可行的和可负担的恢复措施。

（7）通过适当的体制和实施办法，确保规划的实施具备最高层次的透明度和问责机制。

11.3.4 重建计划组成

基于目标评估和恢复需求，古吉拉特邦地震震后重建计划包括以下部分：

（1）住房

1）清除、抢救和循环再利用残砾；

2）建设临时庇护所；

3）重建住宅超过 23 万套；

4）修复和加强住宅超过 100 万套；

5）重建和修复政府人员住所。

（2）生计支持计划

1）为个体工商业者和手工艺者提供贷款；

2）供应工棚；

3）为工匠和技工提供工具箱；

4）创造循环资金；

5）建立手摇纺织—手工艺工业园和农村工业中心；

6）援助农场物资和农业工具；

7）对盐农提供特殊政策支持；

8）对各类大、中、小型工业企业提供补助；

9）对旅游单位提供补助；

10）对商人和商店所有者提供补助。

（3）基础设施

1）维修与加固地震受灾地区道路、桥梁以及管道；

2）重建与维修城乡给水系统；

3）维修与更换管井；

4）重建与恢复市政及环境基础设施；

5）恢复电力部门输电及配电网；

6）重建与加固土坝、运河以及灌溉用的建筑物；

7）维修与重建行政办公楼；

8）改善喀奇县（Kutch）四镇的基础设施与城镇规划。

（4）社会与社区发展

1）重建区医院、社区医疗中心、重要医疗中心及其分中心；

2）重建活动中心与儿童综合发展方案库；

3）重建印度草药与顺势疗法医院、诊所；

4）重建与维修中小学校；

5）提高孤、寡、残与边缘群体的社会保障；

6）维修与重建配备先进基础设施的高等技术院校；

7）修复与保护历史遗迹与古建筑。

（5）灾难管理

1）加强应急准备和响应；

2）绘制灾害地图并对灾害进行监测；

3）完善基于社区的减灾模式。

11.3.5 资源动员

鉴于此次地震已造成巨大的直接和间接损失，重建与修复规划总计需要约 17.7 亿美元。古吉拉特政府计划从世界银行贷款 6.875 亿美元，并从亚洲开发银行贷款 3.5 亿美元。印度国家政府以及许多州政府也宣布，会为重建规划中的各专项部分提供援助。古吉拉特政府计划通过加强自身资源的开发来弥补重建规划的一切缺口。

11.3.6 实施战略

围绕上述指导原则，古吉拉特政府制订了实施战略。此详尽的战略，能够突出重建规划的紧急性，强调社区参与的重要性并使地震安全措施的实施得到妥善的协调。

1. 开展彻底的损坏评估

政府已对地震受灾地区的所有住宅、公共建筑以及基础设施开展了全面的损坏评估。此次损坏评估将提供更为确切的需修复记录，并将作为大规模工程与建设战略的基础。此次评估以每村一组的形式展开，这些小组将由一名政府工程师、一名税务官员或村务委员会官员，以及一名非政府组织代表组成，如果村中无非政府组织，则任命学校校长为代表。

2. 开展社会影响评估

政府已开始对此次地震的社会影响进行纵向评估。对住户及社区易损性评估按照一定标准进行检查，并提出相应措施，帮助社区应对灾难，并进行灾后重建。

3. 建立公私合作模式

政府认识到私营部门以及非政府组织在应对重建的巨大挑战中所具有的力量。在信任和互惠的基础上，政府与民间团体重要机构进行广泛合作已成为整个重建规划的一个特色。

4. 鼓励所有者导向和抗灾建设

政府大力推进以所有者为导向的建设，并在建设中运用抗震技术。实际建设过程涉及多个社区团体，并逐步使之重获安全感和信心，因为这对他们的社会交往与心理恢复极为重要。该项目还能提升当地的知识水平以及执行此类重大规划的能力。

5. 建立社区参与机制

政府非常重视村庄与城市社区在参与正式或非正式进程中所发挥的关键作用。政府竭力鼓励公众参与过程，使社区能够在广泛的恢复重建政策框架范围内，就重建与发展做出决策，并确保执行时的责任和诚信。

6. 传播有关恢复计划与人民权利的信息

政府还组织了有关不同援助的成套方案（以下简称套案）及保护人民权益的信息传播的积极活动。政府认识到社区的重要性不仅超过了抗震技术在建设中的应用，也超过重建规划中人们的积极参与。政府还试图通过扩大服务项目和普及规划教育，使获选代表、媒体以及学术界参与到重建规划中。

7. 强调社会和社区发展及性别赋权

政府在重建规划中整合了一个强有力的社会与社区发展部分。以发展与赋权为背景政府把重建规划放在了一个恰当的位置上。对此，政府还将妇女参与该规划视为人民对此规划所有权的关键指标。

8. 组建古吉拉特邦灾害管理局（GSDMA）

政府已为执行特大地震重建规划特设了一个权力机构—古吉拉特邦灾害管理局，由首相出任主席。在保持最高专业水平的同时，古吉拉特邦灾害管理局利用政府及私营部门大量的经验和专业技术，实现业务营运的灵活性、创新性以及响应灵敏性。在大批项目顾问的支持下，古吉拉特邦灾害管理局在各执行机构之间进行协调，并对项目进行领导。

11.4 恢复性重建

11.4.1 住房建设

1. 社区导向性住房恢复

政府住房建设的重建政策呼吁公众参与，和以社区为导向，以自助为基础，在政府、企业、非政府组织及村务委员会的技术支持和促进下，重建社区住房。

首先，政府向地震受灾区提供了一套重新安置选择方案，其中包括整体安置、部分安置及对于原重建地的选择。在参与和决策过程中，社区可以行使其选择权，通过所涉及的村级单位或非政府组织的参与，选出新村址。社区间重新安置的主导观点已成为影响住房恢复方针的主导因素。

其次，鉴于地震受灾地区的异质性以及住宅区的地域宽泛性，政府通过将技术与财政权力下放给区行政部门和区域发展当局，由其组成喀奇县中心，从而对住房重建过程实施分权。

第三，此规划主要以社区为基础，以公众为导向，由政府、建设中心、非政府机构等提供的工程师给予技术支持。所有者将通过与小型承包商、工匠和泥瓦匠订立正式或非正式合同，组织重建、维修和加固。

最后，重建规划以三方合作为基础，其中涉及古吉拉特政府、企业（包括非政府组织）以及受益人。这种合作会增强各参与群体的实力，并产生切实可行的执行策略。

2. 住房恢复策略

古吉拉特政府计划通过以下措施实施住房重建规划：①清理碎石瓦砾；②建立临时避难所；③全面重建倒塌房屋；④维修受损单元；⑤翻新未被破坏的单元；⑥重建基础设施。

（1）清理碎石瓦砾

开始重建之前，必须清理碎石瓦砾。碎石瓦砾清理还需要考虑环境状况以及通过回收将这些材料合理地用于非关键的地方，以降低建设成本。

（2）建立临时避难所

政府将大力建设和供给城乡无家可归者临时避难所。城市和农村居民避难所的交付过程有所不同。在整体重新安置或部分重新安置地区，政府将在社区帮助下，利用受益人可获得的材料，通过自身代理机构或非政府组织构建避难所。在其他地方，此战略将向受益人提供避难所建设材料，以便社区能在此过渡时期自己建造临时避难所。

（3）全面重建倒塌及被破坏的房屋

古吉拉特政府对约 23 万栋全部倒塌或被破坏的房屋的重建和修复提供完全支持。政府鼓励采用不同的重建机构，无论是以个体形式还是以联合形式。私房屋主仍为重建过程的主要推动者。通过非政府组织、地方工匠、私房屋主、小型承包商或合作社的合作，实现房屋的实际重建。政府支援用于满足处于贫困线以下以及低收入群体的房屋重建需求。如果受益人想扩大居住空间，那么他们可向商业银行及小额信贷机构申请贷款。

（4）维修受损房屋

政府对 100 多万间受损房屋提供维修支持。政府会把全面重建时采用的策略，也应用于实施本部分的建设。私房屋主可自己维修并加固房屋，或采取与非政府组织或小型承包商订立协议的方式对房屋进行维修和加固。

（5）翻新该邦未被破坏单元

尽管政府不对未受损建筑提供翻新或加固经费，但会在项目期间，为所有私房屋主或愿意自己投资加固其住宅者提供技术支持，以使之能够更好地抵御以后可能发生的地震与飓风。

（6）重建社会与社区基础设施

农村基础设施最低标准包括小学（3 间教室）及村务委员会，其中包括消防站、水站、站台以及其他附属物、道路（内部及近道）、电力供应、新址平整土地等。原村庄具有的设施必须在新址重设。如果村庄在原地恢复重建，这些设施将按其所需状态予以维修、翻新、重建。

3. 房屋恢复援助

根据上述策略，古吉拉特政府公布了五套重建、翻新及维修援助方案，涉及地震中大约 100 万间被毁坏及损毁的房屋。根据印度标准化局制定的全国地震区分类，印度被分为五级地震区，第Ⅴ震区为最易受地震灾害影响区域。

方案 1 适用于第Ⅳ和第Ⅴ震区内村庄的重建和修复，此区域内超过 50%的房屋倒塌。对于每个有 200 户家庭的村庄，援助将接近 3000 万卢比，300 万卢比用于土地征用，700 万卢比用于基础设施，1800 万卢比用于抗震及抗飓风房屋建设，200 万用于其他应急设施。

方案 2 是为那些位于第Ⅳ和第Ⅴ震区以外的村庄设计的，已定为原地重建。在这些地区，贫困线以下、房屋被毁坏的家庭将得到 4 万卢比。其他家庭得到的重建援助为每平方米 2000 卢比，上限为建筑面积 45m^2（带顶棚），总计 9 万卢比。

方案 3 是为那些个人房屋被毁坏或部分损毁的村庄设计的。援助范围为：完全毁坏棚屋（临时住宅）7000 卢比，完全毁坏房屋 4 万卢比。为损毁维修提供的援助范围为 2000～20000 卢比，根据损毁程度而定。

政府公告的套案 4-A 是有关于城市范围内的强化混凝土结构的建筑物（低层或高层），包括州内“市政机关”，“城市发展机关”及其他市政当局。本套方案向强化混凝土结构建筑物所有者提供每平方米 3500 卢比的重建援助，最大援助面积为 50m^2。同时还向低层和高层构筑物提供维修和结构加固援助，援助范围为 5 万～80 万卢比，根据损毁程度而定。

政府公告的套案 4-B 是有关于邦内政府机关、“城市发展机关”及城市部分范围内的“承重构筑物”，政府将为倒塌、损毁的房屋的重建提供每平方米 2800 卢比的援助，所援助的最大建筑面积为 50m^2，援助上限为 14 万卢比。对于损坏维修，援助范围为 0.2 万～2 万卢比，根据损坏情况而定。

方案 5 是有关喀奇县四个受灾最严重的市镇的修复，强调城镇规划。重建的资金援助为每平方米 3500 卢比，上限为 17.5 万卢比，即最大面积为 50m^2。多层房屋维修援助的范围为 5 万～80 万卢比，根据损毁情况而定。对非多层房屋维修援助的范围为 8000～45000 卢比，根据损毁情况而定。为完全毁坏的小屋将提供 7000 卢比的援助。

这些方案共同指出了整个地震灾区的重建需要和不同构筑物的维修办法。这些援助方案是以给所有受灾家庭提供最小避难所和援助公平为指导原则。

为一间房屋重建提供的个人援助最小为 30m^2，最大为 50m^2。在提供最小居住面积的同时，会给地震前房屋较大的所有者提供比较大的援助。

另外，此次规划的首要任务是提供居住房屋。对于那些非住宅的建筑物，其所有者、占有者将不会享受到援助。因此在规划实施过程中将会严格鉴别受益人。

政府计划用于重建的个人补助将通过援助形式发放，而非补偿形式。若有受益人打算贷款，政府将帮助其从银行或其他金融机构以优惠利率贷款使用，利率将由此类机构确定。政府不会提供任何利息补贴。在调查过程中受益人必须明确指出所需贷款金额。

4. 实施筹备

政府预期大量国家机构、产业机构、非政府组织、专业团体以及专家组织将会加入此次重建规划，在重建过程中支持社区和受益人。

（1）公私合作

政府把公私合作制度化，以积极寻求私营部门（同样包括非政府组织和其他民间团体组织）参与此次规划。这将给不同民间团体带来资源与专门的技术支持，扩大规划中的共同利益，激励社区参与；同时还保证了政府与民间团体之间更好的信息互动，促进此次规划的实施和影响。

政府基于公私合作战略实施重新安置。即使是原址重建，政府仍会在费用分摊的基础上寻求与私营部门合作建设私房和公共基础设施。

政府开发出一套详尽的程序与指导方针，用来在达成区、县级最终协议之前审议收到有关公私合作的提议。政府已指定了一个由专家组成的国家顾问委员会，由他们给出加强公私合作的建议。

（2）材料银行

政府成立材料银行，以合理的价格向受益人发放水泥和钢材。政府通过直接与制造商谈判，低价购得建筑材料，并免除营业税。

（3）保护妇女权利

政府要求夫妻以共同名义注册房屋，以此保护妇女权利及权益。政府同样还保证，若丈夫去世，房屋权益将传给妻子，而非家庭里其他男性成员。

（4）城市修复

在喀奇县，四个城镇被大面积破坏。这些地方大量的多层建筑倒塌，加之土地有限，因此这些城镇的修复需根据不同的战略来进行。拥挤的内部城镇重新发展，居民也享有重新安置的选择权。根据新城镇规划条例、发展章程以及降低容积率的要求，许多多层楼房的住户被要求在新址上建造房屋。尽管社区可以对是否要重新安置还是要原地重建作出决定，但依照新发展条例在新地点进行重建将必然造成城市范围的扩张。提供给城镇的援助措施还包括一些鼓励措施，用来缓解城市拥挤的状况，发展更优美的城市景观。在这些城镇的一些地方，受益人将享有得到一间由政府机构建造的新房屋的选择权。许多地方的受益人将拥有新的、面积更大的场址，许多公共建筑将进行迁移，城市基础设施将进行扩展和改善。

并且，在这些城镇的建设中将以所有者为导向，由受益人组织建设过程。政府将通过提供技术指导、材料规范及技术监督，促进抗震建筑的建设。

（5）防灾建设技术

政府已决定使用抗震及抗飓风技术重建所有住宅、公共建筑和相关构筑物。正如此次地震所示，古吉拉特容易发生地震灾害，此州在第Ⅳ和第Ⅴ震区的大部分房屋倒塌。此外，古吉拉特还面临飓风的再次威胁。降低这些灾害风险的可持续减灾战略则要求通过技术培训、指导，在人群中积极传播防灾减灾技术，并建立、健全技术检查和质量审核机制，在重建和翻新中应用防灾减灾技术。

11.4.2 基础设施

根据古吉拉特地震的重建规划，古吉拉特政府实施了一项修复和改善基础设施的计划。它涵盖生命保障线和公共基础设施的建设。该计划的目标在于使基础设施超越震前水平，并减轻日后的灾害隐患对其的影响。在修复、加固和重建过程中应用抗灾减灾技术，以期建立一个更有弹性、更强大的系统。

1. 大坝和灌溉

古吉拉特政府分别在喀奇和索拉什特拉地区建立了两个大坝安全小组。安全小组亲自访问大坝，并提出整改措施以维护和加强大坝河堤。此项工程计划在季风来临之前完成了以下工作：

（1）喀奇三大饮水供应水坝的修复工作。

（2）喀奇 19 个中型和 160 个轻微灌溉计划的修护工作。

（3）修复索拉什特拉地区的 67 个水坝，提高它们的安全性。

进行土壤取样和测试，以确定有关土壤参数，从而重建、加固水坝，使它们更安全地应对地震。

2. 道路和桥梁

一项修复和加强道路基础设施的短期计划已经开始执行。第一阶段将重点放在道路的紧急恢复上，特别侧重于桥梁和其他构筑物，而第二阶段将侧重于恢复和重建道路及构筑物。工程计划分为以下部分：

第一阶段：修复、加固 200km 的国家公路道路，57 条主要桥梁，115 条次要桥梁和 186 项其他构筑物。

第二阶段：修复、加固 700km 的道路和相关结构。

此项工程的长期计划在 3～5 年内完成，目的是要恢复道路和桥梁至各自地震前的情况，并加强它们的承载力，使其足以应对救援和重建工作的交通量。加强路网建设，使其抵抗地震和飓风的能力得到提升。

3. 电力

在短期计划内，政府集中力量进行变电站的修复和重建，并为工作人员提供住宿。修复和重建也应用抗灾技术。在中期计划内，政府将更换设备、输电线路和变压设备，以确保输电及配电系统的可靠运作，并提高效率。所有工作计划用 2～3 年完成。供电系统修复工作分列如下：

（1）即时重建受损的电控室和分站建筑。

（2）在更换输电和配电网络时采用改良技术（SCADA 系统）。

（3）通过计算机联结位于喀奇的古吉拉特邦各电力部办公室。

（4）更换和安装新设备，提高供电的质量和可靠性。

（5）将 3000 多 km 低压农业供电线缆升级至高压线。

4. 公共建筑

政府将重建、修复和改建一大批受损公共建筑物，其中包括行政机构、警察局和乡村自治委员会的办事处。所有建筑将采用抗灾减灾技术重建和改建，以提高其应对地震和飓风袭击的能力。

该计划也包括了一些被列为文物保护对象的建筑物。文物建筑物的改建将采用特别保护措施。

5. 供水

村庄和城镇供水系统的恢复对于灾区的健康和卫生至关重要。地震刚一结束，政府就通过水罐车和即时修复输水管道保证正常的水供给。政府还计划了一系列的中期措施，旨在确保14个镇的大量用水供应和所有受影响的1300个村庄的整体供应以及内部分配。这项工作涉及修复、更换损坏物资（管道、水泵和管道修复），在某些情况下，还需对这些设备进行升级换代以降低风险。预计全部工程用两年时间完成。本计划由下列部分组成：

（1）重建村庄一级供水设施，如储存系统。

（2）重建配水网。

（3）加强输水管道传输系统。

（4）提升泵站及发电系统。

11.5 发展性重建

11.5.1 民生

民生复兴是这次地震复兴计划最重要的目标之一。古吉拉特邦政府采取了多项经济计划和福利措施帮助个体户、工匠和企业家。这些项目的目标在于扩大那些对喀奇经济发展至关重要的领域的短期和长期援助。手工艺品产业为喀奇居民提供了一系列就业机会，因此，政府制定了一项重要的政策来援助手工艺品产业的复兴。这一政策决定成立一个1.5亿卢比的循环基金作为工作资本援助，政府还为个体户和家庭手工业者开发了一项资助贷款计划。同样，这一系列援助计划也包括对农民的资助，以帮助农民尽快恢复农业生产。

印度小工业发展银行（SIDBI）宣布了一项减让条款再融资计划。政府通过SIDBI的贷款窗口为小规模工业单位提供金融便利。政府还为陶瓷业制定包括培训和技术转让等特别支援的一揽子工程。

考虑到民生对于重建工作的重要性，印度国家政府、联合国、行业协会和许多非政府组织都参与了这项计划。政府还打算寻求商业银行和小额信贷机构的积极参与。小额信贷将有助于妇女团体组织经济活动和增加其收入渠道。开发计划署发起一个特别项目帮助盐民重建其基础设施和盐的营销系统。国际劳工组织也帮助组织当地工匠和工人接受职业培训。

1. 短期复兴援助

（1）通过商业银行和金融机构以60%的补贴向个体户、服务业和家庭手工业者资助最高20万卢比的贷款。

（2）向个体户和劳动者资助价值2500卢比的工具包。

（3）除了物质援助，还向家庭手工业者资助最高达5000卢比，供临时作坊施工建设。

（4）向织机业主资助14000卢比。

（5）向手工艺和个体户工匠资助最高达24000卢比，供其购买工具。

2. 长期经济援助

（1）为所有住宅、车间被毁的工匠提供政府完全援助的 20～25m^2 的永久作坊。

（2）在 50 个地点成立农村产业发展中心，支援价值 4500 万卢比的基础设施费。

（3）在受灾地区建设 24 间迷你手工艺园区，每个园区花费 1000 万卢比，政府援助 50％的经费。

（4）建设 8 个单位成本 2000 万卢比的区级工艺品园区，政府援助 50％的经费。

（5）建立一个 1.5 亿卢比的循环基金供乡村和家庭手工业个体户复兴与重建。

（6）为了援助同一村庄和手工业工匠资助基础设施的重建，各机构将提供最高可达 90 万卢比的补贴，贷款利息补贴在两年之内最多为 50 万卢比。

3. 农业复兴援助

（1）为农业投入和实施即时援助最高达 15000 卢比。

（2）对损坏和摧毁的农业设施资助分别最高达 2500 卢比和 10000 卢比。

（3）对损坏或摧毁的灌溉资产的资助最高达到其恢复所需成本的 50％或 60％，限额为 10 万卢比。

4. 工业复兴援助

（1）盐民特殊补偿最高可达 5000 卢比。

（2）为在第Ⅳ和第Ⅴ地震区所有受影响的微小型、小型、中型和大型工业援助 60％的修复、重建费用，最高限额为 600 万卢比。在此以外的地区将得到 50％的援助，限额为 300 万卢比。

（3）为第Ⅳ、Ⅴ地震区援助 200 万卢比，其他受灾地区 100 万卢比的两年持续援助，用于补贴已有借贷的利息债务。

（4）受影响的工业单位的电费按实际征收，没有最低收费计划。

（5）免征与上述计划相关的金融机构的金融交易的印花税。

（6）对在受影响地区的盐业生产免征租赁租金和专营费。

（7）对在喀奇生产和使用的建筑材料免征一年的专利税。

（8）政府还宣布向贸易和服务业单位、商店、饭店、护理院等实行救济援助，内容如下：

为在第Ⅳ和第Ⅴ地震区的小屋业主提供价值 3000 卢比的援助，为商店店主资助 6000 卢比。

对于那些第Ⅳ、Ⅴ地震区的投资超过 20 万卢比的受灾商人、专业人士提供最高可达 12 万卢比，政府也会在其他受影响地区批准最高 10 万卢比的资助。政府还将连续支付每年最多为 10 万卢比的年息津贴。投资于健康、医疗服务的投资商将有资格在两年内获得每年最多 20 万卢比的年息津贴。

政府还决定振兴作为喀奇地区重要就业机会来源的旅游业。计划将提供在第 W、Ⅴ地震区的旅游单位 60％的修复、重建费用援助，最高限额达 600 万卢比。政府也将资助文物、酒店 80％的修复、重建费用，最高限额达 600 万卢比。同时成立一个委员会研究喀奇历史遗产和历史遗迹的恢复问题。

为了给喀奇创造长期的就业机会和发展整体经济和工业，政府制定了一个特别激励计划，从 2001 年 7 月 31 日起执行，直至 2004 年 10 月 31 日。如计划所述，在此期间喀奇正在新建的工业单位将可免征销售税或延期缴税，利率如下：

①1亿卢比以内的有效投资　　100%　　5年

②1亿至5亿卢比的有效投资　　100%　　7年

③超过5亿卢比的有效投资　　100%　　10年

只有符合在政府决议中规定的某些特定条件才提供激励资助。该计划参照中央政府于2001年7月31日颁布的执行税收减免通告，将对喀奇地区的经济恢复工作提供长期的帮助。

政府率先动用短期经济援助的资金。这项综合复兴重建战略着重于两个方面：一方面，人民生计的持续援助将保障一家人的最低消费并使其能够承担起住房建设；另一方面，建造住房将允许受益人恢复其以家庭为基础的活动。这样大规模的重建计划还能提供大量就业机会。

11.5.2 社会和社区发展

古吉拉特政府开发了若干项目，以重建受地震影响地区的社会和社区服务，促进社会资本再生。以下内容都遭受了地震的严重打击，而全面恢复其整个服务系统是发展社区幸福感的关键。该计划将利用这个重建的机会提升卫生、教育和妇女发展等社会服务部门。

1. 健康

地震造成大规模伤亡和残疾，因此立即恢复基本医疗保健服务成为首要任务。一大批人需要持续的医疗援助，尤其对于妇女和儿童等弱势群体，医疗援助尤为重要。但是喀奇和其他受灾严重的地区的大部分卫生基础设施受到严重影响。地震后，许多服务开始在临时的、半永久性建筑物内展开。政府也已开始建造社区卫生服务中心预制病房和机构。

在短期内，医疗机构将提供下列服务：

(1) 紧急建设卫生设施并开展卫生服务，包括大规模免疫接种，在联合国儿童基金会和世界卫生组织的援助下，避免疫情的爆发。

(2) 为伤者提供骨科治疗。

(3) 加强精神和心理治疗服务。

(4) 在儿童基金会、救助儿童会和印度红十字会的协助下恢复妇幼保健中心。

中期计划包括以下部分：

(5) 通过应用耐地震和风暴的技术，建设包括妇幼保健中心在内的卫生建筑物。

(6) 在Bhuj成立矫形康复中心。

(7) 重建Bhuj人民医院。

政府还将组织骨科、假肢、物理治疗以及急诊的医生和辅助医疗人员进行培训。

在心理治疗和支持方面，通过训练有素的工作人员、志愿人员以及专家多次召开磋商会。该计划还将寻求心理健康专业机构和非政府机构参与心理咨询服务。

2. 教育

恢复受地震影响的地区的教育机构，将同时有助于父母和子女心理的恢复。人们很希望尽早送孩子们返回课堂。印度政府与一些非政府组织大力支持教育。另外也需要为受灾学生和教师提供心理咨询辅导。

考虑到众多学校严重受损，重建和修复学校已成为该重建计划的一个最重要的组成部分。政府采用儿童基金会所提供的帐篷搭建临时学校。政府还启动了乡村民间工程委员会在地震受灾地区重建和修复小学和中学校舍。

在制定短期措施的同时，政府还与非政府组织就大规模学校的重建计划达成合作，具体项目如下：

（1）建设 8000 所小学校舍。

（2）通过地区小学教育项目基金会重建小学校舍。

（3）利用救济基金重建和修复 405 所公立中学与学校。

（4）重建和修复损毁的高校。

（5）重建技术机构，改善设施建设。

上述大部分工程计划到 2002 年年底完成。

3. 社会正义和赋权

孤、寡、老人和身体残疾人士是最脆弱的群体。政府负有一种特殊的责任为其提供支持和援助。一些专为弱势群体计划的举措如下：

（1）孤儿：孤儿补贴、监护机制、儿童专线。

（2）寡妇：寡妇补贴、生计及职业培训、工作妇女旅馆、育婴院等等。

老人：老人退休金，各地建立养老院。

残疾人：失明人协会的流动客货车、支援设备，假肢安装计划和心理社会辅导。

政府成立了一个 1.5 亿卢比循环基金，通过特殊计划向寡妇和孤儿提供持续的支持援助。

除了这些项目，印度政府还通过其各机构宣布支持、援助贫民、少数民族和落后人群的生计和教育。

11.5.3 社会参与

社会参与在重建过程中是一个重要的赋权环节，可以帮助社会根据社区的选择制定优先决策和开展重建工作。社会参与的需求同样来自于公正和责任。在这个过程中，可以使社会的和经济的弱势群体争取他们的权力，也可以使执行机构在执行过程中确保其质量。

在向社会的不同部门进行咨询时，重建规划的实施应将重心放在主要事件上，例如重建技术、土地规划、建筑材料、工匠、泥瓦工和市政基础设施。这加强了重建资产的所有权，并给他们带来集体成就的满足感。因此政府意识到了社会参与过程中机制的重要性，并认为这是最具有成本效益的重建方针。

制定的社会参与目标如下：

（1）执行机关在制定战略计划、政策方针，以及关于住房、社会和经济重建等项目实施时一定要确保相应的参与过程。

（2）社会的所有成员都有机会以社区或村委会的形式参与咨询的过程，他们的房屋、社会和经济重建的提议和计划必须反映在村重建计划中。

（3）所有的村和社团都要开展他们的重建计划，根据他们的需求和权利，确保计划适合于当地条件和生活方式。

（4）社会必须有与政府、非政府机关互动的机会，并用最专业的知识和技能去开展重建工作。

（5）社区必须确保村庄或社区的社会、经济重建规划的质量。

（6）在整个重建地区，社会参与的程度和质量是同等重要的。

11.5.4 长期灾害应急

考虑到发生在古吉拉特邦地区的自然灾害所造成的人员和经济的损失，有必要制定长期灾害应急策略。这是一个全面的多重抗灾策略，并与重建工作同期执行。通过古吉拉特邦灾害管理局，政府将提供完善的灾害管理制度基础。

首先，应当对法令规章进行必要的调整和修改，这可以帮助古吉拉特邦灾害管理局提高处理灾难的能力，以及与其他机构和非政府组织的协调能力。

灾害管理策略包含以下几个方面：

（1）突发事件应急预案

政府应发起紧急和中期的措施，以提高处理突发事件的能力。这个项目的目的在于加强预先警报系统、紧急通信、疏散和避难所规划。突发事件应急预案应马上被制定出来，以应对例如工业、化学事件和飓风等灾难。一个完善的应急预案应通过区级灾难管理策略、更完善的资源清单、通信网络和控制室来制定。

（2）危险事件的测绘和监测

政府应开展综合的灾难风险分析。基于社会经济情况，制定风险评估报告。风险和灾害地图与地震、水文气象学风险监测系统得到同步完善。在改善仪器监测方面，古吉拉特政府会向印度国家政府寻求科研机构的援助。针对邦内地震多发地区，政府会考虑执行更完善的土地使用规划和建筑标准。

（3）以社区为单位的减灾工作

政府应开展一系列的减灾工作，帮助降低社会风险并提高抵抗灾难的能力。这些减灾工作将根据不同的当地情况和居住环境来开展。在地震多发地带，使用相应的建筑技术是政策的重点之一。

政府还提出要提高水源储存能力，加强雨水收集和食物供给来预防饥荒情况的发生。在沿海易发生飓风的地区，计划发展林业并建立社区飓风避难所，以降低灾难风险。在以社区为基础展开减灾工作时，政府会向非政府组织、私立机构、农村银行和金融机构寻求帮助。通过金融机构的调解将风险机制转移是非常重要的。政府将探究如何提高保险的责任范围，使其也能够被纳入保险对象。

11.5.5 制定制度和项目执行

开展突发事件的重建工作会遇到很多的挑战，这需要能及时回应的高效率的机制。地震结束后，政府马上组建了古吉拉特邦灾害管理局。古吉拉特邦灾害管理局是依照团体注册法登记的社会团体，并被赋予在执行高度复杂重建计划时的自治和灵活性，以及执行的权力。

古吉拉特邦灾害管理局的主要职能如下：

（1）协调和开展灾后重建工作，包括住房、社会设施、经济和社会重建，以及相关工作。

（2）确保工作开展的质量，建立相关机制，并在工作过程中保持决策的透明度。

（3）管理并使用好古吉拉特震后重建和恢复所需资金。

（4）在开展重建和恢复工作的时候动员和号召外部组织和国家资源。

（5）在地区、区和邦的层次上准备和执行灾害管理规划和国家标准，并确保与政府机构、非政府组织的有效沟通和协调。

（6）支持与减灾相关的个人和团体层面的所有计划。

（7）支持政府和非政府组织开展的与灾害应急预案相关的研究、培训和能力建设工作。

1. 古吉拉特邦灾害管理局结构

古吉拉特邦灾害管理局由首相负责，并由内阁和高级官员中选拔出 9 名成员。首席执行官下另设两名附加首席执行官，行使所有的执行权力，确保工程的执行以及物资和服务的采购工作。因为古吉拉特邦灾害管理局是刚刚组成的，最首要的任务是加强其机构能力的建设。许多管理者、技术人员和会计师们已经加入到队伍中，并给古吉拉特邦灾害管理局经常的工作提供支持。

古吉拉特邦咨询委员会有来自不同领域的著名的专家团体，他们会对古吉拉特邦灾害管理局的整个重建和执行计划进行全面的指导。与政府一起，在首席秘书的领导下组建了中心执行审核组，该组的任务是定期审核和监督灾后重建的执行工作。

2. 执行机关的分工

一些相关部门作为执行机关（IAS），对相关部分负责（表 11-1）。

执行机关分工表 **表 11-1**

部分	执行机关	部分	执行机关
房屋	农村住房村务委员会 税务局 道路和建筑	公共建筑	村务委员会 家庭 体育，青少年和文化事业 警察局
生活	行业 农业 社会司法与激励	国家道路和桥梁	道路和建筑
健康	健康和家庭福利 道路和建筑	能源	吉拉特电力管理委员会 源与石油化工部
教育	初等教育 高等教育 职业技术教育	农村水源供给	古吉拉特给排水管理委员会 水利局
大坝安全和农业灌溉	农业灌溉和水源供给	城市基础结构	城市发展部和古吉拉特城市发展公司
公共建筑	道路和建筑	城区参与和社区发展	古吉拉特邦灾害管理局
		能力建设灾难管理	古吉拉特邦灾害管理局

11.6　经验教训

合理的战略是改善震后重建的关键。重建项目的成功需要三个相互联系的步骤：提高意识、做好选择和供应到位。从技术角度讲，包括确认合适的场地进行开发、制定邻里规划，并确认资金来源和新房购买程序等。除了分析新房选址，还需要获取灾民对安置的需求信息、城市分区的评估，以及对现有土地使用规划和开发的回顾等。地震中，低收入家庭的住房损失往往比其他阶层严重。这些房屋修补和重建后的租金较高，低收入家庭负担不起，进一步加剧了对可支付住房的需求。因此，灾后社区住房的管理对于灾后重建的成功至关重要。

11.6.1 震后安置失败的原因

灾后安置失败最常见的原因之一是选址错误。震后安置的选址与普通开发不同。指定用于安置的土地通常是容易收购的土地，特别是国有或受到控制的地产。但是，这种指定场地一般远离重要资源，如水、牧场、劳动力和商业市场，不能满足要求。社会因素，如远离亲属或旧村庄，也是决定安置项目成功与否的决定因素。

房屋设计和施工的不当也是震后安置项目失败的主要原因。入住后，这种房屋在施工和材料上的隐患马上暴露无遗，尤其是隔热或保温方面存在问题，造成恶劣的居住环境。在原址上重建时采用与原来一样不安全的施工技术并不鲜见。即便重新选址，安置房的设计也无法满足家庭在不同季节里的不同空间需求。这种情况通常是因为设计时没有与灾民商量，无从了解他们的社会和文化需求以及价值观，也没有汲取他们在当地环境中熟知的情况和长期经验。

11.6.2 震后的整体性规划

震后重建，在考虑灾民需要之外，还要考虑到环境因素，并平衡这两者之间的关系，这样才不会引起两者之间的对立。被称之为“整体性规划”（holistic planning）的可持续性开发不但要营造良好的环境，还要把对非再生资源的消耗降至最低。安置的村落应该“全球化思考，本地化行动”。

规划者还要考虑到对社区居民的最佳安置，在有限的资源中保持社区的文化和经济活动以及与环境的和谐。在这个过程中会遇到如下的设计挑战：

（1）提供进入理想的自然景物的途径，又不会破坏它们。

（2）保护有价值的、脆弱的生态系统。

（3）在建筑选址时把对土壤和植被的干扰降到最低。

（4）支持基础设施建设。

（5）利用天然地形和土壤的吸收能力，改造新建筑和铺路地区的排水系统。

11.6.3 建筑材料和可持续性

最理想的建筑材料是利用当地现成的简易技术和可再生资源制造的材料，这种材料隔热和保温效果较好，在生产、运输和安装时能耗极低。从这些标准看，木材是新建筑的主要材料，同时采用水泥板和砖石来保温，避免夜间的热量流失。特殊处理的胶合板已经走向市场并被建筑法规接受，因此房子的地基也可用木材。可持续性的建筑材料包括如下几个特点：

（1）耐用一这些材料应该延长而不是缩短房屋的寿命。

（2）可回收一这些材料应该能够再次利用。

（3）高效一这些材料在最少的能量和资源消耗下发挥作用。

（4）生态可持续性一这些材料应该是当地生产的可再生材料，适用于所处的区域。

(5) 无毒—这些材料应该有助于维持健康的室内空气质量。

11.6.4 实施抗灾社区设计

震后长期解决方案的一部分是实施抗灾社区设计。除了法规要求外，设计中还要考虑到场地情况，以及自然灾害和建成环境之间复杂的相互作用。灾害地区的社区设计实践包括：

(1) 限制开发密度和/或要求大面积地块。

(2) 将可容许的开发密度转移到现场或场外的更安全地区。

(3) 在背离洪水、滑坡和故障危险区的地方设置房屋。

(4) 要求足够的、最低限度的道路宽度。

(5) 限制道路级别，保证消防车通过。

(6) 保证每个开发地点有第二条路径，避免紧急情况下主路径受困而无法进入。

(7) 限制"尽端路"(cul-de-sacs) 的长度和道路两旁的住房数量。

(8) 保证足够的水供应，保持救火所需的水源畅通并做好充足储备。

(9) 利用开放空间中的附属建筑物作为防火通道、设备储藏和疏散区域。

11.6.5 通过恰当的修补、修复和加固来减灾

修补的主要目的是恢复楼体的建筑形状，使所有的服务和楼房的功能迅速恢复。但是，修补不能改善结构的强度，无法满足抗震所需的强度要求。修补包括如下几个方面：

(1) 修补缺陷，如裂缝和掉落的灰泥。

(2) 修补门窗，更换玻璃板。

(3) 检查和修补电线。

(4) 检查和修补煤气管道、水管和管道系统。

(5) 重建非承重墙、烟囱和外墙等。

(6) 重新在墙上涂灰泥。

(7) 把散落的屋顶瓦块重新规整。

(8) 重新铺设底层的地板。

(9) 重新装饰，包括刷墙粉和油漆等。

修复的主要目的是展开结构修补以支撑承重件，可能需要切割开承重件的一部分进行重建或仅仅补充结构材料，或多或少地恢复原有的强度。这一过程涉及插入临时支撑物和进行加固措施等，可采取的方法有：

(1) 拆除部分破裂的砌体墙和墩座，重建并施以更多的砂浆，最好采用不会收缩的砂浆。

(2) 用螺栓上的钉子把加固网格贴在破裂的墙壁两面。这方面有很多替代方法。

(3) 在墙壁、梁柱的裂口处注入张力很强的环氧树脂类材料。

如果经过勘测后认为，建筑在灾前的强度不够或修复不好不足以应对将来的地震，则要对现有房屋进行加固。加固的地方不仅仅是受损位置，而是要综合整座建筑的结构情况来进行。通常加固的目标是：

(1) 通过增加墙壁面积或增加墙壁和梁柱的数量，在一个方向或双向上进行横向

加固。

（2）适当连接支撑结构，增强结构的统一性，这样震动产生的惯性可以传送到能抵挡震动的结构上。重点是强调屋顶之间、地板和墙壁之间、交叉的墙壁之间以及墙壁和地基之间的连接。

（3）减少薄弱的环节或一些结构应力集中的部位。支撑结构的不对称布局，从一层到其他楼层突然变化的刚度，集中在大块面积或没有进行周边加固就在墙上开大洞口都会造成加固失败。

（4）通过恰当地加固和连接支撑结构来避免破碎。由于加固花费占重建支出的50%～60%，因此需要全面考虑和认证。

11.6.6 其他

各种机构经过调查后发现，受灾地区的重建方法越来越依靠当地资源和人力。就农村地区而言，震后重建的房屋可采用传统和地方的建筑材料，如竹子、藤条、芦苇、柳条、木材和一些特殊树种的枝叶等。这既符合当地人的生活习惯，也保持了他们社会文化的传承。而且，旧式的竹屋或叶屋可以在施工中采用新材料，如预制部件等，利用更好的工程方法保证耐久性和居住的舒适度。伴随这些创新的概念，混凝土板材、水泥、木框架和瓦片在当地生产，同时也推动了很多小企业的发展。不过，使用当地资源还不是最重要的，关键是如何激发当地的人力资源。在大多数发展中国家，组织和激发人力资源是一大挑战。

灾后重建应考虑整体性，不仅仅依赖于房屋的修建，而且需要建立水电、排水、安全、教育、就业、绿化和社会居住条件等必需的环境系统。

第 12 章　2003 年伊朗巴姆地震灾后恢复重建

12.1　地震基本情况[1]

伊朗位于亚洲西南部阿尔卑斯-喜马拉雅地震活动带。据伊朗《国家减灾报告》（National Report on Disaster Reduction，2005），在过去 90 年间，地震夺走了 18 万多人的生命。巴姆（Bam）市在伊朗东南部的克尔曼（Kerman）省境内，离省会克尔曼市 193km，到德黑兰（Teheran）大约 1220km，全市总面积为 19374km[2]，震前市区加上农村郊区总人口为 277835 人，其中市区人口为 142375（计 17000 户），约占 51%。

2003 年 12 月 26 日，伊朗克尔曼省的巴姆市遭遇了矩震级[1] 为 M_w6.6 的地震，震中位于巴姆西南 6km（N28.85°、E58.25°），震源深度为 10km，震中地震烈度为 9 度，地震宏观震中在巴姆市（图 12-1）。地震造成 26，271 人死亡，3 万人受伤，7.5 万人无家可归[3,4]，是伊朗历史上人员伤亡最多的地震。地震发生在当地时间早上 5 点 28 分，当时全城 8 万居民几乎都在睡觉。死亡者多数是在沉睡中被困在倒塌的房屋里而致死。1.1 万学生死亡，5400 名教师中有 1/5 死亡，这给当地教育带来了严重的问题。

图 12-1　地震宏观震中在巴姆市

[1] 2003 Bam earthquake，https：//en.wikipedia.org/wiki/2003 _ Bam _ earthquake

[2] 根据我国地震资料，矩震级（M_w，Moment Magnitude）与面波震级 M_s 的关系为 M_s=1.13M_w-1.0461。对同一地震不同的震级标度，在 8 级以下，M_w>M_s；在 8 级以上 M_sM_w。在 7.0-9.0 级范围内，矩震级和面波震级基本没有系统偏差。我国 2013 年雅安芦山地震，中国地震台网报的是 M_s7.0 级，美国台网报的是 M_w6.6 级。我国反演结果是 M_w6.7 级。

[3] Walter，J. Ed. 2004. World Disasters Report：Focus on Community Resilience. Bloomfield，CT：Kumarian.

[4] Babak Omidvar，Reconstruction management policies in residential and commercial sectors after the 2003 Bam earthquake in Iran，Natural Hazards，Jan 1，2009，Soringer.

地震前，巴姆大约有 97000 人，是伊朗的旅游区，最有名的景点之一是用土坯建造的巴姆城堡，它已有 2000 年历史。在萨非王朝（Safavid dynasty，1501～1736），巴姆市是大型贸易集散地，因为它位于丝绸之路上。1722 年阿富汗入侵后，逐渐衰落，成为一个军营，直到 1932 年被放弃。1953 年巴姆老区开始恢复后，形成旅游景点。

古代的巴姆市在克尔曼省（Kerman Province），据说是从东部边境到伊朗的大门。这个地区夏天炎热，冬季寒冷。大多数住房都是用土坯和干砖建造的，地震时很容易破坏。近年来，一些所谓的“城市建筑”已经用钢材、砖和钢筋混凝土建造。人们大多数务农，少数非农人口的收入主要来自行政管理和小型企业。

枣和桔子是当地最为闻名的农产品，枣树散布在整个城市。巴姆的居民认为“巴姆除了枣园，什么也没有”。居民看重土地的所有权，把它视为他们家族遗产的一部分。这意味着土地不仅是一个收入来源，而且还是家庭身份和特征的一部分。因此，许多居民认为土地比住房更重要。

在这次伊朗历史上最严重的地震中，巴姆市破坏最为严重，破坏主要集中在离市中心半径 15km 的范围（图 12-2）。强地面运动在东西方向的衰减速度比南北方向快得多。地震影响的总人口约为 145500 人。巴姆市 80％的建筑倒塌。总体上说，建筑的破坏取决于建筑类型和所在地点。巴姆市东北和巴姆城堡一带的老区，破坏最为严重，建筑主要是土坯泥浆砌筑；东南一带新建的建筑也有严重破坏的；而在大庭院种植棕榈树的“花园洋房”地区，破坏则较轻，一般为 30％～70％。

图 12-2　巴姆市房屋破坏（一）

图 12-2　巴姆市房屋破坏（二）

在巴姆地震中，地面破坏和变形并不显著。在地震袭击区和巴姆市内，除坎儿井一类的传统灌溉系统遭受严重破坏以外，生命线系统总体表现尚好。坎儿井（Qantas）是汲取地下水的地下通道，在重力作用下为居住区和农业用地供水。地震前在巴姆地区有 120 多眼坎儿井。其中，65 眼坎儿井向巴姆市的举世闻名的时代花园供水，25 眼因局部倒塌而随即干涸。其余的坎儿井 40%～50%遭到损坏。因而对巴姆地区的农业生产造成严重影响。

地震中，生命线基础设施遭到了相当大的损失，如供水网络，电力网络和卫生保健中心，教育建筑，文化中心和其他文化遗产。道路、桥梁、铁路和机场破坏轻微。机场由于控制塔受损，地震后曾关闭几小时，但是后来在救人和救援方面起了重要作用。许多街道和大多数小巷震后被倒塌建筑的废墟阻塞，不能通行。电力传输，电力和电信网络和配水系统损坏轻微。

震中在巴姆西南约 10km。损失主要集中在城市周边半径 16km 范围的，包括有 2500

年历史的著名的巴姆城堡。在人员伤亡父母，巴姆地震是伊朗历史上最严重的灾难。

尽管靠近巴姆的大部分地区松散沙土和淤泥沉积比例很高，但没有报道地震后沙土液化造成的损坏，这归因于大部分地区地下水位较低。在巴姆市东南亚和 Baravat 附近，土体滑落到干枯的自然排水通道里造成一些轻微的影响[5]。

巴姆市的一些基础设施，包括医疗中心、教学楼、文化中心和历史建筑等，也损毁严重。巴姆市是历史性的城市，大部分住房是泥浆砌筑的土坯结构（mud brick），不过近几年也有用钢、砖和混凝土建设的所谓“城市建筑”，许多建筑不符合 1989 年抗震规范的要求[6]。

巴姆地震虽然是中等震级的地震，但其破坏苏造成的社会经济影响却是巨大的。据粗略估计，这次地震造成的经济损失大约是 15 亿美元，其中直接经济损失 12 亿美元，间接经济损失 0.3 亿美元。相关政府部门估计，巴姆市的重建需要 2～3 年。而以往的经验告诉我们，重建可能需要 10 年，甚至更长的时间。特别是坎儿井的破坏，对巴姆市的农业经济影响很大。所以，坎儿井的恢复必然是灾后重建中的重点项目之一[7,8]。

居民收入主要来源于行政单位和小商铺，但城里大部分居民都参与农耕，视土地所有权为家庭遗产。因而，很多人把土地看得比住房更重要。距离巴姆市 10km 之外的是近几年发展起来的“新巴姆”工业区，区内有一些汽车厂和包装厂。伊朗政府从地方、区域到政府都有灾害管理的职责。灾害管理分为灾前规划和灾后恢复，包括灾前准备、减灾、防御、赈灾和救援、安置和重建等阶段。在安置和重建阶段，最重要的是给无家可归的灾民提供避难所。伊朗是地震频发的国家，政府制定了一套以社区参与为基础的方法，以更有效地满足灾民的需要。根据伊朗内政部的规定，安全和安置协调研究局（BRCSR）、国家灾害工作组（NDTF）和住房基金会（HF）等三个机构在赈灾管理和重建中扮演重要角色。总部设在德黑兰的住房基金会是修建和重建房屋的政府执行机构，在全国设有 100 个分支机构。巴姆的重建涉及多个方面，包括户主、社区辅助、银行支持以及住房基金会提供的免费技术服务等。

12.2 建筑地震性状[9]

地震前，在巴姆市周围 300km 范围内布设了 78 台强震仪，其中有 24 台仪器记录到

[5] A. R. Manafpour，BAM EARTHQUAKE，IRAN：LESSONS ON THE SEISMIC BEHAVIOUR OF BUILDING STRUCTURES，Proceedings of The 14th World Conference on Earthquake Engineering，October 12-17，2008，Beijing，China

[6] Fallahi，Allreza，Lessons Learned from the Housing Reconstruction Following the Bam Earthquake in Iran，Australian Journal of Emergency Management，Vol. 22，No. 1，Feb 2007：26-35. http：//search. informit. com. au/document Summary；dn=839452027871930；res=IELHSS>ISSN：1324-1540.

[7] Mohammad Ashtari Jafari，LESSONS LEARNED FROM THE BAM URBAN EARTHQUAKE，Proceedings of The 14th World Conference on Earthquake Engineering，October 12-17，2008，Beijing，China

[8] Mehrabian，A. and Achintya，H. （2005）. Some lessons learned from post-earthquake damage survey of structures in Bam，Iran earthquake of 2003. Structural Survey，23：3，180-192.

[9] A. R. Manafpour，BAM EARTHQUAKE，IRAN：LESSONS ON THE SEISMIC BEHAVIOUR OF BUILDING STRUCTURES，Proceedings of The 14th World Conference on Earthquake Engineering，October 12-17，2008，Beijing，China

了巴姆地震主震地面运动。在巴姆观测站（N29.09°，E58.35°）记录到的最大未校正的地面运动加速度为：东西向 0.82g，竖向为 1.01g，南北向为 0.65g（图 12-3）。强震仪位于巴姆市内一栋两层政府办公楼的底层，所记录的地面运动同震中的非常接近。从图可见，这次地震的竖向地面运动加速度很大（一般小于水平方向的）[10]。强地面运动的持续时间为 8 秒。[11]

巴姆观测站在主震发生前 53s 记录到了前震，最大水平加速度为 0.017g，而最大竖向加速度则为 0.08g。前震使少数居民有感，从家里逃到室外。主震后的 6 天里，发生了 60 次余震。最大的余震发生在主震后 1 小时，震级为 5.3。

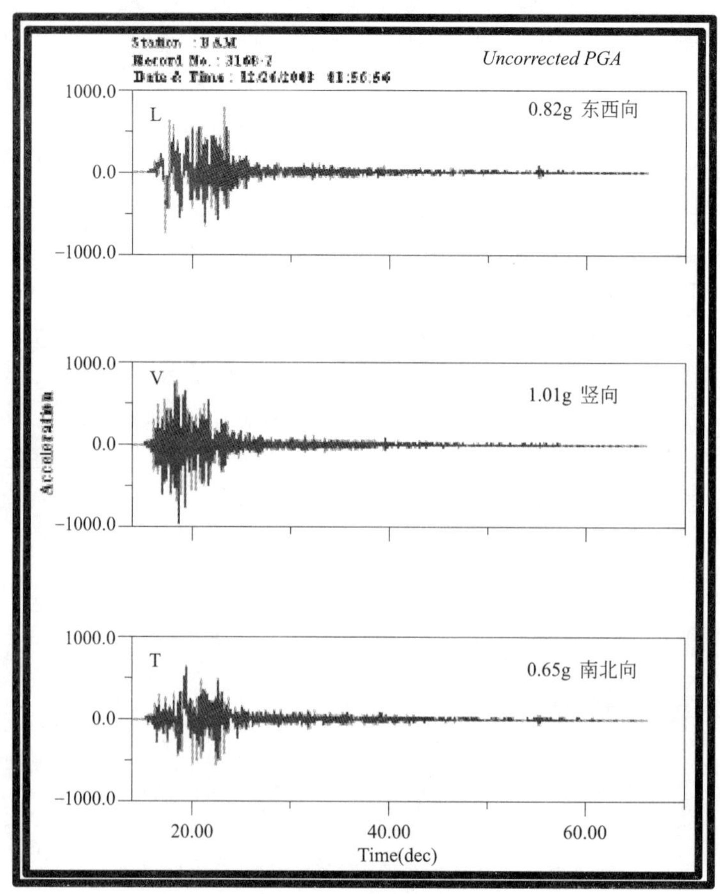

图 12-3　巴姆观测站记录的巴姆地震主震地面运动

在巴姆地区，采用最多的房屋建筑结构有以下 4 种类型：

（1）土坯结构房屋：用未烧结的土坯和泥浆砌筑而成，多数采用拱形屋顶系统；

（2）砌体结构房屋：用烧结砖或混凝土砌块和水泥砂浆砌筑而成，作为主要承重体

---

[10] USGS，2003，"Magnitude 6.6 Southeastern Iran，2003 December 26，Preliminary Earthquake Report USGS"，USGS，NEIC，World Data Center for Seismology，http：//neic.usgs.gov/neis/eq_depot/2003/eq_031226.

[11] EERI，2004，"Preliminary observations on the Bam，Iran，Earthquake of December 26，2003"，Learning From Earthquakes，Earthquake Engineering Research Institute，Special Report，April 2004.

系，通常采用杰克-拱形屋顶系统（jack-arch roof system）；

（3）钢结构房屋：典型的是由钢梁和钢柱组成的框架结构，有时设有斜撑系统承受侧向荷载；

（4）钢筋混凝土结构房屋：在巴姆市，这类房屋很少，多用于公共建筑或政府办公建筑。

在巴姆城里，上述 4 种房屋都有，但在农村，则以土坯结构和砌体结构房屋为主。

伊朗 1967 年才有建筑抗震设计规范。1962 年 9 月 1 日，伊朗，夸兹运省（Qazvin Province），步因扎拉（Buin Zahra）发生震级为 7.1M_L 地震，震中烈度为 9 度，震源深度为 10km，12225 人死亡，2776 人受伤。地震以后，在 1967 年住房和开垦部（Ministry of Housing and Reclamation）颁发的《建筑地震安全规范》（Seismic Safety Code for Building）指南中有了伊朗第一本抗震设计规定。随后，规划和预算机构（Planning and Budget Organization）发布了"第 519 号标准：建筑最小荷载"（Standard No. 519，minimum loads for buildings）对这本规范中的新建建筑地震荷载计算方法作了规定。现行的"伊朗建筑抗震设计规范，第 2800 号标准"第一版是建筑和住房研究中心（Building and Housing Research Centre，BHRC）1988 年初发布的，此后，纳入了伊朗官方对抗震设计要求。1999 年出第二版，第三版最近才出来。

在巴姆地区，有许多因素影响建筑施工，如成本，气候要求以及是否有合适的材料可用。私人住宅是房主雇用建筑工人和非熟练普工自行建造。对于这些建筑，当地对建造商或承包商没有注册要求，因而没有适合的制度起诉失职的建造商。

但是，当地法律规定要有施工图，并由有资格的专业人员监理施工，而且在开工以前，施工图纸要经地方当局最终审查批准。然而，实际上，对施工过程本身很少有控制措施。

12.2.1 巴姆城堡的破坏

巴姆城堡［Arg-e-Bam（Bam Citadel）］是世界上最古老、最大的土坯建筑群，已有 2000 年历史。这个大型综合体位于现代城的东北，历史上是巴姆的老城，由用粘土、土坯、棕草和棕榈树干建在巨大的岩石露头上的建筑群，周围的城墙，38 座塔，以及有效防止入侵的深沟组成。这个大型综合体覆盖面积为 200000m^2，包括 3 个专属区段。[12] 自 1973 对这座城堡进行例行维修以来，宏伟而古老的土坯建筑得到了保护，使得 2003 年 12 月地震以前已经成为伊朗东南部最受欢迎的旅游胜地之一（图 12-4）。

巴姆城堡在这次地震中遭受了很大破坏。从西南走近，这个综合体的外墙，一部分已成碎土，完全失去原来建筑的形状。爬上这些建筑废墟的顶上，可以清楚地看到大型综合体形成的废墟占满庭院。这个大型建筑群已经经历 2000 年没有受损，这个事实说明，巴姆地区在这段漫长的岁月里，从未发生过任何类似这次地震烈度的地震。图 12-5a 为巴姆地震前的巴姆城堡，图 12-5b 为地震后的破坏情况。这座城堡是伊朗历史上地标性建筑，是伊朗的文化遗产。图 12-6 为巴姆城堡中心地段地震前后面貌。

[12] Iranian Cultural heritage Organisation，Internet site for Arg-e-Bam，http：//www. argebam. ir.

图 12-4　巴姆城堡及其邻近地段，2003 年 9 月（地震前 3 个月）摄

图 12-5a　巴姆地震前的巴姆城堡

图 12-5b　地震后的巴姆城堡破坏情况

地震前　　地震后

图 12-6　巴姆城堡中心地段地震前原貌和地震后破坏情况

12.2.2　土坯结构房屋破坏

砖和土坯是伊朗东南部应用最广泛最古老的建筑材料之一。土坯建筑通常采用圆形或拱形的扁平屋顶。屋顶用又厚又刚的墙体支承。从结构的观点来看，土坯结构是比较笨重的，加上每隔几年还增加隔热层，屋顶将会更重。土壤是一种脆弱的建筑材料，如果受到强烈震动，很容易碎裂。在地震荷载作用下，沉重的墙体和屋顶形成很大的惯性力，墙体常因承受不了这么大的力而造成裂缝或倒塌。虽然拱形屋顶在竖向重力荷载作用下，由于受压，表现尚好，但在水平地震荷载或很强的竖向地震荷载作用下，就不行了，结果是房屋突然倒塌，被困在里面的人来不及逃生，而且倒塌后，屋里烟雾弥漫，更是雪上加霜。这些建筑大多在巴姆旧区，它们的倒塌使这一地区夷为平地。图 12-7 为巴姆地震土坯房倒塌实例。

图 12-7　巴姆土坯房屋倒塌

12.2.3　砌体结构房屋破坏

1960 年代初以来，砖（烧制）砌体房屋逐渐成为伊朗最常见的建筑类型之一。砖砌体墙是主要承重结构构件，也有砖墙和部分钢框架组合承重的，钢框架则由柱子和架在柱和墙上的钢梁组成。

在伊朗，使用水平拉杆是从 1960 年代开始的，而使用竖向拉杆则始于 1970 年代。然而，这些抗震措施在农村地区（比如巴姆地区）的落实，经历了很长的时间。在巴姆，许多老旧的砖砌房屋没有拉杆，甚至有些地震以前 6 个月建成的房屋也没有拉杆。地震时，许多没有拉杆的砌体结构房屋倒塌（图 12-8）。

12.2.4　钢结构房屋破坏

按照伊朗抗震设计规范，砌体结构除非满足其他专门标准，只允许建两层。建造 3 层或 3 层以上的房屋，钢框架结构通常是工程师和业主的首选。这种结构最大的问题是焊接质量难以控制，一般做工都很差。第二个问题是没有良好的设计，因为设计人员都没有经

图 12-8　巴拉瓦特（Baravat）一栋砖结住宅，没有拉杆，震前 6 个月才建成，地震时倒塌

过结构和非结构构件抗震设计的专业培训。许多设有抗水平荷载的斜向支撑的钢框架结构房屋，地震时表现都很好，不但没有倒塌，有些房屋甚至连玻璃窗都没有破坏。相反，在同一地区，没有设置斜向支撑钢框架结构的房屋则遭到严重损坏，甚至倒塌。一些最近建成的钢结构，由于设计不当或施工缺陷，地震时房屋变形过大，造成内墙和外墙严重破坏，甚至整栋倒塌。图 12-9 为位于巴姆市区钢结构的破坏，其中：图 12-9a 为位于市中心的 Kimia 商住建筑的破坏。该建筑为有斜撑的钢框架结构，前面为 5 层，后面则为 4 层。地震时，下面 2 层倒塌。这栋建筑是一个典型的形体不规则结构，地震时，产生大的侧向位移和扭转。焊接质量差也是造成倒塌的原因；图 12-9b 为市区另一栋钢结构建筑的破坏，破坏主要是围护墙体，主体结构基本完好。

(a) 位于中心的Kimia 建筑的破坏

(b) 市区钢结构房屋的破坏

图 12-9　巴姆市钢结构房屋的破坏

12.2.5　钢筋混凝土结构房屋破坏

在巴姆，钢筋混凝土结构总的数量很少，用得较多的是政府办公楼和其他公共建筑，少数是住宅。总体上说，这类结构房屋地震时表现都很好，只有非结构构件出现轻微破坏，经受了强烈地震的考验。然而，巴姆市的伊玛目-萨迪格（Imam Sadegh）清真寺是新建的钢筋混凝土建筑，由于设计、材料和施工质量低劣，以致遭到严重破坏和局部倒塌。

12.3　灾后应急救援[13]

伊朗总统 Mohammad Khatami 则把这次地震称为“国家灾难”，呼吁所有伊朗人帮助灾民。

地震造成大量人员伤亡的一个重要原因是，当墙体开始倒塌时，沉重的屋顶随之塌落，留下有空气的空间很少，幸存者多因尘埃和缺氧造成窒息而死亡。伊朗政府承诺起诉

---

[13] Mohsen Ghafory-Ashtiany ? Mahmood Hosseini，Post-Bam earthquake：recovery and reconstruction，Nat Hazards (2008) 44：229 - 241，DOI 10.1007/s11069-007-9108-3

违反建筑法规者，甚至设置一个专门的机构来处理这个问题。对 210 名受害者的研究表明，在倒塌的房屋里，人均呆了 1.9 小时。常见的病症有肾功能受损、骨折、骨筋膜室综合征、以及神经损伤等。

地震后，伊朗当局，伊朗红新月会和国际组织之间的合作迅速而有效。内政部、卫生部、军队和红新月会展开了大规模的救援和救灾活动（图 12-10）。近 12000 人空运到其他省的医院。红新月会动员了 8500 救灾志愿者。克尔曼省政府成立了以省长为首的 6 人委员会协调救援工作，伊朗各界都来帮助救援。来自 44 个国家的 1600 多人参与搜救。震后几小时，联合国就派出灾害评估和协调小组帮助伊朗政府协调国际应急支持，并提供救援物资和技术支持。国际红十字联合会、红新月会和各类非政府组织设立现场医院、发放食物和毯子。在地震当天，伊朗红新月会就为无家可归者发放了 50000 顶以上的帐篷作为应急住所，帐篷搭在灾民原住房附近或开阔场地上的集体安置区。

图 12-10　地震后的应急救援活动

2004 年 1 月 8 日，国际红十字联合会和联合国一起呼吁国际救助，分别为 4200 万美元和 3130 万美元。据报道，44 个国家派出人员帮助救灾，60 个国家在地震后提供了援助。1 月 15 日，联合国世界粮食计划署（WFP）发放了约 100000 人/日的口粮。联合国派出专家协调救灾工作。红十字联合会为灾民搭起了帐篷（图 12-11）。中华人民共和国是第一批提供援助的国家。地震后，立即派出了 43 人的救援队，政府捐赠了 1500 万元（181 万美元）。许多个人和公司还捐赠了钱和日用品。

图 12-11　巴姆市联合国院里和倒塌房屋旁边的帐篷

震后住房基金会迅即采取行动为无家可归的灾民提供过渡性住所，在巴姆设立了 16 个来自全国各省的指挥机构，10 个在市区，6 个在农村。住房基金会启动了废墟清理计划，在城里和农村分别运走了 1.9 万栋和 4 千栋到他住房的建筑垃圾。

震后，由 81 人组成的应急反应小组和费尔法克斯（Fairfax）县美国陆军后备队

（USAR）搜救小组（11 人）、国际医疗队（57 人）和从美国联邦应急管理厅（Federal Emergency Management Agency，FEMA）来的管理支持团队（6 人）一起工作。美国国际开发署和对外灾难援助办公室空运来 5 批救灾物资，美国国防部派出七架飞机送来医疗和救灾物资。从 12 月 31 日到 1 月 4 日，野战医院治疗了 727 例患者。1 月 5 日野战医院关闭后，国际红十字联合会（IFRC）野战医院继续履行职责。

地震发生当夜，气温很低，冻死一些在没有暖气的帐篷里生活的幸存者。因此，成千上万的家庭被转移到巴姆市郊外有暖气的房屋里，不是没有遇到阻力，因为许多居民希望继续留在原来的地方。幸存者把他们的物品装车搬到发放救济品、有志愿者和亲属的地方，

抢劫者抢了食物仓库和本地市场，警察部队随机向空中开枪，以赶走他们。

2003 年 12 月 29 日，即地震后的第四天，在废墟中一位死去母亲的怀抱里，发现一名活着的名叫 Nassin 的小女孩。此后，救援行动开始从寻找幸存者转变到关护从废墟中救出来的人。救援人员开始有所喘息，虽然那天还发现有三个活着的人。那天，城市的大部分地区的水和电都已恢复。救援的奇迹是 97 岁的老人 Sharbānou Māzandarānī（شهربانومازندرانی波斯人），被困在家里 8 天，直到 1 月 3 日搜救犬发现了她，救援人员花了 3 个小时才把她从废墟里救出来后，她甚至没有受伤。最晚救出来的活人是在 1 月 8 日，即地震以后 13 天。

12 月 28 日伊朗海军一架直升机，运送帐篷和毛毯以后，飞向 Bandar Abbas 途中，在巴姆西南 48km 处坠毁，坠毁原因不明。直升机是向巴姆地区运送 500 多次救援物资的飞机之一，坠毁时机上有 2 名飞行员和 1 名助手，无一生还。

灾后房屋损毁的分类是通过航拍进行的。利用在 GIS 记录下的建筑和主路周围城市街区的情况以及震前照片，对比震后照片，得出了视觉检测结果。通过这个方法，对总共 12063 栋建筑，按 1～5 级划分为：1～2 级的 1597 座，为基本完好和轻微损坏的建筑；3 级的 3815 座，为废墟旁的建筑；4 级的 1700 栋，为部分倒塌的建筑；5 级的 4951 栋，为全部倒塌的建筑。

住房基金会在城内和乡村设立了 16 个赈灾指挥部，运走了市内 19000 栋房屋和乡村 4000 栋房屋的废墟瓦砾。到 2004 年 4 月，大部分灾民得到了临时安置房，如面积为 18～20m^2 的预制房屋，并配备了热水器和空调。

从心理上说，地震对灾民有深远的影响，不仅仅只是直接的后果。由于地震，巴姆的两座医院倒塌了，余下的医院全部满员。虽然有不少急救中心，但没有足够的床位安置伤员。巴姆的医务人员中有一半在地震中丧生。世界卫生组织呼吁有 400 万美元的医疗救助，重点之一是帮助精神疾病患者，其中许多人有外伤。联合国灾害评估协调小组发布的情况报告说，创伤后应激障碍和抑郁（post-traumatic stress disorder and depression）上升。

2004 年 9 月，地震造成的心理疾病的治疗仍处于较紧张阶段，巴姆的一个辅导中心在这一个月就收了 129 位新的创伤后应激障碍患者。2004 年 12 月，国际红十字会联合会和伊朗红新月会代表团团长 Mohammed Mukhier 说，地震 12 个月以后，地震毁坏的痕迹依然存在，不仅表现在建筑物倒塌，而且反应在人心里。从突发性灾难一开始，就把心理支持融入到救灾工作中去是一个可以更广泛应用的模式。伊朗的经验可以用于应对未来其他地方的灾难，我们应该小心地帮助灾民和救援人员。

心理帮助计划对 2 万人作了评估，其中 9300 人确定为需要心理帮助，结果有 5600 多人接受了个人或团体的心理辅导。伊朗的“红新月会”收到了丹麦、冰岛和意大利红十字会提供的资助，但主要资金来源则是欧洲联盟人道主义援助办公室（Humanitarian Aid Office of the European Commission，ECHO）。心理帮助计划不仅提供了传统的医治，作为一种治疗，还为受灾人员提供了休闲设施，如绘画，缝纫和计算机课程。

12.4 恢复重建

12.4.1 领导机构

伊朗的国家灾难管理主要由内政部（Ministry of Interior）下设的下列三个机构负责，在灾后恢复重建中发挥作用最大的是住房基金会（Housing Foundation，HF）。

1. 安全和恢复活动研究与协调局（Bureau for Research and Coordination of Safety and Rehabilitation Activities ，BRCSR），负责研究安全措施，制定防备和减灾规划，收集、分析和传递灾害管理信息。

2. 国家救灾工作队（National Disaster Task Force，NDTF），是内政部主持的中间组织，其活动随灾后的不同阶段而变化。

3. 住房基金会是一个革命性的理事会和半自治的机构，在其法律责任中，灾后重建和农村发展是主要任务。. 住房基金会是实施地震受损住房建设和重建的政府机构，其总部设在德黑兰，全国设有 100 多个分支机构，主要从事农村发展工作，包括规划的编制和实施、研究与开发、灾后重建和房屋的维修改造。借鉴以往的灾后重建经验，巴姆住房的重建是在政府统筹下，通过住房基金会，以房主参与、社区援助、银行支持和技术与工程咨询服务免费的协同合作方式进行的。

地震后，伊朗政府设立了巴姆恢复重建指导办公室（Guiding Office for the Recovery of Bam，GO，办公室有 11 名成员，主任为住房和城市发展部部长。

办公室在重建过程中发挥了关键作用，主要是任命咨询顾问建筑师规划、分析和审查城市再设计中的策略，以提升城市未来的抗震能力。

此外，还设立了建筑和城市发展理事会（Council of Architecture and Urban Development，CAUD）。理事会由 8 名知名专业人士组成，包括住房基金会成员、建筑师、工程师和商界人士。建筑和城市发展理事会负责重建的治理和财务工作，确保新的结构符合导则和为每一个人规范银行贷款和信用。理事会为巴姆可持续重建宣言（Bam Sustainable Reconstruction Manifesto）举行了仪式。

12.4.2 重建优先事项：

咨询建筑师们确定的巴姆重建计划的优先要做的事项如下。

（1）清除城市和郊区村庄的废墟；

（2）按照当地建筑风格在原地重建城市；

（3）通过以下途径重建受到破坏的居住和商业建筑：

1）住户参与重建；

2）为人们提供必要的设施和施工技术资料；

3）提升地区施工质量；

4）聘请科技人员、咨询工程师和承包商提供技术服务，包括设计和实施；

5）邀请建筑材料供应商建立工厂，以满足材料的需求监管；

6）召开专题讨论会，建立展览场地，向住户提供技术和工程咨询和服务；

7）在由于技术原因不能建设独栋住宅的地方，整备建设住宅小区用地；

8）雇用当地人进行重建，旨在创造就业机会；

9）组建巴姆建筑和城市发展委员会，全过程引领建筑和城市发展。该委员会为巴姆可持续重建与发展的总体规划制定了三项原则。

（4）聘请合适的单位提供旨在区域发展的重建建议；

（5）利用国际援助和外国贷款实施基础和公共设施发展计划；

（6）授权农业、能源和工业机及矿山等政府部门，自己重建所属的行业；

（7）通过住房基金会向银行引进有资格的人员接收金融设施。

同时，政府赋予受地震影响社区的居民自由积极参与规划、设计和建造过程的权利，房主常常能在重建中有所贡献，主要是通过选择他们自己的设计，同建筑师和承包商合作，来确保重建满意和有效。

12.4.3 房屋重建

1. 房屋破坏等级的确定

用航空摄影对房屋破坏程度进行分类。具体做法是，先利用地震前的航空摄影图像把各个房屋的具体位置标注在GIS（地理信息系统）和主要道路围成的城市街区地图上；然后，同震后地震破坏图像进行比较；再对房屋的破坏做实地考察。用这种方法把遭到破坏的总计12063栋房屋分成5等。其中1597栋为1～2等，3815栋为3等（房屋周围有落下的碎片），1700栋为4等（部分倒塌），4951栋为5等（完全倒塌），如图12-12所示。

图12-12 地震倒塌的房屋

2. 临时住所（安置房）

内政部克尔曼省长办公室奉命为无家可归的灾民提供临时住宅单元（图 12-13）。临时住宅单元为预制或现场建造，建筑面积约 16～20 平方米，配有热水器、空调和洗涤槽，卫生设施，建在附近的安置区。在 35905 个临时住宅单元中，有 9005 个单元建在安置区，这种集群安置方式多数灾民不喜欢，所以多为学生住用，其余 26900 个单元则建在灾民自己的地产范围内。总共安装了 18000 个淋浴和厕所，供灾民使用。2004 年 3 月底，大多数灾民从帐篷搬到临时住房，2004 年 6 月 12 日安置区（图 12-14）建成，但时间延后了 2 个月。图 12-15 为各种应急临时住所，预制和现场建造的临时住房。

图 12-13　独立的临时住所

图 12-14　预制单元安置区

图 12-15　各种应急临时住所，预制和现场建造的临时住房

3. 永久性住房[14]

考虑到政府的政策是快速重建未来地震安全的巴姆，把长期社会经济损失降到最低，预计重建将在 2007 年中完成，如果这个目标能够实现，则无家可归的灾民在临时住房居住的时间将不会超过 3 年。所以，拖延重建时间，最终会导致临时住房成为永久居住地，

---

[14] *Alireza Fallahi*，Lessons learned from the housing reconstruction following the Bam Earthquake in Iran，The Australian Journal of Emergency Management，Vol. 22 No. 1，February 2007

这无论是对城市重建还是财政或审美都不利，这样就会出现 Manjil 地震[15]和其他地震灾后重建的类似情况，说明一个长期拖延的震后重建，还会造成许多社会问题。

巴姆可持续发展宣言说：在重建阶段，为灾民提供永久性住房的目标是尽可能让他们不依赖政府。鼓励住户在救援过程中作为主体积极参与。在重建期间，住房基金会和诸多私营工程公司及建筑事务所声称，他们只负责为无家可归的住户重建。每一家私营单位都和住户制定了咨询方法，并按此咨询方法采取具体的步骤去实施。这种为灾民提供住房的方法提升了灾民积极参与重建过程的能力。但是官僚主义的纸面作业成了运作的最大障碍。

伊朗过去 40 年实施的住房重建项目的经验表明，在新的定居点重建的住房，只有一部分成功地满足灾民的重建需求，主要原因是地震以后，对受灾社区住房的重建，重视技术研究，而对社会方面的研究则较少。缺乏定期评估灾后重建的影响和追踪入住灾民对重建环境的反应。灾后住房重建中要考虑如何回答灾民关心的问题，例如：如何做好住房安全性调查？提供的永久性住房怎样才能满足灾民的要求？如果这些住房是按照防御未来地震灾害建造的，那么到时候确实是安全的吗？

巴姆建筑和城市开发理事会规定了每一个住户和商业单位的信用额度和贷款额度，并分配了修建花园栅栏、围墙和学校重建的贷款。巴姆市修建了 3 万套临时住房。起初这些临时住房打算修建在安置区内，但经过与灾民商量，大部分临时住房修建在受损房屋所在地或房屋倒塌前的同一地块内。大部分新建房屋是钢结构。

巴姆建筑和城市开发理事会还提出了“巴姆可持续重建宣言”。这份关于可持续重建和开发的总规有三个原则：一是在城市设计中保留城市的可识别性；二是强调新建房屋必须符合国家住房法规；三是重建过程中需有住户的参与。

在设计、规划和实施过程中，不应把灾民和住户视为“绝望的人群”，而应视为“合作的积极行为人”。这样的结合将为人们获取新技能和重新振奋起来铺平道路。

社区的积极参与在巴姆市的设计、规划和施工过程中得到鼓励。这对于减轻灾民的痛苦和精神压力很有好处。调查显示，重建过程中灾民和住户参与程度越低，人们对安置地点和安置房的满意度越低。在巴姆市，住户有权选择自己的方案和布局，而且能够监督自己住房的修建，这也保证了政府贷款最终实现了人们理想的住房需求。图 12-16 为巴姆独栋住宅和公寓的重建。

图 12-16　巴姆独栋住宅和公寓的重建

[15] 伊朗 1990 年 6 月 21 日发生的 Manjil - Rudbar 地震，震级：7.4MW，震源深度 15km，震中烈度 X 度，死亡 3.5-5.0 万人，受伤 6.0-10.5 万人，经济损失 80 亿美元。

住房基金会为设计师、事务所和承包商提供建筑材料和场地，让他们建造同实物大小一样的样板房，展出并与群众交流建造安全房屋的技术知识。住房基金会按照下列标准检验他们的设计：

（1）抗御未来的地震灾害；

（2）必须在经济上可行；

（3）必须适应气候和环境条件；

（4）从文化角度上应该是当地人所熟悉的；

（5）易于用当地的技术和材料进行修补和施工。

在这一过程中，人们全面参与房屋的重建，表达自己的意见，与设计者讨论，直到满意为止。此外，省民用工程学会也派遣了建筑师和工程师来现场指导重建。建筑材料质量控制委员会负责提供土壤机理试验室和建筑材料测试设备。承包商和住房基金会的重建委员会形成合同文本，重建委员会监督社区、设计师和承包商之间的技术程序和法律协议。

2004 年 1 月，联合国估计巴姆重建要花费 7～10 亿美元，呼吁国际社会为提供此项资金尽力，并在国家电视台宣布已拨款约 4.1 亿美元用于重建。

鉴于地震中土坯房屋遭到严重破坏和疏于遵守 1989 年伊朗抗震规范，巴姆重建时，特别注意利用抗震、耐久的建筑材料。负责巴姆重建工作的 Hamid Eskander 博士说："巴姆将不会再用土坯。新的设计必须考虑采取合适的抗震设计技术和措施。房屋和工程设施如果仍旧采用原样，就是自找麻烦，所以我们必须现在就改变。"

恢复重建工作一开始，住房基金会（Housing Foundation，HF）就采取行动为无家可归者提供临时住所，并发起了一个消除废墟计划，在城市和农村地区分别清除了约 1.9 万和 4 千间建筑垃圾。

2004 年 3 月 1 日，联合国人居署（UN-HABITAT）在巴姆启动了一个项目，着重解决抗震结构问题。联合国和政府议会、社区一起工作，检查重建过程，伊斯兰革命住房基金会（Islamic Revolutionary Housing Foundation）也参与。联合国人居署项目计划为期 6 个月，预计耗资 40 万美元。

4. 其他房屋的重建

地震中，许多学校遭到破坏，夺走了 1200 名教师和 10000 名学生的生命。因为精神受到严重刺激，学生和老师都急需心理帮助。2004 年 1 月 5 日，学校恢复上课。图 12-17 为巴姆、Baravat 和周围村庄的各类学校重建。

图 12-17　巴姆、Baravat 和周围村庄的各类学校重建

巴姆市医院、诊所、健康和康复中心的重建，文化中心，包括体育场馆、图书馆、清真寺等等的重建，以及市政府办公区建筑的重建分别见图 12-18、图 12-19 和图 12-20。

图 12-18　医院、诊所、健康和康复中心的重建

图 12-19　巴姆文化中心，包括体育场馆、图书馆、清真寺等等的重建

图 12-20　巴姆市政府办公区建筑的重建

"新巴姆"离原巴姆城 10km，近几年已经建设成工业区，区内有汽车厂和包装厂。

12.4.4 重建遇到的问题

(1) 众多利益相关者很难取得共识。虽然在灾后重建中设立了理事会，制定了协同合作规划，但是仍然遇到了非常多的困难。因为房屋的众多利益相关者很难在建筑重建决策方面取得共识，他们的利益多样，而且往往互相矛盾。实际合作同最初预期的情况相差很远，而且与实际重建相关的国际援助和介入很少。

(2) 重建规划获准延迟。承担规划任务的公司花了相当多的时间编制新的城市总体规划，而灾后两年仍然没有获得议会通过和授权实施。这在很大程度上是由于他们和承包商之间的利益冲突，以及在地方一级人们不同的建筑需求。

(3) 由于规划决策过程很长，实际重建是在没有确认的城市总体规划下开始的。这就造成许多原先的建议和合作方案没有发挥作用。如新的总体规划建议缩进、拓宽几条街道，但是由于相关利益者（土地拥有者、市政府和重建办公室）之间的利益冲突，这项建议没有得到实施。为了拓宽街道，市政府只好买了 1200 处房地产，计划还要购买 500 处房地产，以推进和加速重建规划的实施，满足基础设施重建的要求。由于对市政府或重建办公室提出的地价不满意，地主不愿意出让自己的土地。

(4) 吸毒人数上升影响重建速度。地震以前，巴姆大约有 20%的 15 岁以上的人群吸毒上瘾。震后贩毒活动终止。在善后工作中，曾为吸毒者提供有鸦片的注射器。地震发生后，幸存者开始大规模注射鸦片。由于巴姆在来自阿富汗和巴基斯坦的毒品贸易路线上，这是容易做到的。2006 年，50%以上男性和 15%左右女性吸毒成瘾。最年轻的吸毒者只有 11 岁。建筑工人在历史上都是用大的注射器，成瘾人数上升可能是由于他们在公众中传递针头。一位不愿透露姓名的联合国儿童基金会的工作人员说，吸毒人数上升正在使重建速度和动力下降。

(5) 在巴姆地区，有许多因素影响建筑施工，如成本，气候要求和是否有合适的材料可用。私人住宅是房主雇用建筑工人和非熟练普工自行建造。对于这些建筑，当地对建造商或承包商没有注册要求，因而没有适合的制度起诉失职的建造商。但是，当地法律规定要有施工图，并由有资格的专业人员监理施工，而且在开工以前，施工图纸要经地方当局最终审查批准。然而，实际上，对施工过程本身很少有控制措施。

12.4.5 重建的成就和效益

虽然重建时间延长了，规划难以协调，较晚才获批准，但是相关利益者对巴姆震后重建都很重视，认为会给今后带来里程碑式的影响。在重建中，工程师和建筑师大大促进了建筑标准的实施，把遵守 1989 年建筑抗震规范当作自己的义务。

在经济上，巴姆地震后的重建为城市提供了很大的增长机遇，而且在文化上也得到了延续，甚至传统文化也有所提升。值得注意的是，城市重新设计和重建使灌溉系统的数量和质量都得到了很大的改善，这不仅挽救了巴姆枣业的衰败，而且增加了投资和就业。

巴姆永久性医院虽然已经重建完成，但临时医院还给予保留，以备用于应对未来发生在伊朗和附近地区灾害的应急反应。地震后，国际红十字联合会调动国际资金和资源帮助伊朗红新月会提高其环境灾害应对策略，已经建成一个城市卫生所和 10 所培训救援人员的正规学校，以及一个道路救援站，并已在2005年下半年建成。

12.4.6 经验和启示

1. 地震造成重大伤亡的原因

2003年巴姆地震造成26271人死亡，3万人受伤，7.5万人无家可归，是伊朗历史上人员伤亡最多的地震。人员伤亡的主要原因有二：一是房屋倒塌，巴姆房屋主要是土坯和砌体建筑，本身抗震性能就很差，许多房屋没有按国家建筑抗震设计规范设计和建造，地震时80%房屋倒塌；二是地震发生在当地时间早上5点28分，全城8万居民几乎都在睡觉，死亡者多数是在沉睡中被困在倒塌的房屋里而致死。

2. 地震造成的经济损失很大

巴姆地震虽然是中等震级的地震，但破坏造成的社会经济影响却很大。地震造成的经济损失大约是15亿美元，其中直接经济损失12亿美元，间接经济损失0.3亿美元。重建需要2～3年，甚至更长的时间。特别是坎儿井（汲取地下水的地下通道，在重力作用下为居住区和农业用地供水）的破坏，对巴姆市的农业生产造成严重影响。

3. 可持续重建的三个原则

重建中提出可持续重建的三个原则，即：（1）在城市设计中保留城市的风格，要有可识别性；（2）新建房屋必须符合国家住房法规；（3）重建过程要有住户和社区参与。这些原则的执行，对保证重建质量起到了重要作用。

4. 灾民住房自建，不依赖政府

重建一开始，政府就明确：在重建阶段，尽可能让灾民不依赖政府自己建造永久性住房，鼓励住户作为主体积极参与重建。这充分体现了自力更生的精神。

5. 部分灾民对建设永久性住房兴趣不大

大部分灾民在帐篷里居住了三个月以上，半数以上的灾民自己搭建了临时住所；大部分灾民得到了经济和物质援助修建临时住房，临时住房的平均建筑面积为$18m^2$。不过仍有一些没有房屋的家庭居住在安置区的预制单元房屋里。很多灾民在临时住房内居住了两年以上。他们认为临时住房比他们的受损房屋好得多，对于修建永久性的房屋并没有太大兴趣。

6. 临时过渡住房投资太高

在修建永久性住房方面，大部分住户得到了建筑公司的免费咨询服务，设计和规划了自己的住房并采用混凝土天花板和金属结构。而且，他们都对房子的牢固程度和所用材料表示满意。不过，临时过渡住房投资太高是值得注意的一个教训。政府应该在过渡房上减少投入，毕竟它们只是临时性的。

7. 住房基金会支持和灾民参与是巴姆市重建成功的两个主要因素

住房基金会的经济支持和建筑材料的支援以及灾民的参与。灾民的积极参与减少了操作成本和操作时间，而且降低了灾后的负面精神影响。不过，现场分析表明，尽管参与程度很高，但是灾民并没有得到足够的关于住房安全的培训，当地对建筑知识的推广和宣传力度不够。

8. 鼓励居民和社区积极参与巴姆重建的设计、规划和施工过程

这对于减轻灾民的痛苦和精神压力很有好处。调查显示，重建过程中灾民和住户参与程度越低，人们对安置地点和安置房的满意度越低。在巴姆市，住户有权选择自己的方案和布局，表达自己的意见，与设计者讨论，而且能够监督自己住房的修建，这也保证了政府贷款最终实现了人们理想的住房需求。

9. 永久性住房样板房展示效果很好

住房基金会为设计师、事务所和承包商提供建筑材料和场地，让他们建造同实物大小一样的永久性住房的样板房，展出并与群众交流建造安全房屋的技术知识。住房基金会按照下列标准检验他们的设计：

（1）抗御未来的地震灾害；

（2）必须在经济上可行；

（3）必须适应气候和环境条件；

（4）从文化角度上应该是当地人所熟悉的；

（5）易于用当地的技术和材料进行修补和施工。

政府和民间合作重建。省民用工程学会也派遣了建筑师和工程师来现场指导重建。建筑材料质量控制委员会负责提供土壤机理试验室和建筑材料测试设备。承包商和住房基金会的重建委员会形成合同文本，重建委员会监督社区、设计师和承包商之间的技术程序和法律协议。

10. 重视精神疾病治疗

灾民因地震而受伤后，会造成精神疾病，如应激障碍和抑郁症。地震后，世界卫生组织呼吁获得的医疗救助资金，重点之一是帮助精神疾病患者。2004 年 9 月，巴姆的一个辅导中心还收了 129 位新的创伤后应激障碍患者。地震 12 个月以后，地震毁坏的痕迹依然存在，不仅表现在建筑物倒塌，而且反应在人的心里。这次地震，从突发性灾难一开始，就把心理支持融入到救灾工作中去，所提出的心理帮助计划不仅提供了传统的医治，作为一种治疗，还为受灾人员提供了休闲设施，如绘画，缝纫和计算机课程。这是一个可以广泛推行的模式。

11. 通过重建灾民对重建的认知和能力都有大幅度提升

重建开始时，灾民把重建的一切事宜都寄希望于政府和其他机构，认为他们会帮助的。由于政府一开始就说，重建不能依赖政府，所以灾民以主体的身份，积极主动参与重建，在重建中发挥了很大的作用。通过重建，灾民学到了很多知识和技能。由于他们要参与规划和实施，知道了现代城市规划的过程和建造方法。很多居民熟知了大量的规划和建设的术语，特别是有关建筑抗震规范和标准方面的知识。

12. 通过重建，政府变得开明了，政策接地气了[16]

在重建开始阶段，政府坚持选用钢框架结构。在通过同利益相关人员对话、会议和咨询以后，政府态度变得灵活，通过现场展示和工程咨询服务，让居民自己选择。把工程咨询师、建筑材料供应商和施工单位等相关人员都请到展示现场，在那儿为灾民提供咨询服务。通过这些活动，政府不再坚持只准用一种结构，而是就巴姆市房屋抗震和文化整合提出政策要求，符合政策要求的结构、技术和材料都可以选用。克尔曼省工程师协会和巴姆建筑协会通过同伊朗住房基金会签订的合同，免费为灾民提供服务。

---

[16] Ali Asgary，Ali Badri，Mojtaba Rafieian and Ali Hajinejad，Lost and used post-disaster development opportunities in Bam earthquake and the role of stakeholders. Emergency Management Program，York University，Toronto，Canada

第 13 章　2005 年巴基斯坦北部克什米尔(Kashmir)地震震后恢复重建

13.1　基本情况

2005 年 10 月 8 日，巴基斯坦北部发生里氏 7.6 级地震。地震影响波及印度和巴基斯坦所控制的克什米尔地区，受灾最严重的是自由克什米尔（AJK，Azad Jammu Kashmir）与西北边境省（NWFP）的 8 个地区，其中 5 个地处西北边陲，另外 3 个位于巴方控制的克什米尔的 AJK 区域，震灾影响面积达 3 万 km^2。

13.2　地震破坏

灾难导致 7.3 万人死亡，大量灾民受伤以及 330 万人在寒冬无家可归，遭受饥饿与孤独。除此之外，地震还造成房屋、道路、公共基础设施以及农作物和牲畜的重大损害。AJK 灾区 84％的房屋和 NWFP 灾区 36％的房屋被毁坏；45％的山区道路和 72％通往 NWFP 北部的三条重要国道被损坏；7669 所学校和学院（包括 75％的中小学）受到影响，约一半倒塌或无法修复；574 处公共卫生医疗设施受损或被毁；由于山崩和住宅、楼宇的倒塌，供水系统也遭受到不同程度的破坏；另外 55 个省的办公大楼和 9 个区以及 249 个公务员的住所被摧毁；25％的税收记录和 85％的市政记录遗失。

灾区地处喜马拉雅山麓，恶劣的自然环境与交通条件给救灾工作和灾民生活带来不便。据震后预测，由感染、饥饿和寒冷所造成的大规模次生灾害大有一触即发之势，给救灾和灾后重建工作造成极大的挑战和困难。

面临发展中的多灾多难，巴基斯坦尽管积极争取国际援助，并协同政府、个人共同努力但仍需要面对灾后恢复重建任务重，资金需求大，时间急迫等现实问题。

首先，救灾任务重。救援行动具有复杂性和挑战性，但它还不是整个救灾工作的最困难部分，最为重要的还让灾民恢复正常生活，这还需要经过长期努力。一些国家的救灾经验表明，在救援活动告一段落后，后续工作容易进入低潮。因此，面临每年一季的严冬，巴基斯坦灾民可能将面临更多的困难。

其次，是重建资金来源的问题。2005 年 10 月 15 日，巴基斯坦总理肖卡特·阿齐兹坦言，巴基斯坦北部以及巴控克什米尔地区的灾后重建可能需要 50 亿美元的资金，重建过程大概将持续 10 年时间。这些数字还仅是对重建费用的初步估算，随着救援和评估人员深入灾后初期因交通原因无法抵达的区域，对重建费用的估算可能会进一步上升。

最后，灾民面临寒冬，重建时间要求急迫。巴基斯坦地震发生在冬季，灾民过冬以及次年过冬都成为一个不得不面对的问题。对灾区的救助是一场“与时间的赛跑”，不过“这不是一次短跑比赛，而是一场马拉松长跑”，因为“灾民所需要的紧急援助行动仍必须持续一段时间，这段时间远比我们原先预期的要长”。因此妥善安置灾民，搭建临时房屋和开展灾区重建已成为三项最为紧要的任务。

巴基斯坦开展震后救援和灾后重建的步骤大致分为相互关联的三个阶段。时间为搜救阶段，重点是寻找幸存者和救治伤者；此后的救援行动则需持续约 1 年；而重建阶段大概还需要 3～5 年。

13.3 应急

地震发生后，巴基斯坦政府迅速对地震灾害作出应急反应，组织各方力量全力进行抗震救灾。总统正式请求联合国动员支持，翌日早上，联合国灾害评估和协调小组（救灾）抵达灾区，与巴基斯坦军方共同承担了救援组织工作。

13.3.1 采取应急措施

地震发生后，巴基斯坦政府迅速采取措施积极应对：

（1）立即向灾区派遣军队。地震发生后，巴基斯坦总统立即下令向灾区派出军队，巴基斯坦政府成立了由总理挂帅的救援委员会，24 小时跟踪局势发展以保证应急效率。

由于地处震区的政府办公楼和医院等建筑基本上都被摧毁，大部分政府官员和医护人员在地震中的丧生，导致震后当地未能及时形成有规模的自救和救援活动。一些在地震中侥幸脱险的人因缺乏组织和领导能力，面对灾难，不知所措。繁重的救援工作只好由同样在地震中遭受重创的当地驻军承担。

巴军方先遣人员在地震发生的第二天克服重重困难进入灾区。随后，工程兵打通了从伊斯兰堡到地震灾区的东西两条道路，救援人员和救援物资得以抵达灾区。军方与当地警察共同担负起了维护灾区治安的工作。

（2）最大限度地利用直升机开展救援工作。大地震发生后，灾区陆路交通和通信全部中断，外界救援人员和物资无法抵达灾区。为此，巴军方调集了全国几乎所有的运输直升机投入救灾工作，一些西方国家也派出直升机参与救援，美国甚至抽调在阿富汗执行反恐作战任务的多架 CH-47“支努干”大型运输直升机参与行动。巴军方利用直升机将救援人员和物资源源不断地运抵灾区，又将重伤者运至伊斯兰堡和拉合尔等大城市进行治疗。事实表明，及时调集大量直升机参与救援行动，大幅度减轻了地震造成的损失。

13.3.2 成立联邦救济委员会

2005 年 10 月 9 日，政府成立联邦救济委员会（FRC），负责向地震灾民提供救济援助并监督和协调整体救灾工作。

13.3.3 成立震后重建和复兴管理局

灾后恢复重建工作是一项系统复杂的工作，需要国家各部门间统一协调，各尽其责，共同协作完成。因此，明确责任机构，制定灾后恢复重建政策，合理规划重建方案，协调实施灾后重建行动等工作就排上了巴基斯坦灾后恢复重建的行动日程。

为加强对灾区救援和重建工作的协调，一个由各方代表组成的震后重建和复兴管理局（ERRA）于2005年10月24日成立，该组织是地震后巴基斯坦政府负责震后恢复重建的协调机构，由主席领导，下设法规、采购、财务、规划、监测评估、过渡时期救济等部门，以此规划、协调和规范灾后重建和恢复工作，通过个人互助和社区参与，鼓励自立自强。经过与政府磋商，震后重建和复兴管理局的管辖范围包括巴基斯坦境内受地震破坏的NWFP地区和AJK地区。

13.3.3.1 组织原则

灾后重建和复兴由省、州政府通过所在地方政府在当地一级实施。地震重建和复兴管理局和巴基斯坦联邦政府，将协助并监督地方政府进行规划、决策，并提供资源、技术、协调和监测援助。

13.3.3.2 运作组织架构

（1）震后重建和复兴管理局总部；

（2）省、州督导委员会；

（3）省、州震后重建和复兴机构；

（4）区重建咨询委员会（DRAC）；

（5）区重建委（DRU）。

13.3.3.3 主要工作

震后重建和复兴管理局所面临的最严峻的任务是如何指导协调、提供财政援助和发展援助支持体系，使受灾后人群的健康状况、社区、公共服务和社会结构质量在一定程度上均达到或优于灾前水平，合理控制重建工程完成时间，尽可能地减少损失。

震后重建和复兴管理局成立后，开展了以下一些主要工作：

（1）制定灾后恢复重建的原则方针。2006年3月，该局制定了《农村灾后恢复重建政策文件》和《城市灾后恢复重建政策》，具体指导巴基斯坦震后恢复重建工作。《农村灾后恢复重建政策文件》规定，在进行恢复重建前，先行开展培训、促进信息交流、教育等活动，鼓励因地制宜，就地取材，引进新技术。该局还保证提供技术支持，建筑材料供应与建设资金等相关措施。

（2）开展灾情和需求情况评估。震后重建和复兴管理局派出600名援助和监察人员到9个受灾区调查，摸清资助人名单，划分资助类别，确定重建补助标准。巴基斯坦政府根据申报情况，向房屋完全损毁的家庭提供75000卢比（约合1250美元）房屋重建费用，向房屋部分损毁的家庭提供50000卢比（约合833美元）重建费用。为让那些因为重建住房而无暇工作的灾民获得生活来源，巴基斯坦政府还将在未来6个月内向他们提供每月3000卢比（约合50美元）的补贴，孤儿、寡妇等弱势人群也将得到特别救助。

（3）政府根据灾民住房受损情况分阶段进行资助，以保证资金合理有效地应用于灾后恢复重建工作。震后恢复重建局与受助家庭签订合同，保证修建房屋时正确合理地使用资金，并符合抗震规范标准。巴基斯坦政府鼓励灾民自己动手或雇人修固房屋，使用可回收的建筑材料，灾民还可以直接通过银行领取恢复重建资金。

（4）邀请巴基斯坦国家工程服务公司设计抗震民房，备用多种模式供灾民选择。政府资金将资助灾民拥有 205～400m^2 的住房，根据灾民自身意愿，选择相应房屋。若选择比较昂贵的住房结构，将在住房面积上加以适当限制。

（5）进行大规模培训。为帮助地震灾区培养重建工作所需的各类人才，巴基斯坦西北边境省政府在灾区陆续开办“技术发展中心”，首个中心在 2006 年 4 月底投入运转。巴基斯坦动用 12 个灾后恢复重建培训中心，经过两年的努力，进行了一系列培训。其中，基础培训 310436 人，技术培训 199686 人，社会重建动员和组织能力培训 110750 人。

13.3.4 实行“自我重建战略”

巴基斯坦政府实行“自我重建战略”，鼓励灾民自己动手重建家园，政府向灾民提供资金、技术和指导，建筑质量则由震后恢复和重建委员会统一负责监督管理。巴基斯坦震后恢复和重建委员会主席阿尔塔夫·萨利姆在接受记者采访时说：“政府提供资金，灾民提供劳务，在冬天来临之前，地震灾区将重建起 60 万栋房屋，使每个受灾家庭都有固定住所。”

2006 年 4 月 7 日上午，巴基斯坦西北边境省和巴控克什米尔帐篷营地中的灾民领到了政府发放的房屋损失调查表，地震灾后恢复重建工作全面展开。

为了保障房屋材料和质量，巴控克什米尔政府已经组成了一个技术委员会，为首府穆扎法拉巴德市所有重建的房屋进行质量把关。据介绍，每个重建住房的灾民都可以凭房屋图纸前往委员会，咨询设计中相关问题，房屋建设过程中也可以随时向其寻求技术指导。

截至 2007 年底，经过两年的重建，数十万地震灾民掌握了培训的技能，并在克什米尔地区成立了 2000 多个乡村重建委员会。

灾后应急阶段也取得了令人满意的成绩，这主要归功于两个关键因素：第一个关键是采纳了人道主义应急审查的群集模型。模型提供了一个适用于应急阶段的体制框架，并且协助以毁坏情况和需求评估（DNA）为基础的复原工作做好准备。虽然这是一种新方法，而且过程中各主要参与救援的相关方的角色并不十分明确，但群集模式和体制框架为国内外援助和救援组织提供了协调和决策机制。第二个关键是在提供管理和协调的联邦救济委员会内部建立战略监督小组（SOG）。这个小组的核心成员是联邦赈灾专员、首席军事协调员、联合国人道主义协调员（联合国驻地协调员）以及 UNOCH 首脑。

人道主义救援行动回顾

印尼海啸后，参与救援行动的国际救援机构被谴责缺乏恰当的工作协调机制。跨国机构常设委员会（IASC）要求联合国人道主义事务协调厅（UNOCHA）开展一次对以往人道主义救援行动的回顾。

通过 200 年夏季广泛咨询所有关键行动者制定了一系列的建议：人道主义救援行动

可分为 9 个部门，所有参与救灾的国际救援机构必须对某一部门负责并参与协调的工作。

九个部门是：

（1）健康；

（2）食物与营养；

（3）水和环卫设施；

（4）物流；

（5）营地管理；

（6）紧急避难所；

（7）紧急通信；

（8）保护弱势群体；

（9）灾后复兴。

13.3.5 国际合作

面对百年不遇的强烈地震，巴基斯坦立即向国际社会发出救援请求。为让国际社会清楚了解灾情，穆沙拉夫亲自陪同外国记者深入地震现场，通过国际媒体向全世界发出呼吁。之后，包括中国国际救援队在内的多国救援队、联合国机构、非政府组织等，纷纷前往地震灾区协助救援。

联合国和巴基斯坦官员在救灾过程中形成了紧密合作的工作关系。联合国充当了联系国际社会的纽带，通过使用集群模型开展与各组织机构的沟通。

巴基斯坦政府和国际捐助机构核心小组同意共同建立一个监督和评估框架。这个框架的目的是：

（1）向所有资金援助方和相关的资金保管者反馈及时的信息、计划进展状况和目前地震灾区的局势。

（2）有利于巴基斯坦政府和合作伙伴规划并实施成功的救灾和重建方案。

（3）提高监督和评估的总质量和降低成本。

（4）提高透明度以增强公众及国际社会的信心。

13.4 恢复

13.4.1 城市修复与重建规划安排

为了方便规划、建设和管理，震后重建和复兴管理局将规划努力目标分成了几个方面，并将其分别纳入了农村规划和城市规划。

（1）城市重建的机构协作

震后重建和复兴管理局的下级部门是：农村住房，健康，教育，生计，交通运输，农业和畜牧业，环境，电力，保护弱势群体，水和环卫设施，工业和旅游业以及城市发展部门。其中每一个部门均制定相应的战略规划主题。

城市重建需要各级政府间有良好的合作关系。参与建设的各级政府需要具备项目管理能力，以便履行职责，控制工程进度，并与上下级单位、公众和国际社会进行有效的合作和交流。

（2）管理规划进度

城市政府相关部门需要具备（或提高）规划、执行、实施、管理、评估和规划修编的能力，以满足公众需要，建设目标和城市发展规划的整体需求。

(3) 主要机构能力

1) 基础设施管理;

2) 信息支撑体系;

3) 公共信息项目。

13.4.2 城市发展战略

城市发展战略是针对城市重建和复兴的总体计划，城市规划则是计划中城市的实际重建蓝图。

1. 核心主题与使命

城市战略规划的核心主题是：经过规划重建更好的城市。

该规划的使命是：

(1) 提高重建城市的功能水平。

(2) 确保完善的社会公共服务的供给。

(3) 重视重建物质基础设施建设，加强重建城市社会基础设施，包括经济、环境和社会服务设施力度等。

(4) 提高居民的生活质量。

(5) 提高城市基础设施建设防灾能力，兼顾未来40～50年的更高需求。

2. 总体原则

震后重建和复兴管理局采取了以下基本原则来管理重建工作的规划、实施和运作：

(1) 在各个层次规划、战略制定和实施期间与利益相关者协商。

(2) 必须确保适应当地政府的体制框架完整。

(3) 所有重建项目必须符合公民（所有者）利益驱动的模式；应为震后重建和复兴管理局负责的重建恢复工作提供援助和经济环境。

(4) 强调地方独特性，并保证地方愿望得到尊重，拒绝片面决策和实施。

(5) 保障决策和执行的透明度和问责制得到实施。

(6) 城市规划期限为40～50年。

3. 迈向基于“都市计划”而发展的城市

为了发展基于“都市计划”的城市，城市发展战略包含了以下组成部分：

(1) 自助、互助和政府援助是城市恢复中所适用的基本概念，在恢复过程中对受灾人群尤其重要。

(2) 注重城市的防灾设计，保障城市未来对灾害的应变及抵抗能力，最终目标是完善和提高城市综合防灾能力。

(3) 三个阶段的恢复和重建进程。恢复进程计划包括三个阶段：康复期、早期重建期和完善期。第一阶段为康复期，涉及临时规划的城市区域的形成；第二阶段为早期重建期，涉及临时规划城市区域改造为永久城市区域；第三阶段为完善期，目标是完成永久城市区域。

4. 注意事项

在确定城市发展战略中需要考虑三个问题：

(1) 确定优先事项

在确定优先事项时，需要考虑其所涉及的三个领域，因为必须同时发展这三个领域内的活动。

1）住房部门：此部门（与其相关的支持活动，如给水排水、供气和供电等）对于灾民来说是最重要的部门之一。住房部门是灾民重新构建有序生活，成为重建城市的劳动力的根本保证。

2）政府部门：此部门为正在运作的城市区域提供必要组织和基本服务。因此，部门的重建必须与城市区域的发展同时进行，以保持服务提供的连续性和支持重建活动的有效性。

3）商业部门：此部门为城市区域及其周边地区的经济活动提供了动力。它是生活、贸易和商业的主要部门。

（2）分期调整

分期调整主要是协调任务顺序和时间框架，以便优化绩效。在分期调整中存在一个要素，即优先次序，因为我们经常不得不预先完成某一特定任务从而使另一任务的完成成为可能。分期调整就是为完成某项任务进行阶段划分，从而确保行动按照计划开展。为了处理分期调整我们需要有效的协调能力和充分理解所涉及的各项任务。

（3）时间和成本之间的平衡

时间和成本始终是联系在一起的。时间和成本权衡的一个方法就是把项目分开逐步进行，使较大项目的一部分留到下个阶段进行。此方式下，在仍然能够获得可以接受的短期利益同时，实现最终的全部利益。

13.4.3 城市重建阶段划分（表 13-1）

城市重建阶段表 表 13-1

序号	阶段	描述	注释
1	废墟清除	清除所有的破损构件和碎石(包括山拆除所造成的)。这一行动是震后重建的基础工作	严格意义讲,这项行动并不是重建的一部分,而是开始重建的一个先决条件
2	灾害分布图绘制	对城市进行全覆盖评测,绘制出准确的边界,并对受灾程度进行量化	灾害分布图是编制分区规划图和分区规划规范的技术基础。灾害分布图并没有指明哪里可以重建,只是说明重建条件
3	进行房屋损毁普查	对城市中所有建筑结构进行量化评估,以确定它们的稳固程度和受损程度	本次调查提供了初步的基础数据,为过渡期住所和其他临时建筑的安排提供了依据
4	分区规划图和分区规划规范	这是基本的土地利用文件,是关于建什么,在哪里和以什么标准建设的公共政策	这份文件含有政治因素。它必须协商一致决定,并以最好的技术数据为基础
5	建筑规范	此规范规定在任何条件下建造的建筑物必须符合所提标准	此规范在很大程度上分区规划规范决定,因为分区规划规范设定了避免再生灾害的标准
6	确定新的城市用地规模	一些城市需要额外的土地来重建城市,以容纳灾区人口。新的用地规模需要在规划前期确定	用地规模必须在城市规划拟定之前确定

续表

序号	阶段	描述	注释
7	设置城市受损标准(破坏区)和场地现状(非损坏区)	该标准设定了基线,并从战略上制定了重建过程的起点	标准的设定是一个集体协商过程
8	决定重建城市的共同的愿景应该是什么	描述重建后城市的景象、感觉和功能	描绘共同的愿景是城市规划的先决条件
9	为重建城市编制土地利用规划	该规划描述重建城市的结构和布局	
10	为重建城市编制专项规划(由各部门完成)	这个阶段要求各专项规划的目标和内容符合总体城市规划的要求,使各层次规划具有一致性	各个专项规划必须作为一个整体加以考虑,总体城市规划也要反映各专项规划的内容
11	城市总体规划要包括物质空间规划和社会规划	物质空间规划和社会规划要相互协调	密切协调震后重建和复兴管理局内物质规划部门和社会规划部门
12	编制城市总体规划	确定城市空间结构、设计,城市性质、职能和发展目标以及政策和规划实施程序	规划期限为40～50年,在规划期内,要求每年对城市建设编制近期规划
13	编制实施规划,设定建设进程框架、费用、预算、所需资源、年度工作计划及其他细节,以便有效地执行城市规划	这是详细的实施战略,把城市规划变成现实。这个阶段以城市规划管理为主	这里主要是为可用资源决定年度计划、融资方式和平衡原则
14	以符合本地情况(包括机构能力)的方式实施城市规划	实际上,各市政当局缺乏能力和资源来有效执行城市规划。这些机构的能力必须得到加强	市政府设置一个规划管理单位,来指导和协助执行城市规划的措施
15	征地	根据城市规划的需求,各省、州政府需开展征收土地工作	不能低估土地征收过程可能出现的问题,有可能需要制定新的土地征收机制
16	规划实施	规划实施工作是灾后城市重建的主要内容。必须分阶段实施,并通过年度工作计划来完成;充分完成将需要数年时间;将涉及城市规划修编,同时将涉及巨大资源的协调问题	在此阶段之前的工作都是为灾后重建作准备
17	进行规划监督和评价,并对规划进行及时调整	这是提供信息和了解规划管理的监督过程,以保证依据规划进行重建,遵循社区意愿	这个过程对于全城的重建工作保持可控性、问责性和透明度是很重要的

13.5 恢复性重建

13.5.1 农村地区的修复与重建

农村房屋重建规划的总目标是通过政府赠款援助符合条件的家庭,满足抗震规范要使用抗震建设技术,确保大约40万家被损坏或遭破坏的房屋得到重建。

1. 基本原则

（1）房屋的重建将遵循赋能原则。

（2）提倡本土特色的建筑技术和材质的运用，优化抗震技术。

（3）基于及时性、实用性、本土性及基本的抗震安全性的原则，又快又好地开展重建

（4）尽量保证规划的实施。

（5）创造可持续人才库，使社区对技术援助的依赖在未来尽量减少，并将成为全国其他社区的典范。

（6）遵守规范标准的前提下最大限度地保持地域建筑的传统特性。

（7）考虑环境退化，支持环保建造技术，促进对可持续发展的认识。

（8）生计规划和基础设施规划为房屋重建规划提供重要补充和支撑。

2. 农村重建发展战略

（1）抓住机遇，发展用于非工程建筑的房屋标准和抗震技术。

（2）在追求重建方案的时间和有效性中避免不切实际的技术手段。

（3）意识、信息、当地培训和指令与激励政策相结合。灾民自建房屋应意识到房屋抗震的必要性，自建者需要经过抗震建造技术的培训。抗震技术通过广泛的宣传被广为采用。

（4）社区资本：在切实可行的情况下鼓励家庭成员作为一个群体参与重建工作，比如联合采购和运输建筑材料。

（5）互相监督：鼓励社区承担监督、评估建筑物是否遵守标准的责任。

（6）合作关系：由于破坏规模大和重建时间紧，应通过建立合作关系共同承担重建责任。

13.5.2 交通设施的修复与重建

1. 愿景

尽早重建与恢复在地震中遭到破坏的道路系统，在技术允许的范围内，以低成本高效率的方式改善道路质量，保障交通畅通和服务传输。

2. 目标

（1）恢复与重建所有在地震中受到破坏的道路和设施。

（2）在经济条件允许下，道路和设施建设水平应高于灾前水平。

（3）通过对斜坡稳定化处理、翻新处理和设施重建，使道路网的抗震能力达到新标准。

（4）采取较高的几何标准以提高道路的安全性。

（5）道路恢复和重建过程中，应根据规格标准尽可能使用当地资源。

（6）为了工程的顺利实施，应恢复和加强各相关政府部门和机构的职能，增加员工和设备，加强员工的职业培训和辅导。

3. 范围

包括在地震中受到影响的所有需要重建和恢复的国家级、省级公路，主干道和辅路，乡村公路和桥梁，建筑物等。

4. 指导原则

（1）道路恢复重建的优先权按以下标准进行分配：

1）受影响地区的主干路。

2）通往人口聚集区（主要城镇）的道路。

3）去往某地的惟一通路。

（2）受影响的道路可以分成以下几种类型：

1）类型 1：不需要任何（或只需较小的）变动就能将道路恢复至原来的标准或规格。

2）类型 2：需要经过重新规划（包括重新批地、重新安置和重新进行环境影响评价）才能使已被破坏的道路恢复至原有的规格和水平。

3）类型 3：在不拓宽道路的条件下（无需征地，无需重新安置住民，无需进行环境影响评价），道路和桥梁需要经过重建才能达到新修订的规范要求，这种规范建立在合理判断（交通量、人口——经济内部收益率）的基础上。

4）类型 4：伴随道路拓宽（需征地，需重新安置住民，需进行环境影响评价），道路和桥梁需要经过重建才能达到新制定的规范要求，这种规范建立在合理判断（交通量、人口——经济内部收益率）的基础上。

5）类型 5：或许没被地震破坏，但对重建和救济工作有重大战略意义的（主要的运输瓶颈地区）道路和桥梁。

（3）优先列入年度计划的道路应根据以下标准衡量：

1）所有需要重建到震前水平的道路和桥梁，其恢复和重建的成本小于完全重建成本的 30%，这样的道路和桥梁具有一级优先权。

2）有些道路要恢复到震前水平，其重建和恢复成本超过了总重建成本的 30%，但如果其经济内部收益率大于 12%，那么此道路和桥梁也具有一级优先权。

3）对于提升道路和桥梁标准的项目，其前期报告必须根据“最少达到 12%的经济内部收益率”、所服务的人口数量和交通量来判断其投资合理性。这些项目将列于二级优先以下，根据经济内部收益率和服务人口、公里（道路两边各 2 km 距离内的人口数量）来安排优先次序。

4）所选择的重建或升级项目必须在工程期内能够完成。

5）受灾地区政府应承诺，将来为重建子项目提供保养与维修资金。

（4）用于道路重建和恢复的资金不得用于修建新道路，除地面状况不牢固、土地滑坡、人口中心区迁移等使得交通线路重新布局、道路重修状况外。

（5）为了安全目的的国道加宽或在震前就已申报的国道加宽可获批准。如碎石路所服务的人口、交通量都已经达到了升级标准，且内部经济收益率也在 12%以上的话，可升级为沙砾路。

（6）为保证农村人口密集区可进入性的最低要求，需对乡间道路进行恢复或重建。但是，只为极少数人服务的道路不应在考虑的范围之内。道路建设应与省级或国家政府部门和出资方协商，制定所服务的人口、公里的标准。制定过程中充分考虑当地的地理和社会经济状况，衡量道路的投资收益并考虑道路的恢复或重建对社会的影响，根据道路所服务的人口数量以及通路的惟一性来确定建设优先次序。

13.5.3 住房的重建与修复

1. 总方针

在各个层级的制订计划、战略部署和执行过程中，与所有利益相关方进行协商。尽最大可能扩大决策团队的涵盖范围：

（1）提高决策在制定和执行过程中的透明度和问责性。

（2）合理安排居住区。

（3）保证对搬迁户和土地所有者进行赔偿。

（4）提高私房拥有的机会。为低收入人群提供保障性住房，以此加强对低收入人群的关注。

2. 住房重建政策

根据新的建筑抗震标准，经过各个省和州的批准，受损住房的重建政策包括：

（1）土地补偿和货币补偿遵循公平原则，在重新安置中视情况而定。

（2）尽量减少可能造成的城市居民混乱并合理有序地重新安置（除 Balakot 乡镇外）。

（3）城市住房重建与城市规划和城市发展同时进行，城市再生过程中要优先考虑住房重建。

（4）城市住宅区将完善配备各种功能设施，居住区规划要在城市总体规划中统一考虑。

（5）重建工作执行新的建筑抗震标准。

（6）城市住宅区要对紧急事件做好充分的准备。

（7）帮助居民、政府机构和其他社团组织恢复正常的组织生活秩序，鼓励灾民积极参与重建工程。

（8）在以抵御灾害为目标的重建过程中，使各相关方了解灾害发生的原因及未来如何降低灾害损失的方法。

（9）在各个政府机构建立独立的人才培养机制，以减少未来相同情况下对于技术援助的需求。

（10）要以全面、一致的合作的态度来保证重建程序的有效实施。

（11）保证提供充足的建筑材料。

3. 政策的实施

（1）鼓励自建：城市灾民有义务利用货币补贴和土地分配（如果需要），并在政府经济鼓励下自己重建家园。

（2）确保按照抗震标准重建房屋：抗震原理应在传统和现代建筑技术中得到良好应用。

（3）原址重建：最佳选择是原地重建。最大限度地避免人口搬迁，在原有城市结构内满足功能需求。

（4）贫民窟将通过重建计划和经济支持改为低收入人群居住地。

（5）统一的经济援助重建计划将帮助受灾城市居民重建家园。

4. 制度改进

城市房屋重建工作将分配到当地的震后重建和复兴管理局的城市规划部门。各地发展机构要以“管理单元”的形式提供技术支持，“管理单元”囊括建筑师、城乡规划师、结构工程师和技师等完整的人员配备。监督和协调各个城市房屋重建工作，并向各自的发展机构进行汇报。

在震后重建和复兴管理局的帮助下，发展机构负责执行新批准的房屋设计工作，并根据政府的不同等级做相应的审批工作。震后重建和复兴管理局总部负责总体的协调和监督工作，从国家和地区层面给城市房屋重建提供支持。

13.6 发展性重建

13.6.1 城市重建专项规划编制

当制定某专项方案时，规划者务必考虑其他专项方案对城市重建规划的影响。这些影响需要在编制其他专项规划时适当加以参考。

（1）住房：首要编制的是居住区规划，因为它影响着接下来的行动。住房是“重心”，道路、供水、学校、医疗机构、商业场所等都要受到居民区选址的影响。从土地建设的角度讲，住房是最普遍也是最重要的使用，因此需要首先选好“民用住宅用地”，然后再规划其他土地使用（如商业、政府、金融、工业等）。

其他专项规划也要同时进行，因为它们被住房规划影响着，比如固体废物处理、宗教场所建立等。有一点需要注意的是过渡安置房问题。城市住房重建比农村住房重建需要更长的时间，对大部分城市来说，特别是穆扎法拉巴德市和巴拉科特地区，住房重建时间大约是 2～3 年，甚至更长。在此期间，为城镇居民提供过渡安置房十分紧要。

房屋建设选址的基本标准包括：

1）地质安全性；

2）基本配套设施完整性；

3）建设区域合理性。

（2）教育设施：所有教育设施全部建设在市区范围内，包括各类公立和私立学校（小学、初中、高中、专科学院、大学、职业学校和特殊学校），以及全部辅助教育和校园设施。专项规划包括：选址，选址准备，公共设施服务，与实际建设有关的准备，计划和必要内容的交接。

（3）医疗设施：所有医疗设施全部建设在市内，包括医院、诊所、外伤治疗中心、体检机构、社区医院及所有附属设施机构。专项规划包含：选址，选址准备，公共设施服务，与实际建设有关的准备、计划和必要内容的交接。

（4）政府设施：涵盖所有政府设施，包括民用、军用建筑，行政中心，法院及辅助设施，比如停车场、仓库等。规划包括：选址，选址准备，公共设施服务，与实际建设有关的准备、计划和必要内容的交接。

（5）商业和工业设施：全部工业、制造业设施以及劳动卫生设施需建在城市内。专项规划包含：选址，选址准备，公共设施服务，与实际建设有关的准备、计划和必要内容的交接。

(6) 其他各类设施：此专项规划涵盖以上未提到的全部建筑设施。技术上讲，所有的基础设施应该按统一类别分组建设，但是，由于能源控制地区协会有独立的运作方式，所以，有必要参照其部门分类方式开展恰当的基础设施重建。此类别中涵盖的设施包括图书馆、娱乐设施、体育馆、救护中心以及灾害应急设施和疏散装置等。

(7) 道路桥梁：由于路网建设是城镇建设规划中相当重要的环节，因此，道路桥梁并不划分在“交通”建设计划中。路网建设要先于某些经济恢复发展。该专项规划要与交通规划紧密结合，酌情可以与之合并。该规划还涉及其他需要路网建设支持的重建部分（如应急服务、工业、商业、金融等）。专项规划包括全部街道、车行道、人行道、自行车道、天桥和小巷。

(8) 交通：交通是专项规划中最重要的，也是对整个城市规划影响最大的一项。专项规划包括交通枢纽、公共交通、机场、停车场、综合交通运输体系、地区交通运输等。

(9) 给水排水和环卫设施：辅助计划包括水资源储备、净化、处理、转换和分配以及废水处理等。

(10) 能源：专项规划涉及与“能源”有关的全部事物，包括发电、传送、供电、油气供应和分配、煤油发电，以及能源储备。

(11) 工业和旅游：该专项规划通常与经济发展计划有密切关系，除非划入地区能源协会所管辖领域，则通常作为经济发展规划中的一项。内容包括工业公园、旅游设施、旅游项目娱乐设施等。

(12) 环境：环境专项规划包含全部传统意义上的环境问题（固体废物、有毒有害物体和人造废物处理、侵蚀控制、污染、排水等）以及与重建和提高环境质量有关的问题。

(13) 生计：由于地震造成经济停滞，所以该专项规划有针对性地实施过渡性谋生计划。当经济发展规划运转顺畅，重新带来就业机会，“谋生”作为单独计划才可以停止。

(14) 经济发展：包括城市重建计划中的经济发展项目，包括就业、商业发展、金融业发展、就业培训、政府促进计划的实际内容等。

(15) 生活质量：物质精神生活提高有助于生活质量提高，包括艺术和人文科学、宗教协会、志愿者和慈善机构、墓地和博物馆等。

(16) 土地问题：土地问题在城市规划中相当重要，可以作为一个独立的规划专项而存在。土地使用、滥用、再利用以及使用权、使用期限等通常是震后重建和复兴管理局重建涉及最多的内容。

上述系统问题独立，与重建有关的土地问题有：

1) 环境风险（地震、洪水、泥石流等）应该成为制定土地使用政策最根本的一项标准。

2) 城镇建设规划应促进经济发展，通过规划土地使用推动商业活动发展，诸如金融、贸易、工业、小型经济和专业活动，以及在整合城市规划中为新型和扩张的商业发展创造可利用空间。

3) 土地使用，如露天空地、绿地、体闲用地等用于创造宜人的城市居住环境，此类提高生活质量的土地使用应该纳入土地使用重建计划中。

4) 土地征用适用于公共设施建设、贸易、损毁土地建筑再分配，以及用于满足新生人口使用要求的城市新分土地区域。

5）重新安置城镇居民的居住空间和土地补偿问题。

（17）过渡期恢复问题：任何重建过程都涉及过渡安置工作。建设一个学校时，一个临时校舍需要同时投入使用。过渡期需要建设政府、医院和住宅。城镇规划需要明确这些需求以及如何实施。由于重建和恢复期时间跨度大，震后重建和复兴管理局特别设立一个部门规划和协调这些需求。但是，任何影响到城市地区建设的过渡期需求都要优先处理，过渡期建设问题也需要在城市规划中得到体现并协调解决。

13.6.2 城市规划的实施

实施基本过程为优先次序、分期调整、协调、预算编制、时间认定、监测及调整。在实施层面必须解决的问题是：

（1）确定分计划内部及其之间的优先顺序。

（2）确定分计划内部及其之间任务的分期调整或先后顺序。

（3）详细规定成本、时间表和预算的可操作性。

（4）创建任务时间表和一个渐进的成本表，从而使得该方案可以适当扩大或缩小，以应付突发事件的执行和预算波动的影响。

（5）指派多种任务，由合格的承包方操作。

（6）建立一个及时的监测和报告系统，增强信息的准确性及可靠性。

13.6.3 社会保护战略

1. 战略背景

据官方统计，地震中有 8 万人受伤，尽管大量灾民幸存，但生存环境依然脆弱。遇难者主要来自偏僻山区的弱势群体，收入及所享用的服务均低于全国平均水平。死亡人数严重影响到地震灾区的人口和社会结构，加重了弱势群体的生活困境，尤其以妇女、儿童、老人和残疾人的处境最为恶劣。

2. 保护的对象

尽管地震灾区所有人都受到不同程度的影响，但是社会保护战略的主要关注对象为弱势群体，这些群体包括：

（1）儿童（包括单亲儿童、无伴儿童和孤儿）；

（2）妇女（包括寡妇和单身家庭）；

（3）老人（女性和男性）；

（4）残疾人。

3. 愿景

ERRA（地震重建和恢复机构）的社会保护战略是为了保证灾区弱势群体在自己的家庭和社区之内获得基本的社会服务、生计援助和灾后恢复支持，并建立他们与主流社会的福利与服务机构的联系。

4. 实施

安排社会保护战略制定了一个三年的行动计划来支持大多数弱势群体。战略的实施框架包含以下内容：

（1）通过对弱势群体的目标评估收集数据。

（2）通过地震重建和恢复机构进行规划和协调。

（3）发展伙伴关系，如 2006～2007 年间地震重建和复兴管理局与联合国在恢复计划中的有效协调。

（4）增强社会福利的基层结构。

（5）通过地震重建和复兴管理局进行整体监控和评估。

13.6.4 生计恢复计划

1. 愿景

该战略是为了在"BBB"（灾后重建房屋房子比灾前更好）政府总政策的支持下，重建地震灾区的农村和城市的生计。生计恢复过程的愿景是"基于社区，建立一个有活力的、牢固的生计保障系统"。

2. 目标

生计恢复战略有四个重要目标：

（1）将地震受灾区的生计至少恢复到震前状况。

（2）在地震灾区有效协调生计恢复活动，防止重复活动，保证活动的公平性。

（3）在计划、实施、监控和评估社区生计恢复计划中增强社区组织力量。

（4）恢复和提高生计相关部门的能力。

3. 关键投入

（1）促使各层次生计协调单位（LCU）与生计工作委员会（LWC）的规划和协调。

（2）提供特定的车辆、设备和材料。

（3）对生计协调单位、中介结构及非政府组织人员进行公众需求评估，并进行乡村规划的有关培训和指导。

（4）社区投资基金在恢复与重建方面优先面向社区。

4. 安排实施

（1）为活动的有效协调建立制度体系。

（2）DRU，PERRA，SERRA、中介部门和非政府组织的能力建设。

（3）确定社区层需要，作为社区生计恢复计划（CLRP）。

（4）统一社区计划与区域和 PERRA，SERRA 计划，覆盖所有的生计区域。

（5）社区投资基金渠道畅通。

（6）帮助受灾人员的农场和农场外的创收活动。

（7）重建所有与生计相关的受害生产部门的办公室、房舍和其他建筑。

5. 总战略

（1）授权社区和 CBO 在他们的生计恢复规划、实施和管理中承担主要角色。

（2）通过帮助恢复生产和引导市场发挥作用，重新启动农村经济。

（3）引进恰当的技术和外延服务。

（4）向有促进和带动作用的基础设施投资。

（5）根据灾民需求，创建有效的保障服务。

（6）投资社区活动，推动经济和财政可行的经济活动；创造就业机会，促进环境的可持续发展。

(7) 建立负责、有效、透明的协调和管理机制。

(8) 关键活动区域。

从 2006 年 5 月到 6 月以及伴随该战略进行的生计调查，详细提供了这些组织在什么时间，哪个村庄，做了哪些生计恢复活动。这些活动包括农业（农作物、家畜、林业）、企业发展、基础设施的恢复（地形和灌溉修复、重建，特别在水源转移的地方，便道和小路的建设）以及职业培训（如与地震相关的建设技巧和企业发展）。

对地震受灾区农村和城市居民的生计恢复关键的活动区域讨论如下：

(1) 畜牧生产活动的恢复：在紧急恢复计划中，以畜牧业为先发产业时，必须意识到，畜牧业的三个关键组成部分，即动物、饲料和棚圈，三者须均衡发展。

(2) 谷物、水果和蔬菜生产活动的恢复。

(3) 已失去的传统灌溉系统和梯田的替换与修复。

(4) 社区入口基础设施的重建。

(5) 劳动力市场的重建。

(6) 提供技能培训。

(7) 金融服务的建立或重建。

(8) 公共服务基础设施的重建。

13.6.5 特殊关注点

1. 居住用地重新安置和补偿的政策指南

重新安置引起的土地事宜包括两个方面，即：

(1) 居住用地重新安置

1) 总体规划的实施；

2) 位于高危险区；

3) 山崩引起的土地流失。

(2) 非居住用地的重新安置

1) 总体规划的实施；

2) 高危险标示；

3) 山崩引起的土地流失城市发展战略意识到除固定的经济补偿外，对土地的补偿在措施上必须灵活，并应以与原先土地的等价原则为依据进行合理补偿。

2. 居住用地的重新安置和补偿的基本指导方针

(1) 根据房屋而不是住户对土地进行安置：对位于确定要重新安置的地区内的房屋，在重新安置区域内，不论在房屋中生活的家庭人口、住户数量，所有户主均会分配到同等面积的土地，或者根据价值进行金钱补偿（根据实际情况）。

(2) 根据房产数量而不是住户人数对土地进行分配：如果户主拥有不止一个不连续的需要重新安置的房产，对于每份要重新安置的房产，他（她）将会得到等量土地的补偿，或根据价值得到金钱补偿（根据实际情况）。但同一房屋的共同所有人只能得到固定的经济补偿。

(3) 住宅房产的共同所有权：如果居住用地由两人或多人共同拥有，所有拥有人将得到分配居住用地的共同所有权。每个共同所有人将不会得到单独的住宅房产。如果共同所有人得到的是金钱补偿，金额将会在共同所有人中分配。

（4）“重新安置房产”原则的土地补偿：土地补偿将依据“重新安置房产”原则，而不依据“重新安置住户”原则。

（5）高危险区的破坏房屋的安置：高危险区被毁坏的房屋将不允许在原地重新建设，需要异地重新安置。

（6）解决土地纠纷：公正公平地支出基金，保证补偿正确地发放到房产所有人手里，重视房屋的名称和所有权。由于合法文件在地震中遭到破坏，确定房产性质困难，因此建立合适的机制，确认并解决土地纠纷，并将该机制划分到尽可能低的层次。确定物主身份将由专门团队负责，通过一切可能的合法文件确定房产的物主身份。在合法文件被破坏的情况下，需通过地方核实、社区调查来确定名称，保证土地和继承声明得到及时的处理，并给予妇女和社会弱势群体特殊关注，使其能相对容易地理解并受益。

3. 商业用地重新安置和补偿的一般政策方针

对于需要重新规划和重新安置（部分或全部）的城市居民，必须重视重新安置所引起的商业用地的相等补偿事宜。

受损房屋的所有人将获得固定经济援助，地震中遭到破坏的商业地产不会得到经济补偿，但政府向商业地产所有人提供土地赔偿。商业用地重新安置和补偿的基本方针如下所示：

（1）地产编号中的土地分配：如果所有人拥有不止一处间断的商业地产需要重新安置，他（她）将会分配到等量的土地，或依据重新安置的地产价值获得经济补偿。

（2）商业地产的共同所有权：如果商业地产有两个或更多人共同拥有，共同所有人将会获得商业用地的共同所有权。如果为共同所有人提供了依据价值的金钱补偿，那么金额将会在共同所有人中分配。

13.7 经验教训

13.7.1 应急救灾及灾后重建

（1）领导和协调机构在应急阶段得到迅速发展，并取得了所有利益相关者的信任。

（2）尽管因现实情况下运用新型救灾模式而导致问题产生，但“集群模式”仍是成功的。

（3）授权领导小组对于救济过程和外部支持的协调，以及通过“主要救助合作伙伴”制定重建和发展方案的措施都是抗震救灾的宝贵经验。

（4）有责任但能力有限，地方政府机构能发挥更有力的作用。

（5）灾后，强大的政府领导和其完全的掌控能够为国际国内救援机构工作的有效协调提供支撑。

（6）尽量达成相互理解和尊重，特别是（国家的）军事力量与（国际的）人道主义机构的携手合作，使得联合国相关机构在救灾中工作中能及时有效地弥补相应的缺陷。

（7）外界支持的协调一致取决于政府正确的指引和领导。

（8）依据结果来监测对一场灾难的反应与管理情况比正常条件下困难，因此制定协商框架需要时间，但会使所有利益相关者先约定的协议中受益。

（9）在紧急情况下，相互间责制很难奏效，如果具备明确的工作安排和各方的相互理解，救灾经验的交流可以得到加强。

13.7.2 救灾应急设计和实施的挑战

（1）应急和重建阶段的连续性和过渡需要仔细管理。重视过程，特别是重视维持有效沟通。

（2）通过早期应急、恢复以及最后的复兴过程，均要求现有管理风格的改变，管理制度与机构之间的协调。整个过程需要以透明的方式尽早开展。

（3）鼓励和促进领导方式的改变以及有效的参与（由当地政府、受灾社区和民间协会共同参与）。

（4）有效的机制能够发挥关键的作用——包括政策、结构、过程、系统、程序和民众。